Das deutsche Berufsbeamtentum und die parlamentarische Demokratie

Von

Dr. Arnold Köttgen
Privatdozent an der Universität Jena

Berlin und Leipzig 1928

Walter de Gruyter & Co.

vormals G. J. Göschen'sche Verlagshandlung — J. Guttentag, Verlagsbuchhandlung
Georg Reimer — Karl J. Trübner — Veit & Comp.

Meinem verehrten Lehrer

Otto Koellreutter

Professor der Rechte in Jena

Inhaltsverzeichnis.

Erster Hauptteil.

Zweiter Hauptteil.

Kritische Bemerkungen.

Dritter Hauptteil.

Vierter Hauptteil.

Möglichkeiten der Reform.

Kapitel I.

Einleitung.

Bei dem durch die Weimarer Verfassung eingeleiteten Neubau des Reiches hat neben manch anderer politischer Kernfrage gerade das Problem des Berufsbeamtentums in der vordersten Reihe gestanden und für sich eine Berücksichtigung beansprucht, die in der Monarchie in dieser Art undenkbar gewesen wäre. Erst mit der Revolution wurde das Berufsbeamtentum in Deutschland recht eigentlich zum Problem, ohne diesen problematischen Charakter bis heute verloren zu haben.

Das deutsche Beamtentum in seiner denkbar innigen Verknüpfung mit der Geschichte des alten Staates, durch ein starkes persönliches Band gefesselt an die gestürzten Dynastien, mußte in der Tat als ein nur bedingt geeignetes Element in dem neu zu errichtenden Staate erscheinen. Wenn auch manches von diesen Bedenken auf Grund einer einseitigen Beurteilung der Dinge aufgebauscht wurde, so ist doch die Schwierigkeit einer glücklichen Synthese zwischen dem neuen Staat und dem alten Beamtentum nicht zu verkennen.

Von der einzigartigen Bedeutung der Dienstverfassung für jeden Staat waren auch die Gesetzgeber von Weimar ausnahmslos überzeugt. Die Verfassungsurkunde regelt allerdings bekanntlich nur die Stellung der Exekutivspitze, des Trägers der Exekutive im staatsrechtlichen Sinne, während das Gros der Exekutivverfassung, die Organisation des öffentlichen Ämterwesens, abgesehen von einigen wenigen ganz allgemeinen Grundsätzen, der gewöhnlichen Gesetzgebung, in vielen Punkten sogar nur der Verordnungsgewalt überlassen bleibt. Durch die verschiedene juristische Behandlung dieser beiden Elemente der Exekutive, Regierung und Beamtentum, ist oft der Eindruck erweckt worden, als ob es sich bei diesen Fragen des öffentlichen Ämterwesens um Probleme zweiten Grades handele, gegenüber dem eigentlichen Exekutivproblem, wie es die Verfassung behandelt. Erst die praktischen Erfahrungen haben sehr oft die wahre Bedeutung der Amtsverfassung in das rechte Licht zu rücken vermocht, wofür als charakteristisches Beispiel stets Amerika gelten wird, wo die Civil Service Reform in einer Zeit, als die Mißstände des öffentlichen Ämterwesens in ihrem vollen Umfang ans

Tageslicht getreten waren, den Kernpunkt der amerikanischen Innenpolitik überhaupt bedeutete, von dem die fernere staatliche Zukunft Amerikas zu einem gewissen Grade abzuhängen schien [1]).

Auch in Deutschland scheint man dieses Problem bis heute in mancher Richtung zu unterschätzen. Man wird vielleicht einwenden, daß für Deutschland derartige Krisen, wie sie beispielsweise die Vereinigten Staaten von Nordamerika beschäftigt haben, niemals akut werden könnten, da hier im Gegensatz zu den Vereinigten Staaten ein qualifiziertes Beamtentum aus monarchischer Zeit vorhanden sei und jeder deutsche Staat mit diesem Beamtentum als sicherem Bestandteil in seinem staatlichen Aufbau rechnen könne [2]). Eine derartige Ansicht würde jedoch die starken Wechselwirkungen verkennen, wie sie zwischen Dienst- und Staatsverfassung bestehen, wie die erstere überhaupt in materiellem Sinne nur ein Bestandteil der letzteren ist.

Jeder Staat bedarf einer seinen spezifischen Bedürfnissen angepaßten Amtsverfassung. Die gleichen Gegensätze, wie sie etwa zwischen Absolutismus und Demokratie überhaupt bestehen, finden sich auch in den ihnen konformen Dienstverfassungen [3]). Wie der germanische Volksstaat, das englische Königstum, der absolute Staat und schließlich die katholische Kirche, ein jedes eine Dienst-

---

[1]) Gustav Schmoller: Die Behördenorganisation und allgemeine Staatsverwaltung in Preußen, S. 17. „Die Geschichte der Ämter und des Amtswesens ist nicht bloß eine Geschichte der Staatsverwaltung, sondern auch das wichtigste Stück der Staatsverfassung. Im Verhältnis des Amtswesens zu dem Volk, seiner Vertretung, seinen Rechten, liegt der Kern aller Verfassungsgeschichte." Im gleichen Sinne G. Jellinek, Allg. Staatslehre, 4. Aufl., 1922, S. 558 ff.

[2]) Ganz ähnliche Gedankengänge, die ebenfalls auf das geringe Interesse hinweisen, mit dem man in Deutschland den Fragen der Amtsverfassung begegnet, finden sich bereits bei R. v. Mohl in seinem Aufsatz über den „Staatsdienst", veröffentlicht im II. Bd. seiner „Politik", 1869, vgl. S. 347 ff. Direkt auf die Gegenwart gemünzt scheinen seine dortigen Ausführungen zu sein: „Bei den vielen Diskussionen über die Zulässigkeit oder Unzulässigkeit des parlamentarischen Systems sind die Folgen desselben für die Staatsdienerschaft, unseres Wissens wenigstens, gar nie in Erwägung gekommen. Schwerlich mag es einen schlagenderen Beweis der Richtigkeit des Satzes geben, daß bei politischen Erörterungen und Forderungen die Folgen für die Verwaltung, weniger im Verhältnis zur Wichtigkeit der Sache viel zu wenig in Betracht gezogen zu werden pflegen" (S. 394).

[3]) Im gleichen Sinne, mit Rücksicht auf französische Verhältnisse, Alexandre Léfas in seinem Buch „L'État et les Fonctionnaires". Paris 1913: „Entre l'existence de l'État et celle du Fonctionnaire, il existe donc du rapport constant et nécessaire. Toute évolution de l'idée d'Etat doit avoir sa répercussion sur la maniére d'être, sur la condition du fonctionnaire." S. X des Vorworts.

verfassung geschaffen haben, die ihren spezifischen staatsrechtlichen Bedürfnissen entsprach, so muß es auch für die deutsche parlamentarische Demokratie eine derart spezifische Dienstverfassung geben und, falls sie noch nicht vorhanden sein sollte, muß sie entsprechend den Grundgedanken der Verfassung ausgebaut werden.

Hat Deutschland diesen Ausbau heute bereits vollzogen, oder erübrigt ein solcher sich überhaupt, da dem aus konstitutioneller Zeit Übernommenen nichts wesentliches mehr hinzuzufügen ist, um es für die parlamentarische Demokratie brauchbarer zu gestalten? Alle diese Fragen werden uns im folgenden eingehend zu beschäftigen haben. Hier mag, ohne späteren Untersuchungen vorgreifen zu wollen, nur so viel gesagt sein, daß in der Verfassung selbst dieses Problem überhaupt nicht berührt worden ist [1]). Bei der außerordentlichen Delikatesse dieser Frage und angesichts der Gefahr, mit einer unbedachten Maßnahme das Werk von Jahrhunderten, wenn vielleicht auch nicht zu zerstören, so doch zum mindesten zu bedrohen, wird man diese Taktik der Redaktoren der Verfassung begrüßen müssen. Einmal muß jedoch auch diese Frage grundsätzlich geklärt werden, und angesichts der langsam zunehmenden Schwierigkeiten auf exekutivem Gebiet dürfte dieser Zeitpunkt nunmehr gekommen sein [2]).

Der Bemühung um die Synthese zwischen dem modernen Staat und dem ererbten Beamtentum sollen die nachfolgenden Untersuchungen ausschließlich gewidmet sein. Unser Ziel ist, einen Weg zu weisen, auf dem die aus monarchischer Zeit übernommene Amtsverfassung mit den spezifischen Eigentümlichkeiten der parlamentarischen Demokratie in die erforderliche Übereinstimmung gebracht werden kann.

Gleich hier mag zur Vermeidung etwaiger Mißverständnisse ausdrücklich betont werden, daß wir uns nicht so sehr mit dem Beamtenproblem als dem Amtsproblem zu beschäftigen haben. Während im allgemeinen die hier interessierenden Fragen zumeist mehr vom Standpunkt des Beamten gleichsam unter dem Gesichtswinkel des heute beinahe schon zum Gemeinplatz gewordе-

---

[1]) Ebenso Koellreutter in seinen „Politischen Parteien" 1925, S. 17.

[2]) Mit vollstem Recht betont daher z. B. Koellreutter in seiner „Staatslehre Oswald Spenglers", daß man bei der für die Demokratie charakteristischen Einstellung auf das Verfassungsrecht immer mehr vergesse, daß ein zeitgemäßer Ausbau des Verwaltungsrechts viel wichtiger sei. Zu diesem verwaltungsrechtlichen Ausbau rechnet Koellreutter im Anschluß an Spenglersche Gedankengänge das Beamtenproblem (a. a. O. S. 44).

nen „wohlerworbenen Rechtes“ betrachtet zu werden pflegen, und so regelmäßig die Individualsphäre des Beamten in den Vordergrund geschoben wird, liegt für uns der Schwerpunkt bei dem Amt, und nicht bei dem Beamten. Es sind die öffentlichen Interessen des Staates, die im Vordergrund stehen, neben denen die Privatinteressen seiner Beamten nur insoweit berücksichtigt werden können, als sie für den Staat von Bedeutung sind, was allerdings bei der engen Interessenverbindung zwischen Staat und Beamtenschaft weitgehendst der Fall sein wird.

Es erschien notwendig, diese Seite unseres Themas besonders hervorzuheben, da in der Gegenwart, wie bereits erwähnt, zumeist die Beamtenfragen im Vordergrund stehen und damit die zweifellos wichtigeren staatlichen Belange nur mittelbar und oft recht stiefmütterlich behandelt werden [1]). So wird man auch die Deutsche Reichsverfassung nicht von dem Vorwurf freisprechen können, daß sie bei ihren sich mit den Beamten befassenden Bestimmungen weniger die staatliche Seite dieses Fragenkomplexes betont hat, als die berufsständische der Beamtenschaft, deren individuelle Sphäre man mit den in der Verfassung gegebenen Garantien schützen wollte [2]). Demgegenüber ist gerade in der Gegenwart mit Rücksicht auf das stark geschwächte Staatsgefühl der Hinweis unumgänglich, daß der Schwerpunkt in allen diesen Fragen stets bei dem Staate und niemals bei dem Beamten liegen kann, daß lediglich staatliche Interessen den Ausschlag geben [3]).

Nach diesen einleitenden Ausführungen über das Ziel unserer Untersuchungen mögen einige kurze methodische Bemerkungen

---

[1]) In diesem Zusammenhang kann man nur die diesbezüglichen Ausführungen Waldeckers in seinem Aufsatz: „Entwicklungstendenzen im deutschen Beamtenrecht" (Arch. öff. R. N. F., Bd. 7, 1924, S. 129) unterstreichen. „Aber wie eine Aufbesserung der völlig unzureichend gewordenen Beamtenbesoldungen für sich allein nicht viel zu helfen vermag, so ist zu beachten, daß die Lösung nicht nur eine beamtenrechtliche, sondern eine Verfassungsfrage von ganz eminenter Bedeutung ist. Es gehört nun einmal zu den Erbfehlern der Deutschen, daß sie die Verfassungsfragen nur zu gern unter dem allerkürzesten Gesichtswinkel betrachten, nämlich dem des augenblicklichen persönlichen oder gruppenmäßigen Vor- und Nachteils, wobei obendrein Politik und Wirtschaft nur zu oft verwechselt werden."

[2]) In diesem Sinne auch Wolfstieg, Beamtenreichsrecht, 1921, S. 32 ff.

[3]) Als im Jahre 1925 ein Komitee unter Lord Blanesburgh eingesetzt wurde, das sich mit den staatsbürgerlichen Rechten des englischen Berufsbeamtentums beschäftigen sollte, hieß es in dem von diesem Komitee erstatteten Report: „The Question from the point of view of the State becomes not one of ‚civil rights', but one of administrative efficiency" zitiert nach Finer The British Civil Service, 1927, S. 76.

verstattet sein. Die Untersuchung zerfällt in vier völlig voneinander gesonderte Teile. Der erste Teil ist der Erkenntnis der Gegenwart, sowie der für diese Gegenwart maßgeblichen Vergangenheit gewidmet. An diese rein referierende Darstellung schließt sich eine Auswertung der gefundenen Ergebnisse, eine Kritik der modernen Exekutivverfassung an. In dem letzten Teil sollen dann schließlich die Mittel und Wege gesucht werden, die eine Beseitigung der vorher entdeckten Mängel zu gestatten versprechen. Im Interesse der Vergrößerung des heute in Deutschland naturgemäß nur beschränkten Erfahrungsmaterials ist vor dieser Schlußbetrachtung ein besonderer Abschnitt eingeschoben, der die Stellung des Auslandes zu den hier interessierenden Fragen an einigen Beispielen wiedergeben soll. Unser Weg führt somit von der Erkenntnis über das Werturteil zur Forderung!

Neben diesen Unterschieden, die das äußere Gerippe der Untersuchungen in schattenhaftem Umriß erkennen lassen, ist es ein weiterer, der die folgenden Ausführungen maßgebend beeinflußt: Politik und Staatsrecht!

Man wird vielleicht einwenden, daß in einer vornehmlich juristischen Arbeit, wie der vorliegenden, für politische Fragen kein Raum sei[1]). Es ist hier allerdings nicht der Ort, um zu dem Problem der wissenschaftlichen Politik eingehend Stellung zu nehmen, obwohl sich aus ihm vielleicht manche Erscheinung unseres heutigen öffentlichen Lebens ohne weiteres erklären ließe. Hier ist im Augenblick allein von Interesse, ob politische Erörterungen in einer grundsätzlich staatsrechtlichen Arbeit, wie der vorliegenden, überhaupt Aufnahme finden dürfen.

Wenn man berücksichtigt, daß das politische Leben die Substanz darstellt, die mit Hilfe einer Vielheit staatsrechtlicher Normen ein juristisches Gepräge erhalten soll, so dürfte über diese Frage wohl kaum ein Zweifel mehr bestehen. Wie jede Form unbrauchbar ist, die nicht unter weitgehendster Berücksichtigung des zu Formenden geschaffen ist, muß auch zwischen Staatsrecht und Politik der engste Konnex bestehen. Hierin liegt kein spezifisches Charakteristikum des öffentlichen Rechts gegenüber den übrigen Rechtsmaterien überhaupt. Auch das Zivilrecht bedarf dieses engen Zusammenhangs mit dem praktischen Leben, das sich hier allerdings nicht im Gewande des politischen, sondern vornehmlich des Wirtschaftslebens zu zeigen pflegt. Während aber für den Zivilrechtler dieses Leben, der zu gestaltende Stoff, nur von sekundärer Be-

[1]) Vgl. zu dieser Frage die grundlegenden Ausführungen von Triepel: Staatsrecht und Politik, 1927.

deutung bleibt, und der Schwerpunkt für ihn stets in der reinen Jurisprudenz liegen muß, hat für den Staatsrechtler dieses Leben, das politische Leben, einen eigenen, selbständigen Wert. Unsere Erkenntnis beschränkt sich nicht auf den Staat als rechtlich formierte Organisation, sondern darüber hinaus müssen wir den Staat in seiner Totalität zu erkennen versuchen. Für den Zivilrechtler wird die entsprechende Aufgabe von anderen Wissenschaften, vornehmlich von den Wirtschaftswissenschaften, besorgt. Der Staatsrechtler muß auf diese Unterstützung, diese Arbeitsteilung bis heute verzichten, wenn wir von einer gewissen Mitarbeit der Soziologie im Augenblick einmal absehen. Eine staatsrechtliche Untersuchung kann sich daher niemals auf die Erörterung rein rechtlicher Fragen beschränken, sondern sie muß darüber hinaus in das Wesen des staatlichen Organismus überhaupt einzudringen versuchen, sie muß allen gesetzmäßigen Phänomenen des öffentlichen Lebens nachzuspüren versuchen, auch wenn diese Gesetzmäßigkeit nicht eine rechtlich bedingte ist. Nur auf diese Weise kann der notwendige Totalaspekt von dem Staate gewonnen werden [1]).

Aus diesen Gründen ist es für jede staatsrechtliche Untersuchung notwendig, die politische Seite der Probleme im Auge zu behalten, und zwar als gleichberechtigten Fragenkomplex, und nicht etwa nur in der untergeordneten Rolle einer praktischen Probe auf die vorher entwickelten juristischen Gedankengänge.

Die vorliegende Untersuchung unterscheidet deshalb scharf zwischen rechtlichen und politischen Fragen und sucht die Erkenntnis in der Summe dieser beiden Elemente. Daß eine säuberliche Trennung politischer und staatsrechtlicher Momente im einzelnen Fall nicht immer leicht sein kann, wenn man nicht Zusammengehöriges auseinanderreißen und so das Gesamtbild zerstören will, liegt auf der Hand. Wenn daher an einzelnen Stellen kurze Wiederholungen vorkommen sollten, so mag dies mit Rücksicht auf den Zusammenhang entschuldigt werden.

Von besonderer Bedeutung werden die rechtlichen Fragen in dem letzten, der Reform gewidmeten Abschnitt sein müssen. Reformen bedeuten stets eine bewußte Veränderung bestehender Verhältnisse mit der Richtung auf ein bestimmtes Ziel. Das Mittel

---

[1]) Heinrich Triepel: „Staatsrecht und Politik", 1927, S. 19. Hoffen wir, daß die nächste Generation unserer Publizisten, dem Leben zugewandter als die letzte, gerade mit Energie daran gehen wird, die Normen des Staatsrechts in die innigste Beziehung zu setzen zu den politischen Kräften, die sie schaffen und ausgestalten, und die ihrerseits wieder vom staatlichen Recht gemeistert werden.

zu einer derart bewußten Formung des sozialen Lebens liegt vornehmlich in der Rechtsordnung. Der Weg zu der Reform wird daher überwiegend juristisch bestimmt sein. Gerade bei dieser Gelegenheit zeigt sich am ersten wieder die einzigartige Bedeutung des formalen Rechtssatzes für die Gestaltung des öffentlichen Lebens, nachdem vorher seine Begrenztheiten betont werden mußten.

Kapitel II.

Vorbemerkung zu Teil I.

Nach den allgemeinen einleitenden Ausführungen braucht die spezielle Vorbemerkung nur kurz zu sein. Die Aufgabe der Untersuchungen dieses Abschnittes ist die Darstellung des Wesens der Amtsverfassung und damit der Exekutive überhaupt.

Vielleicht mag es mit Rücksicht auf das Thema zu weitläufig erscheinen, wenn die folgenden Untersuchungen, anstatt sich auf das Beamtentum zu beschränken, sich ganz allgemein der Exekutive zuwenden. Wenn man jedoch die unlösliche Verbindung betrachtet, in der das Berufsbeamtentum mit der übrigen Exekutive steht, erscheint eine derartige Trennung und isolierte Behandlung der beamteten Exekutive gewaltsam und keineswegs ratsam.

Das Ziel unserer Untersuchungen ist, wie bereits das Thema angibt, die parlamentarische Demokratie. Wenn trotzdem auf den folgenden Seiten fast das gleiche Interesse der konstitutionellen Monarchie zugewandt wird, so geschieht dies mit Rücksicht auf die starke entwicklungsgeschichtliche Abhängigkeit der deutschen Bürokratie von den früheren Monarchien. In dem monarchischen Staat ist das Beamtentum zu dem geworden, was es heute ist, in ihm lagen die wesentlichsten Voraussetzungen seiner Blüte. Wenn man daher die tiefen inneren Umwandlungen verstehen will, denen das Beamtentum seit der Revolution unterworfen worden ist, und die nur zum Teile heute bereits nach außen sichtbar in Erscheinung treten, wird dies nur mit Hilfe eines Vergleiches der Vergangenheit und der Gegenwart, der konstitutionellen Monarchie und der paralamentarischen Demokratie, möglich sein. Aus dem Erbe der Monarchie heißt es heute diejenigen Werte für den neuen Staat zu retten, die, nicht gebunden an eine spezifische Staatsform, für jeden Staat ihre Bedeutung haben. Wie die Leistungen der Monarchie in erster Linie auf dem Gebiet der Verwaltung lagen, so wird auch die Republik gerade auf diesem Gebiet manch wertvolles Erbe antreten können. Wie die Verwaltung jedoch ihrerseits bereits früher vornehmlich auf den Schultern des Berufsbeamtentums ruhte, wird auch in der Gegenwart eine Erhaltung und Fortentwicklung dieser Verwaltungsorganisation nur dann möglich sein, wenn der neue Staat seiner Beamtenschaft jenes Maß an Interesse zuwendet, das diese im Interesse des Ganzen beanspruchen kann.

Kapitel III.

Grundsätzliches zur Frage der juristischen Einordnung des Beamtentums in den staatlichen Organismus.

Für eine Untersuchung wie die vorliegende ist es eine unabweisbare Notwendigkeit, von vornherein die erforderliche Klarheit über die rechtliche Stellung des Beamtentums innerhalb der allgemeinen staatlichen Organisation, über die Art der rechtlichen Verbundenheit von Staat und Beamten zu schaffen. Wohlgemerkt handelt es sich hier nicht um die Beziehung von Beamten und Staat schlechthin, nicht etwa um die Bedeutung des Beamtentums in dem sozialen Leben überhaupt, sondern allein um die juristische Eingruppierung des Beamtentums in das Staatsgefüge.

Wir haben uns daher zunächst um die Erkenntnis der rechtlichen Beziehungen zwischen Staat und Beamtentum, die Verknüpfung des letzteren innerhalb der großen juristischen Organisation des Staates, zu bemühen. Diese Beziehungen zwischen Staat und Beamten werden in entscheidendem Maße durch die Eigenart des konkreten Staates selber bedingt. Ein kurzer historischer Rückblick möge zur Erhärtung dieser Behauptung dienen. Es ist bekannt, daß der Vorläufer des modernen Beamtentums die fürstliche Dienerschaft gewesen ist. Der absolute Patrimonialstaat, der auf Grund seiner dualistischen Struktur nur einen außerhalb des Staates stehenden Monarchen kannte, konnte eine Institution wie das moderne Staatsbeamtentum niemals entwickeln. Wie dieser absolute Staat keine Staatsgewalt im modernen Sinne kannte, sondern nur eine Monarchengewalt, so konnten auch die Vollzugsorgane dieser Gewalt nicht in rechtliche Beziehungen zu dem Staat gesetzt werden, sondern einzig und allein zu dem Souverän, dem Träger der von seinen Beamten ausgeübten Herrschaftsbefugnisse. Aus diesen Fürstendienern haben sich dann allmählich, bereits im aufgeklärten Absolutismus, die Staatsdiener im modernen Sinne entwickelt. Diesen rechtshistorisch außerordentlich interessanten Prozeß im einzelnen zu verfolgen, ist hier nicht der genügende Raum. Es muß an dieser Stelle ein kurzer Hinweis auf das preußische allgemeine Landrecht und die bayerische Hauptlandespragmatik vom 1. Januar 1805 genügen. Interessant ist bei diesem Entwicklungsprozeß insbesondere die Art seiner Kausierung. Das alte landesherrliche Dienstrecht gestaltete die rechtliche Stellung des fürstlichen Gehilfen für letzteren häufig außerordentlich ungünstig und unsicher, wie es bei seiner streng privatrechtlichen Auffassung derartiger Dienstverhältnisse nur konsequent sein konnte. Der Fürst des Absolutismus konnte über seine Beamten in der gleichen Form wie ein privater Dienstherr nach freiem Ermessen verfügen, insbesondere sie jederzeit entlassen. Diese Rechtslage wurde mit der Zeit, zumal unter dem Einfluß der Rechtsprechung des Reichskammergerichts, als der Eigenart derartiger Dienstverhältnisse nicht genügend Rechnung tragend angesehen. Die Forderung nach einer Befestigung der persönlichen Stellung dieser landesherrlichen Diener, nach einer Einschränkung der monarchischen Willkür wurde immer lauter erhoben und schließlich dann, in jeweilig verschiedenem Umfang, auch gesetzlich anerkannt.

Indem man aber ursprünglich lediglich das private, individualrechtliche Interesse der fürstlichen Dienerschaft im Auge hatte, bereitete man gleichzeitig einer ungleich wichtigeren Entwicklung den Weg, die für die Organisation des absoluten Staates von entscheidender Bedeutung werden sollte. In demselben Maße, in dem die Stellung des fürstlichen Dieners dem persönlichen Einfluß des Monarchen entzogen und damit das ursprünglich streng persönliche Band zwischen Monarch und Diener in den Hintergrund gedrückt wurde, verdichteten sich die Bande zwischen Diener und Territorium, womit man wohl am besten diesen absolutistischen Vorläufer des modernen Staates bezeichnet. Aus den Fürstendienern wurden Staatsdiener. Dieser Prozeß war in dem Augenblick zum endgültigen Abschluß gelangt, wo der alte Dualismus beseitigt und der Monarch zum Staatsorgan geworden war. Wenn auch jetzt noch das persönliche Band zwischen Monarch und Beamtentum beibehalten wurde, wofür Formeln wie „königlich-preußischer" u. a. m. deutlich Zeugnis legen, so änderte dies an dem Wesen der Dinge nichts mehr. Da der Monarch Staatsorgan und somit Bestandteil des Staates selber geworden war, waren damit ipso iure auch alle von ihm abhängigen Beamten in eine direkte rechtliche Beziehung zu dem Staat getreten.

Dieses Rechtsverhältnis, das zwischen Staat und Beamten geschaffen wurde, haben wir nun einer näheren Untersuchung und

Begriffsbestimmung zu unterziehen. Für eine derartige Begriffsbestimmung sind zwei Möglichkeiten gegeben. Entweder stehen die Beamten zu dem Staat in einem Stellvertretungsverhältnis oder sie stehen in einem ungleich engerem Verhältnis zu ihm und gelten in ihrer amtlichen Eigenschaft als Bestandteile des Staates selber, als seine Organe.

Um noch einmal einen kurzen Blick auf die Vergangenheit zu werfen, so war die rechtliche Struktur der alten landesherrlichen Dienerschaft, der „Gehilfen" des Monarchen, relativ einfach. Sie konnten nur Stellvertreter des Monarchen sein, wobei diese Stellvertretung dann mit Rücksicht auf die völlig privatrechtliche Basierung des alten Patrimonialstaats als eine von der gewöhnlichen privatrechtlichen Stellvertretung in nichts verschiedene aufgefaßt wurde. Daß letzteres heute nicht mehr in Frage kommen kann, daß wir vielmehr in jedem Falle auf ein typisch öffentlich-rechtliches Stellvertretungsverhältnis Bezug nehmen müssten, versteht sich von selbst. Andererseits steht an sich der Annahme einer derartigen öffentlich-rechtlichen Stellvertretung nichts entgegen, wie am besten ein Blick auf das Verwaltungsrecht beweisen dürfte, wo man von dieser Rechtsfigur ausgiebigsten Gebrauch gemacht hat.

Bekanntlich verdankt die Lehre von den Staatsorganen ihre wissenschaftliche Begründung und scharfe begriffliche Ausarbeitung in erster Linie den Gierkeschen Untersuchungen, wie sie vornehmlich in seiner berühmten Genossenschaftstheorie entwickelt sind [1]).

Die Staatsrechtswissenschaft hat sich im Anschluß an die Gierkeschen Theorien mit diesen Fragen eingehend beschäftigt. Allerdings sind die hier speziell interessierenden Fragen zumeist nur als Begleiterscheinungen zu einem größeren Fragenkomplex behandelt worden, dem Problem vom Wesen der Verbände und damit des Staates überhaupt. Auch für Gierke bedeutet seine Organtheorie nur eine Konsequenz seiner Lehre von der realen Verbandspersönlichkeit, wenn auch vielleicht die wichtigste. Wenn nun auch die zuletzt genannte Lehre für das Staatsrecht von der herrschenden Meinung keineswegs anerkannt worden ist, vielmehr von so maßgeblicher Seite wie G. Jellinek und Laband abgelehnt wurde, so ist doch andererseits die Lehre von der Organqualität bestimmter staatlicher Exponenten heute unbedenklich als die communis opinio der deutschen Staatsrechtswissenschaft zu bezeichnen. Die Unterschiede zwischen den verschiedenen Vertretern dieser Lehre liegen in ihrem jeweiligen Ausgangspunkt, der Auffassung vom Staat selbst

[1]) Otto Gierke: Die Genossenschaftstheorie und die deutsche Rechtsprechung, 1887.

Wie verschieden diese auch bei den einzelnen Autoren beschaffen sein mag, ein jeder kommt zu der Überzeugung, daß der Träger staatlicher Willensmacht niemals als außerhalb dieses Staates stehend, als selbständiger Stellvertreter gedacht werden kann, sondern nur als Organ, d. h. als Wesensbestandteil des Staates selbst. Auf das einzelne hier näher einzugehen, würde zu weit führen und gehört auch nicht hierher.

Der Punkt, an dem wir mit unseren Untersuchungen einsetzen wollen, ist die Frage: W e r ist Staatsorgan? Hier scheint das für uns entscheidende Problem zu liegen. Der Begriff des Staatsorgans ist zwar gefunden worden, die weitere Frage jedoch, wie weit dieser Begriff praktisch Verwendung finden soll, muß m. E. bis heute als ungelöst betrachtet werden. Es war verständlich, wenn vielfach versucht wurde, über den Umkreis der Begriffsverwendung bereits durch die Begriffsbestimmung selber zu entscheiden. In Wahrheit hat dies jedoch mit dem Organbegriff als solchem nichts mehr zu tun. Begrifflich notwendig ist nur, daß e i n Organ vorhanden ist, wofern der Boden der Organtheorie als solcher, der hier stets vorausgesetzt wird, nicht überhaupt verlassen werden soll. Alle übrigen Exponenten des betreffenden Verbandes können an sich ohne Bedenken als Stellvertreter der Verbandsorganisation eingefügt werden. Lediglich in dem Falle, daß nicht e i n übergeordnetes, sondern m e h r e r e gleichgeordnete Organe an der Spitze des Verbandes stehen, wird es nötig sein, nicht nur einem, sondern diesen sämtlichen koordinierten Exponenten Organqualität zuzuerkennen, da eine andere Lösung konstruktiv nicht möglich ist.

Diese Organe werden sich dann zumeist mit den von der herrschenden Meinung als „unmittelbare" Organe bezeichneten decken. Ein Zwang, über diesen Minimalumfang hinaus irgendwelchen staatlichen Exponenten Organqualität zu verleihen, kann m. E. aus der Organtheorie nicht entnommen werden. Diese Frage kann vielmehr nur von der einzelnen Verbandssatzung selber von Fall zu Fall entschieden werden, der hierin theoretisch jede Freiheit gelassen ist. Für das Bürgerliche Gesetzbuch geht dies aus dem § 31 deutlich hervor. Hiernach besteht theoretisch die Möglichkeit, daß die sämtlichen Exponenten eines Vereins, vom Vorstand bis zum Vereinsdiener herab, zu Organen des Vereins bestellt werden. Verlangt wird im Anschluß an die Organtheorie nur die Organqualität des Vorstandes [1].

---

[1]) In der Literatur hat man verschiedentlich in der Tatsache, daß die Stellung eines Organs auf der Verfassung beruht, ein wesentliches Begriffsmerkmal erblicken wollen. So ist für Hatschek, (Deutsches und Preußisches Staatsrecht, 1922, Bd. I, S. 7) die Frage nach dem Verfassungsorgan deshalb

Eine gleich klare Lage fehlt auf staatsrechtlichem Gebiete. Mit Sicherheit kann daher hier vorerst nur die Behauptung aufgestellt werden, daß den sämtlichen obersten Exponenten des Staates, die ihrerseits keinerlei Anordnungen von dritter Seite mehr unterworfen werden können, Organqualität zuerkannt werden muß. Die Organqualität der übrigen staatlichen Exponenten, in erster Linie also des dem Dienstbefehl unterworfenen Beamtentums, ist bisher alles andere als bewiesen. Es besteht an sich natürlich die Möglichkeit, auch diese Personen als Organe zu betrachten, der Nachweis hierfür muß jedoch erst geführt werden, zumal da bei der erfahrungsgemäßen beschränkten Verwendung des Organbegriffs anderenfalls eine Vermutung gegen eine derartige Annahme bestehen dürfte.

Von der herrschenden Meinung ist das Beamtentum durchweg ohne nähere Begründung als Staatsorgan bezeichnet worden. Der einzige mir bekannt gewordene Schriftsteller, der einen anderen Weg gegangen ist, ist Carl Friedrich v. Gerber. Gerber sieht in den staatlichen Exponenten nur insoweit Organe, als ihn hierzu seine prinzipielle Einstellung zur organischen Staatsauffassung überhaupt zwingt, während die sämtlichen übrigen staatlichen Exponenten von ihm als Stellvertreter bewertet werden. Diese Konstruktion hat umsomehr Bestechendes an sich, als sie an die Vergangenheit des Beamtentums anknüpft, die lediglich ein Stellvertretungsverhältnis zwischen Monarch und Beamtenschaft gekannt hatte[1]).

Für die etwaige Annahme der Organqualität der Beamtenschaft bedarf es daher des positiven Nachweises, daß nach geltendem Recht die Beamten nur als Organe aufgefaßt werden können. In der Literatur ist m. W. nur einmal ein ernstlicher Versuch gemacht worden, die Begründung für die Annahme der Organqualität des Beamtentums zu geben. Sogar ein Schriftsteller wie Jellinek, der sich bei den verschiedensten Gelegenheiten mit dem Organproblem befaßt hat und in seiner allgemeinen Staatslehre eine eingehende Analyse des Organbegriffs gegeben hat, läßt diese Frage offen. Mit Recht hat daher Schloßmann

---

von Bedeutung, weil nach seiner Ansicht nur die unmittelbaren Organe Rechtsgrund und Umfang ihrer Zuständigkeit aus der Verfassung entnehmen, die Beamten hingegen aus einfachen Gesetzen oder sogar Dienstinstruktionen. Demgegenüber muß betont werden, daß grundsätzlich die verfassungsmäßige Bestellung eines Organs eine Äußerlichkeit lediglich rechtstechnischer Bedeutung ist, ohne Rückschlüsse auf die innere Natur des betreffenden Verhältnisses zu gestatten.

[1]) K. F. v. Gerber, „Grundzüge des deutschen Staatsrechts", 3. Aufl., 1880, S. 77: „Nicht zu den Organen gehören die Staatsdiener; ihr Recht ist kein ursprüngliches Recht zur Kundgebung des Staatswillens, sondern ein abgeleitetes; sie sind nur die rechtlichen Gehilfen des Monarchen."

in seinem gegen die Organtheorie gerichteten Aufsatz „Organ und Stellvertreter" auf diesen Mangel hingewiesen, indem er ausführte, daß, wenn man überhaupt die Gründe der Organtheorie anerkennen wollte, diese doch nur für das Hauptorgan gelten könnten, da die übrigen „Funktionen ebenso gut auch unbeschadet der Existenz und Lebensfähigkeit der juristischen Person durch gemietete Arbeitskräfte (will sagen Stellvertreter) versehen werden könnten[1])". Es ist bezeichnend, daß z. B. Preuß in seiner Erwiderung auf diesen Angriff gegen die Organtheorie auf den zuletzt erwähnten Punkt überhaupt nicht eingeht[2]).

Nur Hermann Schulze hat in seinem „Lehrbuch des deutschen Staatsrechts" auch zu dieser Frage Stellung genommen und den Beweis für die Organqualität des Beamtentums zu führen versucht[3]). Die Berechtigung einer derartigen Annahme ergibt sich für ihn aus der verfassungsrechtlichen Notwendigkeit des Beamtentums, aus der Tatsache, daß der moderne Beamte nicht mehr lediglich als bloßer Gehilfe des Monarchen aufgefaßt werden könne, sondern ein verfassungsmäßig notwendiges Glied in dem staatlichen Organismus geworden sei, auf dessen Mitarbeit der Monarch angewiesen sei. Wenn das Beamtentum auch sicherlich heute ein notwendiges Glied in dem staatlichen Organismus bedeutet, so ist doch nicht einzusehen, warum Schulze hieraus die weitere Folgerung ziehen will, daß einem derartigen notwendigen Gliede Organqualität zuzuerkennen sei. Können derartige Posten nicht ebenso gut von außerhalb des Verbandes stehenden Stellvertretern wahrgenommen werden? Notwendig sind Organe doch nur insoweit, als sie die juristische Person zu einem selbständigen, willensfähigen Rechtssubjekt zu qualifizieren berufen sind. Das Organ ist immer Willensorgan und es genügt daher, daß überhaupt die Möglichkeit einer eigenen Willensbildung der juristischen Person vorhanden ist. In welchem Umfang die juristische Person im einzelnen durch solche eigenen Willensäußerungen tätig wird, ob durch den Mund einer einzigen oder mehrerer physischer Personen, ist eine hiervon völlig zu trennende Frage. Es hat den Anschein, als wenn von Schulze das unmittelbare Organ im Sinne Georg Jellineks mit dem notwendigen Organ identifiziert worden sei[4]). Wenn auch für das unmittelbare Staatsorgan auf Grund der prinzipiellen Untersuchungen über das Wesen des Verbandes,

---

[1]) Schloßmann: Organ und Stellvertreter, vgl. Jher Jhb 44 (1902).
[2]) Hugo Preuß: Stellvertretung oder Organschaft? Vgl. Jher Jhb. 44, 1902.
[3]) Hermann Schulze, Deutsches Staatsrecht. Leipzig 1881, S. 281.
[4]) Georg Jellinek a. a. O. S. 544.

mag in ihm nun eine reale Verbandspersönlichkeit im Sinne Gierkes gesehen werden oder nicht, der Nachweis für seine Organqualität geführt worden ist, so doch nicht für das „notwendige Organ" im Sinne Jellineks.

Wenn wir uns im folgenden für eine der beiden Möglichkeiten, auf Grund deren theoretisch eine Verankerung des Beamtentums in dem allgemeinen Staatsorganismus erfolgen könnte, zu entscheiden haben, erscheint es angebracht, sich vorher mit der Frage der Stellvertretung im öffentlichen Recht überhaupt kurz zu befassen.

Daß eine derartige Stellvertretung an sich dem öffentlichen Recht keineswegs fremd ist, beweist vielleicht am besten die Reichsabgabenordnung, die von diesem Institut im weitesten Umfang praktischen Gebrauch gemacht hat. Auch sonst spielt die Stellvertretung im öffentlichen Recht eine erhebliche Rolle, sei es im Polizeirecht, im Gewerberecht oder schließlich auf dem Gebiete der Zollgesetzgebung. In allen diesen Fällen wird man ohne Bedenken von einer spezifisch öffentlich-rechtlichen Stellvertretung sprechen können, wenn deren methodische Ausgestaltung auch im einzelnen streitig sein mag. Zum Beweise dafür, daß nicht nur auf dem Gebiet des Verwaltungsrechts, sondern auch auf rein staatsrechtlichen Gebieten mit dem Begriff der Stellvertretung gearbeitet worden ist, mag nur an das bekannte Stellvertretungsgesetz vom 17. März 1878 erinnert werden.

Für die hier erwünschte Klarstellung des Problems dürfte der gegebene Ausgangspunkt die Person des Vertretenen sein. Wie überhaupt jedes Rechtsverhältnis, so sind auch diejenigen des öffentlichen Rechts von einer Mehrheit von Rechtssubjekten getragen. Die eine Rolle spielt hierbei im öffentlichen Recht, wenn man von den sog. öffentlich-rechtlichen Gesamtverhältnissen im Sinne Otto Mayers hier einmal absehen will, stets der Staat oder ein ihm eingeordneter öffentlich-rechtlicher Verband. Ihm gegenüber steht das Individuum mit seiner in dem modernen Verfassungsstaat gesicherten eigenen Rechtssphäre. Ein Vertretungsverhältnis ist nunmehr theoretisch in Ansehung beider Parteien denkbar, d. h. sowohl auf seiten des Staates als auch der privaten Partei. Das Hauptaugenmerk ist in der Literatur bislang dem Fall einer Vertretung des Individuums gewidmet worden, wo man auf dem Gebiet des Verwaltungsrechts mannigfache diesbezügliche Untersuchungen finden kann. Hier ist im Augenblick allein die andere Seite des Problems von Interesse, es gilt über den „Staatsvertreter" in einem derartigen öffentlich-rechtlichen Verhältnis Klarheit zu gewinnen.

Ist eine derartige Vertretung des Staates in Ausübung seiner hoheitlichen Funktionen, denn um diese handelt es sich hier in erster Linie, überhaupt mit dem Grundgedanken des modernen Staates vereinbar[1])? Die Antwort wird sich allein unter Berücksichtigung des Wesens der Hoheitsbefugnisse des modernen Staates geben lassen. Ein Charakteritsikum des modernen Hoheitsrechts ist seine enge Bindung an den Staat. Derartige Hoheitsrechte standen bereits im absoluten Staat dem Monarchen gegenüber seinen Bürgern zu und wurden von der patrimonial-staatlichen Lehre methodisch dem subjektiven Privatrecht gleichgestellt. Ebenso faßte man entsprechend auf der anderen Seite die Schutzrechte des Bürgers gegenüber dem Staat, die ihm garantierte rechtliche Freiheitssphäre, die wir heute als subjektive öffentliche Rechte zu bezeichnen pflegen, die „wohl erworbenen Rechte", als eine Erscheinungsform des subjektiven Privatrechts auf. Demgegenüber ist in der Folgezeit auf Grund der modernen Auffassung vom Wesen des Staates diese hoheitliche Gewalt von der Fürstenmacht zur Staatsmacht geworden und somit der Anschluß des Hoheitsrechtes an den Staat selber vollzogen worden. Für die moderne Auffassung ist daher nur e i n Träger hoheitlicher Rechte denkbar: der Staat.

Diese Grundsätze, die an sich bereits im konstitutionellen Staat Anerkennung gefunden hatten, sind durch die heutige demokratische Verfassung noch einmal stark betont worden. Als Träger von Hoheitsrechten kann daher allein der Staat in Frage kommen. Aber nicht nur als Träger, sondern auch als Nutznießer derartiger öffentlich-rechtlicher Positionen ist heute nur der Staat denkbar, während in der Vergangenheit die Ausnützung hoheitlicher Rechte — Regalien — auch Privatpersonen überlassen werden konnte. Die hoheitlichen Aufgaben sind heute so weitgehend durch das Allgemeininteresse bedingt, daß sie niemals in Verbindung zu den Interessen einer Privatperson treten können. Darüber hinaus erscheint aber ungeachtet der damit verfolgten I n t e r e s s e n jede Verfügung über derartige Hoheitsrechte von seiten eines Privaten als mit dem Wesen des modernen Staats unvereinbar. Wenn man auch in der Literatur, soweit man sich mit dieser Frage überhaupt befaßt hat[2]), zumeist nur die Verfügung im Interesse einer Privatperson für unzulässig erklärt hat, so gilt dies doch zweifellos ebenso gut für die Vornahme einer derartigen Verfügung d u r c h Private über-

[1]) Daß auf anderen als hoheitlichen Gebieten der Annahme derartiger Vertretungsverhältnisse begrifflich nicht das Geringste entgegensteht, versteht sich von selbst.

[2]) Vgl. z. B. Bluntschli, Deutsches Privatrecht, 3. Aufl., 1864, S. 225 ff.

haupt. Es würde instinktiv allgemein abgelehnt werden, wenn heute eine Privatperson für befähigt erklärt werden würde, an Stelle des Staates — wenn auch in dessen Interesse — irgend welche hoheitliche Funktionen zu erfüllen. Sicherlich würde eine derartige Regelung mit Recht als ein Rückfall in die alte dualistische Staatsauffassung angesehen werden.

Eine derartige Trennung von Hoheitsrecht und Staat findet jedoch dann statt, wenn die hoheitlichen Funktionen des Staates durch Stellvertreter ausgeübt werden. Der staatliche Hoheitsakt wird von dem Vertreter selber, wenn auch im Namen und im Interesse des Staates, wahrgenommen; der Vertreter hat eine im Rahmen seiner Vollmacht liegende Verfügungsgewalt über ein dem Staate zustehendes Hoheitsrecht erhalten. Dafür, daß diese Lösung allgemein als unmöglich empfunden wird, ist wohl der schlagendste Beweis, daß die sämtlichen beteiligten Kreise sich heute darüber einig sind, daß die Beamten nur als Staatsorgane, d. h. als Teile des Staates selber, aufgefaßt werden können. Der Mangel der herrschenden Meinung liegt daher lediglich darin, daß sie für diese These den erforderlichen Beweis schuldig blieb. Dieser Beweis dürfte auf Grund der vorstehenden Ausführungen aus dem Wesen des modernen Staates heraus geführt worden sein. Hiernach können die Beamten lediglich Staatsorgane in dem oben entwickelten Sinne sein.

Mit dieser Feststellung, daß die Beamten Staatsorgane seien, ist allerdings unser Ziel keineswegs erreicht, da hiermit die Stellung der Beamtenschaft noch nicht in dem Maße eindeutig bestimmt ist, wie dies für die späteren Untersuchungen unumgängliche Voraussetzung sein muß. Wir haben gesehen, daß Staatsorgane die sämtlichen Exponenten des Staates sind, sofern sie hoheitliche Funktionen erfüllen[1]). Hierunter fällt ebenso gut der Reichstagsabgeordnete wie der parlamentarische Minister als schließlich die Mehrzahl der Berufsbeamten überhaupt. Sie alle sind Organe, und doch lehrt ein kurzer Blick in die Verfassung und unser politisches Leben, daß zwischen ihnen im einzelnen die tiefgehendsten Unterschiede bestehen. Das Organ ist nur der gemeinsame Oberbegriff einer Vielheit von Erscheinungen, die unter sich scharf zu trennen sind. Es ist daher die nächste Aufgabe, durch eine Differenzierung des Organbegriffs das Wesen der einzelnen Organe näher zu bestimmen. Daß hierbei nur die Exekutivorgane und von diesen wieder vornehmlich Regierung und Berufsbeamtentum von Interesse sind, ergibt sich aus dem Ziel dieser Untersuchung.

---

[1]) Inwieweit auch Personen, die andere als hoheitliche Funktionen erfüllen in einem Organverhältnis stehen, ist hier nicht zu untersuchen.

Kapitel IV.

Die staatsrechtliche Stellung der Exekutive in der konstitutionellen Monarchie.

Um die Problematik unserer heutigen deutschen Exekutivverfassung vollauf verstehen zu können, ist eine Gegenüberstellung mit der konstitutionellen Exekutive unbedingt erforderlich[1]). Nur ein derartiger Vergleich kann die mit der Revolution auf dem Gebiet der Exekutive vollzogenen Umwandlungen in der erforderlichen Schärfe hervortreten und gleichzeitig die charakteristischen Eigentümlichkeiten der parlamentarischen Exekutive genügend in Erscheinung treten lassen. Wenn im folgenden bei Darstellung der konstitutionellen deutschen Exekutive vielfach neben der in erster Linie zu schildernden Reichsexekutive auf die des Königreichs Preußens zurückgegriffen wird, so findet dies in den speziellen Verhältnissen seine Rechtfertigung. Preußen bildete und bildet noch heute auf dem Gebiet der Verwaltung die Tradition des Reiches. Gerade auf dem Gebiet des Beamtenwesens ist Preußen vielfach für das Reich maßebend gewesen. Es ist deshalb wünschenswert, daß diese preußischen Verhältnisse in dem angezeigten Rahmen bei einer Darstellung der kaiserlichen Exekutive mitberücksichtigt werden.

In dem soeben gebrauchten terminus technicus „kaiserliche Exekutive" enthüllt sich bereits ein Charakteristikum des deutschen konstitutionellen Systems, die straffe Zentralisierung der Exekutivgewalt in der Hand des Monarchen. Die Exekutive war nach konstitutionellen Ideen ausschließlich der Krone vorbehalten. Wenn in den letzten Monaten des Kaiserreichs — seit der Kanzlerschaft des Grafen Hertling — dem Parlament ein gewisser Einfluß auf die Exekutive eröffnet wurde, so ist hierin bereits der sich langsam vorbereitende Übergang zum parlamentarischen System zu erblicken, der dann schließlich in dem bekannten Erlaß vom 30. September 1918 sowie in den entsprechenden Gesetzen vom 28. Oktober 1918 seinen Abschluß fand.

---

[1]) Obwohl das Thema ganz allgemein von Berufsbeamtentum spricht, scheidet das Richtertum aus den nachfolgenden Untersuchungen aus. Wie bereits aus dem Untertitel ersichtlich ist, handelt es sich allein um die Exekutive und kann daher auch das Amtsrecht nur insoweit in Frage kommen, als die Beamten der Exekutive angehören. Da jedoch trotzdem aus Gründen des Vergleichs das Richtertum für die folgenden Untersuchungen von Interesse ist, soll ihm am Schlusse dieses ersten Abschnittes ein eigenes Kapitel gewidmet werden.

Im konstitutionellen Staat lag die Exekutive ausschließlich in der Hand des Monarchen. Zur Durchführung der ihm durch die Verfassung übertragenen Aufgaben bediente dieser sich des ihm aus absolutistischer Zeit her zur Verfügung stehenden Beamtentums. Auf dem Gebiet der Exekutive hatte der Übergang vom Absolutismus zum konstitutionellen System daher keine grundlegenden Änderungen zur Folge. Wie in absoluter Zeit das gesamte Beamtentum ein Werkzeug in der Hand des Monarchen gewesen war, so auch unter dem konstitutionellen System. Das Beamtentum besaß nach wie vor die Stellung eines mittelbaren Staatsorgans, das den Anordnungen eines Unmittelbaren, des Monarchen unterworfen war und sein Befehle auszuführen hatte. Dieser Satz galt ohne Ausnahme für die gesamte Bürokratie, angefangen von den Mitgliedern des Staatsministeriums bis zum letzten Subalternbeamten herab.

An dieser Rechtslage änderte auch nichts die durch das konstitutionelle System geforderte Einführung der kontrasignaturmäßigen Ministerverantwortlichkeit. Die Ministerverantwortlichkeit blieb im Reich so gut wie in Preußen in konstitutioneller Zeit lediglich eine staatsrechtliche Verantwortlichkeit, die, abgesehen von der beschränkten praktischen Bedeutung, die einer solchen rein staatsrechtlichen Verantwortlichkeit überhaupt zukommt, im konkreten Fall schon deswegen annähernd bedeutungslos bleiben mußte, weil jede Handhabe einer praktischen Realisierung dieser Verantwortlichkeit fehlte.

Juristisch wurde durch die Einführung der Ministerverantwortlichkeit an der Stellung des Monarchen zu seinen Ministern nicht das geringste geändert. Auch der die staatsrechtliche Verantwortlichkeit tragende Minister blieb uneingeschränkt an die Weisungen der Krone ebenso gebunden, wie die übrigen nachgeordneten Dienststellen. Der Minister des konstitutionellen Systems besaß lediglich die Möglichkeit, in den vorhergehenden Beratungen seine Stellung eingehend darzulegen und etwaige Bedenken hierbei zur Geltung zu bringen. Falls der Monarch sich jedoch endgültig für eine entgegengesetzte Auffassung entscheiden sollte, hatte der Minister den entsprechenden Weisungen Folge zu leisten, falls er nicht vorzog, sein Ministeramt niederzulegen. Von einem gleichberechtigten Zusammenarheiten von Minister und Monarch, einem „Duumvirat", konnte daher auf keinen Fall die Rede sein[1]).

Zu den mittelbaren rechtlichen Auswirkungen des Grundsatzes der Ministerverantwortlichkeit gehört die Bestimmung des § 35

[1]) Vgl. über dieses Duumvirat Wittmayer „Weimarer Reichsverfassung" 1922, S. 338.

des Reichsbeamtengesetzes, wonach Reichskanzler und Staatssekretäre jederzeit ihren Abschied nehmen konnten, ohne ihres Pensionsanspruches verlustig zu gehen, falls nur gewisse allgemeine Pensionierungsvoraussetzungen gegeben waren. Der Tatsache der Übernahme der Verantwortlichkeit durch den Minister wurde hier in etwa auch rechtlich Rechnung getragen. Im Gegensatz zu der eben erwähnten Regelung des Reichsrechts hat man in Preußen nicht einmal in diesem Umfang dem Bestehen der ministeriellen Verantwortlichkeit staatsrechtlich Rechnung getragen. Nach Art. 45 der alten preußischen Verfassung waren die Minister zwar jederzeit entlaßbar, falls der Monarch ein anderes Kabinett zu bilden beabsichtigte, sie waren jedoch keineswegs berechtigt, auch ihrerseits ihre Entlassung zu verlangen, falls sie die Politik des Monarchen nicht länger glaubten vertreten zu können. Auch für die Mitglieder des preußischen Staatsministeriums galten die Entlassungsgrundsätze des allgemeinen Beamtenrechts, die in Teil II Titel 10 § 95 ff. des Allgemeinen Landrechts geregelt sind, wonach die Entlassung einseitig von dem anstellenden Organ erteilt wird, wobei in der Regel allerdings einem entsprechenden Entlassungsgesuch stattgegeben werden soll.[1])

Die Führung der Exekutive lag daher im konstitutionellen Staat staatsrechtlich allein in der Hand des Monarchen, die sämtlichen übrigen auf exekutivem Gebiet tätigen Personen waren Beamte, d. h. ausführende Organe der ihnen vorgesetzten Krone. Die auf diese Weise dem Monarchen auf dem Gebiet der Exekutive anscheinend weitgehendst eingeräumte Selbständigkeit wurde allerdings praktisch, abgesehen von der politischen Gestaltung der Dinge, auch staatsrechtlich durch zwei Momente wesentlich eingeengt. Der Monarch des konstitutionellen Staates war nicht nur wie in absoluter Zeit durch das Übermaß der Geschäfte gezwungen, sondern rechtlich verpflichtet, sich des ihm in Gestalt der Bürokratie zur Verfügung stehenden Apparates zur Erfüllung seiner exekutiven Aufgaben zu bedienen, und diese Bürokratie erfreute sich ihrerseits gegenüber dem Monarchen in gewissen Grenzen einer persönlichen Unabhängigkeit, die sie früher nicht gekannt hatte[2]).

Das Verhältnis zwischen Monarch und Beamtenschaft hatte sich bereits unter dem aufgeklärten Absolutismus zu wandeln begonnen.

---

[1]) S. Brnnd: Beamtenrecht 2. Auflage 1926 S. 67 und die dort mitgeteilten Entscheidungen des preußischen Oberwaltungsgerichts.

[2]) Über die Anfänge dieses bereits in den Absolutismus hineinreichenden Stabilisierungsprozesses vgl. Jellinek, Allgemeine Staatslehre, 4. Aufl., 1922, S. 695.

Jener außerordentlich bedeutsame Prozeß, während dessen sich der einstige landesherrliche Diener zu einem Beamten im modernen Sinne umzugestalten begann, wurde bekanntlich für Preußen durch das Allgemeine Landrecht zu einem gewissen Abschluß gebracht. Während bis dahin, gemäß der privatrechtlichen Struktur des alten Feudalstaats, die Beamtenschaft lediglich als privatrechtliche Angestellte des Monarchen angesehen wurde und daher den gleichen Vorschriften unterworfen war, wie die übrigen Privatangestellten, erhielt jetzt das Beamtenverhältnis seine eigentümliche öffentlich-rechtliche Prägung, die es bis auf den heutigen Tag von dem Dienstvertrag des Privatrechts unterscheidet[1]). Die Geschichte dieses äußerst langsamen und von mancherlei Rückschlägen bedrohten Entwicklungsprozesses beweist am besten, eine wie gewaltige Neuerung in dem Staatsgefüge des absoluten Staates dieser Gedanke einer persönlich unabhängigen Bürokratie bedeutete.

Der Entwurf zu dem Allgemeinen Landrecht enthielt die auf Suarez zurückzuführende Bestimmung: „Kein Zivilbedienter soll des ihm einmal anvertrauten Amtes ohne Urteil und Recht wieder entsetzt werden“. Durch eine Order Friedrich Wilhelms II. wurde diese für die damalige Zeit außerordentlich weitgehende Bestimmung im Jahre 1790 wieder beseitigt, weil „dadurch Allerhöchstdieselbe in der freien Wahl ihrer Diener beschränkt würde“. Seine endgültige Regelung hat das Beamtenrecht des preußischen Absolutismus dann bekanntlich in Teil II Titel 10 des Allgemeinen Landrechts gefunden. Ganz im Sinne der erwähnten Allerhöchsten Kabinettsorder ist dort die Bewegungsfreiheit der Regierung in erheblich bescheideneren Grenzen angetastet worden, als ursprünglich von Suarez beabsichtigt war. Grundlegende Neuerungen, die auch für die Gegenwart zum Teil noch von direkter Bedeutung sind, finden sich jedoch trotzdem in diesen Bestimmungen des Allgemeinen Landrechts. Der Grundsatz der Berufsfertigkeit, der Angelpunkt des modernen Berufsbeamtentums, ist bereits damals als Voraussetzung der Ernennung zum Beamten grundsätzlich anerkannt worden. Wenn auch das Allgemeine Landrecht in der Frage der Entlassung des Beamten, dem damals praktisch wichtigsten Punkte, nicht soweit gegangen ist, wie der vorher erwähnte Suarezsche Entwurf, so sind doch trotzdem keines-

[1]) Der Beamte wurde jetzt zum Staatsorgan und damit zu dem Staat selber in ein persönliches Verhältnis gesetzt. Hand in Hand mit dieser Wandlung der Grundlagen des Beamtenverhältnisses ging die Stärkung der persönlichen Position des einzelnen Beamten, der sich als Staatsorgan einer größeren Selbständigkeit erfreuen sollte, als sie seinem Vorgänger, dem landesherrlichen Diener, vergönnt gewesen war. Vgl. hierzu Preuß. Städtisches Amtsrecht in Preußen, 1902, S. 12 ff.

wegs unbeachtliche Kautelen zum Schutz des Beamten vor willkürlichen Entlassungen getroffen worden. Kein Beamter konnte wider seinen Willen einseitig von der vorgesetzten Dienststelle entlassen werden. Die Entscheidung über die Entlassung eines Beamten fällte der Staatsrat, nachdem dem Beamten Gelegenheit zur Rechtfertigung gegeben war. In den Fällen, in denen der Landesherr persönlich die Ernennung vollzogen hatte, bedurfte ein die Entlassung aussprechender Beschluß des Staatsrats der Bestätigung des Monarchen.

Einen beachtlichen Schritt weiter ging die bayerische Hauptlandespragmatik über die Dienstverhältnisse der Staatsdiener vom 1. Januar 1805. Artikel 8 bestimmte dort: „Der Verlust des dienerschaftlichen Standes kann nur nach vorher gegangener richterlicher Untersuchung und aus der Kraft des Urteilsspruches eines Justizkollegiums erfolgen und wird auf den unerwarteten Fall, daß ein Staatsdiener fähig sein könnte, die persönliche Würde des Staatsoberhauptes durch Verbal- und Realangriffe zu verletzen, nebst einer unmittelbar erfolgenden Suspension seines ganzen Standes und Dienstverhältnisses unter die gesetzlichen Strafbestimmungen aufgenommen" [1]). Es soll nicht unerwähnt bleiben, daß die in den erwähnten Gesetzen ausgesprochenen Gedanken bereits seit längerer Zeit mannigfach vertreten wurden, und somit diese legislativen Schöpfungen nicht etwas absolut Neues brachten.

Die Inamovibilitätstheorie, wie sie insbesondere von Ullrich von Cramer lebhaft verfochten worden ist, hatte sich bereits im 18. Jahrhundert in der Literatur weitgehende Anerkennung zu schaffen vermocht und insbesondere die Rechtsprechung des Reichskammergerichts maßgeblich beeinflußt [2]). Von unmittelbarer praktischer Bedeutung für das landesherrliche Beamtentum konnte sie jedoch nicht werden, da diesem der Weg an das Reichskammergericht durch die Privilegien de non appellando seu evocando zumeist verschlossen war und die landesherrliche Gesetzgebung und Rechtsprechung ihrerseits vorerst nicht gewillt war, diese alten dynastischen Vorrechte aufzugeben.

Aber noch ein anderer, in der Sache selbst begründeter Unterschied trennt auf beamtenrechtlichem Gebiet das 18. und 19. Jahrhundert. Die Inamovibiltätstheorie sowie sämtliche sonstigen Versuche, dem Beamten eine gesicherte Rechtsposition gegenüber dem Monarchen zu verleihen, stützten sich auf das ius quaesitum

[1]) Abgedruckt bei Nicolaus Th. Gönner in seiner Schrift: „Der Staatsdienst aus dem Gesichtspunkt des Rechtes und der Nationalökonomie", 1808.

[2]) Vgl. Hermann Schulze: Deutsches Staatsrecht, 1881, S. 309 f.

und damit auf das Privatrecht. Für die in feudalstaatlichen Gedankengängen befangene Jurisprudenz war keine andere Lösung denkbar, als den vorhandenen Katalog der wohlerworbenen Rechte um ein besonderes, auf den Schutz der persönlichen Interessen des Beamten zielendes Recht zu vergrößern. Demgegenüber begannen die erwähnten Gesetze des ausgehenden 18. und beginnenden 19. Jahrhunderts bereits die öffentlich-rechtliche Natur des Beamtenverhältnisses anzudeuten, die nur mit anderen juristischen Mitteln als dem wohl erworbenen Rechte konstruktiv richtig erfaßt werden konnte. Hand in Hand mit dieser Lösung des Beamtenrechts aus dem Stoffgebiet des Dienstvertrages und seinem Hineinwachsen in das selbst erst im Werden begriffene öffentliche Recht ging ein anderer, nicht minder wichtiger Umbildungsprozeß. Während für die privatrechtliche Doktrin stets die Wahrung des Individualinteresses des Beamten der leitende Gesichtspunkt gewesen war, legte diese neuere öffentlich-rechtliche Auffassung des Problems den Schwerpunkt nicht in den Beamten, sondern in das Amt. Nicht so sehr um des einzelnen Beamten als um des Staates willen erstrebte man eine Konsolidierung des Beamtenverhältnisses [1]). Neben dem Allgemeinen Landrecht selbst legt für diese neue Auffassung, soweit preußische Verhältnisse in Frage kommen, hiervon insbesondere die Regierungsinstruktion vom 23. Oktober 1817 Zeugnis [2]).

Wenn bereits im absoluten Staat eine derartige Festigung und Verselbständigung der Beamtenschaft gegenüber dem Monarchen als erwünscht angesehen wurde, so erst mit Recht nach Einführung des konstitutionellen Systems. Artikel 98 der preußischen Verfassung vom 31. Januar 1850 bestimmte dementsprechend:

Die besonderen Rechtsverhältnisse der nicht zum Richterstand gehörigen Staatsdiener, einschließlich der Staatsanwälte, sollen durch ein Gesetz geregelt werden, welches, ohne die Regierung in der Wahl der ausführenden Organe zweckwidrig zu beschränken, dem Staatsbeamten gegen willkürliche Entziehung von Amt und Einkommen angemessenen Schutz gewährt."

Das durch die Verfassung angekündigte Beamtengesetz ist niemals erlassen worden. Zur provisorischen Ausfüllung dieser

---

[1]) Über die politische Bedeutung, die die Bureaukratie hiermit erstmalig offiziell erhielt, vgl. G. Jellinek, „Besondere Staatslehre". Ein Fragment veröffentlicht in den ausgewählten Schriften und Reden, Bd. II, S. 28 9.

[2]) Vgl. Rehm: „Die rechtliche Natur des Staatsdienstes nach deutschem Recht" veröffentlicht in Hirths Annalen 1884 und 1885 sowie die dort angegebene Literatur.

Lücke wurde lediglich am 21. Juli 1852 das Disziplinargesetz für nichtrichterliche Beamte erlassen. Wenn auch ein zusammenfassendes Beamtengesetz in Preußen bis auf den heutigen Tag fehlt, so sind doch andererseits in diesem Disziplinargesetz die für den konstitutionellen Staat wichtigsten Fragen zum größten Teil beantwortet worden. Insbesondere die Unabsetzbarkeit des Beamten, es sei denn durch das Urteil eines Disziplinargerichts, war nunmehr erreicht [1]). Bedauerlich blieb, daß in Anbetracht des Fehlens eines allgemeinen Beamtengesetzes weitere Fragen, die für die Verwaltung von nicht geringerem Interesse waren und die insbesondere gegenwärtig von ganz besonderem Interesse sind, wie z. B. das ganze Anstellungs- und Prüfungswesen, gesetzlich nach wie vor ungelöst blieben [2]). In Württemberg, Baden, Bayern und Sachsen-Weimar wurden demgegenüber vollständige Beamtengesetze erlassen [3]). Den gleichen Weg hat auch das Reich in Ansehung seiner Beamten beschritten und hier eine umfassende Regelung in dem Reichsbeamtengesetz von 1873 gegeben.

Auf Grund der vorstehend in kurzen Zügen gezeichneten Entwickelung war aus dem ursprünglich von seinem Souverän völlig abhängigen Staatsdiener ein moderner Berufsbeamter geworden. Wenn der Monarch in konstitutioneller Zeit mit Rücksicht auf seine hierarchische Stellung innerhalb der allgemeinen Behördenorganisation auch nach wie vor von seinen Beamten die strikte Befolgung seiner Anordnungen verlangen konnte, so hatten diese

---

[1]) Dieser Grundsatz der Unabsetzbarkeit bezog sich allerdings nicht ohne weiteres auf sämtliche Beamte und tut es übrigens auch heute noch nicht. Wenn auch der fest angestellte Beamte im allgemeinen die Regel bildet, so gab es von jeher und gibt es noch heute daneben große Beamtenkategorien, die ohne Disziplinarverfahren einseitig von der anstellenden Behörde aus dem Beamtenverhältnis entlassen werden können. In erster Linie sind hier zu nennen: die sämtlichen Beamten im Vorbereitungsdienst, die auf Widerruf angestellten Beamten sowie die Kündigungsbeamten. Darüber, welche Stellen innerhalb der einzelnen Behörde mit Kündigungsbeamten zu besetzen sind, fehlten und fehlen bis heute jegliche gesetzliche Vorschriften, es bleiben maßgebend die in den meisten Ressorts erlassenen internen Dienstanordnungen sowie die allgemeinen Grundsätze der Verwaltungspraxis. Eine gewisse grundsätzliche Entscheidung zu dieser Frage findet sich allerdings in der preußischen Regierungsinstruktion vom 23. Oktober 1817, wonach alle unteren Beamten, die lediglich mechanische Arbeiten zu verrichten haben, womöglich auf Kündigung anzustellen sind. Vgl. im übrigen Brand: Beamtenrecht, 1. Aufl., 1914, S. 31.

[2]) Württemberg — Beamtengesetz vom 28. Juni 1876 und 1. August 1907, Baden 12. August 1908, Bayern 16. August 1908, Sachsen-Weimar-Eisenach 21. Juni 1909.

[3]) Über die Quellen des preußischen Beamtenrechts in konstitutioneller Zeit vgl. Brand: Beamtenrecht, 1. Aufl., 1914, S. 5 ff.

doch andererseits, falls sie ihre Pflichten in der vorgeschriebenen Weise versahen, keinerlei persönliche Angriffe der Krone zu befürchten. Das Beamtenrecht war hiermit zu einer gewissen Schranke für die monarchische Regierungspolitik geworden [1]). Wenn auch das bestehende Recht, zumal mit Hilfe des Institutes der „Versetzung im Interesse des Dienstes", noch für hinreichend große Bewegungsmöglichkeiten des Monarchen gesorgt hatte, so waren dies doch lediglich Hilfsmittel, die grundsätzlich die Tatsache des Bestehens einer persönlich unabhängigen Bürokratie nicht mehr aus der Welt zu schaffen vermochten. Diese Stabilität des neu geschaffenen Berufsbeamtentums stand in einem nicht zu übersehenden Gegensatz zu dem bekannten Selbständigkeitsstreben der Krone. In welchem Maße das Beamtentum praktisch von der ihm verliehenen rechtlichen Position Gebrauch gemacht hat, und seine Stabilität gegebenenfalls auch gegenüber dem Monarchen in die Wagschale geworfen hat, wird an späterer Stelle zu prüfen sein [2]).

Das Hauptfundament dieser Stabilität des Beamtentums lag in der Tatsache der Unentlaßbarkeit des einzelnen Beamten. Ein Recht auf das Amt besaß der Beamte allerdings nicht. Es bestand formalrechtlich die Möglichkeit, eine Anzahl Beamter unter Zahlung ihres vollen Gehalts unbeschäftigt zu lassen. Gelegentlich der Etatberatung des Parlaments mußte jedoch eine etwa mit diesen Mitteln arbeitende Personalpolitik der Krone unerwünschten Korrektoren ausgesetzt sein.

Eine weitere Beschränkung der konstitutionellen Regierungsgewalt ist darin zu erblicken, daß die Beamtenschaft zum notwendigen Staatsorgan geworden war, auf dessen Mitarbeit nicht verzichtet werden konnte. Während der absolute Monarch sich seiner Behördenorganisation lediglich aus einer tatsächlichen Zwangslage heraus bedient hatte, war der Träger der Krone im konstitutionellen Staat verpflichtet, sich seiner nachgeordneten Organe zu bedienen und nicht berechtigt, deren Zuständigkeit zu absorbieren [3]). Hierin lag ohne Zweifel eine gewisse Beschränkung der monarchischen

---

[1]) Daß ein derartig verselbständigtes Beamtentum für den staatlichen Organismus nicht ganz unbedenklich ist, kann allerdings nicht übersehen werden. Vgl. etwa die Schilderung bei Waldecker: Entwicklungstendenzen im deutschen Beamtenrecht. Arch. f. öffentl. R., 1924, S. 144.

[2]) Über die politische Bedeutung dieser Selbständigkeit für den Absolutismus vgl. Heffter: Über die Rechtsverhältnisse der Staatsdiener S. 141 in den Beiträgen zum Deutschen Staats- und Fürstenrecht, 1829.

[3]) Hermann Schultze: Lehrbuch des deutschen Staatsrechts, 1881, S. 281; Laband: Staatsrecht des Deutschen Reiches, 5. Aufl., 1911, Bd. I., S. 366.

Gewalt, deren praktische Bedeutung allerdings von Fall zu Fall verschieden sein mußte. Die Behördenorganisation, die früher mit Rücksicht auf die tatsächlichen Verhältnisse zur Entlastung der Regierung eingerichtet war, erhielt jetzt die staatsrechtliche Weihe. Im übrigen blieb der Monarch nach wie vor oberster Dienstherr der ihm nachgeordneten Beamten, denen er daher jede Anweisung erteilen konnte. Sogar in der Art der Besetzung dieser Behörden blieb der Monarch selbständig, soweit nicht in Ausnahmefällen besondere Organisationsgesetze bestanden. Die Notwendigkeit der Bürokratie beruhte daher im konstitutionellen Staat letzten Endes nach wie vor mehr auf den tatsächlichen Verhältnissen als einer juristischen Norm. Man wird dieser „Notwendigkeit" in Ansehung der gewöhnlichen Verwaltungsbeamten keine übermäßige Bedeutung zulegen dürfen [1]).

Nur in Ansehung einiger weniger Ämter ist diese auf die persönliche Unabhängigkeit des einzelnen Beamten gegründete Stabilität der konstitutionellen Bürokratie im Interesse der erforderlichen Beweglichkeit der Regierung eingeschränkt, jedoch auch hier keineswegs völlig aufgehoben worden. Es handelt sich um die mit „politischen Beamten" besetzten Stellen. Die wichtigste Gruppe dieser sogenannten politischen Beamten, die Minister, hatten wir bereits kennen gelernt. Nach den Regeln des konstitutionellen Systems müssen diese notwendig unbeschränkt entlassen werden können. Abgesehen von dem Minister ist der Grundsatz der Stabilität des Beamtentums im konstitutionellen Staat noch in Ansehung einiger anderer Beamter durchbrochen. Die Auswahl dieser politischen Beamten ist in den deutschen Bundesstaaten und dem Reich nach oft recht verschiedenen Gesichtspunkten gehandhabt worden. Grundsätzlich handelte es sich stets um Beamte, von denen in Anbetracht der Besonderheit ihrer Stellung eine besonders enge Fühlungsnahme mit der Regierung erwartet werden mußte [2]). Die Regelung ist im einzelnen vielfach nur aus der gesamten Struktur der betreffenden Verwaltung zu verstehen, wie am besten vielleicht die Figur des Preußischen Landrats beweist.

Der Weg, auf dem man die angestrebte Homogenität zwischen diesen Beamten und der Regierung zu erreichen hoffte, war die Möglichkeit der Versetzung in den einstweiligen Ruhestand. Der politische

---

[1]) Vgl. Jellinek, Allg. Staatslehre, S. 558 ff.

[2]) Die politischen Beamten der Reichsverwaltung waren in § 25 RBeamtG, die der Preußischen Verwaltung in § 87 Abs. II des Disziplinargesetzes für nichtrichterliche Beamte aufgezählt.

Beamte wurde nicht etwa schlechthin entlassen, sondern lediglich seiner Stelle entsetzt, wofür ihm andererseits allerdings seine Bezüge entsprechend gekürzt wurden [1]). Während dieser Versetzung in den einstweiligen Ruhestand behielt jedoch der Beamte seinen Charakter als aktiver Beamter, zumal in disziplinarer Beziehung, bei. Die Bemessung des Wartegeldes war in Preußen im Gegensatz zu dem Reich, wo es 3/4 des pensionsfähigen Diensteinkommens betrug, für den Beamten außerordentlich ungünstig. Das höchst zulässige Wartegeld betrug 6000 Mk. (vgl. Brand a. a. O., S. 271).

Ebensowenig wie bei den Ministern kann man auch in Ansehung der politischen Beamten in dieser Sonderregelung ein sie von der breiten Masse des Beamtentums grundsätzlich unterscheidendes Moment erblicken. Wie weitgehend allerdings von diesen politischen Beamten Solidarität mit der Regierungspolitik gefordert wurde, beweist u. a. die berühmte Allerhöchste Botschaft vom 4. Januar 1882 [2]), wonach diese Beamten die Regierungspolitik auch bei den Wahlen zu vertreten hatten [3]). Die Bemerkung Max Webers von der „landrätlichen Wahlmaschine" dürfte u. a. auf diesen Erlaß zurückzuführen sein. Der Nachweis dafür, daß trotzdem eine grundsätzliche Wesenverschiedenheit zwischen diesen politischen Beamten und der übrigen Beamtenschaft im konstitutionellen Staat nicht bestand, wird erst in einem späteren Zusammenhang endgültig geführt werden können.

Wenn auch das übrige Beamtentum gegenüber diesen politischen Beamten ein beträchtlich größeres Maß an politischer Selbständigkeit besaß, so hatte es sich doch ebenfalls in seiner politischen Betätigung gewisse Schranken aufzuerlegen. Die Entscheidung über das, was dem Beamten auf politischem Gebiete erlaubt war, wurde in die Hand der Disziplinarbehörden gelegt, auf Grund deren Spruchpraxis sich im Laufe der Zeit gewisse grundsätzliche Normen herausbildeten [4]).

---

[1]) Nur die Minister konnten ohne weiteres entlassen werden.

[2]) Der Text dieser Allerhöchsten Botschaft ist u. a. abgedruckt bei v. Röll: Bismarcks Staatsrecht, 1903, S. 355.

[3]) Die persönliche Auffassung Bismarcks über diese Frage ergibt sich aus einem Brief an den Pommerschen Oberpräsidenten Senfft von Pilsach. Abgedruckt bei v. Röll: Bismarcks Staatsrecht, S. 385.

[4]) Bereits für die Anstellung eines Beamten war sein politischer Leumund nicht unbeachtlich. Durch entsprechende Bestimmungen aus den Jahren 1850 und 1856 wurde als allgemeine Voraussetzung der Anstellung „ein untadelhaftes Verhalten auch in politischer Beziehung" verlangt. Vgl. darüber Brand a. a. O., 1. Aufl., S. 66.

Grundsätzlich besaßen die Beamten der Deutschen konstitutionellen Monarchien allerdings alle politischen Rechte in gleichem Umfange wie die übrigen Staatsbürger. Die Ausübung dieser politischen Rechte war jedoch dem Beamten durch seine amtliche Stellung in verschiedener Richtung ganz erheblich beschnitten. Der Beamte besaß das aktive und passive Wahlrecht. Völlige Wahlfreiheit wurde dem Beamten im konstitutionellen System jedoch nirgends zugebilligt. Wenn von ihm auch nicht verlangt wurde, daß er ausschließlich die der Regierung jeweils besonders genehmen Parteien unterstützte, so wurde doch in einer jeden Unterstützung einer die Grundlagen des Systems bekämpfenden Partei ein disziplinarisch zu ahndender Verstoß gesehen. Ein Beamter, der beispielsweise vor dem Kriege die sozialdemokratische Partei unterstützte, verletzte seine Amtspflicht [1]).

Darüber hinaus war der Beamtenschaft jede mit der hierarchischen Disziplin nicht zu vereinbarende Kritik der Regierung untersagt. Kritisieren durften die Beamten zwar die Regierung, aber nur in ruhiger und sachlicher Form und in den durch ihre amtliche Stellung ihnen gebotenen Schranken. Die Beteiligung an öffentlichen Demonstrationen gegen die Regierung wurde gleichfalls als Disziplinarvergehen angesehen [2]). Desgleichen durften sich die Beamten nicht solchen Vereinen anschließen, deren Ziele den allgemeinen staatlichen oder auch nur den dienstlichen Interessen zuwiderliefen. Während in Preußen dieses Verbot lediglich in einem Ministerialerlaß vom 11. Mai 1850 ausgesprochen war, hatte das Bayerische Beamtengesetz diese Bestimmung in seinem Artikel 16 zum Rechtssatz erhoben.

Eine besondere Berücksichtigung verdient schließlich das passive Beamtenwahlrecht. Die Beamten des konstitutionellen Staates besaßen ausnahmslos das passive Wahlrecht [3]). Lediglich in dem Regierungsentwurf zu einer Verfassung für den Norddeutschen Bund sollte den Bundesbeamten das passive Wahlrecht genommen werden. In der parlamentarischen Beratung des Entwurfs

---

[1]) Brand, Beamtenrecht, 1. Aufl., 1914, S. 555 sowie die dort angeführten Entscheidungen; vgl. u. a. ein Urteil des Preußischen Oberverwaltungsgerichts vom 4. Juni 1907 sowie einen Staatsministerialbeschluß vom 29. Oktober 1904 bei v. Rheinbaben, „Disziplinargesetze", 2. Aufl., 1911, S. 83.

[2]) Vgl. Robert Piloty: Streitfragen aus dem Beamtenrecht, Arch. f. öffentl. R. 1915, S. 21 ff.

[3]) Vgl. hierzu Wilhelm Clauß: Der Staatsbeamte als Abgeordneter, erschienen in den Freiburger Abhandlungen aus dem Gebiete des öffentlichen Rechts. 1906.

ist jedoch diese Bestimmung später wieder gestrichen worden [1]. In ihrer Tätigkeit als Abgeordnete unterlagen die Beamten grundsätzlich keinerlei aus ihrer Stellung herrührenden Bindungen [2]. Komplikationen haben sich vornehmlich in Ansehung der parlamentarischen Tätigkeit politischer Beamter ergeben, die gerade im Preußischen Landtag durch die Landräte verhältnismäßig zahlreich vertreten waren, Gelegentlich einer heiß umstrittenen Kanalvorlage verlangte im Jahre 1899 die Preußische Staatsregierung von den beteiligten politischen Beamten die Abgabe ihrer Stimme in einem der Regierung günstigen Sinne. Als diesem Wunsche nicht nachgekommen wurde, wurden bekanntlich gleichzeitig zwei Regierungspräsidenten sowie eine ganze Reihe Landräte zur Disposition gestellt [3].

Um abschließend diese Ausführungen über die rechtliche Stellung des Beamtentums im konstitutionellen Staat noch einmal zusammenzufassen, so dürfte diese am besten durch zwei Momente charakterisiert werden: Auf der einen Seite die rechtlich gesicherte persönliche Position des einzelnen Beamten, auf der anderen Seite die unbedingte Befehlsunterworfenheit der gesamten Bürokratie, die der Regierung in den durch die Gesetze gezogenen Schranken vollkommen zur Verfügung stand.

---

[1] Vgl. hierzu Paul v. Röll: Bismarcks Staatsrecht, 1903, wo insbesondere die Ausführungen Bismarcks zu der im Text erwähnten Regierungsvorlage abgedruckt sind (S. 142). „Je mächtiger die parlamentarischen Einflüsse auf das Staatsleben einwirken, desto notwendiger ist meines Erachtens eine straffe Disziplin in dem Beamtenstande. Wir haben in Preußen augenblicklich gewissermaßen zwei Verfassungen, die nebeneinanderlaufen, wir haben die alte Konstitution des Absolutismus, die ihre Schutzwehr gegen Willkür in der Unabsetzbarkeit des Beamtentums fand und wir haben die moderne konstitutionelle Verfassung, mit welcher in fast allen Ländern diese Unabsetzbarkeit des Beamtentums unverträglich gedacht wird."

[2] Paul Laband: Das Staatsrecht des Deutschen Reiches. 5. Aufl. 1911. Bd. I. S. 488.

[3] Bereits im Jahre 1872 gelegentlich der Beratungen über die Preußische Kreisordnung tauchte die Frage auf, wie weit die politischen Beamten der Regierung in ihrer Eigenschaft als Parlamentsmitglieder Folge zu leisten hätten. Bereits damals stellte der Preußische Minister des Innern sämtliche Landräte, die gegen die Regierungsvorlage gestimmt hatten, vor die Alternative, das Mandat niederzulegen oder sich zur Disposition stellen zu lassen. Größeres Aufsehen erregte das im Text erwähnte Vorgehen der Regierung gelegentlich der Beratungen über die Vorlage des Mittellandkanals. Am 26. August 1899 wurden die sämtlichen der Regierung opponierenden politischen Beamten zur Disposition gestellt, der „kanalisierte Landrat" ist seitdem zu einem festen Begriff für die preußische innere Verwaltung geworden. Zur Rechtfertigung dieses Vorgehens der Regierung erschien in der amtlichen Berliner Korrespondenz eine längere Erklärung, in der es am Schluß hieß: „Es mag hierzu bemerkt

Kapitel V.

Die politische Stellung der Exekutive im konstitutionellen Staat.

Die Exekutive der konstitutionellen deutschen Monarchie war grundsätzlich dem Träger der Krone vorbehalten. Das Prinzip der Ministerverantwortlichkeit bezog sich abgesehen davon, daß es direkte praktische Bedeutung weder im Reich noch in Preußen erlangen konnte, lediglich auf eine gerichtliche Verantwortlichkeit. Eine politische Verantwortlichkeit der leitenden Minister gegenüber dem Parlament wurde in dem konstitutionellen System staatsrechtlich niemals anerkannt. Hiermit ist allerdings das tatsächliche Bestehen einer derartigen Beziehung zwischen Parlament und Ministerium keineswegs von vornherein ausgeschlossen. Auch das konstitutionelle System bot gegebenenfalls die geeigneten Voraussetzungen, auf denen sich ein derartiges Abhängigkeitsverhältnis zwischen Ministerium und Parlament hätte aufbauen können. Wie etwa in England der Übergang vom konstitutionellen zum parlamentarischen System nicht auf dem Wege der Gesetzgebung, sondern der politischen Praxis vollzogen ist, bestanden ähnliche Möglichkeiten auch für den deutschen Konstitutionalismus.

Deutschland ist den englischen Weg nicht gegangen. Das in der Verfassung begründete konstitutionelle System ist auch für die praktische politische Gestaltung der Dinge bis zum Ausbruch des Krieges im großen und ganzen maßgeblich geblieben. In der Kriegszeit, zumal seit der Kanzlerschaft des Grafen Hertling, begann sich die Lage allerdings langsam zu verschieben, dem parlamentarischen System entlehnte Grundsätze beeinflußten von nun an auch die deutschen Regierungsbildungen. Da es sich jedoch bei diesen Erscheinungen bereits um die Auswirkungen einer Übergangszeit handelt, können sie bei einer Darstellung des konstitutionellen Systems keine Berücksichtigung finden.

Wenn der deutsche Konstitutionalismus auch den Einfluß der Krone auf dem Gebiet der Exekutive ungeschmälert erhielt, vielleicht sogar in mancher Beziehung in späteren Jahren gegenüber den unruhigen Zeiten des Frühkonstitutionalismus verstärkt hatte,

---

sein, daß die Staatsregierung bei ihrer Entschließung selbstverständlich nicht die Stellung der betreffenden Beamten als Landtagsabgeordnete zu den Tagesfragen, sondern lediglich deren Verhalten gegenüber den besonderen Pflichten des von ihnen gegenwärtig bekleideten Amtes in Betracht gezogen hat." Die praktische Unvereinbarkeit jedes Mandats mit einer Beamtenstellung dürfte gerade durch diese Regierungserklärung schlagend bewiesen sein.

so hat es doch auch in Deutschland an heftigen Kämpfen um die Exekutive keineswegs gefehlt. Der Kampf, den Krone und Parlament Jahrzehnte hindurch um die Exekutive geführt haben, ist bekannt.

Während in der Zeit des Preußischen Frühkonstitutionalismus der Ausgang dieses Kampfes um die politische Macht mit Recht zweifelhaft sein konnte, haben die Ereignisse der nächsten Jahrzehnte, insbesondere die Person des ersten deutschen Kanzlers, die Stellung des Monarchen denkbar gefestigt. Als Bismarck im Jahre 1862 inmitten der schwersten parlamentarischen Kämpfe das Amt des preußischen Ministerpräsidenten übernahm, geschah dies unter der Devise: „Für das Königtum gegen die Parlamentarherrschaft." Als derselbe Bismarck vom dem Reichskanzleramt fast 30 Jahre später schied, war dieser Kampf zugunsten des Monarchen entschieden, und es bedurfte erst der unglücklichen Politik seiner Nachfolger, um die gewonnene Stellung vollkommen zu erschüttern [1]).

Wenn Bismarck auch formaljuristisch ein „Beamter" der Krone blieb und sich selbst gern als den Diener seines kaiserlichen Herrn bezeichnete, so ist doch seine Stellung mit derjenigen seiner Nachfolger nicht zu vergleichen. Die Politik, die Bismarck im Namen der Krone führte, war ihrem ganzen Wesen nach seine eigene, war Bismarcksche Politik. Wenn Bismarck in den parlamentarischen Kämpfen um seine ministerielle Selbständigkeit im Namen der Krone kämpfte, wenn er andererseits seine Selbständigkeit gegenüber autokratischen Wünschen des Monarchen mit einem Hinweis auf die Verantwortlichkeit des leitenden Ministers für die Politik der Krone zu begründen pflegte, so hat er sich anscheinend innerlich weder als ausgesprochener Sachwalter der Krone noch viel weniger aber des Parlamentes gefühlt. Gerade in dem tragischen Konflikt des Altreichskanzlers mit dem jungen Kaiser hat sich deutlich gezeigt, wie der alte Bismarck sich im tiefsten Grunde seines Herzens trotz aller dynastischen Tradition als Sachwalter seines Volkes empfand, dessen Geschicke ihm anvertraut waren [2]). In dem jungen Deutschen Kaiserreich waren es in der Tat drei politische Kräfte, die um die politische Macht kämpften: das Parlament, die Krone

---

[1]) Vgl. Bismarck: Gedanken und Erinnerungen, Bd. III, S. 44 mit Bd. I, S. 296. (Soweit in Zukunft Bd. I und Bd. II der Gedanken und Erinnerungen zitiert sind, handelt es sich stets um die Volksausgabe aus dem Jahre 1916.)

[2]) Über die Stellung Bismarcks vgl. etwa L. Lowell: „Governments and parties in continental Europe." 1897. Bd. II, S. 4: „Up to this time (dem Rücktritt Bismarcks) the common will had been that of the chancellor."

und das Genie des ersten Kanzlers. Wenn das Parlament bei diesem Ringen um die Macht ausschied, so war dies der Politik des ersten Kanzlers zu danken, der die Autorität der Krone so weit gefestigt hatte, daß diese schließlich auch ihren letzten Antipoden auf exekutivem Gebiet, den Altreichskanzler selber, aus dem Sattel heben konnte.

Mit dem Abgang des Fürsten Bismarck war die Selbständigkeit des Monarchen auf exekutivem Gebiet wieder in seit langem nicht gekannten Ausmaßen gesichert. Die aktive Natur des jungen Kaisers, sowie die ihm anerzogene Auffassung von seinem Herrscheramt haben bewirkt, daß diese Stellung der Krone im Sinne einer höchstpersönlichen Politik des Monarchen ausgewertet wurde. Es war kein Zufall, daß der Nachfolger Bismarcks aus den Reihen der Armee genommen wurde, in der das Gefühl für die monarchische Autorität sowie die Subordination besonders stark entwickelt war[1]). Treffend charakterisierte der Altreichskanzler die damalige Stellung des Monarchen mit den Worten, „daß der König von Preußen im Staatsministerium die gleiche Stellung einnehme wie der absolute König von Frankreich im lit de justice, während die Minister zu bloßen Kabinettssekretären herabgesunken seien[2])[3])".

Das System, das Ministeramt zu bürokratisieren, und lediglich erfahrenen Beamten die höchsten politischen Staatsämter anzuvertrauen, hat sich dann zum letzten Male mitten im Kriege ausgewirkt, als der Unterstaatssekretär im Preußischen Finanzministerium, Michaelis, zum deutschen Reichskanzler berufen wurde. Diese Bürokratisierung der deutschen Politik rechnet allerdings nicht erst von Bismarcks Sturz an. Gerade die gewaltige Persönlichkeit des ersten Kanzlers mußte notwendig alle Individualitäten unter den ministeriellen Kollegen ertöten und diese zu Handlangern degradieren, eine Erscheinung, über die sich Bismarck selbst oft genug bitter beklagt hat.

Es waren die absoluten Regierungsprinzipien, die sich in diesen bürokratisierten Kabinetten offenbarten, die Grundsätze eines Absolutismus, der gerade in seinen besten Zeiten unter völliger Zurückdrängung des einzelnen Ministers die denkbar zentralste Zusammenfassung aller Regierungsgewalt in der Hand des Monarchen

---

[1]) Vgl. Bismarck: Ged. u. E., Bd. III, S. 114.

[2]) Vgl. Ged. u. E., Bd. III, S. 119.

[3]) Unzutreffend für deutsche Verhältnisse ist das von Wittmayer gezeichnete Bild, der den Einfluß des konstitutionellen Ministers so hoch glaubte einschätzen zu sollen, daß er sogar von einem Duumvirat von Monarch und Minister zu sprechen pflegt (vgl. Weimarer Verf., S. 337 ff.).

angestrebt hatte. Nachdem dieses Bemühen bereits unter den Nachfolgern Friedrichs II., der Not gehorchend, aufgegeben werden mußte, nachdem auch der Versuch unter Hardenberg, durch Schaffung der Stellung eines Staatskanzlers die alte Einheitlichkeit der Preußischen Staatsverwaltung wiederzugewinnen, gescheitert war, sollte unter Bismarck das scheinbar Unmögliche, trotz des gewaltigen Anschwellens der Geschäfte, noch einmal wieder möglich gemacht werden. Der Altreichskanzler vereinigte in der Tat in seiner Hand die gesamte damalige Regierungsgewalt[1]). Während im Reich dieser tatsächlichen Situation auch die staatsrechtliche Stellung des Reichskanzlers entsprach, besaß letzterer in seiner Eigenschaft als preußischer Ministerpräsident in den Mitgliedern des preußischen Staatsministeriums zwar formaljuristisch koordinierte „Kollegen", die aber in praxi sich seinem übermächtigen Einfluß ebenfalls nicht zu entziehen vermochten. So mußten die selbständigen politischen Köpfe innerhalb der deutschen Regierung seltener und seltener werden, „Beamte" traten an ihre Stelle.

Diese straffe Zentralisierung aller politischen Macht, die nur ein politisches Genie von den Ausmaßen eines Bismarck zu meistern verstand, mußte mit dessen Scheiden zu schwersten Komplikationen führen. Der alte Erbfehler des absolutistischen Regimes trat offen zutage: die Unentbehrlichkeit des politischen Genies. Es wird nie entschieden werden, ob das Deutschland der nachbismarckischen Zeit einen Mann besessen hat, der das große Erbe zu übernehmen imstande gewesen wäre. Mag diese Frage auch unentschieden bleiben, Tatsache ist, daß die Politik der letzten Jahrzehnte nicht nur nicht das Ihre dazu getan hat, um diesen Mann gegebenenfalls an die Spitze zu berufen, sondern daß durch die planmäßige Bürokratisierung des Staatsministeriums notwendig jede schöpferisch politische Persönlichkeit von den leitenden Stellen ferngehalten wurde. Es wird immer die Tragik der Bismarckschen Politik bleiben, daß sie die realpolitischen Voraussetzungen geschaffen hat, die eine solche Entwicklung ermöglichten. Wenn auch neben einem Meister der Politik wie Bismarck Bürokraten die einzelnen ministeriellen Ressorts zufriedenstellend „verwalten" konnten, so mußte nach Fortfall dieser politischen Führung die zurückbleibende ministerielle Bürokratie unfähig sein, den Staat auch ferner zu lenken. Mit vollstem Recht hat Oswald Spengler das Jahr 1877 als ein Schicksalsjahr deutscher Politik insofern bezeichnet, als damals der Versuch, in

[1]) Über die technischen Schwierigkeiten dieser Zentralisierung vgl. die interessanten Ausführungen bei Bredt: „Der Geist der deutschen Reichsverfassung" 1924, S. 156 ff.

der Person des nationalliberalen Führers Rudolf v. Benningsens, einen Politiker für die Exekutive zu gewinnen, hoffnungslos scheiterte[1]).

Ein Mann wie Caprivi, der in dem Monarchen auch als Kanzler seinen „allerobersten Kriegsherrn" sah, war die geeignete Person, um diesen Prozeß der Bürokratisierung des Staatsministeriums weiter fortzuführen. Die monarchische Autorität war somit in denkbar weitestem Ausmaß gesichert. Weit entfernt von einer Heranziehung des Parlaments zu exekutiven Aufgaben, die etwa den bestehenden Dualismus des konstitutionellen Systems hätte abschwächen können, war man darüber hinaus peinlich bemüht, ausgesprochen politische Persönlichkeiten den Kabinetten fernzuhalten, da diese gegenüber der Krone vielleicht ein zu starkes Maß persönlicher Selbständigkeit hätten beanspruchen können.

Die Mängel dieses Systems offenbarten sich erst im Kriege in ihrer ganzen Tragweite. Damals versagten die bürokratisierten Kabinette. Persönlichkeiten mit der Lebensauffassung und der Dienstanschauung der Reichskanzler v. Bethmann-Hollweg und Michaelis waren einem von politischem, d. h. selbstschöpferischem Wollen so ausgesprochen durchdrungenen Manne wie Ludendorff nicht gewachsen. Die Tatsache, daß Deutschland „seit dem Rücktritt Bismarcks von Beamten (im geistigen Sinne des Wortes) regiert wurde"[2]), hat sich wohl selten so schonungslos enthüllt, wie in diesem Ringen der politischen Leitung mit der eigenen Heeresleitung und erst recht mit den ausländischen Kabinetten, denen ausgesprochene Politiker vom Schlage Clémenceaus und Lloyd Georges angehörten.

Angesichts dieser politischen Struktur der deutschen konstitutionellen Ministerien kann über die politische Rolle des Beamtentums kein Zweifel mehr bestehen. Wenn schon der Minister grundsätzlich ein abhängiges Werkzeug in der Hand des Monarchen war, so das ihm nachgeordnete Beamtentum erst recht. Während jedoch

---

[1]) Vgl. Oswald Spengler: „Neubau des Deutschen Reiches", 1924, S. 4ff.; vgl. über das Nähere Bismarck, Ged. u. E., Bd. II, S. 208 ff.: „Benningsen darf überhaupt nicht darauf rechnen, daß es dem Könige und unserer ganzen politischen Lage gegenüber möglich sein werde, seine Fraktion gewissermaßen in das Ministerium mitzunehmen und als ihr Führer den ihrer Bedeutung entsprechenden Einfluß im Schoße der Regierung auszuüben, gewissermaßen ein konstitutionelles Majoritätsministerium zu schaffen. Bei uns sei der König tatsächlich und ohne Widerspruch mit der Verfassung Ministerpräsident und Benningsen würde als Minister bald zwischen dem Könige und seiner Fraktion zu wählen haben."

[2]) Vgl. Max Weber, „Parlament und Regierung" veröffentlicht in den gesammelten politischen Schriften. S. 154.

für das Ministerium in dieser weitgehenden Bürokratisierung aus den angeführten Gründen eine Schwäche des alten Systems gesehen werden muß, lag darin in Ansehung der Bürokratie seine unleugbare Stärke.

Das Beamtentum des konstitutionellen Staates bildete eine Einheit in der Hand des leitenden unmittelbaren Staatsorgans. Diese Einheit beruhte keineswegs allein auf der in dem vorigen Kapitel geschilderten staatsrechtlichen Situation. Es war nicht allein das äußere Band der formalen Rechtssatzung, das das Beamtentum zu einem homogenen Ganzen verband, wichtiger als die juristische Norm war die eigenartige soziologische Verfassung des deutschen Beamtentums der konstitutionellen Zeit.

Der Konstitutionalismus kannte keinen Beamtenberuf, sondern allein einen Beamtenstand[1]. Während im allgemeinen die mit der französischen Revolution einsetzende Bewegung den Ständestaat und mit ihm die Stände beseitigt hatte, gelang es in Deutschland zwei Ständen, sich in die neue Zeit hinüberzuretten: Beamtentum und Adel. Der Beamte des konstitutionellen Staates gehörte einem Stande und keiner Berufsgruppe an.

Die Tatsache, daß es sich bei dem Beamtentum um einen Stand und nicht um eine Berufsgruppe handelte, wurde an den verschiedensten Stellen offensichtlich. Dem Beamtentum eignete eine spezifische Einstellung zu den Dingen, es besaß eine Gleichartigkeit der Lebens- und Weltanschauung, die sich teilweise bis in das Groteske steigerte und in Kleinigkeiten verlor. Daß auch auf moralischem Gebiet derartige „ständische" Bildungen bestanden, beweist am besten der dem deutschen Konstitutionalismus geläufige Begriff der Beamtenehre. Es wäre unverständlich gewesen, wenn eine derartig weitgehende Gleichartigkeit der Gesinnung sich nicht auch auf politische Fragen übertragen hätte. In der Tat besaß das deutsche Beamtentum in konstitutioneller Zeit ein weitgehend gemeinsames politisches Glaubensbekenntnis. Diese ständischen Bindungen, denen der Beamte unterlag, waren unvergleichlich stärker und tragfähiger als die formalrechtlichen des Disziplinarverfahrens, die wir an anderer Stelle kennen gelernt haben. Für den Beamten der konstitutionellen Monarchie bedurfte es zumeist nicht erst der juristischen Norm, um seine politische Stimmung zu bestimmen.

---

[1]) Eine wichtige praktische Konsequenz dieses Satzes liegt in dem Wesen des Beamtengehaltes. Das Gehalt ist nicht ein Zug um Zug zu gewährender Dienstlohn, sondern eine von dem Staat seinen Beamten gewährte Unterhaltsrente unbeschadet der von diesen geleisteten Arbeit. Vgl. hierzu: Brand, „Beamtenrecht", 2. Aufl., 1926, S. 100 und die dort angegebene Judikatur.

Ihre besondere Bedeutung erhält diese ständische Geschlossenheit des Beamtentums durch die Stellung des Monarchen im Rahmen dieser ständischen Organisation. An der Spitze des Beamtenstandes stand der jeweilige Träger der Krone. Bis in die letzte Zeit des konstitutionellen Staates ist an diesem Grundsatz niemals gerüttelt und das enge Band, das Monarch und Beamtenschaft umschloß, stets in den Vordergrund geschoben worden.

Diese monarchische Führung des deutschen Beamtentums hat sich insbesondere auf politischem Gebiet von eminent praktischer Bedeutung gezeigt. Wir werden an einer späteren Stelle noch Gelegenheit haben, uns mit der Bedeutung einer einheitlichen Staatsauffassung der Bürokratie überhaupt im Zusammenhang auseinander zu setzen. Hier genügt die Feststellung, daß das Beamtentum auf Grund seiner ständischen Geschlossenheit eine weitgehende Gleichartigkeit der politischen Anschauungen besaß, und daß auf die Bildung der letzteren der Monarch nicht ohne erheblichen Einfluß war. Da jedoch andererseits dem Monarchen die Führung der Exekutivgeschäfte übertragen war, war auf Grund dieser eigenartigen sozialen Organisation eine durchgehend einheitliche politische Orientierung sämtlicher für die Exekutive des konstitutionellen Staates maßgeblicher Faktoren erreicht.

Wir können diese Betrachtung über das Beamtentum des konstitutionellen Staates nicht abschließen, ohne nicht noch auf eine Frage einzugehen, die in der Vergangenheit oftmals Gegenstand erbitterter Kämpfe gewesen ist: das Verhältnis zwischen Beamtentum und Partei.

Der Ruf nach einer Entpolitisierung des Beamtentums ist in Deutschland nicht zum erstenmal nach Einzug des parlamentarischen Regimes erhoben worden, auch im konstitutionellen Staate begegnen ähnliche, wenn auch seltenere Klagen[1]). Insbesondere zwischen dem preußischen Beamtentum, speziell demjenigen der inneren Verwaltung, und der konservativen Partei hat man derartige Zusammenhänge geglaubt nachweisen zu können. Die Figur des preußischen Landrats, des Prototyps dieses politisierten Beamten, war in konstitutioneller Zeit ein beliebtes Streitobjekt[2]). Rein

[1]) An erster Stelle ist hier Max Weber zu nennen, der die sogenannte „Subalternpatronage" nachdrücklichst als ein Charakteristikum des deutschen Konstitutionalismus bezeichnet hat. Vgl. Max Weber, „Beamtenherrschaft und politisches Führertum", veröffentlicht in den ges. polit. Schriften S. 147.

[2]) Max Weber: „Parlament und Regierung im neugeordneten Deutschland", ges. polit. Schriften 1921, S. 181: „Denn unsere Zustände können jeden lehren, daß eine reine Beamtenherrschaft um dieser Eigenschaft willen nicht etwa schon: keine Parteiherrschaft bedeutet. Andere als konservative

äußerlich lassen sich in der Tat derartige Zusammenhänge nicht leugnen. Das preußische Beamtentum der Monarchie war tatsächlich in seiner überwiegenden Mehrzahl konservativ, das der inneren Verwaltung vielleicht in gesteigertem Maße. Trotz dieser nicht zu leugnenden Tatsache wäre es irrig, wenn man von einem direkten Zusammenhang zwischen Partei und Beamtentum reden wollte. Die Tatsache, daß das Beamtentum konservativ war, erklärt sich nicht aus irgend welchen unmittelbaren Zusammenhängen zwischen dieser bestimmten Partei und der Bürokratie, sondern allein aus der Stellung des Monarchen zu dieser Partei.

Es lag nahe, daß dem Monarchen diejenige Partei innerlich am nächsten stand, die, ursprünglich gleich ihm nur dem Zwang der äußeren Verhältnisse gehorchend, das neue System anerkannte und deren Ideal nach wie vor die Vergangenheit des Absolutismus geblieben war. Derartige politische Glaubensgenossen fanden die deutschen Monarchen allein in den Reihen der Konservativen. Wenn daher das Beamtentum ebenfalls politische Ansichten vertrat, die denjenigen der konservativen Partei stark ähnelten, kann dies nicht weiter Wunder nehmen [1]). Trotzdem vertrat das Beamtentum seine politischen Ansichten niemals deshalb, weil es diejenigen der konservativen Partei waren, sondern einzig und allein deswegen, weil sie die für seinen Stand autoritativ gegebenen waren. Die Kongruenz der politischen Glaubensbekenntnisse der konservativen Partei auf der einen und der Beamtenschaft auf der anderen Seite, war eine Zufälligkeit. Ähnliche Verhältnisse konnten sich, wenn die notwendigen Voraussetzungen gegeben waren, auch zwischen irgend einer anderen Partei und dem Beamtentum herausbilden [2]).

Jegliche organische Verbindung mit einer politischen Partei, sei es auch nur, wie Max Weber behauptet hat, eine inoffizielle gewesen, war mit dem ideologischen Unterbau des deutschen Konstitutionalismus unvereinbar [3]). Im Gegensatz zu England, wo der

Landräte sind in Preußen unmöglich und der deutsche Scheinparlamentarismus beruht in allen seinen Folgen auf dem seit 1878 bestehenden, von den Parteiinteressenten gepflegten Axiom: daß jede Regierung und ihre Vertreter notwendig konservativ sein müßten, einige Konzessionen an die Patronage der preußischen Bourgeoisie und des Zentrums dabei in Kauf nehmend."

[1]) Vgl. Delbrück: Regierung und Volkswille, 1914, S. 183.

[2]) Zu einer näheren Orientierung sei hier auf das äußerst interessante Kapitel „Parteipolitik" der „Deutschen Politik" des Fürsten Bülow verwiesen.

[3]) Eine Ausnahmestellung nimmt hier m. W. allein der Kriegsminister von Roon ein, der als alter Konservativer den Konnex zwischen Partei und Regierung so innig gestaltet wissen wollte, daß er dem Minister des Innern die Reorganisation der konservativen Partei zur amtlichen Pflicht machte (vgl. Bismarck, Gedanken und Erinnerungen Bd. II, S. 172). Für die über-

Staat auf den politischen Parteien recht eigentlich beruht, in ihnen sein organisches Fundament findet, trennte in Deutschland die beiden maßgeblichen Faktoren, Parlament und Krone, eine kaum zu überbrückende Kluft.

Ein Parteidogma mochte vom Standpunkt der konstitutionellen Monarchie aus sachlich noch so annehmbar sein, es blieb stets das Parteidogma, wenn auch vielleicht die Regierung die eigenen Anschauungen weitgehend diesem Parteistandpunkte assimilierte [1]). Für den deutschen Konstitutionalismus war die Begrenztheit stets ein notwendiges Charakteristikum der politischen Partei, der gegenüber allein der Monarch und die von ihm geleitete Exekutive den universalen Standpunkt, die „staatspolitischen" Belange, zu wahren wußte. Daß die partikularistischen Instinkte, die in jeder Partei liegen, durch diese Politik stark gefördert worden sind, mag nur beiläufig erwähnt sein. Auf jeden Fall war es bei dieser grundsätzlichen Einstellung zu der politischen Partei für die konstitutionelle Monarchie ein Unding, sich irgend einer Partei, und sei es auch der konservativen, zu verschreiben. Alle etwaigen Übereinstimmungen der politischen Ansichten des Beamtentums mit denen einer bestimmten politischen Partei waren daher lediglich äußerlicher Natur, die ihren inneren Grund allein in einer augenblicklichen Gleichartigkeit der politischen Anschauung der Krone mit derjenigen einer bestimmten Partei

wältigende Mehrzahl der deutschen Politiker der konstitutionellen Zeit galt demgegenüber der Satz Bülows: „Die politischen Prinzipien, denen ein Minister nachzuleben hat, sind eben ihrem Wesen nach ganz anders als die Grundsätze, die für einen Parteimann gelten, sie sind staatspolitisch nicht parteipolitisch." (vgl. Deutsche Politik, Volksausgabe 1916, S. 171).

[1]) Eine ganz besondere Rolle spielt in diesem Zusammenhang der „konservative preußische Landrat", der als politischer Beamter der allgemeinen Staatsverwaltung die politischen Belange der Staatsregierung zu wahren hatte, um gleichzeitig auf Grund seiner kommunalen Stellung auf die speziellen politischen Wünsche seiner kreiseingesessenen Bevölkerung Rücksicht nehmen zu müssen. Dieses politische Lavieren zwischen der Staatsregierung auf der einen, dem Kreistag auf der anderen Seite, das gegenwärtig die Stellung des Landrats oftmals so erschwert, war bereits in konstitutioneller Zeit der Grund dafür, daß die Landräte in allen den Kreisen, wo die Kommunalparlamente unter konservativem Einfluß standen, was bei dem früheren Kommunalwahlrecht im Osten ganz allgemein der Fall war, einen engeren Anschluß an die konservative Partei suchten, als dies bei der übrigen Beamtenschaft der Fall war. Daß die Staatsregierung ihrerseits eine derartige parteipolitische Fühlungnahme der Landräte keineswegs wünschte, vielmehr von ihnen lediglich die Führung der Regierungspolitik verlangte, beweisen m. E. die verschiedenen diesbezüglichen Ministerialerlasse an die Landräte, die letztere regelmäßig nicht zu einer Politik im Sinne der konservativen Partei bestimmen wollten, sondern ganz im Gegenteil zu der von dieser konservativen Partei nicht gebilligten Regierungspolitik.

fanden, ohne daß etwa der Monarch und mit ihm die ihm untergebene Bürokratie damit im Widerspruch zu der ihnen durch das konstitutionelle System gestellten Aufgabe zu „Parteigängern" geworden wären.

Für den deutschen Beamten galt ganz allgemein, was Fürst Bülow von dem Minister gesagt hat: „Die politischen Prinzipien, denen ein Minister nachzuleben hat, sind eben ihrem Wesen nach ganz andere als die Grundsätze, die für einen Parteimann gelten, sie sind staatspolitisch, nicht parteipolitisch." Auch diese staatspolitische Anschauung der Dinge war menschlich so gut wie die parteipolitische und keineswegs notwendig a priori wertvoller als ihr parteipolitischer Rivale, wie die konstitutionelle Doktrin oftmals behauptet hat, sie machte die gleichen Fehler, sie blieb aber trotzdem etwas in ihrem Wesen von der parteipolitischen Auffassung völlig Verschiedenes [1]).

Kapitel VI.

Die staatsrechtliche Stellung der Exekutive in der parlamentarischen Demokratie.

Wenn es wahr ist, daß das Berufsbeamtentum eine persönliche Schöpfung des absoluten Monarchen ist, das allein mit seiner Hilfe der Absolutismus seine historische Mission erfüllen konnte, so kann es nicht Wunder nehmen, wenn die dem Absolutismus grundsätzlich entgegengesetzte Demokratie auch das Berufsbeamtentum durch eine anderweitige Regelung des öffentlichen Ämterwesens zu ersetzen trachtete. Um nur zwei moderne Demokratien herauszugreifen, so sei an die Schweiz und die Vereinigten Staaten von Nordamerika erinnert, wo der Kampf gegen das zuletzt allerdings doch siegreiche Berufsbeamtentum mit besonderer Erbitterung geführt worden ist.

---

[1]) Gegenüber den mannigfachen negativen Urteilen, die in den politischen Kämpfen der letzten Jahre über das deutsche Beamtentum gefällt worden sind und die oftmals ein tieferes Verständnis dieser trotz mancher Mängel für Deutschland unentbehrlichen Institution vermissen lassen, mag auf das Urteil eines Ausländers verwiesen werden, der den Dingen vielleicht in mancher Beziehung objektiver gegenübersteht als die deutsche Kritik. In seinem bekannten Buche „Modern Democracies" (1921) urteilt James Bryce nach einer längeren, eingehenden Würdigung des französischen, schweizerischen, amerikanischen, australischen und kanadischen Beamtentums über die alte deutsche Beamtenschaft folgendermaßen: "Nowhere, however, were they so admirable trained as was the German bureaucracy; nowhere was so large a proportion of the nation ability to be found in the nations service". Um noch ein zweites ausländisches Urteil eines ebenfalls anerkannten amerikanischen Autors hin-

Aus der geistigen Atmosphäre der Demokratie heraus ist diese Stellung zu dem Berufsbeamtentum vollauf verständlich. In zweierlei Richtung fühlt sich die Weltanschauung der Demokratie durch die Existenz eines Berufsbeamtentums verletzt. Wenn es das Ziel jedes demokratisch organisierten Staatswesens ist, einen möglichst engen Kontakt zwischen Herrschern und Beherrschten herzustellen, in möglichst großem Ausmaß das Volk an der Regierung zu beteiligen und sei es auch nur durch seine Vertrauensmänner, so bedeutet jedes Berufsbeamtentum in der Tat in diesem idealen demokratischen System einen nicht ohne weiteres zu verwendenden Faktor.

In dem Augenblick, wo das Regieren zum Beruf, zur Lebensaufgabe wird, wo die „Regierenden" in eine derart enge Beziehung zu ihrer Aufgabe treten, daß diese berufsmäßigen Charakter erhält, lockern sich die Bande, die bisher die Inhaber der Regierungsgewalt an die soziale Gemeinschaft fesselten, aus der auch sie hervorgegangen sind, für die sie die Regierungsgewalt ausüben sollen [1]). Es bildet sich notwendig eine aus dem Volksganzen herausgelöste Bürokratie, die sich ihrerseits als im bewußten Gegensatz zu dem als Objekt ihrer Tätigkeit gewerteten Volk befindlich empfindet, um auf der Gegenseite die entsprechenden Empfindungen auszulösen.

Es kann nicht wundernehmen, wenn auch in Deutschland bei Schöpfung des neuen demokratischen Staates verschiedentlich Stimmen laut wurden, die eine Beseitigung des Berufsbeamtentums forderten. So stellte z. B. in der Nationalversammlung der sozialdemokratische Abgeordnete Dr. Cohn den Antrag, daß die Beamten in Zukunft durch die Wahl bestimmt werden sollten. Er betonte hierbei ausdrücklich, daß dieser Antrag in Übereinstimmung stehe „mit den besten politischen Traditionen, er beruhe auf den Bestimmungen

---

zuzufügen, des bekannten Beamtenreformators Dorman B. Eaton sei auf dessen "Civil Service in Great Britain" 1880 verwiesen: "In a governement in which so strong elements of aristocracy and royalty survive as in Prussia, we are not surprised to observe that a phase of bureaucracy and a tendency to favor high literary attainments find expression in the examinations and perhaps in the selections for the civil service, but despite this lingering of the old spirit, which may yet do some injustice to humble life, the service is lifted high above the coruption and intrigues of partisan politics, and men of capacity and moral worth everywhere stand in the official places of the nation and were the leaders in the great events which have given Germany the first place on the continent."

[1]) Das im Text Gesagte gilt übrigens keineswegs allein für die eigentlichen Berufsbeamten, sondern ebensogut für die aus der Parteiorganisation hervorgegangenen politischen Führer, die heute auf Grund der bekannten Bürokratisierungserscheinungen innerhalb der politischen Parteien zu Berufspolitikern zu werden beginnen.

des Erfurter Programms". Gegenüber derartigen Bestrebungen, die zu einer Auflösung des Berufsbeamtentums führen mußten, betonte der damalige Staatssekretär Dr. Preuß in der gleichen Sitzung ausdrücklich die Notwendigkeit des Berufsbeamtentums in jedem modernen Staat und wünschte deshalb die Idee des Berufsbeamtentums in der neuen Verfassung besonders verankert zu sehen.

Es ist bekannt, daß die Weimaraner Verfassung sich gemäß den Vorschlägen der Regierung zu dem Berufsbeamtentum bekannt hat. Gerade aus dem Umstande, daß von demokratischer Seite in diesen politischen Kämpfen entschieden für das Berufsbeamtentum eingetreten worden ist, — es nur sei an die Namen Preuß und Max Weber erinnert — kann man ermessen, daß in der Tat das Berufsbeamtentum gegenwärtig in jedem Staat, daher auch in der Demokratie, unentbehrlich ist. Zu diesem Urteil berechtigt insbesondere auch eine Betrachtung derjenigen Faktoren, die eventuell als Ersatz des Berufsbeamtentums in Frage kommen könnten. Der Ehrenbeamte und der ihm vielfach verwandte Wahlbeamte sind hier an erster Stelle zu nennen.

Der Ehrenbeamte wird allerdings im allgemeinen — gleichgültig, ob er von einem exekutiven Organ ernannt oder von einem nach demokratischen Gesichtspunkten zusammengesetzten Gremium gewählt wird — schwerlich den Kontakt zu der Bevölkerung verlieren, da sein Amt ihn niemals völlig ausfüllen kann und der neben diesem Amt stehende eigentliche Beruf des Ehrenbeamten stets die Brücke zwischen diesem und der ihm anvertrauten Bevölkerung schlagen wird. Der Ehrenbeamte kann jedoch stets nur einige wenige Posten besetzen, während die Masse der Ämter notwendig durch andere Kräfte verwaltet werden muß. Noch aus einem anderen Grunde aber kann dieser Ehrenbeamte in der Gegenwart keinen hinreichenden Ersatz für das Berufsbeamtentum bieten. Zur Ausübung eines Ehrenamtes gehört in jedem Falle eine gesicherte wirtschaftliche Position, die dem Amtsträger gestattet, seine freie Zeit auf derart nicht gewinnbringende Beschäftigungen zu verwenden. Während früher ein verhältnismäßig großer Prozentsatz der Bevölkerung die finanziellen Voraussetzungen für die Übernahme eines Ehrenamtes erfüllte, trifft dies nach der Zerstörung des Mittelstandes nur noch bei einem kleinen Bruchteil zu. Für das Ehrenamt kommt daher heute nur noch ein kleiner Kreis wohlhabender Personen in Frage und neben ihnen, praktisch ungleich wichtiger, die Unzahl der modernen Interessenvertreter, denen ihre Verbände die notwendige Zeit für eine ehrenamtliche Betätigung geben, damit sie in ihrem Ehrenamt die Interessen der von ihnen vertretenen Wirtschaftsgruppen wahrnehmen. Mag der Ehrenbeamte in früherer Zeit, in kleineren Verwaltungen, vielleicht ein geeigneter Träger der Verwaltung gewesen sein, so ist er doch in der Gegenwart vollkommen ungeeignet, in größerem Umfang staatliche Aufgaben auf sich zu nehmen, geschweige denn etwa das Berufsbeamtentum zu ersetzen[1]).

Das gleiche gilt von dem besoldeten Wahlbeamten. Solange daran festgehalten wird, daß die Beamten Vertreter des ganzen Volkes sind, muß jede Wahl von Beamten abgelehnt werden. Die Beamtenwahl kann in einem Lande mit ausgebauten politischen Parteien niemals befriedigende Erfolge zeitigen.

Die politische Partei nimmt die Wahl in die Hand, sie besitzt einen eigenen Wahlapparat, von dessen Brauchbarkeit der Ausgang der Wahl in zum mindesten ebenso starkem Maße abhängt, wie von der eigentlichen Stellung der Wahlberechtigten zu der durch die Wahl zu entscheidenden Frage. Überall, wo die Wahl in dem öffentlichen Leben des modernen Staates auftaucht, läßt die Partei nicht auf sich warten. Während die politische Partei ursprünglich nur die Parlamentswahlen beherrscht hatte, hat sie im Laufe der Zeit auch andere Wahlen ihrem Einfluß zu unterwerfen versucht. Ein charakteristisches Beispiel hierfür bieten die kommunalen Wahlen [2]). Es ist die allgemeine Tendenz der politischen Partei, jede Wahl in ihre Hand zu bekommen, die auch vor etwaigen Beamtenwahlen nicht Halt machen würde. Unter diesen Umständen ist jedoch die Politisierung eines derart aus Wahlen hervorgegangenen Beamtentums schlechterdings unvermeidlich.

Neben diesen Bedenken, die gegen eine Ersetzung des Berufsbeamtentums sprechen, könnten noch manch andere ins Feld geführt werden. Hier sei lediglich noch ein spezieller Punkt erwähnt. Der moderne Beamte muß notwendig Fachmann sein, mit dem gesunden Menschenverstand allein, wenn er auch sicherlich als Gegengewicht gegenüber verknöcherten Bürokratien nicht zu unterschätzen ist, kann eine moderne Staatsverwaltung nicht mehr geführt werden. Die Kompliziertheit des Apparats, die allgemeine technische und wirtschaftliche Entwicklung sowie schließlich nicht zuletzt der Grundsatz der gesetzmäßigen Verwaltung, verlangen von dem Beamten ein gewisses Maß an Fachkenntnissen, über das der Ehrenbeamte sowie der Wahlbeamte kaum verfügen werden.

Aus dieser Tatsache, daß das Berufsbeamtentum für den modernen Staat unentbehrlich ist, hat auch die deutsche Reichsverfassung

[1]) Vgl. W. Hasbach: Die moderne Demokratie, 1921.

[2]) Gegen die „Politisierung" dieser Wahlen vgl. Theodor Heuß: „Neue Demokratie", S. 90.

die gegebenen Schlüsse gezogen. Damit allein, daß die neue Verfassung sich unter Zurückweisung aller Angriffe von Seiten der demokratischen Ideologie für das Berufsbeamtentum einsetzte, war jedoch eine endgültige Klärung der Sachlage noch keineswegs gewonnen. Während die Verkoppelung von Demokratie und Berufsbeamtentum, wie sie die Reichsverfassung vollzogen hat, vornehmlich auf prinzipielle Schwierigkeiten stieß, die bei einer Modifizierung des in seiner idealen Gestalt nicht durchführbaren demokratischen Programms beseitigt werden konnten, handelt es sich bei den in der Folge zu behandelnden Schwierigkeiten um solche vornehmlich praktischer Natur.

Mag die Reichsverfassung Demokratie und Berufsbeamtentum versöhnt haben, so folgt daraus noch keineswegs, daß sie damit auch jene Kluft geschlossen hat, die zwischen dem parlamentarischen System, der Regierungsform der heutigen deutschen Demokratie, und dem Berufsbeamtentum klafft.

Der Grundgedanke des parlamentarischen Systems ist die Beteiligung der Legislative an exekutiven Aufgaben. Der Umfang, innerhalb dessen eine solche Beteiligung erfolgt, kann bald weiter, bald enger sein. Die deutsche Verfassung hat sich für eine teilweise Übertragung der Exekutive auf das Parlament ausgesprochen. Der Rest der exekutiven Aufgaben bleibt dagegen weiterhin dem Berufsbeamtentum übertragen. Daß die Reichsverfassung eine völlige Auslieferung der Exekutive an das Parlament nicht beabsichtigt hat, beweist insbesondere die Bestimmung, wonach die Beamten grundsätzlich unabsetzbar und als Diener der Gesamtheit parlamentarischen Einflüsen entzogen sind.

Dem Beamtentum ist hiermit eine in gewissem Rahmen selbständige Bedeutung innerhalb des staatlichen Organismus zuerkannt worden, die es in konstitutioneller Zeit niemals besessen hat. Aus dem Dualismus, der somit die parlamentarische Exekutive durchzieht, die nur zum Teil an das Parlament angeschlossen ist, ergeben sich die mannigfachsten Schwierigkeiten, die uns in der Folge beschäftigen werden.

Es ist bekannt, daß die Regierungsform des parlamentarischen Systems nur schwer in den Rahmen einer juristischen Norm zu fassen ist. Die meisten Verfassungen haben aus diesen Gründen auf eine rechtliche Verankerung des parlamentarischen Systems überhaupt verzichtet. In Deutschland hat man geglaubt, auf eine derartige verfassungsmäßige Anerkennung des parlamentarischen Systems nicht verzichten zu können und hat ihm die gewünschte juristische Unterlage in dem Artikel 54 der Verfassung gegeben.

Daß bei der schweren juristischen Erfaßbarkeit des parlamentarischen Systems die Regelung des Artikels 54 nur den mehr oder minder unvollkommenen äußeren Rahmen abgeben kann, der durch die politische Praxis auszufüllen bleibt, unterliegt keinem Zweifel. In der Tat läßt der Art. 54 die verschiedensten Möglichkeiten einer endgültigen Gestaltung der deutschen Exekutivverfassung offen. Die beiden Grenzpunkte dieser theoretischen Entwicklungsmöglichkeiten des deutschen parlamentarischen Systems charakterisieren die Begriffe: Beamtenministerium und Exekutivausschuß des Parlaments. Das Vertrauen des Parlaments, die einzige staatsrechtliche Grundlage des deutschen parlamentarischen Systems, wird ein verhältnismäßig großer Personenkreis erwerben können, dessen Beziehungen zu dem Parlament im einzelnen verschiedener Natur sein können. Die verschiedenen sogenannten Beamten- und Geschäftsministerien der letzten Jahre beweisen, daß das Parlament nicht nur seinen Mitgliedern oder doch wenigstens durch das Band der Partei mit ihm verknüpften Personen sein Vertrauen zu geben bereit ist, sondern darüber hinaus gegebenenfalls auch parteipolitisch völlig indifferenten Persönlichkeiten. In dieser Beziehung läßt die Verfassung daher dem Ministerium die verschiedensten Entwicklungsmöglichkeiten, die uns später noch näher beschäftigen sollen. Hier gilt es, die Stellung des Kabinetts darzustellen, soweit sie durch die Verfassung bereits juristisch festgelegt ist.

Die Stellung, die die deutsche Reichsverfassung der Reichsregierung gegeben hat, ist die eines unmittelbaren Staatsorgans [1]. Hierin zeigt sich bereits der grundlegende Unterschied zu dem konstitutionellen System, in dem das Ministerium, im Reich der Reichskanzler, lediglich mittelbares Staatsorgan war, ein Werkzeug in der Hand des Monarchen, der nach wie vor der eigentliche Chef der Exekutive blieb.

Träger der heutigen deutschen Exekutive sind Reichspräsident und Reichsregierung. Beide, Präsident und Kabinett, sind unmittelbare Staatsorgane, d. h. sie sind keinem höheren Organ unterworfen, von dem sie etwa staatsrechtlich abhängig wären. Während über diese Unabhängigkeit in Ansehung des Reichspräsidenten keinerlei Zweifel besteht, bedarf dieser Satz für das Kabinett näherer

[1] Ebenso Giese, Kommentar zur RV., 4. Aufl. 1921, S. 132 unter Bezugnahme auf die Protokolle des Verfassungsausschusses sowie Peters in der neuesten Auflage des „Handbuches der Verfassung und Verwaltung", herausgegeben von Graf Hue de Grais 1926, S. 65, allerdings mit Bezug auf das preußische Staatsministerium.

Begründung. Mit Rücksicht darauf, daß es das vornehmste Charakteristikum des parlamentarischen Systems ist, ein Abhängigkeitsverhältnis zwischen dem Kabinett und dem Parlament geschaffen zu haben, erscheint diese Annahme nicht ohne weiteres selbstverständlich. Da es sich jedoch bei den begrifflichen Merkmalen des unmittelbaren Staatsorgans allein um eine rechtliche, jedoch niemals um eine tatsächliche Unabhängigkeit handelt, können über die staatsrechtliche Stellung der Reichsregierung keine Zweifel bestehen. Tatsächlich ist das Kabinett allerdings im höchsten Grade vom Parlament abhängig. Von einer rechtlichen Abhängigkeit dergestalt, daß das Parlament etwa als Dienstvorgesetzter des Ministeriums auftreten könnte, kann dagegen keine Rede sein. Jede Anweisung des Reichstags an die Regierung würde staatsrechtlich bedeutungslos sein, wenn sie auch zweifellos politisch ausschlaggebend sein wird.

Diese tatsächliche Abhängigkeit der Regierung von dem Parlament trägt allerdings die Möglichkeit in sich, daß sich aus der tatsächlichen eine rechtliche Abhängigkeit entwickelt. Gegenüber einer derartigen Entwicklung der Dinge hat die deutsche Verfassung Vorkehrungen getroffen, die am besten die Absicht dokumentieren, die Regierung gegenüber dem Parlament in gewissen Grenzen selbständig zu stellen. In erster Linie ist hier das Recht der Parlaments-Auflösung zu nennen, das Präsident und Regierung gemeinsam verliehen ist. In der Literatur ist zeitweilig der Standpunkt vertreten worden, daß in dem parlamentarischen Staat das Auflösungsrecht notwendig dem Präsidenten allein verliehen sein müsse, das Auflösungsdekret daher der Gegenzeichnung des Ministers nicht bedürfe. Wenn man diese Behauptung mit der im parlamentarischen Staat notwendigen Homogenität zwischen Parlament und Kabinett begründet, die ein von der Mitwirkung des Kabinetts abhängiges Auflösungsrecht des Präsidenten praktisch unwirksam mache, so verkennt man dabei völlig, daß das deutsche Kabinett nach dem Willen der Verfassung nicht lediglich der verlängerte Arm des Parlaments sein soll [1]).

---

[1]) Erich Kaufmann ist demgegenüber in seiner Schrift „Grundfragen der künftigen Reichsverfassung" 1919, die allerdings nur de lege ferenda urteilen will, der Ansicht, daß der Präsident bei der Auflösung des Reichstags notwendig von der Gegenzeichnung des Ministeriums befreit bleiben müsse, da das Auflösungsrecht sonst mit Rücksicht auf die parlamentarische Regierungsform praktisch illusorisch sei. Erich Kaufmann identifiziert hier Reichsregierung und Reichstag vollständig und stempelt die erstere zum Exekutivausschuß des Parlaments, was zwar dem englischen Vorbild entspricht, jedoch von der deutschen Verfassung zweifellos nicht gewollt ist.

Daß andererseits von einer rechtlichen Abhängigkeit der Regierung von dem Reichspräsidenten erst recht keine Rede sein kann, bedarf wohl keiner näheren Ausführung. Wenn der Reichspräsident auch das Recht hat, die Minister zu entlassen, so ist doch auch diese Entlassung an die Mitwirkung des Kabinetts gebunden, das damit über sein Lebensschicksal selbst entscheidet [1]).

Alles in allem, hat die deutsche Reichsregierung eine Stellung erhalten, die sie zwar im Interesse der Sache zwingt, auf die verschiedensten politischen Faktoren Rücksicht zu nehmen, rechtlich ist sie aber trotzdem vollkommen selbständig geblieben. Zu einem dienstlichen Befehl an die Reichsregierung ist niemand berechtigt. Im Gegensatz zu ihr blieb die Regierung des konstitutionellen Staates alle Zeit rechtlich der Krone unterworfen, wenn sich bei ihr auch umgekehrt interessanterweise zu Zeiten politische Verselbständigungsversuche bemerkbar machten. Das gegenwärtige deutsche Kabinett wird man daher nur als ein unmittelbares Staatsorgan charakterisieren können [2]).

Der hiermit gekennzeichnete Unterschied zwischen dem Ministerium der konstitutionellen Monarchie und dem parlamentarischen Kabinett ist in der Tat sehr beachtlich.

Ein grundsätzlicher Unterschied trennt daher heute den Minister von der ihm nachgeordneten Bürokratie. Während das Gros des Beamtentums nach wie vor mittelbares Staatsorgan geblieben

---

[1]) A. A. Fritz Poetzsch in seiner „Handausgabe der neuen Reichsverfassung". Auch er ist der Ansicht, daß für die Entlassung eines Reichsministers die Gegenzeichnung des Reichskanzlers erforderlich sei (S. 71). Trotzdem liegt nach seiner Ansicht ein gewisses Abhängigkeitsverhältnis des Ministers von dem Reichspräsidenten vor, da der Reichspräsident die Wahl habe, einen Minister, der sein, des Präsidenten, Vertrauen nicht mehr besitzt, auch ohne ein Mißtrauensvotum des Parlaments zu entlassen. Wenn der Präsident aber hierbei, wie Poetzsch selbst zugibt, an die ministerielle Gegenzeichnung gebunden ist, hängt es praktisch davon ab, ob ein Mitglied des solidarischen Reichskabinetts die erforderliche Gegenzeichnung vornimmt. Ist eine Verweigerung dieser Gegenzeichnung von Seiten des Reichskanzlers etwa eine Verletzung der Verfassung, die eventuell den Grund für eine Anklage vor dem Staatsgerichtshof bilden könnte? Nein! Der Minister ist nur verpflichtet seinen Abschied zu nehmen, wenn die Majorität des Parlaments es verlangt, andernfalls ist es ihm unbenommen im Amt zu bleiben, auch wenn er etwa dem Präsidenten nicht genehm sein sollte. Von einer Abhängigkeit des Ministers von dem Reichspräsidenten kann man daher nicht sprechen.

[2]) A. A. Hatschek in seinem „Deutschen und preußischen Staatrecht", Bd. I, S. 7. Für ihn ist die Reichsregierung ein mittelbares Staatsorgan, „da sie für ihr Handeln dem Reichstag verantwortlich ist". Unter Anlehnung an Hatschek neuerdings auch Würmeling „Rechtliche Beziehungen zwischen Reichspräsident und Reichsregierung", Arch. f. öffentl. R. 1926, S. 341 ff.

ist, trägt das Kabinett die charakteristischen Züge des unmittelbaren Staatsorgans. Trotz dieser erheblichen Verschiedenheit des heutigen Kabinetts gegenüber dem Beamtentum, zählt das geltende Recht den Minister nach wie vor zu dem Beamtentum. Wenn man sich auch in Ansehung von Einzelfragen — insbesondere auf dem Gebiet des Pensionswesens — zu Sonderbestimmungen in Ansehung der parlamentarischen Minister veranlaßt gesehen hat, so ist doch jene große Trennung, wie sie angesichts der gegenwärtigen Verteilung exekutiver Aufgaben die Exekutive des parlamentarischen Staates durchzieht, staatsrechtlich überhaupt nicht berücksichtigt worden. Auf die Dauer wird hier eine grundsätzliche Entscheidung nicht zu umgehen sein. Es ist ein Ding der Unmöglichkeit, den Minister des parlamentarischen Staates dem allgemeinen Berufsbeamtentum zuzurechnen. Abgesehen davon, daß für den modernen Minister sein Amt überhaupt keinen Beruf, auf jeden Fall keinen Beamtenberuf bedeutet, ist es schon deshalb nicht angängig, den Minister als Beamten zu charakterisieren, weil der Beamtenbegriff von jeher nur auf mittelbare Staatsorgane Anwendung gefunden hat und nicht ohne weiteres ebenfalls auf unmittelbare angewandt werden kann, da bei ihnen ein Charakteristikum des Beamtenbegriffs, die Unterordnung unter einen höheren Willen, nicht gegeben ist.

Mit Recht ist stets den Mitgliedern der konstitutionellen Parlamente die Beamtenqualität abgestritten worden, da es sich bei ihnen um unmittelbare Staatsorgane handele. Der Begriff des Beamten ist für das konstitutionelle System ebenso gut wie für die parlamentarische Demokratie niemals zu trennen von dem Kriterium der Unterordnung [1]). Das Beamtentum kann immer nur Werkzeug in der Hand eines übergeordneten Organs sein. Wollte man darüber hinaus der Bürokratie selbst ein Recht zu letzten Entscheidungen einräumen, indem man auch den Träger des der Bürokratie vorgesetzten unmittelbaren Staatsorgans dieser Bürokratie hinzurechnet, so hieße dies völlig untragbare Verhältnisse schaffen. Eine derartige Bürokratisierung größten Stils lag jedoch keineswegs im Sinne der Verfassung, die sich zwar nicht scheute, formalrechtlich den Minister weiterhin dem Beamtentum zuzurechnen, ohne in ihm jedoch andererseits wirklich einen Vertreter der eigentlichen Bürokratie sehen zu wollen.

---

[1]) Im gleichen Sinne Hatschek a. a. O. Bd. I, S. 7: „Für die Beamtenschaft ist Hierarchie und Unterordnung im Verhältnis zueinander und zu den unmittelbaren Staatsorganen begriffsnotwendig."

Von den zahlreichen Unzuträglichkeiten, denen diese Regelung der Verfassung in der Praxis begegnen muß, sei hier nur eine besonders eindeutige erwähnt. Als man in Weimar dem Minister Beamteneigenschaft verlieh, hat man sich nicht davor gescheut, aus dieser grundsätzlichen Einstellung auch die letzten Konsequenzen zu ziehen, die allerdings gezogen werden mußten, wenn nicht der Beamtencharakter des Ministers von vornherein zur Farce werden sollte. Der Minister wurde durch die Verfassung zum Diener der Gesamtheit, nicht einer Partei erklärt. Der zuletzt genannte Satz ist zwar nur ganz allgemein ausgesprochen worden, aber mit Rücksicht darauf, daß der Minister zu dem allgemeinen Beamtentum rechnet, kann kein Zweifel darüber bestehen, daß auch für ihn die allgemeinen Beamtengrundsätze Geltung zu beanspruchen haben. In der Sitzung des Verfassungsausschusses der verfassunggebenden Preußischen Landesversammlung vom 19. Juni 1920 wandten sich die deutschnationalen Abgeordneten v. Kries und Gen. gegen die gleiche Formulierung des preußischen Verfassungsentwurfs und beantragten, die Beamten ausdrücklich als Diener der Gesamtheit zu bezeichnen, jedoch den Minister als außerhalb des Beamtentums stehend.

Es ist interessant, wie gerade ein Vertreter der Sozialdemokratie, der Abg. Hirsch, diesen Antrag lebhaft bekämpfte und dabei ausführte, „daß es keiner der Mehrheitsparteien einfallen werde, von einem Minister zu sagen, er gehöre zu einer bestimmten politischen Partei und sei ihr Diener." Trotz der den Antrag von Kries unterstützenden näheren Ausführungen des Abgeordneten Hoetzsch, der bei allem guten Willen des einzelnen Ministers bezweifelte, ob dieser auf die Dauer sich von der Partei in dem von dem Vorredner erwarteten Maße werde emanzipieren können, wurde die Verfassung in der von der Regierung vorgeschlagenen Form angenommen [1]). Wir können daher an dieser Stelle, wo es sich lediglich um die formale Rechtslage handelt, nur feststellen, daß der moderne Minister, im Reich so gut wie in Preußen, Staatsbeamter ist, wie jeder andere Berufsbeamte auch.

Ähnliche Mängel hat die Behandlung aufzuweisen, die das Berufsbeamtentum seitens der Verfassung erfahren hat. Die Lebens-

---

[1]) Entgegen dem im Text erwähnten deutschnationalen Antrage führte der Regierungsvertreter aus, daß eine Bestimmung, wonach der Vorgesetzte von Beamten kein Beamter sei, ihm eine Anomalie zu sein schiene. Es mag hier nur darauf hingewiesen werden, daß auch der Monarch, der zweifellos Vorgesetzter der Beamtenschaft war, selber nicht zu diesem Beamtentum gehörte.

bedingungen des Beamtentums sind mit Einführung des parlamentarischen Systems grundlegend geändert worden. Diese Umwälzung offenbart sich vornehmlich in dem Riß, der die Exekutive heute durchzieht. Wie diese Tatsache auf seiten des Ministeriums in der Verfassung und der sie ergänzenden Gesetzgebung nicht berücksichtigt worden ist, so auch nicht in Ansehung des Berufsbeamtentums.

Mag die Verfassung auch die letzten Konsequenzen des parlamentarischen Systems ihrerseits noch nicht gezogen und das Kabinett aus dem Berufsbeamtentum eliminiert haben, so ist doch jener für den Parlamentarismus charakteristische Riß innerhalb der Exekutive bereits anderweitig genügend bestimmt worden. Indem man an der Idee eines unabsetzbaren, parteipolitisch neutralen Berufsbeamtentums festhielt, hat man einem Teil der Exekutive eine Stabilität gegeben, die ihn von der nach parlamentarischen Grundsätzen notwendig labilen Exekutivspitze, dem Kabinett, grundsätzlich unterscheidet.

Das Beamtentum hat durch diese scharfe Kontrastierung mit dem ihm vorgesetzten Kabinett eine gewisse Selbständigkeit innerhalb des staatlichen Organismus erhalten, die ihm solange fehlte, als die in der Hand des Monarchen zusammengefaßte Exekutive eine politische Einheit bildete. Wenn auch die Weimaraner Verfassung dem einzelnen Beamten eine gewisse Unabhängigkeit zubilligte, so genügt dies angesichts dieser neuen Rolle der Bürokratie doch nicht, es müssen vielmehr darüber hinaus Vorkehrungen dafür getroffen werden, daß die von der Verfassung gewünschte Unabhängigkeit der Bürokratie in der Praxis des politischen Lebens auch wirklich unangetastet bleibt. Gerade für ein nur mittelbares Staatsorgan wie das Beamtentum muß es besonders schwer sein, seine Selbständigkeit gegenüber entgegengesetzten politischen Einflüssen zu bewahren. Für ein mittelbares Staatsorgan sind die Möglichkeiten der Verteidigung der eigenen Stellung naturgemäß nur beschränkt, bei ihm liegt die Gefahr einer Aufsaugung durch rivalisierende unmittelbare Organe daher außerordentlich nahe.

In der Reichsverfassung, Artikel 129, hat man zwar in Erkenntnis dieser Lage dem Beamtentum einige persönliche Sicherungen gegeben, deren Notwendigkeit allgemein anerkannt wurde. Andererseits sind Anzeichen dafür vorhanden, daß die Stellung des Berufsbeamtentums im Laufe der politischen Entwicklung der letzten Jahre schwächer geworden ist, als dies in konstitutioneller Zeit der Fall gewesen ist. Zu derartigen Schlüssen veranlaßt z. B. das Gesetz vom 21. Juli 1922, das den Umkreis der politischen Beamten für das Reichsbeamtenrecht erheblich erweitert und damit praktisch gerade den wichtigsten Stellen des Berufsbeamtentums die erforderliche persönliche Unabhängigkeit nimmt [1]). In größtem Ausmaße wurde schließlich diese Gefahr der Politisierung des Berufsbeamtentums durch den Personalabbau heraufbeschworen, wenn hier auch schließlich durch die außerordentlich vorsichtige Handhabung des Abbaus diese Begleiterscheinungen vermieden worden sind. Von einer Stärkung der Stellung des Berufsbeamtentums, wie sie die neue staatsrechtliche Situation an sich erfordert, kann daher alles in allem keine Rede sein.

Die Untersuchungen über die staatsrechtliche Struktur der heutigen deutschen Exekutive sollen nicht abgeschlossen werden, ohne noch kurz auf den Reichspräsidenten einzugehen. Seine Aufgabe ist es vor allem, der Exekutive ein gewisses stabiles Moment zu verleihen, das ihr die Regierung mit Rücksicht auf ihre parlamentarischen Bindungen nicht zu geben vermag. Durch diese stabile Natur des Präsidentenamtes veranlaßt, hat man dem Reichspräsidenten auch das Recht der Beamtenernennung übertragen. Hiermit hat der Reichspräsident einen Einfluß auf die Personalpolitik der Reichsressorts erhalten, der unter Umständen keineswegs zu unterschätzen sein dürfte. Mit der Ernennung ist allerdings der Einfluß des Reichspräsidenten auf die Beamtenschaft gebrochen. Wenn man auch aus allgemeinen Erwägungen betreffend die Stellung des Reichspräsidenten diesen als Dienstvorgesetzten sämtlicher Reichsbeamten ansehen mag (ausgenommen natürlich die Mitglieder der Regierung), so wird doch dieses Vorgesetztenverhältnis über eine rein formale Bedeutung kaum hinauskommen können.

Ohne Mitwirkung des Ministeriums vermag der Präsident keinerlei Regierungsakte vorzunehmen. Sein Aufgabenkreis ist ein beschränkter und auch innerhalb dieses beschränkten Aufgabenkreises ist er auf die Mitarbeit der Regierung angewiesen. Demgegenüber vermag die Regierung in der Mehrzahl der Fälle, insbesondere auf dem Gebiet der laufenden Verwaltung, selbständig zu handeln, ohne auf Mitwirkung dritter Personen angewiesen

[1]) Am radikalsten ist diese Politisierung des Beamtentums ursprünglich in Thüringen durchgeführt worden, wo sämtliche nichtrichterliche Beamte von der 7. Besoldungsgruppe an von dem Staatsministerium einseitig in den Wartestand versetzt werden konnten, wenn die Rücksicht auf den öffentlichen Dienst es erforderte. Vgl. Eduard Rosenthal: Der staatliche Aufbau des Landes Thüringen, veröffentlicht im Jahrbuch des öffentlichen Rechts, Bd. 12, S. 88. Auch für Preußen ist der Umkreis der politischen Beamten „im Interesse der Festigung der verfassungsmäßigen republikanischen Staatsform" durch die Verordnung vom 31. Dezember 1922. nicht unbeträchtlich ausgedehnt worden,

zu sein. Während die Regierung daher täglich Gelegenheit, hat ihre Rolle als Vorgesetzter des Beamtentums zu spielen, ist dies dem Reichspräsidenten nur in den seltensten Fällen gestattet, und auch dann muß er sich mit dem Ministerium in seine Rechte teilen. Der Einfluß des Reichspräsidenten auf das Beamtentum kann daher nur gering sein und muß sich mit Vollziehung der Ernennung so gut wie erschöpfen. Es erscheint daher nicht angängig, irgendwelche rechtlichen Beziehungen zwischen Reichspräsident und Beamtentum anzunehmen, durch die die Lage des letzteren etwa grundlegend umgestaltet worden wäre.

Die politische Stellung der Exekutive in der parlamentarischen Demokratie.

Vorbemerkung:

In dem vorigen Kapitel hatten wir als das vornehmste Charakteristikum der parlamentarischen Exekutivverfassung jenen Dualismus feststellen zu sollen geglaubt, der an den Berührungspunkten von Kabinett und Bürokratie die parlamentarische Exekutive in zwei ungleiche Hälften zerschneidet. Wir hatten gesehen, daß dieser Dualismus in dem Wesen der parlamentarischen Regierungsform zutiefst begründet liegt, wenn er auch in seinen Einzelheiten von der Rechtsordnung bis heute noch nicht anerkannt ist.

Auch auf die politische Gestaltung der Dinge muß dieser Dualismus von ganz entscheidendem Einfluß sein. Es muß daher im folgenden unsere Aufgabe sein, die politische Entwicklung diesseits und jenseits jener Scheidelinie darzustellen. Im Interesse der größeren Übersichtlichkeit empfiehlt es sich daher, die beiden Teile der Exekutive, Kabinett und Bürokratie, einer getrennten Untersuchung zu unterziehen.

Kapitel VII.

Die politische Bedeutung des parlamentarischen Kabinetts.

Der deutschen Reichsregierung ist von der Verfassung eine Stellung angewiesen worden, die gegebenenfalls den Ausgangspunkt für die verschiedenartigste politische Entwicklung bilden könnte.

Mit drei verschiedenen Faktoren hat die Verfassung das Kabinett in Berührung gebracht, nach dreierlei Richtung sind daher Möglichkeiten der politischen Entwicklung dieses Kabinetts gegeben.

Die Minister werden vom Reichspräsidenten ernannt, sie sind Beamte und sie bedürfen zu ihrer Amtsführung des Vertrauens der parlamentarischen Mehrheit. Zu dem Reichspräsidenten, dem Berufsbeamtentum und schließlich den politischen Parteien sind die Mitglieder der Regierung hiermit in jeweilig verschiedene Beziehungen getreten. An einen diesen drei Faktoren wird das Kabinett sich auf die Dauer notwendig anlehnen müssen, da es ein völliges Eigendasein zu führen schlechterdings nicht imstande ist.

Am unwahrscheinlichsten ist, daß dieser Anschluß an den Reichspräsidenten erfolgt. Die dem Reichspräsidenten verliehene politische Macht dürfte ihn im allgemeinen kaum dazu befähigen, fußend auf seinem formalen Ernennungsrecht, sich zu einer vorgesetzten Stelle des Ministeriums aufzuschwingen, wenn eine derartige Entwicklung, solange sie nicht direkt ein rechtliches Subordinationsverhältnis zum Ziele hat, auch keineswegs ohne weiteres in Widerspruch zur Verfassung stehen würde.

Wahrscheinlicher als die oben geschilderte Entwicklung ist eine Anlehnung des Kabinetts an das Berufsbeamtentum. Es sind die verschiedensten Momente, die eine derartige Entwicklung zu begünstigen scheinen. Um ein rein äußerliches Moment vorwegzunehmen, so mußte die Verfassungsbestimmung, wonach die Minister dem Berufsbeamtentum zugerechnet werden, derartige Tendenzen begünstigen. Dies gilt um so mehr, als die allgemeinen psychologischen Voraussetzungen einem derartigen Beamtenministerium in Deutschland von jeher günstig waren und es heute noch sind. Nicht umsonst vermochte man in der Zeit nach dem Kriege so häufig den Ruf nach dem Beamtenministerium zu vernehmen [1]).

Wenn in der Gegenwart zahlreiche Stimmen zugunsten derartiger Beamtenminister laut geworden sind, so ist dies auf Grund eines gewissen historischen Beharrungsvermögens verständlich. Die grundsätzlichen Schwierigkeiten, die sich jedoch einer solchen Institution im Rahmen des parlamentarischen Systems entgegenstellen, sind nicht zu verkennen.

Wenn der Beamtenminister heute in ein Ministerium berufen wird, so nicht allein um seiner speziellen Ressortkenntnisse, sondern daneben nicht zum mindesten um seiner parteipolitischen Indifferenz willen. Es ist der deutschen Bürokratie im konstitutionellen System anerzogen worden, sich von aller Parteipolitik fernzuhalten und auch die Republik wird auf diese Praxis nicht verzichten können. Der

---

[1]) Vgl. dazu Köllreutter, Politische Parteien, 1926, S. 72.

Beamte muß daher gegenüber jeglichem parteipolitischem Einfluß gleichsam immunisiert werden. Diese parteipolitische Indifferenz wird der Beamtenminister auch in sein Ministerium mitbringen, wofern er nicht überhaupt um ihretwillen zu seinem Amt berufen werden sollte. Damit wäre der politischen Partei der unmittelbare Einfluß auf die Exekutive grundsätzlich wieder verschlossen.

Jener Dualismus, von dem wir eingangs ausgingen, wäre mit einer derartigen Entwicklung des Kabinetts, wenn auch nicht verschwunden, so doch verschoben. Ebenso wie im konstitutionellen Staat würde dann auch in der parlamentarischen Demokratie jener Dualismus zwischen Legislative und Exekutive hindurchgehen und die erstere von exekutiven Aufgaben praktisch weitgehend ausschließen. Bereits hieraus zeigt sich die Unvereinbarkeit einer solchen Entwicklung mit den Grundgedanken des parlamentarischen Systems, das ja gerade die Beteiligung der Legislative an exekutiven Aufgaben zu seinem eigentlichen Kernpunkt gemacht hat.

Es bleibt daher nur das von Haus aus Naheliegendste übrig, der Anschluß des Kabinetts an die politische Partei. In der Heimat des parlamentarischen Systems ist diese Verbindung zwischen Partei und Ministeramt bekanntlich eine Selbstverständlichkeit. Es ist die Aufgabe des Führers der siegreichen Partei im Unterhaus „to carry on His Majestys business", d. h. die Stellung des Premiers zu übernehmen, von der Hatschek mit Recht gesagt hat: „The leadership in the House of Commons is the crown of the premiership itself, if united with it [1])." Es mag vielleicht erstaunlich erscheinen, daß angesichts einer politischen Entwicklung, die nicht nur in England zu einer immer enger werdenden Verbindung zwischen politischer Partei und Kabinett führte, in Deutschland derart starke Zweifel hierüber entstehen konnten.

Die Gründe hierfür dürften verschiedenster Natur sein. Einmal ist hier zu nennen die Nachwirkung aus der konstitutionellen Monarchie übernommener Vorstellungen, die zum Teil, wie bereits erwähnt, durch die positiven Bestimmungen der Weimaraner Verfassung wieder neue Nahrung erhalten haben.

Wie die Verhandlungen der Nationalversammlung zeigen, scheute man damals davor, die Exekutive nach englischem Muster den Parteien anzuvertrauen. Bei den Beratungen über die Stellung des Ministers kam dies deutlich zum Ausdruck. Der Minister als „Diener der Gesamtheit, nicht einer Partei", ist das bezeichnende

---

[1]) Vgl. Julius Hatschek, Englisches Staatsrecht, Bd. II, S. 49 (zitiert nach der englischen Übersetzung).

Ergebnis dieses Mißtrauens gegenüber den politischen Parteien, das bis weit in die Reihen der Weimaraner Koalition anzutreffen war.

Es ist von Interesse, an dieser Stelle einen kurzen Vergleich zwischen englischen und deutschen Verhältnissen zu ziehen. Das englische Kabinett ist im Lauf der historischen Entwicklung seinem ursprünglichen „Vorgesetzten", dem Monarchen, mehr und mehr entglitten, nicht etwa um sich nach Art der deutschen Reichsregierung als staatsrechtlich selbständigen Faktor zu konstituieren, sondern lediglich um einen neuen Herrn zu suchen und zu finden. Das englische Kabinett ist heute der parlamentarische Exekutivausschuß. Die Tatsache, daß das englische Kabinett in der Gegenwart lediglich als parlamentarischer Exekutivausschuß gewertet werden kann, dokumentiert sich vielleicht am besten darin, daß das Recht der Parlamentsauflösung allein dem König gegeben ist, dieser hier also nicht an die Mitwirkung seines Kabinettes gebunden ist[1]). Man hat für Deutschland ähnliches behaupten wollen, ohne jedoch hierbei die besondere Stellung zu berücksichtigen, die die Verfassung dem Kabinett angewiesen hat.

Wenn man in Weimar davor zurückscheute, das Kabinett zum Exekutivausschuß des Parlamentes werden zu lassen, so wird dies nicht allein aus den erwähnten Gedankengängen zu erklären sein. Eine derartige Stellung des Kabinetts und die mit ihr Hand in Hand gehende Verstärkung des direkten parlamentarischen Einflusses auf die Exekutive war allerdings nur dann tragbar, wenn gleichzeitig die Stellung des Reichspräsidenten eine entsprechende Verstärkung enthielt. Da man jedoch hiervor nicht minder zurückschreckte, wie vor einer völligen Auslieferung des Staates an die politischen Parteien, glaubte man in der jetzigen Lösung der Verfassung den einzigen Ausweg zu sehen.

Es läßt sich nicht leugnen, daß die der Reichsregierung von der Verfassung angewiesene Stellung in mehr als einer Beziehung in der Luft schwebt. Es ist selbstverständlich, daß es für ein unmittelbares Staatsorgan niemals genügen kann, eine rein negative Unabhängigkeit von dritten Gewalten zugestanden bekommen zu haben, daß daneben vielmehr auch die notwendigen realpolitischen Unterlagen für eine praktische Betätigung gegeben sein müssen.

---

[1]) „Aber nicht nur mit dem Kabinett, sondern auch gegen das Kabinett kann der englische König eine Auflösung durchführen, wenn er sich damit in Übereinstimmung mit seiner Wählerschaft zu befinden glaubt." Koellreuter: Das parlamentarische System in den deutschen Landesverfassungen, 1921 S. 4.

So besaß in konstitutioneller Zeit der Monarch in der traditionellen Einstellung des Untertanen zu der Dynastie eine nicht zu unterschätzende Basis realpolitischer Macht. Eine solche Basis besitzt heute ebenfalls die moderne Partei in ihren Anhängern, in ihrer Organisation. Im allgemeinen bedeutend schwächer, jedoch von Fall zu Fall völlig verschieden, wird die realpolitische Macht des plebiszitären Reichspräsidenten zu bewerten sein. Gerade in dem Bestreben, ihm eine derartige realpolitische Basis überhaupt zu verschaffen, lag mit der Hauptgrund für die Einführung der plebiszitären Präsidentschaft.

Ein unmittelbares Staatsorgan ohne jede eigene realpolitische Basis ist die heutige Reichsregierung. Um trotzdem ihr Amt führen zu können, bedarf sie daher der Anleihe bei einem anderen unmittelbaren Staatsorgan. Wie wir gesehen haben, wird es zumeist die politische Partei sein, die einem Minister ihre eigenen realpolitischen Machtmittel zur Verfügung stellt. Das Ergebnis dieser Situation ist, daß der formalrechtliche unabhängige Minister in eine unbedingte politische Abhängigkeit von dem Parlamente gerät, jener Parlamentsabsolutismus, den man in Weimar mit formalrechtlichen Mitteln vermeiden wollte, daher auf Grund der politischen Gegebenheiten trotzdem zur Tatsache wird. Was man ihr offiziel nicht zu geben wagte, hat sich die Partei inoffiziell genommen. Schon allein die Tatsache der Möglichkeit eines derartigen inoffiziellen Einflusses, der sich allerdings zunehmend zu einem offiziellen umzugestalten beginnt, sollte gegen die Fiktion der Verfassung sprechen, wonach die Reichsregierung als selbständiges unmittelbares Staatsorgan zu gelten hat. Hinzukommt, daß jener Parlamentsabsolutismus, den man in Weimar mit Recht vermieden sehen wollte, erfahrungsgemäß nicht anders vermieden werden kann, als daß man die Exekutive auch offiziell den politischen Parteien anvertraut und diese damit uneingeschränkt für die Führung der Exekutive verantwortlich macht.

Dem deutschen Kabinett sollte seine formal-juristische Stellung als unmittelbares Staatsorgan das ersetzen, was das englische Kabinett auf Grund seiner politischen Stellung besaß und besitzt. Die Macht und die Selbständigkeit des englischen Kabinetts ist ausschließlich politischer Natur. Jener parlamentarische Exekutivausschuß, den man sich in Deutschland gemeinhin nur als in einem Subordinationsverhältnis zu dem Parlamente stehend vorzustellen geneigt ist, ist in England der L e i t e r des Parlaments. Parlament und Exekutive sind durch ihre Spitzenstellungen personaliter uniert, womit einerseits eine Garantie für die erwünschte Beteiligung des Parlaments an exekutiven Aufgaben und andererseits eine nicht zu unterschätzende Kautel zugunsten der Exekutive gegeben ist.

Wenn man die deutsche politische Entwicklung der letzten Jahre verfolgt, so wird man annehmen müssen, daß auch die deutschen Verhältnisse einem ähnlichen Ziele zustreben, wie es England bereits erreicht hat. Daß eine solche Entwicklung gegenüber der gegenwärtigen Lage zu bevorzugen ist, erscheint wohl kaum zweifelhaft. Trotzdem wollen die Stimmen nicht verstummen, die entweder in dieser Entwicklung eine a priori ungesunde Verirrung sehen oder sie aus sachlichen Gründen für unmöglich halten.

Man hat insbesondere vorgeschlagen, die politische Partei auf exekutivem Gebiet weitgehend durch das Berufsbeamtentum zu ersetzen. Solange jedoch an dem parlamentarischem System festgehalten wird, solange die in dem Parlament gebundenen politischen Kräfte überhaupt die Exekutive durchströmen sollen, wird die Rolle des Beamtentums gegenüber diesen politischen Elementen innerhalb der Exekutive notwendig nur von untergeordneter Bedeutung sein können. Praktisch würde dieser Vorschlag eine Bürokratisierung größten Stiles zur Folge haben müssen, die jedoch in keiner Weise ein erstrebenswertes Ziel der politischen Entwicklung bieten kann.

Wenn nicht alles täuscht, so wird mit einer weiteren Steigerung des politischen Einflusses der Partei zu rechnen sein, womit der Entwicklung ihr Weg zu dem echten Parteiministerium zwingend vorgeschrieben ist. In zweierlei Richtung wird sich dieser kommende Parteiminister von seinem Vorgänger und Antipoden, dem Beamtenminister, scharf unterscheiden; in seiner Stellung zur Partei sowie in seiner Stellung zum Staat.

Das Verhältnis zwischen dem Parteiminister und der ihm in das Kabinett entsendenden politischen Partei wird denkbar innig sein, wenn es auch nicht feststeht, ob die englische Personalunion zwischen Parteiführer und Minister aus technischen Gründen in Deutschland je übernommen werden wird.

Wie seine Stellung zur Partei in dieser Weise eine gänzlich andere ist, als die seines konstitutionellen Vorgängers, für den ein derartiges Verhältnis verpönt war, so verschiebt sich gleichzeitig die Einstellung des parlamentarischen Ministers zum Staat. Eine Bestimmung, wie diejenige der Reichsverfassung, daß der Minister Diener der Gesamtheit und nicht einer Partei sei, muß notwendig zu unlösbaren Widersprüchen führen, sobald der echte Parteiminister sein Amt angetreten hat. Die Partei ist jetzt der Mittler zwischen Staat und Minister.

Bis heute sind wir in Deutschland von einem offenen Bekenntnis zu dieser Situation noch weit entfernt. Noch heute lehnt es jeder Minister ab, in seinem Resort Parteipolitik zu treiben. Noch heute reagiert die staatsbürgerliche Ethik auf das empfindlichste gegenüber dem einem Minister gemachten Vorwurf der Parteipolitik innerhalb seines Amtes. Und doch sind wir, wie die Unterschiede zwischen Theorie und Praxis, zwischen offiziellen Proklamationen und inoffiziellen Taten genügend beweisen, bereits mitten in einer Entwicklung begriffen, die allein den echten Parteiminister zum Ziel haben kann. Keine Ethik wird diese Entwicklung aufhalten können. Um so eher jedoch hier eine klare Situation geschaffen wird, um so besser! Es fehlt bis jetzt anscheinend der Mut, die letzten Konsequenzen des parlamentarischen Systems zu ziehen und den Parteien auch offiziell einen Staat anzuvertrauen, von dem sie inoffiziell längst Besitz ergriffen haben, ohne daß etwaige Formeln der Verfassung darüber forttäuschen könnten.

Daß bei einer solchen Gestaltung der Dinge die Gefahr eines Parlamentsabsolutismus heraufbeschworen wird, dem allerdings, wie die Erfahrung der letzten 9 Jahre lehrt, auch mit Hilfe des Beamtenministeriums nicht zu entgehen ist, läßt sich nicht bestreiten. Ein wirksames Korrektiv gegenüber einer derart ungesunden politischen Allgewalt der Legislative liegt zweifellos in der Befestigung der Stellung des Exekutivchefs innerhalb der parlamentarischen Reihen. Gerade hierin liegt der wesentliche Vorzug des Parteiministers gegenüber dem Beamtenminister, daß der erstere auch innerhalb des Parlaments einen Einfluß besitzt, der letzterem versagt ist.

Diese kurze Skizze des gegenwärtigen deutschen Ministeriums soll hier genügen. Der Typ des Beamtenministers beginnt mit zunehmender Konsolidierung der Verhältnisse immer seltener zu werden, um dem Parteiminister das Feld zu räumen. Daß dieser Parteiminister sich mehr und mehr jenem Ziel entgegen entwickelt, das oben anzudeuten versucht wurde, daß der große Kampf, den Partei und Staat in der Person des Ministers führen und wohl bereits ausgefochten haben, zugunsten der Partei entschieden werden wird, daran dürfte wohl angesichts der gegenwärtigen Verteilung politischer Macht kaum noch zu zweifeln sein.

Kapitel VIII.

Die politische Stellung des Berufsbeamtentums innerhalb der parlamentarischen Demokratie.

Gelegentlich der Betrachtung der staatsrechtlichen Verhältnisse der parlamentarischen Demokratie hatten wir gesehen, daß die Änderung der Staatsform auf das Beamtentum einen direkten Einfluß in rechtlicher Beziehung im wesentlichen nicht gehabt hat. Jener Dualismus, der staatsrechtlich die parlamentarische Exekutive heute durchzieht, — mag er auch tatsächlich für das Beamtentum von größter Bedeutung sein, — hat seine rechtlichen Verhältnisse bislang unmittelbar nicht berührt. Die Auswirkungen dieses Dualismus auf die Bürokratie werden sich daher notwendig in erster Linie auf anderen als rechtlichen Gebieten zeigen müssen. Diejenigen Verschiebungen, die dieser eigenartige Dualismus hier hervorgerufen hat, im wesentlichen aufzuzeigen, soll die Aufgabe dieses Kapitels sein.

Die für das Beamtentum entscheidende Neuerung liegt in jenem bereits mehrfach berührten Dualismus, der die parlamentarische Exekutive in zwei sich innerlich fremde Hälften spaltet. Während in der konstitutionellen Monarchie die Einheitlichkeit der Exekutive garantiert war, fehlt diese gemeinsame Linie der parlamentarischen Exekutive.

Wenn auch die Reichsverfassung versucht hat, den Minister gleich dem Beamtentum in betontem Gegensatz zu der politischen Partei zu einem Diener der Gesamtheit zu stempeln, so hatten wir doch bereits gesehen, daß dieser Versuch angesichts der gegebenen politischen Kräfteverteilung notwendig scheitern muß. Der Anschluß des Ministers an die politische Partei wird als Folge des parlamentarischen Systems schwerlich zu vermeiden sein.

Wenn der Programmpunkt des Art. 130 der deutschen Verfassung daher auch in Ansehung des Ministeriums nicht zu verwirklichen sein wird, so gewinnt er andererseits gesteigerte Bedeutung für das Beamtentum. Wie die Erfahrung beweist, ist in der Tat eine geordnete Staatsverwaltung in einem parlamentarischen Staat immer nur dort möglich gewesen, wo die von der Reichsverfassung proklamierte Trennung von Partei und Beamtentum peinlich beachtet wurde. Hiermit ist jedoch der Riß offensichtlich, der zwischen Ministerium und Beamtentum klafft und der Exekutivverfassung jedes parlamentarischen Staates ihre spezifische Note verleiht.

Dem Beamtentum ist damit, daß es in einen betonten Gegensatz zu der ihm vorgesetzten Exekutivspitze gestellt wird, daß der parlamentarische Staat es nicht mehr derart bedingungslos zur Verfügung des vorgesetzten Organs hält, wie etwa der Konstitutionalismus oder noch mehr der Absolutismus, ein bestimmtes Maß an Selbständigkeit gegeben, um das notwendig ein erbitterter politischer Kampf entbrennen muß.

Wir hatten bereits gesehen, daß sich in der Person des parlamentarischen Ministers eine seltsame Personalunion zwischen Partei- und Staatsamt vollzogen hat. Ebenso wie man ihn mit Recht als Staatsorgan bezeichnet, kann man seine Stellung in anderer Richtung als die eines Organs der ihn in das Kabinett entsendenden politischen Partei charakterisieren. Gerade diese doppelte Organschaft in ihrer notwendigen Verbundenheit macht das eigentümliche Wesen des parlamentarischen Ministers aus.

Das Primäre ist dabei für ihn stets seine Stellung als Parteiorgan. Um seiner Stellung in der Partei willen erhält der Minister das Staatsamt, in dem er seine Partei zu vertreten hat. Der Ausgangspunkt des echten parlamentarischen Ministers ist immer die Partei. Seine gesamte Staatsauffassung erscheint daher gebrochen durch die Linse der politischen Partei. Sie ist der Mittler zwischen Minister und Staat.

Demgegenüber ist das Beamtentum von der Verfassung bewußt parteipolitisch neutralisiert worden. Indem es zum Diener der Gesamtheit erklärt wurde, stellte man ihm die Führung der allgemeinen Staatspolitik im Gegensatz zur Parteipolitik zur Aufgabe. Dieselben Gegensätze, die Staat und Partei überhaupt trennen, haben somit auch einen Keil in die moderne Exekutive getrieben.

Wenn soeben, einer allgemeinen Vorstellung folgend, behauptet wurde, daß die Verfassung dem Beamten die allgemeine „Staatspolitik“ anvertraut habe, so verlangt diese vorerst eigentlich nichtssagende Bemerkung eine nähere Untersuchung. Während die politische Zielsetzung des parlamentarischen Ministers mit Rücksicht auf die geschilderten Bindungen parteipolitisch bedingt sein muß, wissen wir von der Zielsetzung der Beamtenschaft vorerst lediglich negativ, daß auf sie der politischen Partei keinerlei Einfluß eröffnet werden soll und darf. Es bleibt jedoch eine offene Frage, wo die das Beamtentum in seiner Zielsetzung motivierenden Faktoren zu suchen sind. Indem die Reichsverfassung den Beamten zum Diener der Gesamtheit erklärte, hat sie zwar einen leisen Fingerzeig gegeben, in welcher Richtung die Antwort zu suchen sei, mehr aber auch nicht. Auf der Suche nach diesen motivierenden Kräften dürfte es sich empfehlen, in die Vergangenheit zurückzugehen, da nur mir ihrer Hilfe das Beamtentum verstanden werden kann.

Wenn man in monarchischer Zeit eine ähnliche Frage gestellt hätte, so wäre einem unfehlbar die Antwort geworden: „dem Beamten liegt die Führung der Staatspolitik ob", die ihrerseits als in bewußtem Gegensatz zu der bloßen Parteipolitik stehend gedacht wurde[1]). Die weitere Frage, was denn unter dieser Staatspolitik sachlich zu verstehen sei, ist bezeichnenderweise in der Vergangenheit niemals gestellt worden. Für die Gegenwart leidet dieser Begriff der Staatspolitik an so absoluter Verschwommenheit, daß wir ihn ohne weiteres den folgenden Untersuchungen zugrundelegen können.

Unsere erste Frage muß daher lauten: Was ist Staatspolitik, gibt es überhaupt noch eine derartige Staatspolitik innerhalb des politischen Systems des parlamentarischen Staates und kann eine derartige Staatspolitik gegebenenfalls das Verhältnis vom Beamten und Staat maßgeblich bestimmen?

Wenn wir hier die Frage nach der Existenz und dem Wesen der „Staatspolitik" stellen, so heißt dies an ein politisches Grundproblem rühren, der Frage nach dem Staat schlechthin. Und zwar wird damit das Staatsproblem als solches, weniger in juristisch dogmatischer oder historischer Richtung gestreift, als in philosophisch-teleologischer, indem unsere Untersuchungen letzten Endes in der Frage nach dem Staatszweck gipfeln.

Es leuchtet ohne weiteres ein, daß nur derjenige imstande ist, die Politik eines Staates zu führen, der sich über den Zweck dieses Staates klar geworden ist und mit ihm eine feste Vorstellung verbindet, da der menschliche Intellekt sich niemals von dem Zwecke zu emanzipieren vermag.

An Untersuchungen über diesen Staatszweck hat es zu keiner Zeit gefehlt. Erst in neuerer Zeit hat Friedrich Meinecke in einer eingehenden Untersuchung über die „Idee der Staatsraison" diese Frage eingehend behandelt[2]). Diese Staatsraison ist die Maxime aller Arbeit am Staat. Sie beruht auf zwei Faktoren, dem Staatszweck und den Mitteln zu seiner Erreichung. Mit vollem Recht hat Meinecke diese Lehre von der Staatsraison als „eine Schlüsselwissenschaft für Geschichte und Staatslehre überhaupt" bezeichnet. „Aus der Herzwurzel der Staatsraison bildet sich der individuelle Staat[3])".

Die Staatsraison ist die Richtschnur für jede Tätigkeit innerhalb der staatlichen Organisation. Der Appell der Staatsraison richtet sich

---

[1]) Statt aller anderen Bülow: Deutsche Politik, Volksausgabe 1916, S. 171.

[2]) Vgl. Friedrich Meinecke: Idee der Staatsraison, 1924.

[3]) Vgl. Meinecke a. a. O. S. 23.

an die Organe des Staates, die in ihm und für ihn handelnden Menschen. Für sie sollen Richtsätze aufgestellt werden, die einmal ihre Stellung zum Staat und dann darüber hinaus dessen und damit mittelbar auch ihre Stellung zur Außenwelt bestimmen sollen. Es ist bekannt, von welcher Bedeutung dieser ungeschriebene Normenkodex gerade für das deutsche Beamtentum geworden ist, da er allein jenes eigenartige Treuverhältnis zwischen Staat und Beamten auszubilden imstande war, das für das deutsche Beamtentum seit den Tagen des Absolutismus charakteristisch gewesen ist.

Auf welchem Boden sind diese Normen gewachsen, durch welche Faktoren werden sie inhaltlich bestimmt? Der Staatszweck und die Mittel zur Erreichung dieses Staatszweckes sind die beiden Elemente, deren Synthese die Staatsraison gebiert.

Die Lehre vom Staatszweck ist die eine Komponente, und zwar die ausschlaggebende für die Bildung der Staatsraison. Die Anschauungen über den Staatszweck sind im Lauf der Geschichte starken Schwankungen unterworfen gewesen.

Für den modernen Staatsrechtler, der in dem Staat lediglich das Produkt einer einzigartigen sozialen Situation erblickt, für den daher jede Typisierung nur von sehr bedingtem Werte sein kann, kann auch der Staatszweck kein absoluter, sondern nur ein den konkreten Verhältnissen angepaßter sein. Aber noch aus einem zweiten Grunde wird man sich heute bei der Postulierung eines Staatszweckes Schranken auferlegen müssen, die der Vergangenheit unbekannt waren. Während das Mittelalter und insbesondere die unter dem Banne der kirchlichen Dogmatik stehende scholastische Philosophie imstande gewesen war, diesen Staatszweck als eine objektiv gegebene Größe zu begreifen, tritt in der neueren Zeit, wie in der ganzen Philosophie so auch bei diesen Untersuchungen über den Staatszweck, immer stärker die höchstpersönliche Tönung aller Vorstellungen von einem derartigen Staatszwecke in den Vordergrund. Der Staatszweck wird nicht mehr mit den Mitteln der Erkenntnis gesucht und gefunden, sondern zumeist auf dem Wege persönlicher Spekulation. Eine absolute Geltung wird von der modernen Wissenschaft zurzeit eigentlich lediglich für den allgemeinsten Zentralzweck des staatlichen Verbandes überhaupt in Anspruch genommen: die Aufgabe der Regelung des sozialen Lebens schlechthin. An diesen Zweck, der bereits primitivsten sozialen Organisationen eignet, haben sich dann in einem langwierigen historischen Prozeß die weiteren Spezialzwecke herankristallisiert, die eine Ergänzung, eine Belebung des in seiner Allgemeinheit praktisch unfruchtbaren Zentralzwecks bedeuten. Während man diesen Zentralzweck heute in seiner soziologischen Gesetzmäßigkeit begriffen zu haben, und ihn daher objektivieren zu dürfen meint, handelt es sich bei den übrigen staatlichen Zwecken, die sich an diesen Zentralzweck lediglich herankristallisiert haben, zumeist nicht um objektiv festgelegte Werte, sondern lediglich um individuelle Bewußtseinsinhalte des über den Staatszweck philosophierenden Subjekts. Mit vollster Berechtigung hat daher Georg Jellinek bei seiner Untersuchung über den Staatszweck gesagt: „An diesem Punkte berührt sich zwar empirische Geschichtsbetrachtung mit einer Metaphysik der Geschichte. Ohne eine solche kann aber eine teleologische Untersuchung nie gründlich vorgenommen werden, weil die letzten Zwecke des Menschlichen einer empirischen Forschung unzugänglich sind [1])". Und so bleibt auch der Staatszweck selber im letzten Ende stets in ein metaphysisches Dunkel gehüllt, an dessen Stelle zwar ein persönlicher Glaube des Einzelnen, aber niemals eine objektive Erkenntnis treten kann. Dagegen beweist auch nichts, daß dieser Glaube sich zeitweise von einer individuellen Angelegenheit zu einer typischen sozialen Erscheinung umgestaltet und somit praktisch die denkbar größte Stoßkraft erhält. Mag eine solch weit verbreitete Gemeinsamkeit der Anschauungen über den Staatszweck praktisch auch von größter Wichtigkeit sein, diese Anschauung bleibt trotzdem stets ein Glaube, ein Produkt der reinen Spekulation.

Daß derartige Sätze der Spekulation in einer wissenschaftlichen Begriffsbildung nicht verwandt werden können, versteht sich von selbst. Wenn wir daher heute den Staatszweck wissenschaftlich bestimmen wollen, so werden wir uns hierbei auf die bescheidenen Umrisse beschränken müssen, die mit Hilfe wissenschaftlicher Erkenntnis überhaupt bestimmt werden können. Die Ausfüllung dieses so nur dürftig umrissenen äußeren Rahmens bleibt ureigenste Angelegenheit des Einzelnen [2]). Auch Jellinek muß sich beispielsweise bei seiner Begriffsbestimmung des Staatszweckes auf die wenigen objektiven Momente beschränken, die wissenschaftlicher Erkenntnis zugänglich sind, und alles andere einem Leser überlassen [3]).

---

[1]) Vgl. Georg Jellinek: Allgemeine Staatslehre S. 262.

[2]) Über das Problem des Staatszwecks vgl. neuestens Thoma in dem Handwörterbuch der Staatswissenschaften, 4. Aufl., Bd. VII, S. 755.

[3]) Georg Jellinek: Allgemeine Staatslehre, S. 267. „Unter dem Gesichtspunkt teleologischer Rechtfertigung erscheint uns der Staat als die durch planmäßige, zentralisierende, mit äußeren Mitteln arbeitende Tätigkeit die individuellen, nationalen und menschheitlichen Solidarinteressen in der Richtung fortschreitender Gesamtentwicklung befriedigende, herrschaftliche

Daß ein derartig weitgehender Relativismus der Staatsauffassung eine nicht unbedenkliche Lockerung des staatlichen Gefüges zur Folge haben muß, liegt auf der Hand. Andererseits muß jedoch berücksichtigt werden, daß dieses zuvor entworfene Bild rein idealiter zu verstehen ist und sich in der Praxis des Lebens ganz erheblich verschiebt.

Es ist eine feststehende Tatsache, daß die an sich rein theoretisch bestehende subjektive Entscheidungsfreiheit des Individuums durch die Existenz einer sozialen Verbundenheit eben dieses Individuums maßgebend beschnitten, und damit das subjektive Urteil einer Typisierung im Sinne des betreffenden sozialen Verbandes unterworfen wird. Auf diesem Wege bilden sich jene praktisch unentbehrlichen Gesamtvorstellungen, die einer Vielheit von Personen eignen und sich auf Grund ihrer sozialen Stoßkraft erfahrungsgemäß durchzusetzen pflegen. Diese durch die Autorität der Gesellschaft gestützten Sätze werden demnächst als quasi objektivierte Größen behandelt, vor denen sich der individuelle Subjektivismus zurückzuziehen hat [1]).

Auf diesem Wege wird auch die Staatsauffassung innerhalb eines sozialen Kreises einer gewissen Typisierung unterworfen und beherrscht in dieser typischen Form das öffentliche Leben. Es bleibt zu untersuchen, wo die sozialen Garantien einer derartig autoritativ gestützten Staatsauffassung zu suchen sind [2]). Ein kurzer historischer Rückblick ist auch an dieser Stelle nicht zu umgehen.

Rechtspersönlichkeit besitzende Verband eines Volkes." Über den eigentlichen Staatszweck ist auch hier weiter nichts gesagt, als daß er durch die Solidarinteressen inhaltlich bestimmt werde, womit eine Klärung der Situation meines Erachtens keineswegs erfolgt ist.

[1]) Trotzdem behalten diese Gesamtvorstellungen ihren subjektiven Charakter, ihren innersten Kern bildet nicht eine objektive Erkenntnis, sondern der Glaube an ein persönliches Ideal. Man hat versucht, diese Gesamtvorstellungen des persönlichen Restes zu entkleiden, im Zuge allgemeiner rationalistischer Vorstellungen die Erkenntnis auch in ihre Mitte gestellt. Demgegenüber hat in neuerer Zeit mit Recht Karl Schmitt den politischen „Mythus" dem „Raisonement", der „Zweckmäßigkeitserwägung" gegenübergestellt, das Irrationale jenem Rationalismus (vgl. „Geistesgeschichtliche Lage des heutigen Parlamentarismus", 1923, S. 56 ff.).

[2]) Allein auf diese formale Voraussetzung, das Vorhandensein einer als Trägerin der Staatsidee geeigneten sozialen Gemeinschaft kann in diesem Zusammenhang Wert gelegt werden. Auf die Staatsidee selber inhaltlich einzugehen, verbietet sich dagegen aus den verschiedensten Gründen. Wir hatten bereits mehrfach betont, daß auch eine derart autoritativ gestützte Staatsidee keineswegs einer objektiven Größe gleichzusetzen ist, die etwa wissenschaftlicher Erkenntnis zugänglich wäre. Auch eine solche Staatsidee vermag ihre

Um mit dem Absolutismus zu beginnen, so spielte die Staatsauffassung des Untertanen hier eine verhältnismäßig untergeordnete Rolle. Die Regierung lag ausschließlich in der Hand des Monarchen, eine positive Mitarbeit der Bevölkerung, wie sie das moderne Leben in steigendem Maße erfordert, ist dem Absolutismus unbekannt geblieben. Für ein derart nur innerhalb beschränkter Grenzen notwendiges Staatsgefühl war jedoch hinreichend gesorgt. Die soziale Gliederung des absoluten Staates war der Ausbildung einer einheitlichen Staatsidee denkbar günstig. In erster Linie ist hier zu berücksichtigen die durchgehende ständische Gliederung, wie sie für die Staaten des deutschen Absolutismus charakteristisch ist. Die gleichen Stände, die ursprünglich die schärfsten Gegner des werdenden modernen Staates gewesen waren, wurden für ihn bekanntlich zu einer denkbar großen Stütze, nachdem sie von der landesherrlichen Gewalt unterworfen waren und der Landesherr sich selber an die Spitze seiner Stände gestellt hatte [1]). Wenn die gesellschaftliche Gliederung der rein ständischen Zeit als ausgesprochen aristokratisch bezeichnet werden muß, so war sie damit, daß der Landesherr an die Spitze seiner Stände trat, völlig monokratisch geworden. Von ganz besonderer Bedeutung war diese Tatsache für die Formung einer einheitlichen Staatsidee, die der reine Ständestaat nicht gekannt hatte, wie sie vielmehr das ausschließliche Werk des reifen Absolutismus gewesen ist.

Diese Situation änderte sich grundlegend mit der französischen Revolution und der durch sie in Fluß gebrachten konstitutionellen Bewegung, die die Bevölkerung in gewissen Grenzen zu aktiver politischer Mitarbeit heranziehen sollte. Daß für eine derart aktiv politisch tätige Bevölkerung die Einstellung zum Staat ungleich wichtiger sein mußte, als für den Untertanen des Absolutismus, liegt auf der Hand. Gleichzeitig jedoch mit dieser Steigerung der Bedeutung der Staatsidee überhaupt beginnt die Auflösung der alten ständisch-dynastischen Gesellschaft, auf der die Staatsidee des absoluten Staates geruht hatte.

---

im letzten metaphysische Natur niemals zu verleugnen. Ganz abgesehen hiervon kommt es jedoch gegenwärtig auf die materielle Seite unseres Problems überhaupt nicht so an, wie auf die hier behandelte formale. Wenn nur die notwendigen formalen Voraussetzungen für die Bildung einer eine überindividuelle Bedeutung beanspruchenden Staatsidee vorhanden sind, um den Inhalt wird ein Volk mit schöpferischen politischen Kräften kaum verlegen sein.

[1]) Mit vollem Recht sagt daher Otto Hintze in seinen historisch-politischen Aufsätzen, Bd. I in einer Untersuchung über „den preußischen Militär- und Beamtenstaat des 18. Jahrhunderts", daß „der Staat auf diese Weise die Gesellschaft gleichsam in sich verschlungen habe". a. a. O. S. 191.

Für eine Beurteilung unserer politischen Vergangenheit ebenso gut wie für eine Erkenntnis unserer gegenwärtigen politischen Lage scheint mir diese Entwicklung von größter Bedeutung zu sein. Fragen wir zuerst, nach welchem Ziel die mit dem Jahre 1789 in Paris einsetzende Bewegung hinleiten sollte, was sie insbesondere an die Stelle der alten ständisch-dynastischen Gesellschaft zu setzen trachtete.

Das Ziel der französischen Revolution war die Schaffung des Nationalstaates an Stelle des alten Fürstenstaates des Absolutismus, die Ersetzung der ständisch-dynastischen Gesellschaft durch die Nation. Wie einst diese ständische Gesellschaft mit dem absoluten Herrscher an der Spitze die Staatsidee getragen hatte, so sollte in Zukunft diese Aufgabe der Nation überlassen bleiben.

Die Nation war das neue Gesellschaftsideal, wie es von der französischen Revolution auf das stärkste propagiert wurde, das die alte ständisch-dynastische Gesellschaft ablösen sollte. Den großen kulturellen Umwälzungen, wie sie die Zeit der Aufklärung einerseits und die völlige Umgestaltung der wirtschaftlichen Kräfteverteilung andererseits herbeigeführt hatten, sollte auf diesem Wege Rechnung getragen werden.

Die alte ständisch-dynastische Gesellschaft beruhte auf einer kulturellen Grundlage, die das Frankreich des Jahres 1789 verlassen hatte. Zwei Momente waren es vornehmlich, die man als die kulturelle Basis dieser alten Gesellschaftsform wird ansprechen müssen.

Um die mehr ideologisch-philosophische Komponente voranzustellen, so war es die eigenartige Bewertung des sozialen Erbgutes, die für diese Zeit des Ständestaates charakteristisch ist. Hinzu trat als äußere Stütze dieser Gesellschaft, die auf lehnsrechtlichen Gedankengängen beruhende Wirtschaftsverfassung des reinen Agrarstaats. Beide Momente waren bei Beginn der französischen Revolution in Frankreich innerlich ausgehöhlt, und reif, durch andere Werte ersetzt zu werden.

Der Glaube an das soziale Erbgut als Wertmesser der Persönlichkeit war durch die Aufklärung erschüttert. Für eine derartig mystische, einer kritischen Untersuchung nicht widerstehende Lebens- und Weltanschauung hatte der siegreiche Rationalismus kein Verständnis. Die Qualifikation der Persönlichkeit sollte jetzt im Wege einer rationalistischen Kritik bestimmt werden. Es war daher nicht mehr die Zugehörigkeit zu einem bestimmten Stande, zu einer bestimmten Familie, sondern die höchstpersönliche, rationalistisch feststellbare Tüchtigkeit, die von nun an als Wertmesser für die soziale Führerauslese maßgebend war.

Diese neue Einstellung zur Person des Führers fand eine Stütze in der Veränderung der wirtschaftlichen Struktur. Das rein agrarische Moment, die wirtschaftliche Plattform des alten Feudalstaates, begann zugunsten von Handel und Industrie, wie sie zumal der Merkantilismus großgezüchtet hatte, zurückzuweichen. Neben den Großgrundbesitzer trat der Kaufmann und Fabrikant mit seinem oft gleichwertigen Vermögen. Das Bürgertum begann eine wirtschaftliche Machtstellung zu erreichen, die derjenigen des Adels gleichwertig war und sie dank ihrer größeren Entwicklungsmöglichkeiten binnen kurzem überflügeln mußte.

Wirtschaftliche Momente und Weltanschauungsfragen begannen daher die Forderung nach einer neuen Art der gesellschaftlichen Verfassung immer gebieterischer zu unterstreichen und leiteten so jenen sozialen Umbildungsprozeß ein, der von der ständisch-dynastischen Gesellschaft des Absolutismus zu der modernen Nation hinüberführen sollte. Es sind dieselben Ideen, die das Bürgertum überhaupt beseelten, die das Rückgrat dieser neuen Gesellschaft, genannt Nation, ausmachen sollten. Wie das Bürgertum überall streng individualistisch die Bedeutung der Einzelpersönlichkeit in den Vordergrund schob, so sollte auch die Führerauslese dieser neuen nationalen Gesellschaft nach den gleichen Gesichtspunkten erfolgen. Die nationale Ideologie der französichen Revolution war daher im letzten Grunde nur verständlich aus der damaligen Stellung des französischen Bürgertums.

Für uns ist allein eine Untersuchung darüber von Interesse, welche Folgen das Zusammentreffen dieser revolutionären Ideologie mit dem alten absolutistischen Staat in Deutschland gezeitigt hat, der gerade in Preußen unter Friedrich dem Großen noch Beweise seiner Lebensfähigkeit gegeben hatte.

Wie es bei den politischen Verhältnissen Deutschlands um die Wende des 18. Jahrhunderts nicht Wunder nehmen kann, mußte dieser Zusammenstoß zweier historischer Welten am elementarsten in Preußen sein, wo der Absolutismus am reinsten durchgeführt war. Auch hier in Preußen zeigte sich jetzt jenes für die französische Revolution charakteristische Streben vom Stand zur Nation. Und so tragen insbesondere die sämtlichen Reformen, die dem Preußischen Staat seinen Wiederaufstieg ermöglichen sollten, einen ausgesprochen nationalen Charakter[1]). Um nur

---

[1]) An Stelle aller anderen Zitate seien nur einige Sätze aus der Denkschrift Gneisenaus im Jahre 1807 erwähnt: „Ein Grund hat Frankreich besonders auf die Stufe von Größe gehoben: die Revolution hat alle Kräfte geweckt und jeder Kraft einen ihr angemessenen Wirkungskreis gegeben.

ein besonders charakteristisches Beispiel hervorzuheben, so sei an die Neuorganisation des preußischen Offizierkorps erinnert [1]).

In gleichem Sinne bestimmt der § 110 der Steinschen Städteordnung ausdrücklich, daß die Stadtverordneten nicht Vertreter der Zünfte seien, sondern der ganzen Stadt, und beweist hiermit deutlich die engen ideologischen Zusammenhänge zwischen diesem Preußen der Reformzeit und dem Frankreich der großen Revolution. Die denkbar stärksten Antriebe erhielt diese Bewegung jedoch erst durch die Befreiungskriege, die bereits durch die grundlegenden Aufrufe des Königs auf ausgesprochen nationale Basis gestellt wurden. So sagt Otto Hintze, „die Erhebung von 1813 ist der große Moment, wo Vaterlandsliebe und Staatsgesinnung die Bevölkerung in Preußen ergreifen und sie damit eigentlich zum Volk im politischen Sinne umzuwandeln beginnen" [2]). So schien sich in Preußen die gleiche Entwicklung, die in Frankreich einer überaus blutigen Revolution bedurft hatte, auf friedlichem Wege, in engster Fühlungnahme mit den traditionellen Gewalten, wie sie sich zumal in dem preußischen Königtum repräsentierten, vollziehen zu sollen.

Auf diese Ansätze der Freiheitskriege folgte jedoch die Zeit der Reaktion. Durch sie wurde die nationale Entwicklung in Deutschland, wenn auch nicht sofort unterbrochen, so doch auf das schwerste gehemmt und ihrer ursprünglichen Lebenskraft beraubt, so daß sie auf jeden Fall niemals jenen klaren Weg wieder gewinnen konnte, der ihr ursprünglich gesichert schien.

Dadurch kamen an die Spitzen der Armeen Helden, an die ersten Stellen der Verwaltung Staatsmänner, und endlich an die Spitze eines Volkes der größte Mann aus seiner Mitte.

Welch unendliche Kräfte schlafen im Schoße einer Nation unentwickelt und unbenutzt! In der Brust von tausend und tausend Menschen wohnt ein großer Genius, dessen aufstrebende Flügel seine tiefen Verhältnisse lähmen. Währenddem ein Reich in seiner Schwäche und Schmach vergeht, folgt vielleicht in seinem elendsten Dorf ein Caesar dem Pfluge, und ein Epaminondas ernährt sich karg von dem Ertrag der Arbeit seiner Hände. Warum griffen die Höfe nicht zu dem einfachen und sicheren Mittel, dem Genie, wo es sich auch immer findet, eine Laufbahn zu eröffnen, die Talente und die Tugenden aufzumuntern, von welchem Stande und Rang sie auch sein mögen? Warum wählten sie nicht diese Mittel, ihre Kräfte zu vertausendfachen, und schlossen dem gemeinen Bürgerlichen die Triumphpforte auf, durch welche der Adlige jetzt nur ziehen soll? Die neue Zeit braucht mehr als alte Namen, Titel und Pergamente. Sie braucht frische Tat und Kraft . . . ."

[1]) Vgl. Otto Hintze: Die Hohenzollern und ihr Werk, 1916, S. 452 ff.

[2]) Vgl. Otto Hintze a. a. O. S. 471.

Der soziale Entwicklungsprozeß war hiermit in seinem organischen Werdegang gestört. Auch als Preußen später im Jahre 1850 staatsrechtlich in konstitutionelle Bahnen einlenkte, wurde der Anschluß an die in der Reaktionszeit abgeschnittene Entwicklung nicht wiedergefunden. Der preußische Staat beruhte nach wie vor auf einer gesellschaftlichen Organisation, die weiterhin jene eigenartigen ständisch-dynastischen Züge trug, an denen zwar die historische Entwicklung gewisse Modifikationen vorgenommen hatte, ohne sie in ihrem Wesen jedoch haben ändern zu können. Es ist nicht zuviel gesagt mit der Behauptung, daß die mit Beginn der Reaktion einsetzende Epoche ungeachtet aller sonstigen Erfolge politisch eine Zeit langsamer Destruktion bedeutete [1]). Preußen, das mit der Gründung des Reiches zum Mittelpunkt Deutschlands geworden war und damit auch die übrigen deutschen Staaten beeinflußte, hielt an der aus dem Absolutismus überkommenen gesellschaftlichen Organisation als der nach wie vor für geeignet erachteten sozialen Basis seines Staates fest. Die übrigen deutschen Staaten waren teils fortschrittlicher, teils überragten sie wie Mecklenburg Preußen an konservativer Gesinnung.

Die nationale Idee in ihrer tiefsten Bedeutung ist dem deutschen Konstitutionalismus fremd geblieben. Was er unter nationaler Idee verstand, war lediglich eine Ausstrahlung dieser Idee, ihre Richtung gegen das Ausland [2]). Der deutsche Konstitutionalismus hat die nationale Idee immer nur außenpolitisch verstanden, ohne dabei zu berücksichtigen, daß die Voraussetzung einer solchen Auswirkung der Nation nach außen ihre Existenz im Inneren sein

---

[1]) Ähnliche Gedankengänge finden sich bei Heller, der allerdings die allgemeine wirtschaftliche Entwicklung für die im Text gekennzeichneten Erscheinungen in erster Linie scheint verantwortlich machen zu wollen. „Der Kapitalismus zersetzte die alte, gewordene, gegliederte Gesellschaft, er löste sie in eine Masse ungebundener Individuen auf, die alle nur ihrem eigenen Interesse nachgehen. Die Gesellschaftsatome verbinden sich nur für die rationalen, bewußten, ihnen gemeinsamen Zwecke, die überlieferten irrationalen Gesellschaftszusammenhänge sind zersetzt, die Gesellschaft bietet das Bild der mechanischen, atomistischen Naturauffassung" (vgl. Hermann Heller: Politische Ideenkreise der Gegenwart, 1926, S. 79).

[2]) Auch ein Buch wie Meineckes: „Weltbürgertum und Nationalstaat" steht im Banne dieser lediglich außenpolitischen Betrachtungsweise. Insofern kann man auch nicht ohne weiteres in Bismarck den Nachfolger der Nationalversammlung in Frankfurt sehen. Während die letztere sich die nationalstaatliche Idee bewußt in ihrer Totalität zu eigen gemacht hatte, sah der Gründer des Reiches lediglich die außenpolitische Seite des nationalen Problems, wie es bei seiner grundsätzlich außenpolitischen Einstellung nicht weiter Wunder nehmen kann.

mußte [1]). Nachdem die große Gelegenheit der Freiheitskriege für den Gewinn einer nationalen Gesellschaft nutzlos verstrichen war, sollte sich noch einmal eine Möglichkeit bieten, den 1818 abgerissenen Faden wieder anzuknüpfen.

Diese Möglichkeit bot der auf Grund des allgemeinen, gleichen Wahlrechts gewählte deutsche Reichstag [2]). Dieser Reichstag wäre in der Tat der berufene Vertreter des nationalen Gedankens gegenüber den veralteten gesellschaftlichen Faktoren gewesen, auf denen der Staat bislang beruht hatte und noch beruhte. Was den Freiheitskriegen nicht gelungen war, blieb auch ihm versagt. In dem Kampf um eine neue gesellschaftliche Struktur haben sich auch damals wieder die Elemente des alten Staates den Vertretern der nationalen Idee überlegen gezeigt.

Während diese alte Gesellschaft jedoch im politischen Leben, zumal innerhalb der Exekutive, die Oberhand behielt, sollte sie in den sämtlichen übrigen Lebenszweigen, wo der Staat nicht mehr seine schützende Hand über ihr halten konnte, zunehmend an Einfluß verlieren. Während sich auf allen anderen Lebensgebieten, in Kunst und Wissenschaft sowie Handel und Industrie, im Laufe der Entwicklung eine gesellschaftliche Verfassung herausbildete, die man ohne Bedenken als national in unserem Sinne bezeichnen darf, blieb allein auf politischem Gebiet alles beim alten [3]).

Aus dieser eigenartigen Entwickelung, die auf politischem Gebiet völlig verzerrte Zustände schuf, ist auch in erster Linie zu erklären, daß man in Deutschland noch heute die nationalen Momente in allen möglichen Richtungen, insbesondere auf kul-

---

[1]) Dieser folgenschwere Irrtum dürfte sich vornehmlich aus der Tatsache erklären, daß der französische Nationalstaat, das Musterbeispiel des neuen Gesellschaftsideals, sich vom deutschen Standpunkt aus regelmäßig in seiner außenpolitischen Ausstrahlung gezeigt hat.

[2]) Daß die Verleihung des allgemeinen Wahlrechts und somit einer neuen politischen Struktur einen mächtigen Ansporn für die nationale Bewegung bedeuten mußte, wußte keiner besser als Bismarck selbst. Wie jedoch der ausschließlich außenpolitisch denkende erste Kanzler diesen nationalen Gedanken verstand und bewertete, davon geben seine Ausführungen im 2. Bande seiner Gedanken und Erinnerungen S. 78 Kenntnis.

[3]) Am prägnantesten zeigte sich diese Einstellung der konstitutionellen Monarchie vielleicht in der Personalpolitik für Heer und Beamtentum, die nach wie vor an den entscheidenden Stellen den Angehörigen bestimmter sozialer Schichten vorbehalten blieben. Es ist der Monarchie nicht gelungen, durchgehend diejenigen an die leitenden Stellen zu berufen, die hierzu persönlich am geeignetsten waren. Der berühmt gewordene Satz des Reichskanzlers Bethmann-Hollwegs: Freie Bahn dem Tüchtigen, dürfte als Bekenntnis dafür zu werten sein, daß bislang vielfach andere Gesichtspunkte bestimmend gewesen waren.

turellem Gebiet, zu suchen bemüht ist, nur nicht auf politischem Gebiet [1]). Die neue gesellschaftliche Ordnung, die Deutschland im 19. Jahrhundert erhalten hatte, wurde von dem konstitutionellen Staat weitgehend ignoriert [2]). Im Kriege hat sich dieser Mangel gerächt. Damals, als es einen „nationalen“ Abwehrkampf zu führen galt, zeigte es sich, daß es auf die Dauer unmöglich sein muß, an ein Volk in außenpolitischer Beziehung Anforderungen zu stellen, die die Existenz einer geschlossenen nationalen Organisation im Inneren, eines politischen Selbstbestimmungsrechtes dieser Nation zur unentbehrlichen Voraussetzung haben. Der ungeheure außenpolitische Druck sowie die folgende Revolution haben dann allerdings wertvolle Voraussetzungen für die Bildung einer deutschen Nation oder besser für die Ausdehnung des Einflußkreises dieser Nation auf das politische Gebiet geschaffen.

Der große Rivale der Nation auf politischem Gebiet ist heute die Partei. Abgesehen von den angeborenen partikularistischen Tendenzen jeder Partei überhaupt, mußte es für diese gerade in dem Deutschland der revolutionären Epoche angesichts des unleugbaren Mangels einer nationalen Geschlossenheit, sowie einer zugkräftigen nationalen Idee äußerst schwierig sein, in ihrer Politik auf einen nationalen Willen Rücksicht zu nehmen, der noch so schwach entwickelt war, daß er nur in seltenen Fällen einer bestimmten Auffassung die erforderliche Autorität zu verleihen vermochte und damit auf eine Frage eine Antwort zu geben, die ein Recht darauf hatte, als national zu gelten. Gegenüber diesen seltenen Augenblicken der letzten Jahre, die wirklich eine solche nationale Willensäußerung erlebten, stehen die unzähligen Fälle, in denen sich begrenzte soziale Kreise nicht scheuen, ihren persönlichen Standpunkt als den nationalen zu proklamieren, ohne sich vorher der erforderlichen nationalen Resonanz vergewissert zu haben.

Zusammenfassend kann daher gesagt werden, daß beachtliche Ansätze zur Bildung einer nationalen Gemeinschaft auch auf politischem Gebiete vorhanden sind, daß diese Entwicklung aber bis heute noch nicht ihren Abschluß erreicht hat, daß die Inbesitznahme des politischen Lebens durch die Nation daher noch nicht vollkommen vollzogen ist.

---

[1]) Ein charakteristischer Vertreter der im Text geschilderten Nationalauffassung ist Max Scheler. „Die nationale Solidarität bewegt sich für uns zunächst nur in der moralischen und geistigen Sphäre und ist scharf gelöst von allen „politischen“ Gemeinwesen und positivem Recht“ (Nation und Weltanschauung, 1923, S. 8).

[2]) In ähnlichem Sinne R. Michels: „Zur Soziologie des modernen Parteiwesens“, 2. Aufl., S. 15 bei seiner Kritik des deutschen Liberalismus.

War das Fehlen einer nationalen Geschlossenheit in politischen Dingen bereits eine Gefahr für den konstitutionellen Staat, so waren die Folgen dieses Mangels für die parlamentarische Demokratie unausdenkbar. In der parlamentarischen Demokratie ruht die Staatsidee im Falle des Fehlens einer die Parteien untereinander verbindenden Nation ausschließlich auf diesen politischen Parteien. An die Stelle, die einst die mit allseitig autoritativer Macht ausgestattete Staatsidee der absoluten Monarchie eingenommen hatte, mußte im parlamentarischen Staat, falls die Nation versagte, eine Vielheit subjektiver Anschauungen treten, die ihre rein private Natur nimmer verleugnen konnten. Die seelische Geschlossenheit des Staates erschien unter diesen Umständen nicht länger gesichert[1]).

Auf Grund der vorhergegangenen Untersuchungen wissen wir jedoch, daß der Prozeß der Inbesitznahme des politischen Lebens seitens der Nation durch die durch Krieg und Revolution bedingte Entwicklung ganz wesentlich gefördert worden ist, so daß auch die deutsche Politik in absehbarer Zeit mit einer nationalen Staatsidee wird rechnen können. Das Ziel dieser Entwicklung kann allein in dem politischen Primat der Nation bestehen. Es war das Schicksal des deutschen monarchischen Staates, daß dieser es versäumte, die weltanschauungsmäßigen Fundamente des Staates in der Nation zu suchen und damit der Staatsidee ihre solide Grundlage nahm. Nur eine Nation, die auch ihre politische Mission begriffen hat, wird imstande sein, dem modernen Staat jene innerliche Festigkeit zu geben, ohne die niemals ein erfolgreiches politisches Wirken denkbar gewesen ist.

Welche Folgerungen lassen sich aus diesen Ausführungen für das Beamtentum ziehen? Beamter und Staatsidee sind für deutsches Vorstellungsvermögen schlechterdings nicht zu trennen, sie gehören zusammen, wollte man sie auseinanderreißen, so hätte man damit dem Beamtentum sein Bestes genommen[2]). Das alte

---

[1]) Bezeichnend für den Mangel einer einheitlichen Staatsidee in dem heutigen Staat ist eine Äußerung Wittmayers: Bleibt also von allen Vorurteilen des Art. 21 nicht mehr zurück als die gewiß pathetische, aber etwas leere, einem früheren Obrigkeitsstaat verständlichere Pflichtenbelehrung, sich vom allgemeinen Wohl — welchem? — leiten zu lassen" (Weimarer Verfassung, S. 68).

[2]) Diese Tatsache übersieht meines Erachtens Wittmayer „Weimarer Reichsverfassung" S. 353. „Das ist der große, wahre und echte Zwiespalt, der die Demokratisierung und Parlamentarisierung Deutschlands und nicht allein Deutschlands durchzieht, und um so schwerer wiegt, als der Berufsbeamte sich nicht bloß halb und halb als Fremdkörper darstellt, sondern auch seine eigenartige, wenn schon nicht fremde Seele mitbringt, die sich von der herrschaftlich gebliebenen Form des Dienstes und der im großen und ganzen unveränderten Technik und Arbeitsweise erhält, die für die Form des öffent-

deutsche Beamtentum war ohne den starken seelischen Rückhalt, den die Staatsidee bot, nicht denkbar und jede Darstellung dieses Beamtentums, die auf dieses Moment nicht die genügende Rücksicht nimmt, muß notwendig zu verzerrten Bildern führen[1]). Was aber für die Vergangenheit gilt, gilt mit gleichem Recht für Gegenwart und Zukunft.

Daß an sich, abstrakt betrachtet, ein Beamtentum auch ohne diese metaphysische Basierung, wie sie die Staatsidee gibt, denkbar

---

lichen Rechts, für die Sprache der Gesetzgebung für Form und Ausdruck der Verwaltung bestimmend bleibt. In dieser Fremdseele lebt und webt daher vielleicht noch immer die Vorstellung von einer selbständigen, von aller Zerklüftung unabhängigen Bestimmbarkeit des allgemeinen Wohls und damit die Neigung, die eigenen aus früheren Staatszeiten und Staatsformen übernommenen Anschauungen zum Range eines absoluten Staatsideals zu erheben, was kurz gesagt lediglich darauf hinauslaufen muß, sich mit dem Staat schlechthin zu identifizieren." Von einem absoluten Staatsideal in des Wortes reinster Bedeutung kann heute sowenig die Rede sein, wie in der Vergangenheit, wo allerdings die monarchische Staatsleitung gern das Bestreben gehabt hat, das eigene Staatsideal zu verabsolutieren. Was die Beamtenschaft ebenso wie jede andere Gesinnungsgemeinschaft notwendig hat, worin sie sich z. B. von der politischen Partei in nichts unterscheidet, ist ein für ihre Mitglieder für allgemein verbindlich erklärtes politisches Glaubensbekenntnis. Auch die demokratischste Partei wird auf eine derartige Festlegung ihrer Mitglieder schlechterdings nicht verzichten können, ebenso wenig die Bureaukratie. Der Bureaukratie das Recht zu einem derart eigenen Glaubensbekenntnis zu verweigern, hieße aus einer Gesinnungsgemeinschaft eine Arbeitsgemeinschaft, aus dem Beamten einen Angestellten zu machen.

[1]) Dies übersieht vollständig Potthoff in seinen „Grundfragen des künftigen Beamtenrechts" Heft 3 der Schriftensammlung des allgemeinen deutschen Beamtenbundes 1923. Für Potthoff sind „die besonderen Bedingungen des Beamtenverhältnisses ganz unabhängig vom öffentlich-rechtlichen Beamtenverhältnis. Sie brauchen bei Beschäftigung im öffentlichen Dienst nicht und sie können bei Beschäftigung im privaten Dienst in besserer und noch sicherer Weise gegeben werden. Der frühere scharfe Unterschied zwischen öffentlichem und privatem Recht besteht nicht mehr; namentlich auf dem Gebiete des Arbeitsrechtes ist er abgelöst von einem neuen, das man vielfach als Sozialrecht bezeichnet hat" (S. 18).

Für Potthoff ist daher das Ideal die Gleichstellung der staatlichen Beamten mit den Angestellten der Privatwirtschaft auf dem Boden des für beide gleich maßgeblichen arbeitsrechtlichen Sozialrechts. Ohne auf den meines Erachtens heute in dieser Form noch absolut unklaren Begriff des Sozialrechts und sein Verhältnis zum öffentlichen Recht eingehen zu wollen, erscheint es mir als eine starke Mechanisierung des öffentlichen Lebens, wenn man Staatsbeamte und Privatangestellte auf den gleichen juristischen Nenner bringen will und hierbei die bis heute noch einzigartige Stellung des Staates gegenüber allen ihm eingeordneten privaten Organisationen verkennt. An diesem Urteil vermag nichts zu ändern, wenn Potthoff später selber seine These insoweit zurücknimmt, als er für die „politischen Beamten", d. h. die obersten Spitzen des Staates, eine Sonderstellung fordert, ohne hierfür andere als Zweckmäßigkeits-

ist, dafür bietet das Ausland Beweise genug[1]). Um nur zwei Beispiele herauszugreifen, mit denen wir uns an einer späteren Stelle noch eingehend zu beschäftigen haben werden, so sei an das Berufsbeamtentum Englands und der Vereinigten Staaten erinnert. Der sogen. civil service Englands und Amerikas, dessen historische Entwicklung eine gänzlich andere war, als die des deutschen Beamtentums, kennt dieses eigenartige persönliche Verhältnis zwischen Staat und Beamtenschaft nicht[2]). Mag daher auch eine derartige seelische Verbindung des Beamtentums mit dem Staat für das Berufsbeamtentum überhaupt nicht essentiell sein, mag begrifflich ein Berufsbeamtentum auch ohne diese eigenartige seelische Verwurzelung im Staate denkbar sein, so kann es doch andererseits keinem Zweifel unterliegen, daß ein Beamtentum im Stile des alten preußischen unschätzbare Vorzüge[3]) gegenüber einer Beamtenschaft

erwägungen anführen zu können. Daß auf der anderen Seite die Potthoffschen Anregungen insofern fruchtbar sind, als sie auf die viel zu große Zahl des gegenwärtigen Beamtentums hinweisen, während manche Posten in der Tat ebensogut durch Privatangestellte ausgeübt werden könnten, soll bei aller grundsätzlichen Kritik nicht übersehen werden.

[1]) Daß auch in Deutschland bereits dieser innere Kontakt zwischen Staat und Beamtentum verloren gegangen sei, wird man kaum behaupten können. Wenn etwa Spengler von dem modernen deutschen Beamtentum sagt, „der Rest des Standes löst sich in einen Nachwuchs von Angestellten auf, der jenes Ethos gar nicht mehr kennt", so entspricht dieses Urteil den gegenwärtigen Verhältnissen schwerlich, zeigt jedoch allerdings eine Entwicklungslinie, in der sich eventuell die weitere Entwicklung des deutschen Beamtentums bewegen könnte (vgl. Neubau des deutschen Reiches, S. 33).

[2]) Dieser Unterschied zwischen dem alten preußischen Beamtentum und dem amerikanischen civil service ist von Robert Moses in seinem Buche „The civil service of Grate Britain", 1914, S. 265 treffend gekennzeichnet worden. „The difference lies in the fact that the Prussian feels he is responsible only to the Emperor, to whom he gives the best that is in ihm of service and loyalty, while the boss-ridden American official is responsible only to his patron, to whom de gives not honest but profit, and whom he will desert if he gets a chance." In diesem Zusammenhang verdient die im Mai 1927 erschienene Schrift von Herman Finer: „The British Civil Service", auf die wir in anderen Zusammenhang noch mehrfach zurückkommen werden, ernste Beachtung. In dem Schlußkapitel, das der Bedeutung des civil service in einem nach sozialistischem Muster regierten Staat gewidmet ist, stehen die für den deutschen Leser kaum sonderlich auffälligen, für einen englischen Schriftsteller jedoch programmatische Bedeutung habenden Worte: „A dynamic ethic is necessary: an insistent commendement, an unfailing „Thou shall" and „Thou shall not". The ethic we speak of can be enduringly based on nothing less than a deliberately inculcated schema af beliefs about what individual men and women owe to the society they are chosen to serve, and those beliefs must be held with a religious intensity." S. 94 a. a. b.

[3]) Es mag an dieser Stelle auf eine Äußerung Max Webers hingewiesen werden, der doch wohl kaum in dem Verdacht einer Überschätzung des Berufs-

besitzt, die sich innerlich eigentlich wenig von den Angestellten privater Betriebe unterscheidet[1]).

Besteht ein derartiges Band zwischen Beamtentum und Staat auch in der parlamentarischen Demokratie? Wenn man überhaupt die Möglichkeit der Bildung einer allgemein gültigen Staatsidee in der Demokratie anerkennt, so ist damit auch das Band gegeben, das Beamtentum und Staat aneinander zu knüpfen berufen ist. Wenn diese Staatsidee ganz allgemein für die Bevölkerung das seelische Band bedeutet, durch das sie in eine innere Beziehung zu ihrem Staate gesetzt wird, so gilt dies für das Beamtentum in gesteigertem Maße.

Im absoluten Staat war der Träger der Staatsidee der Monarch. Wenn das Beamtentum durch die Staatsidee zu einem einheitlichen Ganzen zusammengeschlossen werden sollte, so bedeutete dies im Absolutismus praktisch einen Anschluß an den Monarchen. In diesem repräsentierte sich die Staatsidee des Absolutismus, bei ihm mußte daher der Beamte Anschluß suchen[2]). Es muß als ein glückliches Zusammentreffen von Umständen bezeichnet werden, daß diesem Postulat die auf Grund der geschichtlichen Entwicklung herausgebildete staatsrechtliche Struktur weitgehend entgegenkam. Derselbe Monarch, der berufen war, die Einstellung des Beamten

---

beamtentums stehen dürfte. „Es hat eine Zeit gegeben, wo die Demokratie eine Hauptaufgabe in der Verhinderung der Entstehung eines Beamtenstandes mit festen Ehrbegriffen sah. Sie ist für immer dahin. Möge die Demokratie nicht glauben, ein Beamtentum ohne Amtsehre werde fähig sein, die hohe Integrität und Fachqualität des bisherigen deutschen Beamtentums erhalten zu können." (Deutschlands künftige Staatsform, veröffentlicht in den gesammelten politischen Schriften S. 371).

[1]) Diese metaphysische Verbundenheit von Beamten und Staat, die die Vertreter der formalen Demokratie zum überwiegenden Teil übersehen haben, kann gar nicht hoch genug bewertet werden. Die historische Tatsache, daß auf ihr der alte preußische Staat letzten Endes überhaupt beruht hat, sollte als Beweis hierfür eigentlich genügen. In der bereits in anderem Zusammenhang erwähnten Schrift des württembergischen Staatsrechtlers R. v. Mohl, die gerade für die Gegenwart mancherlei dankenswerte Fingerzeige gibt, ist auch auf die Gefahr der Zersprengung dieses Bandes wiederholt hingewiesen worden, von der Mohl eine Untergrabung „der Sittlichkeit der mechanisierten Bureaukratie" befürchtet, die den seelischen Zusammenhang mit dem Staat verloren habe und nur noch ein mechanisches Werkzeug in der Hand der Regierung sei. Vgl. dazu Mohl „Der Staatsdienst" veröffentlicht im 2. Bande seiner „Politik" (1869), S. 397 ff.

[2]) Von diesem eigenartigen metaphysischen Bande, das die Krone und ihr Beamtentum im Absolutismus umschloß, legt u. a. ein Buch August Wilhem Heffters Zeugnis. „Beiträge zum deutschen Staats- und Fürstenrecht" (1829). „Der Name Staatsdiener kündigt an, daß diese nicht bloß das rein persönliche Interesse des Herrschers zu verwalten haben, sondern das Heilige der gesamten Staatsverbindung, Herrscher und Volk in eins verbunden."

zum Staat maßgebend zu bestimmen, war gleichzeitig der dienstliche Vorgesetzte der ihm nachgeordneten Büreaukratie. Pflichtenkollisionen auf Seiten des Beamten waren somit so gut wie ausgeschlossen. Eine gewisse Abschwächung erfuhr dieser ideale Zustand mit Einführung des konstitutionellen Systems. Wenn sich die Schwäche der konstitutionellen Staatsidee in den Reihen der Beamtenschaft nicht weiter bemerkbar gemacht hat, so lag der Grund hierfür einmal in der Nachwirkung der Vergangenheit, darüber hinaus aber in der dem Monarchen durch die Verfassung gegenüber der Bureaukratie nach wie vor angewiesenen staatsrechtlichen Stellung.

Um so schwächer allerdings die soziale Resonanz wurde, die die von dem Monarchen proklamierte Staatsidee in der Bevölkerung überhaupt fand, um so mehr büßte dieser auch an Einfluß gegenüber seiner Beamtenschaft ein. Es ist nicht zu verkennen, daß bereits in den letzten Jahren der Monarchie gewisse Zersetzungserscheinungen innerhalb der Beamtenschaft zu beobachten waren, die sich bei einer weiteren Entwicklung notwendig auch in der Monarchie zu einer Krise hätten auswachsen müssen.

Diese ungelöste Problematik, die das Beamtenverhältnis bereits im konstitutionellen Staat durchzog, trat mit dem Sturze der Dynastie offen zutage. Wenn die Revolution mit ihrer Beseitigung der Dynastie und der Umwertung aller politischer Werte bereits von großen Teilen der übrigen Bevölkerung eine nicht zu unterschätzende Belastungsprobe verlangte, so galt dies im gesteigerten Maße von der Beamtenschaft. Durch Jahrhunderte hindurch war das Beamtentum daran gewöhnt, den Staat durch die Augen des Monarchen zu sehen. Der Monarch war stets der Mittler zwischen Beamtentum und Staat gewesen. Diese gefestigte historische Entwicklung brach mit der Revolution jäh ab. Was die Revolution von dem Beamtentum verlangte, war nicht mehr und nicht weniger als eine urplötzliche neue politische Orientierung unter bewußter Aufgabe einer mehrhundertjährigen Tradition. Die Art, wie sich das deutsche Beamtentum damals entschieden hat, wird immer einen Höhepunkt in seiner Geschichte bilden. Als sich das deutsche Beamtentum den durch die revolutionäre Welle emporgetragenen Machthabern zur Verfügung stellte, hat es dies nicht aus innerer Übereinstimmung mit der Revolution, sondern aus dem Gefühl der Verantwortlichkeit gegenüber der Nation getan. Wenn das soviel mißbrauchte Wort nationales Bewußtsein irgendwo am Platze ist, so hier [1]).

---

[1]) Vgl. hierzu die Ausführungen Thomas: „Der Begriff der Demokratie und sein Verhältnis zum Staatsbegriff", veröffentlicht in der Erinnerungsgabe für Max Weber, Bd. 2, S. 58.

Wenn das Beamtentum daher auch in den entscheidenden Novembertagen die Antwort auf die ihm von der Revolution vorgelegte Frage gefunden hat, so war damit noch keine Gewähr dafür gegeben, daß diese in Zeiten nationaler Hochspannung gegebene Antwort auch für die Zukunft maßgeblich bleiben werde[1]). So eindeutig das Beamtentum im November 1918 sein Bekenntnis zur Nation abgelegt haben mag, die Krise war damit noch nicht endgültig gelöst. Die endgültige Lösung dieser Krise mußte die weitere politische Entwicklung bringen, die auch gegenwärtig noch nicht zum Abschluß gekommen ist.

Wir hatten bereits an einer früheren Stelle betont, daß die Staatsidee überhaupt gegenwärtig eine Krise durchmacht und ihrem Neubau auf nationaler Basis entgegengeht. Von dieser allgemeinen nationalen Entwicklung wird auch die Lösung jener Krise entscheidend bestimmt sein, die gegenwärtig das Beamtentum durchzieht. Wenn das Beamtentum im November 1918 an die Nation Anschluß suchte, so hat es sich damit an den einzigen Faktor gewandt, der ihm den Monarchen ersetzen konnte. Die Verfassung hat diesen Standpunkt der Beamtenschaft zu dem ihrigen gemacht. Wenn es vielleicht auch bedauerlich ist, daß das farblose Wort Gesamtheit gewählt worden ist, so ist doch der Wille der Verfassung unzweifelhaft, in den Beamten die Diener der Nation, und in der nationalen Staatsidee jenes metaphysische Band zu sehen, das das deutsche Beamtentum von jeher mit seinem Staat verbunden hat und noch heute verbindet.

Wenn wir das Beamtentum in dieser Weise für die nationale Staatsidee in Anspruch nehmen, so bleibt allerdings praktisch immer zu berücksichtigen, daß heute zwar beachtliche Ansätze zu einer nationalen Staatsidee vorhanden sind, daß es jedoch an einer allen übrigen politischen Kräften a priori unbedingt übergegenen Nation heute noch fehlt[2]). Wenn wir daher heute die Beamten-

[1]) In Anerkennung der Tatsache, daß die Umstellung, die die Revolution von der Beamtenschaft verlangte, von dieser nicht ohne weiteres erwartet werden konnte, hat das Reich durch Gesetz vom 12. September 1919 den mit Wahrnehmung speziell politischer Angelegenheiten betrauten Beamten eine erleichterte Rücktrittsmöglichkeit geschaffen. Ähnliche Bestimmungen sind auch in Preußen ergangen.

[2]) Charakteristisch für den gegenwärtigen Mangel einer mit einer allgemeinen Autorität auftretenden nationalen Staatsauffassung sind die Ausführungen Rudolf von Launs in seinem Aufsatz: „Der Staatsrechtslehrer und die Politik" (Arch. f. öffentl. R. 43, 1922): „Ebenso sehen wir heute, daß der Vorwurf der Parteipolitik mit gleichem Recht von jedem gegen jeden erhoben werden kann. Die Sozialdemokratie beschuldigt Richter und Beamte der Klassenjustiz wegen derselben Tätigkeit, die den Anhängern der Rechten als objektiv und „über den Parteien stehend" erscheint, umgekehrt bezichtigt

schaft auf die nationale Linie festlegen, muß man sich der Gebrechlichkeit dieses Zustandes vollkommen bewußt bleiben. Wenn die Nation zu einem beherrschenden Faktor des politischen Lebens geworden ist, ist auch die Zukunft des Beamtentums gesichert. Bis dahin heißt es, dem Beamtentum besondere Sorgfalt zuzuwenden, um es vor einer Entwicklung zu bewahren, die das unersetzliche Erbe, das die Monarchie der Gegenwart in Gestalt ihres Beamtentums hinterlassen hat, in irgendeiner Form gefährden könnte.

Wie die politische Partei überhaupt gegenwärtig zu der Nation in einem Rivalitätsverhältnis steht, so kann sie auch dem Berufsbeamtentum gefährlich werden. Bei ihrer politischen Werbetätigkeit wird sich die Partei in ganz besonderem Maße an das Beamtentum wenden, da hier neben dem Gewinn an Anhängern noch ein weiteres bestechendes Ziel winkt: Erweiterung des Einflusses auf die Exekutive[1]). Es ist nicht zu verkennen, daß diese Bestrebungen der politischen Partei durch den Parlamentarismus nachhaltig gefördert werden. Das parlamentarische System, das die Exekutive grundsätzlich der politischen Partei eröffnet, erleichtert alle derartigen auf eine Eroberung der Exekutive zielenden Bestrebungen offensichtlich. Wenn hierin schon unter gewöhnlichen Umständen eine Gefahr des parlamentarischen Systems liegen muß, so verschärft diese sich unter den gegebenen Umständen nicht unerheblich. Die zum Angriff übergehenden politischen Parteien stoßen heute nicht auf ein innerlich bereits gefestigtes Beamtentum, sondern auf ein

---

ebensosehr die Rechte die Funktionäre der Linken der „Parteipolitik", auch dann, wenn sie nichts anderes tun, als was vor 1918 die konservative Bureaukratie getan hat, nämlich für die Aufrechterhaltung der gegebenen Machtverteilung wirken. Am sonderbarsten ist wohl der irrige Gebrauch, den man mit dem Schlagwort der „Entpolitisierung" treibt. Man fordert z. B. Entpolitisierung der Verwaltung, meint aber in Wahrheit Besetzung der Verwaltungsstellen mit den Anhängern einer ganz bestimmten positiven politischen Anschauung und keineswegs Übertragung dieser Ämter an neutrale Individuen." Dieses politische Chaos, das Laun hier aufdeckt, erklärt sich im letzten Ende doch allein aus der Tatsache, daß auch beim besten Willen zu wirklich staatspolitischer Arbeit dieses Ziel solange nicht erreicht werden kann, als eine allgemeine anerkannte Staatsidee fehlt. Es bleibt jedoch eine gänzlich andere Frage, auf die Laun nicht eingegangen ist, ob dieser Zustand eine unbedingte Notwendigkeit des gegenwärtigen politischen Systems bedeutet, ob nicht auch er überwunden werden kann, ob wir ihn nicht sogar vielleicht in den 5 Jahren, die seit dem Erscheinen des Aufsatzes von Laun verstrichen sind, in einem gewissen Grade schon überwunden haben.

[1]) Vgl. Bluntschli, „Allgemeine Staatslehre" (1880), S. 168.

Beamtentum, das erst im Begriff steht, sich dieses seelische Rückgrat von neuem zu gewinnen [1]).

Wenn es überhaupt notwendig ist, in dem parlamentarischen Staat das Berufsbeamtentum vor einer Aufsaugung durch die politische Partei zu schützen, so gilt dies für Deutschland zurzeit in ganz besonderem Maße. Soweit auf Grund des parlamentarischen Systems eine Einflußnahme der politischen Partei auf die Exekutive erforderlich ist, kann und muß ihr die Möglichkeit hierzu gegeben werden. Die Grenzen, die diesem politischen Einfluß seitens der Partei jedoch gezogen werden müssen, können nicht scharf genug bestimmt werden. Die deutsche Verfassung, die den Minister zum unparteiischen Staatsbeamten stempelt, läßt diese Trennungslinie völlig vermissen.

Diese Untersuchungen sollen nicht abgeschlossen werden, ohne noch auf eine besondere Erscheinung hinzuweisen, die das nachrevolutionäre Beamtentum teilweise kennzeichnet und die ebenfalls keineswegs unbedenklich ist.

Die allgemein nach Ende des Krieges in Erscheinung tretende Staatsmüdigkeit ist auch an dem Beamtentum nicht vorübergegangen. Bei einem Teil der Beamtenschaft bildete sich eine bewußte politische Indifferenz heraus, mit der man am ersten den leidenschaftlichen Parteikämpfen und den aus ihnen für das Beamtentum erwachsenden Versuchungen hoffte entgehen zu können. Der innere Konnex zu dem Staat ging dem Beamten vielfach verloren, zum Teil hatte ihn die Revolution geraubt, ohne daß der betreffende Beamte imstande gewesen wäre, eine neue innere Einstellung zu dem Staate zu gewinnen. Auch die Bestrebungen, das Beamtentum parteipolitisch zu neutralisieren, haben teilweise die bedauerlichen Nebenerscheinungen gezeitigt, den Beamten in politischen Dingen überhaupt indifferent werden zu lassen. Damit hat der Beamtenberuf jedoch seinen inneren Halt verloren und ist zum Broterwerb, zum Geschäft geworden. Der Beamte hat seinen Platz dem Staatsangestellten geräumt. Daß es niemals der Sinn einer parteipolitischen Neutralisierung des Beamtentums sein kann, den Beamten politisch überhaupt zu neutralisieren, bedarf wohl nach dem

---

[1]) Wenn daher Wittmayer bei Betrachtung dieser eigenartigen „Symbiose zwischen Demokratie und Beamtentum" zu dem Ergebnis kommt, daß „die neue Demokratie den Prozeß keineswegs gewonnen habe und die Gewaltentrennung beseitigt sei, jedoch immerhin ein anständiger Ausgleich erzielt sei", so wird man ihm in dieser vom Standpunkt der Bureaukratie aus optimistischen Beurteilung der Gegenwart nicht unbedingt beitreten können (vgl. „Weimarer Reichsverfassung", S. 90).

oben Gesagten keines näheren Beweises. Jedoch auch mit dieser Tendenz der Entwurzelung des Beamtentums werden wir uns gelegentlich der eigentlich kritischen Auseinandersetzungen noch zu beschäftigen haben.

Kapitel IX.

Das Richtertum.

Bevor wir uns im folgenden dem zweiten Hauptabschnitt unserer Untersuchungen und damit der Kritik zuwenden, empfiehlt es sich, auf das Richtertum als eine besondere Beamtenkategorie einzugehen, die aus dem Rahmen des allgemeinen Beamtentums herausfällt und daher eine eigene Behandlung erfordert.[1])

Durch die ihm bereits in konstitutioneller Zeit angewiesene Stellung unterscheidet sich der Richter ganz wesentlich von allen anderen Beamten. Wenn es das Hauptkriterium des Richtertums ist, daß der Richter in seiner Entscheidungsgewalt unabhängig ist, daß für ihn ein Dienstbefehl daher grundsätzlich nicht besteht, so wird man nicht umhin können, in diesem Richter ein unmittelbares Staatsorgan zu sehen.

Besteht zwischen diesem Richtertum und den übrigen unmittelbaren Staatsorganen irgend ein nennenswerter grundsätzlicher Unterschied? Wir hatten bereits an früherer Stelle gesehen, daß jedes staatliche Organ in irgend einem öffentlich-rechtlichen Dienstverhältnis stehen, daß dem Außenverhältnis notwendig ein Innenverhältnis entsprechen muß. In der Besonderheit dieses richterlichen Dienstverhältnisses liegt das Spezifikum des Richtertums gegenüber den übrigen unmittelbaren Staatsorganen.

Das öffentlich-rechtliche Dienstverhältnis des unmittelbaren Staatsorgans ist von jeher ein außerordentlich problematischer Punkt gewesen. Da das öffentlich-rechtliche Dienstverhältnis bekanntlich an keinerlei bestimmte Formalien gebunden ist, hat man in Ansehung unmittelbarer Staatsorgane zumeist auf eine nähere Fixierung dieser Dienstverhältnisse verzichtet. In der Tat sind die Komplikationen, die sich gegebenenfalls aus einem derartigen öffentlich-rechtlichen Dienstverhältnis eines unmittelbaren Staatsorgans ergeben können, keineswegs zu unterschätzen.

Während es für das unmittelbare Staatsorgan begriffswesentlich ist, daß es in seiner Tätigkeit frei und selbständig handeln kann, ist von jedem Dienstverhältnis a priori ein gewisses Moment der

---

[1]) vgl. hierzu Eugen Schiffer: „Die deutsche Justiz" 1928.

Unterordnung unter einen dritten Willen begrifflich nicht zu trennen. In keinem Dienstverhältnis sind die Figuren des Herren und des Dieners völlig zu entbehren. Wer soll aber der Dienstherr in dem Dienstverhältnis eines unmittelbaren Staatsorgans sein, besser wer soll den Staat in dieser seiner Eigenschaft repräsentieren? Daß Dienstherr und Diener nicht in einer Person zusammengefaßt werden können, daß nicht die gleiche Person auf der einen Seite in Vertretung des Staates als unmittelbares Staatsorgan, auf der andern als Organträger handeln kann, liegt auf der Hand. Die Folge davon ist, daß die verschiedenen unmittelbaren Staatsorgane wechselseitig gegenüber dem Nachbarorgan den Staat in seiner Eigenschaft als Dienstherr repräsentieren müssen. Mag man dieses Dienstverhältnis auch noch so lose gestalten, mag die Selbständigkeit des einzelnen Organs durch dieses Dienstverhältnis auch noch so wenig angetastet werden, eine gewisse Problematik wird dieser Situation notwendig stets anhaften müssen. Niemals ist die Möglichkeit völlig ausgeschaltet, daß das Charakteristikum jedes Dienstverhältnisses, die Subordination, mehr in den Vordergrund tritt, als es mit den ursprünglichen Absichten der Verfassung vereinbar ist. Im allgemeinen hat man diesem Dilemma dadurch mit Erfolg zu entgehen versucht, daß man die entsprechenden Dienstverhältnisse rechtlich möglichst unbestimmt ließ, ja sie zumeist überhaupt nicht ausdrücklich erwähnte und so ihre Existenz gleichsam zu unterschlagen versuchte. Wenn sich diese Praxis trotzdem nicht immer vollständig hat durchführen lassen, so ist dies in erster Linie darauf zurückzuführen, daß der Schutz der individuellen Interessen des Organträgers zuweilen eine nähere Ausgestaltung dieser Dienstverhältnisse verlangte. Ein interessantes Beispiel hierfür bietet der Kampf um die Diäten der Abgeordneten.

Auch der Richter ist wie der Abgeordnete grundsätzlich unmittelbares Staatsorgan. Während es jedoch in Ansehung des Abgeordneten möglich war, das „Anstellungsverhältnis" so zu gestalten, daß ihm seine charakteristische Schärfe genommen wurde, verbietet sich dies für die Justizorganisation bereits aus technischen Gründen[1]). Der Richter erhält vom Staat eine Besoldung, er muß notwendig einer Dienstaufsicht unterstehen und ist damit dem Einfluß der Justizverwaltung immerhin so weitgehend unterworfen,

---

[1]) Es darf übrigens nicht übersehen werden, daß der Richter nur in seiner spezifisch richterlichen Tätigkeit als unmittelbares Staatsorgan angesprochen werden kann, während er, soweit ihm reine Verwaltungsaufgaben übertragen sind, sich von dem übrigen Beamtentum in nichts unterscheidet. So ist in der Person des Richters eine seltsame Mischung von unmittelbarem und mittelbarem Staatsorgan vollzogen worden.

daß die Gefahr besteht, daß sich aus einem unmittelbaren Staatsorgan praktisch auf Grund der Einwirkungen des Beamtenstatus ein Organ des Justizministeriums, ein mittelbares Staatsorgan, entwickelt. Das Entscheidende hierbei ist, daß es sich bei dem Richter, ganz im Gegensatz zu der übrigen Bureaukratie, nicht um ein Plus oder Minus persönlicher Unabhängigkeit handelt, sondern um die grundsätzliche Frage, ob er überhaupt noch ein unmittelbares Staatsorgan ist oder lediglich ein ausführendes Organ der Justizverwaltung.

Die Schwierigkeit, einerseits das Richtertum als unmittelbares Staatsorgan zu erhalten und andererseits die große Gerichtsorganisation nicht aktionsunfähig zu machen, ist nicht zu verkennen. Praktisch zeigen sich diese Schwierigkeiten in dem bekannten Kampf der Justizverwaltung mit dem auf seine richterliche Unabhängigkeit pochenden Richtertum. Das Justizministerium vertritt hierbei die organisatorischen Gesichtspunkte, die zweifellos oftmals einen Eingriff wünschenswert erscheinen lassen, während der Richter sich auf die ihm angewiesene verfassungsmäßige Stellung beruft. Grundsätzlich eignet sich eben für die Stellung eines unmittelbaren Staatsorgans nur ein kleinerer, ausgewählter Personenkreis und nicht ein nach vielen Tausenden zählender Berufsstand.

Auf das Prinzip der richterlichen Unabhängigkeit wird kein moderner Kulturstaat verzichten können. Es fragt sich allerdings, ob die erwähnten Schwierigkeiten sich nicht durch gewisse Modifikationen der Gerichtsverfassung verringern ließen, was jedoch hier nicht zu entscheiden ist.

Es ist nicht zu verkennen, daß ein so großer Apparat wie das deutsche Richtertum nur mit Mitteln gehandhabt werden kann, die dem Vorbild, das die übrige bureaukratische Organisation bietet, nachgebildet sind. Aus diesem Grunde läßt sich auf eine Dienstaufsicht über den Richter nicht vollständig verzichten, wenn sie auch mit Recht gegenüber der allgemein üblichen erheblich eingeschränkt ist. Das gleiche gilt für das Disziplinarrecht, wo man ebenfalls den speziellen Bedürfnissen des Richterstandes Rechnung zu tragen versucht hat. (Vgl. etwa das preußische Richterdisziplinargesetz von 1852.) Man hat weiterhin die auch für große Teile der übrigen Beamtenschaft geltende Unabsetzbarkeit noch stärker ausgebaut und sie zu einer Unversetzbarkeit gesteigert. Durch das Gerichtsverfassungsgesetz sind schließlich besondere obligatorische Qualifikationsmerkmale für die Zulassung zum Richteramt gefordert worden, wodurch einerseits die erforderlichen Berufskenntnisse garantiert werden sollten und gleichzeitig die ministerielle Personalpolitik höchst wirksam beschränkt wurde.

Alles dies läßt erkennen, daß man das Richtertum mit Rücksicht auf seine Unabhängigkeit möglichst weitgehend dritten Einflüssen entziehen und direkt dem Gesetz unterstellen wollte. Ein gewisser hierarchischer Rest bleibt allerdings bestehen und wird sich aus taktischen Gründen niemals vermeiden lassen. Allerdings muß dieser hierarchische Rest stets im Auge behalten werden, da sich aus ihm leicht eine Situation entwickeln kann, die es nicht mehr gestattet, den Richter als unmittelbares Staatsorgan anzuerkennen.

Grundsätzlich wird man sich jedoch heute auf den Standpunkt stellen können, daß die dem Richtertum verfassungsmäßig garantierte Unabhängigkeit auch in der Praxis durchgeführt worden ist, daß die Richter in der Tat unmittelbare Staatsorgane sind. Allerdings bedarf dieser Satz einer ganz erheblichen Einschränkung.

Uneingeschränkt gilt das oben Gesagte lediglich für die beamteten Richter der ordentlichen Gerichtsbarkeit, nicht jedoch für die sämtlichen Laienmitglieder, nicht auch für einen Teil der beamteten Mitglieder verschiedener Verfassungs- und Verwaltungsgerichte, wie wir sie gegenwärtig in so reicher Zahl haben.

Nachdem wir vorstehend die rein rechtliche Seite des Problems beleuchtet haben, bleibt zu untersuchen, welche politischen Kräfte etwa am Werke sind, diese durch die Verfassung ausdrücklich fixierte Situation in der Richtung auf ein bestimmtes Ziel zu ergänzen oder zu entstellen.

Wenn man die politische Geschichte verfolgt, ist es eine interessante Feststellung, wie die verschiedenen politischen Gewalten im Staat zu jeder Zeit versucht haben, einen Einfluß auf die Rechtsprechung zu gewinnen. Gerade in primitiven Zeiten war mit dem Recht der Gerichtsbarkeit eine nicht zu unterschätzende politische Macht gewonnen. Der Kampf um diese Gerichtsbarkeit zeigte sich zum ersten Male in dem frühzeitigen Ringen zwischen Priester und König, in dem der letztere das priesterliche Monopol in Sachen der Rechtssprechung zu brechen versuchte. In der Folgezeit erscheint die Gerichtsbarkeit neben dem militärischen Oberbefehl als das vornehmste Hoheitsrecht des germanischen Königtums. Im Mittelalter tobte dann wieder ein überaus heftiger Kampf um die Gerichtsbarkeit zwischen dem Staat und der katholischen Kirche, die in zunehmendem Ausmaß die staatlichen Untertanen ihrer kirchlichen Gerichtsbarkeit zu unterwerfen versuchte. Im Ausgang des Mittelalters bildete in dem Prozeß der Lösung des selbständigen deutschen Territorialstaats vom Reich einen entscheidenden Punkt die Tatsache, daß der Landesherr vielfach das Privilegium de non appellando seu evocando erhielt.

Die Gerichtsbarkeit war somit zu einem unumschränkten Hoheitsrecht des absoluten Herrschers geworden, der sie mit Hilfe der an seiner Stelle fungierenden Gerichte ausübte. Die Frage, wieweit diese Ausübung durch eigentliche Gerichte oder durch reine Verwaltungsbehörden geschehen solle, war für den Absolutismus von sekundärer Bedeutung, da Richter und Verwaltungsbeamter, soweit es sich nicht überhaupt um ständische Ämter handelte, gleichmäßig dem König unterworfen waren, der klassische Unterschied zwischen Verwaltung und Rechtsprechung noch nicht bestand. Es ist interessant, die weitere Entwicklung zu verfolgen, die beispielsweise in Preußen unter Friedrich dem Großen im Banne der Ideen des aufgeklärten Absolutismus, zumal auf Grund des Wirkens seines großen Justizministers Cocceji, zu einer Lösung der Gerichte aus der übrigen Verwaltungsorganisation führte. Es ist der Grundsatz des modernen Rechtsstaates: in den Gerichtshöfen müssen die Gesetze sprechen und die Souveräne schweigen, den Friedrich der Große bereits in seinem politischen Testament des Jahres 1752 feierlich verkündet hatte.

Diese Entwicklung erhielt den denkbar nachhaltigsten Antrieb durch die Lehren Montesquieus und der französischen Revolution. Solange man nur eine Gewalt, einen Willen im Staat anerkannte, den des Monarchen, konnte es auch eine Gewaltenteilung und mit ihr eine richterliche Unabhängigkeit nicht geben. Jetzt, als neben diese königliche Gewalt das Parlament mit eigenen Machtansprüchen trat, mußte eine Gewaltenteilung, eine Kompetenzverteilung im juristischen Sinne notwendig werden, wenn nicht aus dem wilden Kampfe dieser beiden Organe ein Chaos entstehen sollte.

Zu diesen beiden Gewalten, zu Krone und Parlament, Exekutive und Legislative trat auf Grund eines äußerst eigenartigen historischen Prozesses, dessen Ausläufer bis in den frühen Absolutismus hineinreichen, eine dritte Gewalt, das Richtertum. Während die beiden anderen Gewalten sich aus den Tatsachen des politischen Lebens unmittelbar ergeben, während ihre staatsrechtliche Anerkennung lediglich eine Konsequenz der von ihnen realiter vertretenen politischen Macht darstellt, haftet dieser dritten, der richterlichen Gewalt von vornherein etwas Künstliches an.

Krone und Parlament verdanken ihre staatsrechtliche Anerkennung den realpolitischen Machtverhältnissen, die ihnen zugewiesene rechtliche Kompetenz ist die Beute, die sie aus dem politischen Ringen heimgebracht haben. Das Richtertum hat demgegenüber lediglich eine ihm von dritter Seite verliehene Kompetenz. Krone und Parlament haben ihm je ein Stück ihrer Macht freiwillig überlassen, um eine gewisse Konsolidierung der politischen Verhältnisse zu erreichen, ohne hierzu durch die tatsächlichen Verhältnisse gezwungen gewesen zu sein. Alle Richtermacht ist daher politisch abgeleitete Macht, eine Tatsache, die sich unter gegebenen Umständen eventuell deutlich fühlbar macht.

Die Gründe dafür, daß man dem Richtertum als Rechtsprechender Gewalt eine selbständige Stellung in dem Staatsorganismus einräumte, sind verschiedenster Art. In dem System der politischen Kräfteverteilung, das den Staat zwischen Krone und Parlament aufteilte, brauchte man einen dritten, neutralen Punkt, um die notwendige Stabilität zu sichern. Hierzu erschien mit Recht niemand so geeignet, wie der nach kontinentaler Auffassung unbedingt dem Gesetz unterworfene Richter. Es war daher nicht so sehr der Richter, als das Gesetz, dem man eine selbständige Stelle im Staate einräumen wollte [1]). Mit dem Gesetz war auch der Richter anerkannt. Andererseits war dieser Richter trotzdem nicht imstande, seine eigenen Wege zu gehen, die man ihm mangels eines besonderen Titels auch nicht zubilligen konnte, sondern die beiden anderen politischen Faktoren besaßen in der Gesetzgebung jederzeit das geeignete Mittel zur Bestimmung seiner Bahn.

Zu diesen technisch-politischen Gründen treten solche metaphysischer Natur, die in der einzigartigen Bewertung zu suchen sind, die dem richterlichen Urteilsspruch stets zu Teil geworden ist. Während die sonstige staatliche Tätigkeit überwiegend nach

---

[1]) Diese Lage ändert sich allerdings, wenn das Programm der Freirechtsbewegung durchgeführt werden sollte und die richterliche Entscheidung von den Fesseln des formalen Rechtssatzes weitgehend befreit und dem Richter eine mehr oder minder selbständige Entscheidungsgewalt anvertraut wird. Dem Richter wäre damit eine eigene Machtstellung im öffentlichen Leben gegeben. Für eine an freirechtlichen Gedankengängen orientierte Justizorganisation müßte daher in der Person des einzelnen Richters ein besonderes Qualifikationsmoment gesucht werden, das die überlegene politische Stellung des Richters zu rechtfertigen geeignet wäre. Berufskenntnisse allein vermögen den Nachweis für diese Berechtigung niemals zu führen. Eine derartige Rechtfertigung dürfte vielmehr in der Demokratie allein die mittelbare oder unmittelbare Wahl garantieren. Wie alle politischen Rechte in der Demokratie nur vom Volke abgeleitet sind, so kann auch der Richter nur dann eine derart selbständige Stellung in dem öffentlichen Leben einnehmen, wenn ihm das Vertrauen dieses Volkes gehört. Hiermit gelangen wir zu dem Wahlrichtertum, dem Ende aller richterlichen Unabhängigkeit, der circulus vitiosus ist damit geschlossen. Kantorowicz hat in seiner Schrift: Aus der Vorgeschichte der Freirechtsbewegung, 1925 S. 19 auf die Zusammenhänge zwischen dem sogen. Werkzeugdogma und der Gewaltenteilung zwar hingewiesen, ohne allerdings leider auf die Frage der staatsrechtlichen Eingruppierung eines nach freirechtlichen Grundsätzen Recht sprechenden Richtertums eingegangen zu sein.

Zweckmäßigkeitserwägungen gehandhabt wird, tritt in der Rechtsprechung dem Recht über Leben und Tod, der Staat als Stellvertreter Gottes auf Erden, als Sendbote einer höheren Gerechtigkeit auf, weshalb ihm diese Stellung auch begreiflicherweise solange von der Kirche bestritten worden ist. Es ist zwar richtig, daß in der positiven Rechtswissenschaft in der letzten Zeit diese metaphysische Seite zurückgetreten ist. Bei unserer heutigen Gesetzgebung und der durch die Rechtsstaatsidee bedingten stärkeren Verwendung des Gesetzes und des Urteils auf Gebieten, auf denen weniger allgemeine ethische Prinzipien, als praktische, verwaltungstechnische Grundsätze zu entscheiden haben, mag eine derartig verflachte Auffassung von Gesetz und Richterspruch nicht Wunder nehmen[1]). Und doch wird es immer Gebiete geben, zumal das Strafrecht, auf denen der Richter der weiten Volksmenge als der Verkünder eines höheren Willens erscheint, wo sein Wahrspruch als Ausfluß des metaphysischen Prinzips der Gerechtigkeit angesehen wird.

Für einen solchen Richter verlangt ein durchaus gesundes Volksempfinden, daß er frei und unabhängig von den politischen Gewalten der Zweckmäßigkeit seine Entscheidungen treffe, daß seine sella curulis ebenso hoch über dem Volk und dem Alltag stehe, wie in der Vorzeit der Thron des Priesters oder des richtenden Königs. So treffen sich hier in der Person des Richters Erwägungen staatspolitischer Zweckmäßigkeit, das Bedürfnis nach einer dritten, stabilen Gewalt in dem System der politischen Kräfte mit altem metaphysischen Erbgut. Aus der Synthese dieser beiden Momente erwächst der moderne unabhängige Richter hervor. Seine Aufgabe im politischen Leben ist, das stabile Moment in dem Staate abzugeben. Seine Macht wächst, je weiter das politische Leben in das Prokrustesbett des formalen Rechtssatzes gezwungen wird und die Garantierung dieser rechtlichen Normen dem Richter anvertraut wird.

Im Hinblick auf die zahlreichen Bestrebungen, die deutsche Gerichtsverfassung zu reformieren, kann hier nur betont werden, daß gerade in der parlamentarischen Demokratie, die die Zentralisierung aller politischen Gewalt in der Hand des Parlamentes denkbar scharf durchgeführt hat, eine unabhängige richterliche Gewalt unentbehrlich ist, wofern nicht die Zeit des Absolutismus wiederkehren soll, nur daß an die Stelle der stabilen Monarchengewalt die stets schwankende Resultate unzähliger parteipolitischer Komponenten getreten ist.

---

[1]) s. Schiffer, a. a. O. S. 130ff. über die „Rechtshypertrophie".

Wenn wir vorstehend unsere Stellung zu dem Richtertum in der parlamentarischen Demokratie kurz geklärt haben, so mag man dem vielleicht entgegenhalten, daß wir damit die dem Thema gestreckten Grenzen überschritten hätten. Es schien jedoch notwendig, mit Rücksicht auf die Tatsache, daß Richtertum und Verwaltungsämter einstmal untereinander nicht wesensverschiedene Bestandteile des einheitlichen Staatsamts gewesen sind, und auch heute noch viele gemeinsame Züge tragen, in diesem Zusammenhang auch auf das Richtertum näher einzugehen.

ZWEITER HAUPTTEIL

Kapitel X.

Das deutsche Berufsbeamtentum und die Demokratie.

In den einleitenden Bemerkungen hatten wir bereits auf jene vorsichtige Zurückhaltung hingewiesen, die die neuen politischen Gewalthaber nach dem Umsturz dem Berufsbeamtentum entgegenbrachten. In der Tat sind beachtliche strukturelle Disharmonien zwischen dem in Weimar geschaffenen Staat und der Bureaukratie nicht zu leugnen.

Man hat versucht, das Berufsbeamtentum als eine in dem demokratischen Staatswesen bei strenger Durchführung der politischen Ideologie der Demokratie überhaupt nicht verwertbare Größe zu betrachten [1]). An die bisher von dem Berufsbeamtentum in dem staatlichen Organismus eingenommene Stelle sollte in dem idealen demokratischen Staat eine Gruppe von Vertrauensmännern des Volkes treten, die man ihrerseits stets in engstem Konnex mit diesem obersten staatlichen Organ, d. h. dem Volke zu halten trachtete [2]). Der bürgerliche Reihedienst und der recall waren die juristisch-technischen Mittel, mit denen man eine derartige Verbindung herzustellen bemüht war. Wir wissen, daß diese Auffassung der Demokratie in der Praxis in keinem modernen

---

[1]) Vgl. zu dieser Frage die eingehenden Untersuchungen von Wittmayer, Die Weimarer Reichsverfassung, 1922, S. 82 ff.

[2]) Vgl. Kelsen: Vom Wesen und Wert der Demokratie, 1920, S. 23 f.

Großstaat sich hat durchsetzen können [1]), ganz abgesehen davon, daß sie an einem grundsätzlichen Irrtum in bezug auf die jeder sozialen Gemeinschaft notwendig immanenten aristokratischen Tendenzen krankt [2]).

Die deutsche Verfassung hat derartige formal-demokratische Versuche abgelehnt und andere Wege einzuschlagen versucht. Unter Berücksichtigung der Tatsache, daß eine derart formal verstandene Demokratie und die von ihr postulierte Gleichheit der Bürger eine soziologische Unmöglichkeit ist, daß es im Wesen jeder Organisation liegt, einen Führer zu gebären, hat die deutsche Verfassung die Notwendigkeit des Führers uneingeschränkt bejaht. Damit, daß die deutsche Demokratie den Führer grundsätzlich anerkannte, erübrigten sich auch alle prinzipiellen Zweifel gegenüber dem Berufsbeamtentum, wie sie von demokratischen Doktrinären etwa erhoben werden konnten. Die Weimaraner Verfassung hat das Berufsbeamtentum offiziell anerkannt, ja in ihm eine der wichtigsten Stützen des Staates gesehen, wie es ja einst auch den Staat der Monarchie getragen hatte. Wenn jedoch die Verfassung auch grundsätzlich den Führer anerkannte, so sollte dieser doch wesentlich andere Züge tragen, als sein Vorgänger in monarchischer Zeit.

Der innerste Kern des neuen Staates, enthüllt sich hier in seiner ganzen Schärfe. Nicht die Einführung der Demokratie als solcher bedeutet die entscheidende politische Wendung, sondern die Tatsache der mit dieser Einführung erstmalig gewonnenen völligen Vereinigung von Staat und Volk. Hatte der alte Staat seine Grundlage bis weit in den Konstitutionalismus hinein zu tiefst in der Dynastie gefunden, so nahm seit dem Umsturz die Stelle dieser Dynastie die soziale Gemeinschaft der Staatsangehörigen, die Nation ein. Dem Staat war damit eine neue gesellschaftliche Grundlage gegeben, die organische Verbindung von Staat und Volk geschaffen [3]).

---

[1]) Über die Unentbehrlichkeit des Berufsbeamtentums in dem modernen Großstaat, vgl. Max Weber: Bematenherrschaft und politisches Führertum, gesammelte politische Schriften, S. 139 ff.

[2]) Friedrich Naumann in der „Hilfe", 1911, S. 3. „Es ist falsch, die Sache so darzustellen, als sei es das eigentliche Wesen der Demokratie, eine direktorenfreie menschliche Gesellschaft herzustellen. Wer das glaubt, der hat eben die Demokratie noch nicht zu Ende gedacht. Die Demokratie ist nur die Einsetzung von Wahlrechten an die Stelle von Erbrechten."

[3]) Staatsrechtlich hatte zwar bereits der Konstitutionalismus diesen Dualismus des absoluten Staates zu überwinden versucht. Der Monarch war im konstitutionellen Staat Staatsorgan. Die Tatsache des Fortbestehens einer gesellschaftlich aus dem Volksganzen herausgelösten Dynastie und der Übertragung beachtlicher politischer Macht an diese Dynastie hat jedoch

Die in ihrem tiefsten Kern nach wie vor dualistische Struktur der konstitutionellen Monarchie mußte sich in besonderem Maße in den Reihen der Beamtenschaft, geltend machen. Wie die monarchische Staatsauffassung die Gedankenwelt des Absolutismus niemals gänzlich verleugnet hat, so auch nicht die von dem Monarchen abhängige Bureaukratie. Es entbehrt deshalb nicht ohne weiteres jeder inneren Berechtigung, wenn die Beamtenschaft in den leidenschaftlichen politischen Kämpfen der ersten nachrevolutionären Jahre als das typische Produkt des Obrigkeitsstaates bezeichnet wurde [1]).

Gemeinsam mit dem Monarchen ist auch der Beamte s t a a t s r e c h t l i c h im Anfange des vorigen Jahrhunderts in den Staat hineingewachsen, zu einem Staatsorgan geworden. Wie jedoch in Ansehung des Monarchen diese staatsrechtliche Konstruktion den tatsächlichen Verhältnissen nicht vollauf gerecht wurde, so war auch der Beamte nicht in dem Maße dem Staat organisch eingegliedert, wie es nach der staatsrechtlichen Doktrin scheinen möchte. Wie der Staat der konstitutionellen Monarchie überhaupt die erforderliche Verbindung mit der Bevölkerung vermissen ließ, so fehlte dieser soziale Kontakt auch der deutschen Bureaukratie.

Die historische Entwicklung hatte eine besonders enge Verbindung zwischen Monarch und Bureaukratie geschaffen und hierbei die Mitglieder der letzteren mit Schaffung eines Beamtenstandes bewußt gesellschaftlich aus dem Volksganzen gelöst. Wie die Dynastien den Glanz früherer absolutistischer Tage nie gänzlich vergessen konnten, so das Beamtentum niemals dieses eigenartige Verhältnis zur Krone. Der Monarch, der im konstitutionellen Staat formal

---

den alten Dualismus trotzdem innerlich lebendig erhalten, wenn er auch staatsrechtlich als überwunden galt. Mag der Monarch auch formal in den Staat durch das konstitutionelle System organisch eingefügt worden sein, die Dynastie blieb trotzdem stets etwas außerhalb der Nation Stehendes, die ihr „von Gottes Gnaden" verliehene politische Macht mußte in der Bürgerschaft nach wie vor dualistische Empfindungen lebendig erhalten.

[1]) Auch das Beamtentum hat im Laufe seiner Geschichte Zeiten erlebt, wo es sich einer inneren sozialen Verbundenheit mit der Bevölkerung erfreute. Wenn dies auch dem eigentlichen landesherrlichen Beamtentum, das durch die eigene ständische Organisation notwendig aus dem Volksganzen herausgelöst wurde, niemals vergönnt gewesen ist, so doch seinem historischen Vorgänger und langjährigem Konkurrenten der ständischen Beamtenschaft. Ein charakteristisches Beispiel hierfür ist der preußische Landrat, der ursprünglich ausgesprochen ständischer Beamter war, dessen ständischer Charakter insbesondere durch die Verwaltungsreformen des frühen 19. Jahr hunderts noch einmal nachdrücklichst betont wurde, bis erst die neuere Zeit auch dieses Amt der allgemeinen Bureaukratie eingegliedert hat.

rechtlich im besten Falle der Mittler zwischen Staat und Beamtentum sein konnte, blieb de facto für die ihm untergebene Bureaukratie nach wie vor der ausschließliche Zentralpunkt ihres Wollens und Handelns. Die Blicke der Beamtenschaft blieben auf den Thron gerichtet. Wenn man von einem moralischen Verantwortlichkeitsgefühl der Bureaukratie sprechen will, so galt dies dem Träger der Krone und ihm allein [1]). Die Vorstellung einer nationalen Verantwortlichkeit war dem Gros der konstitutionellen Bureaukratie fremd. Nur ganz langsam, insbesondere im Kriege begann sich das deutsche Beamtentum mit derartigen Vorstellungen vertraut zu machen, um sich dann allerdings unter dem Druck der Revolution offen zu ihnen zu bekennen.

Wenn dem Beamtentum des deutschen Konstitutionalismus eine gewisse „Volksfremdheit" eignete, so findet dies in seiner ganzen soziologischen Struktur seine hinreichende Begründung. Der Absolutismus hatte seine Beamtenschaft bewußt zu einer abgeschlossenen sozialen Organisation, einem „Beamtenstande" zusammengeschweißt, um sich das notwendige soziale Fundament in den von ihm beherrschten Territorien zu schaffen. Auch der konstitutionelle Staat hat in seiner Beamtenschaft bis zuletzt einen Stand und nicht etwa eine bloße Berufsgruppe gesehen.

Diese ständische Organisation löste das Beamtentum aus dem allgemeinen Volksganzen heraus. Die gleichen Tendenzen, um deretwillen einst die Schaffung eines Beamtenstandes von der absoluten Monarchie erstrebt worden ist, sind in der Geschichte lebendig geblieben, solange man überhaupt von einem Beamtenstande noch reden kann. Der Stand schlägt, im Gegensatz zu der mit ihm häufig verwechselten Berufsgruppe, deren Interessen sich auf berufliche Angelegenheiten beschränken, seine Mitglieder in sämtlichen Ausstrahlungen ihrer Persönlichkeit in seinen Bann. Mit diesem Anspruch auf absolute, d. h. auf allen Lebensgebieten anzuerkennende Autorität muß jedoch der Stand in unvermeidbaren Gegensatz zu der ihre Angehörigen ebenfalls allseitig beanspruchenden Nation geraten. Eine abgesonderte Beamtenkaste mußte die äußerste Konsequenz einer derartigen Entwicklung sein. Bezeichnenderweise zeichnete sich diese Situation am schärfsten bei denjenigen Beamtenkategorien ab, die die engste Fühlung-

[1]) In der Eidesformel kam dies äußerlich zum Vorschein. Der Eid wurde dem Souverän geschworen, „untertänig, treu und gehorsam zu sein". Das daneben stehende Gelöbnis „die Verfassung gewissenhaft beobachten zu wollen", beweist in seiner unbedingten Farblosigkeit am besten die hervorragende Bindung des Beamten an die Person des Monarchen.

nahme zur Krone besaßen. Das Richtertum hat sich demgegenüber, ungeachtet aller ganz anders zu erklärenden Klagen über seine Weltfremdheit, bedeutend volkstümlicher erhalten. Die große Gefahr einer derartigen Entwicklung ist nicht zu verkennen. Wenn je ein Staat, so ist der moderne Staat auf die innere Anteilnahme seiner Bevölkerung angewiesen. Daß ein volksfremdes Beamtentum nicht dazu beitragen kann, dieses Staatsgefühl zu steigern, bedarf keines näheren Beweises. Die ständische Organisation alten Stiles kann daher heute schon aus diesem Grunde auf keinen Fall als die geeignete soziale Struktur der Beamtenschaft angesehen werden.

In dem Kampf um ihre wirtschaftliche Existenz beginnen sich die Beamten heute mehr und mehr zu ausgesprochenen Fachgruppen zusammenzuschließen, die ihrerseits im Gegensatz zu der alten ständischen Organisation lediglich wirtschaftliche Vorteile im Auge haben. Dieser Zersetzungs-Prozeß ist durch positive rechtliche Bestimmungen nicht unerheblich gefördert worden. Die Rangordnung ist beseitigt. Die Eingruppierung der Beamten hat „nach dem auf der gesamten dienstlichen Stellung des Beamten beruhenden Verhältnis der Über-, Neben- und Unterordnung der einzelnen Beamtengruppen" zu erfolgen, nicht allerdings nach der Zugehörigkeit zu einer Besoldungsgruppe [1]). Die früher viel angegriffene Unterscheidung in höhere, mittlere und untere Beamte ist fortgefallen, an ihre Stelle ist die Bezeichnung des Beamten höheren, mittleren und unteren D i e n s t e s getreten. An die Stelle des alten gesellschaftlichen Maßstabes, wie er für den Beamtenstand charakteristisch war, tritt als Maßstab die von dem einzelnen Beamten geleistete Arbeit. Wenn sich auch an den erwähnten Punkten deutliche Anzeichen für die Zersetzung des Beamtenstandes aufweisen lassen, so ist doch andererseits zu bemerken, daß weite Kreise der Beamtenschaft an der ständischen Gliederung bewußt festhalten.

Die große Frage bleibt, wo der Nachfolger des Standes zu suchen ist. Daß die Berufsgruppe nie die ideale soziale Struktur der deutschen Bureaukratie abgeben kann, daß vielmehr der Beamte mit ihr ein Spezifikum, die seelische Verbindung mit seinem Amt, verlieren würde, glaube ich nicht ausdrücklich betonen zu sollen. Wenn daher die gegenwärtige Entwicklung der deutschen Beamtenschaft deutliche Tendenzen zu dieser Berufsgruppe aufweist, so ist dies keineswegs unbedenklich. Eine berufsständische Organisation des

---

[1]) Brand: Beamtenrecht, 2. Aufl., 1926, S. 95.

Beamtentums, die zweifellos durch allgemeine Zeitströmungen reichlich Nahrung erhält, bedeutet den Verzicht auf ein Beamtentum deutschen Stiles, für das ein civil service nach dem Muster Englands oder Amerikas einzutauschen wäre. Die Beamtengewerkschaft wäre der Schlußstein in der Geschichte des alten deutschen Beamtentums.

Ebensowenig wie diese berufsständischen Tendenzen der Bureaukratie zu begrüßen sind, ist es jedoch andererseits möglich, auf dem status quo zu verharren und auch für die Zukunft die ideale soziale Struktur der Bureaukratie in dem Stande alter Prägung zu sehen. Eine einfache Lösung des Problems wäre der Verzicht auf jede besondere soziale Organisation der Beamtenschaft. Aus den verschiedensten Gründen kann jedoch dieser Weg niemals zu einem annehmbaren Ziel führen. Mag auch auf eine offiziell anerkannte soziale Gruppierung der Beamtenschaft verzichtet werden, die inoffizielle wirtschaftliche Gruppierung ist in jedem Falle unvermeidbar. Unter diesem Gesichtspunkt bedeutet jedoch der Verzicht auf eine offizielle soziale Gliederung der Beamtenschaft nichts anderes, als die letztere rettungslos der Berufsgruppe in die Arme zu treiben.

Die vorangegangenen Untersuchungen haben die Bedeutung der Staatsidee für das Beamtentum hervorzuheben versucht. Soll eine gemeinsame Idee das deutsche Beamtentum auch in Zukunft beseelen, so bedarf es einer entsprechenden sozialen Verbundenheit der einzelnen Beamten im Rahmen einer Gesinnungsgemeinschaft, wie sie die bloße Berufsgruppe niemals sein kann.

Eine Lebensfrage des deutschen Beamtentums ist hiermit gestellt, die Gegenwart hat sie noch nicht beantwortet und wohl auch nicht beantworten können [1]).

---

[1]) Vgl. zu dieser Frage Wittmayer: Weimarer Reichsverfassung, S. 87 ff., dessen Ausführungen allerdings nicht beigetreten werden kann. Jene neue genossenschaftliche Organisation des Beamtentums, die er anstrebt, scheint doch mit der im Text erwähnten Berufsgruppe beachtliche Ähnlichkeit zu haben. Dem Beamten mit seiner Anstellung eine bestimmte politische Einstellung zur Pflicht zu machen, ist für Wittmayer ein Charakteristikum des alten Hoheitsbeamten, dessen innere Zersetzung die Reichsverfassung eingeleitet habe. Den Satz der Reichsverfassung, wonach die Beamten Diener der Gesamtheit sind, charakterisiert Wittmayer daher als „akademische Bestrebung". Das Ziel dieser von Wittmayer gezeichneten Entwickelung dürfte im besten Falle der Staatsangestellte englischen Musters sein.

Kapitel XI.

Beamtentum und parlamentarischer Staat: Der Grundsatz des Dualismus.

Das parlamentarische System, das durch seine einheitliche Zusammenfassung der Staatsgewalt das Ideal des einheitlichen Staates zu verkörpern scheint, hat trotzdem einen Riß in dem Staatsgefüge nicht verhindern können. Der für das konstitutionelle System charakteristische Dualismus zwischen Parlament und Krone kehrt, wenn auch unter gänzlich veränderten Bedingungen, im parlamentarischen System wieder. Es hat den Anschein, als wenn die konstitutionelle Scheidelinie lediglich um einige Grade verlegt worden wäre, so daß sie nicht mehr zwischen Exekutive und Legislative zu liegen kommt, sondern durch die erstere mitten hindurch geht [1]) und die Exekutive in Kabinett und Berufsbeamtentum zerspaltet.

Gerade in neuester Zeit, in der man den konstitutionellen Dualismus überwunden glaubt, pflegt mit besonderem Nachdruck auf diese Schwäche des alten Systems hingewiesen zu werden. Mit dem Hinweis auf die starke Zentralisierung aller politischen Kräfte hat man nicht selten das parlamentarische System vornehmlich zu rechtfertigen versucht. Heute, wo die Geschichte der deutschen konstitutionellen Monarchie abgeschlossen vor uns liegt, scheint in der Tat die Hauptschwäche dieses Systems in jenem Dualismus zu liegen. Angesichts der Tatsache jedoch, daß jedes politische System derartige Spaltungen in irgendeiner Form aufweisen wird, wie am besten das Beispiel des parlamentarischen Staates beweist, scheint die Schwäche des deutschen konstitutionellen Systems nicht so sehr in der Tatsache dieser Zersplitterung politischer Energie überhaupt gelegen zu haben, als in der mangelhaften Ausbalancierung der Einflußsphären der nebeneinander zu politischer Arbeit berufenen Faktoren. In der ungleichen Verteilung der Kräfte zwischen Krone und Parlament lag der kritische Punkt des deutschen konstitutionellen Systems. Die nicht immer glückliche Rolle, die der Reichstag in dem Bismarckschen Reiche gespielt hat, erklärt

---

1) Vgl. Wittmayer: Die Weimarer Reichsverfassung, S. 86 ff., „Beobachten wir ferner, daß das Berufsbeamtentum dank seiner in die neue Zeit hinübergeretteten überlegenen Organisation und Vorbildung diesen parlamentarischen Einflüssen einen gewissen Damm entgegenzusetzen, vielleicht sogar die Spitze zu bieten vermochte, dann ist es zur Entdeckung nicht weit, daß sich die Gewaltentrennung und ihr tieferer Sinn durch die Macht der Tatsachen doch wieder einzustellen vermochte."

sich aus dieser Tatsache ebensogut wie die so oft gerügten autokratischen Tendenzen der deutschen Exekutive. Die früher besprochene Bureaukratisierung des konstitutionellen Kabinetts dürfte gleichfalls auf die Rechnung dieses mangelnden Kräfteausgleichs zu setzen sein. Nicht ohne Berechtigung hat Bismarck selber, auf den man diese ungleiche Verteilung der Kräfte zwischen Krone und Parlament bis zu einem gewissen Grade wird zurückführen müssen, einmal gesagt: „Doch hat der reine Absolutismus ohne Parlament noch immer das Gute, daß in ihm ein Gefühl für die Verantwortlichkeit für eigene Taten bleibt. Gefährlicher ist der durch gefügige Parlamente Unterstützte, der keiner anderen Rechtfertigung als der Verweisung auf die Majorität bedarf[1]).“

Wie in konstitutioneller Zeit dieser politische Kräfteausgleich zwischen Krone und Parlament gesucht werden mußte, so gilt es in der Gegenwart einen gesunden Ausgleich zwischen Parlament und Kabinett auf der einen und dem Berufsbeamtentum auf der anderen Seite zu finden. Während im konstitutionellen Staat der Monarch von Haus aus der kräftigere dieser beiden Rivalen war, ist es heute das Parlament. Das Schicksal des Berufsbeamtentums hat daher unter diesem Gesichtspunkt eine gewisse Ähnlichkeit mit demjenigen der konstitutionellen Parlamente. Falls es nicht gelingt, dem Berufsbeamtentum die erforderliche Bewegungsfreiheit in dem parlamentarischen Staat zu sichern, wird das Schicksal dieses Staates hiervon ähnlich empfindlich in Mitleidenschaft gezogen werden, wie einst die konstitutionelle Monarchie durch die mangelnde Berücksichtigung des Parlaments. Wenn auch nicht übersehen werden darf, daß die politische Bedeutung des Berufsbeamtentums in dem parlamentarischen Staat eine gänzlich andere ist und sein muß, als die der einstigen konstitutionellen Parlamente, daß das Berufsbeamtentum seinen Charakter, stets nur ausführendes Organ zu sein, niemals verleugnen kann, so muß doch an der Tatsache der Verwandtschaft dieser beiden politischen Probleme festgehalten werden. Wie im konstitutionellen System ein mangelnder Ausgleich der politischen Kräfte eine unerwünschte Autokratie des Monarchen zur Folge haben mußte, so muß die entsprechende Situation im parlamentarischen Staat einen Parlamentsabsolutismus sowie eine Senkung des Beamtenniveaus zur Folge haben. Eine gesunde Abwägung der politischen Kräfte muß daher heute ebensogut angestrebt werden, wie in der Vergangenheit.

Bevor wir uns mit dieser Abwägung der politischen Kräfte im einzelnen beschäftigen, erscheint eine Untersuchung darüber

---

[1]) Vgl. Bismarck, Gedanken und Erinnerungen, Bd. I, S. 304.

wünschenswert, ob eine derartige Spaltung der Exekutivgewalt überhaupt notwendig ist oder nicht.

Die Annahme der Notwendigkeit einer gewissen Zerspaltung der politischen Energie, ohne Rücksicht auf die jeweilige staatsrechtliche und politische Struktur, ruht vornehmlich auf zwei Voraussetzungen: einmal der inneren Wesensverschiedenheit der verschiedenen staatlichen Organe und dann der Unmöglichkeit, die gesamten staatlichen Aufgaben lediglich einer Organspezies zu übertragen.

Eine derartige Wesensverschiedenheit der verschiedenen staatlichen Organe ist nicht zu leugnen. Es handelt sich hierbei nicht um ein Spezifikum einer bestimmten Staatsform, sondern um ein ganz allgemeines Strukturgesetz. Das Kriterium für eine solche Differenzierung der staatlichen Organe ist die Zeit. Es muß unterschieden werden zwischen stabilen und labilen Staatselementen. Während die ersteren dem Staat das notwendige Rückgrat verleihen, bringen die labilen Elemente die nicht minder notwendige Bewegung in den sonst allzu starren staatlichen Organismus. Dieser Antagonismus zwischen labilen und stabilen Elementen ist für die politische Technik von derart wesentlicher Bedeutung, daß es nicht angängig wäre, über ihn bei Betrachtung der Struktur irgendeines bestimmten Staates hinwegzugehen. Für den modernen Staat insbesondere ist dieses eigenartige Parallelogramm der politischen Kräfte schlechterdings unersetzbar.

In der Vergangenheit ist allerdings versucht worden, nicht nur die stabilen, sondern ebenso gut auch die labilen Elemente im Staatsleben einseitig zu verstärken. In dem Absolutismus und der unmittelbaren Demokratie haben wir die Grenzpunkte derartiger Bestrebungen. Während jener durch übergroße Stabilisierung den Staat büreaukratisch erstarren ließ, hat diese umgekehrt Erscheinungen gezeitigt, die teilweise direkt den Charakter einer Auflösung des Staates annahmen. Mögen derartig einseitig aufgebaute staatliche Gebilde in der Vergangenheit lebensfähig gewesen sein, in der Gegenwart können solche Staaten, sowohl aus Gründen der politischen Weltanschauung als solchen der einfachen Regierungstechnik, niemals lebensfähig sein. Wenn daher für den modernen Staat stabile und labile Elemente für gleich unentbehrlich erklärt werden müssen, so ist damit die Notwendigkeit eines gewissen Dualismus innerhalb der staatlichen Struktur bedingungslos anerkannt. Es gibt kein in der Gegenwart auf weitere Sicht verwendbares politisches System, in dem dieser Dualismus zu vermeiden wäre.

Es bleibt zu prüfen, wie die Weimaraner Verfassung sich zu diesem Dualismus gestellt hat. Während für die alte Verfassung der politische Antagonismus zwischen Krone und Parlament eine Selbstverständlichkeit war, mußte die Weimaraner Verfassung zu dem von ihr geschaffenen Dualismus ausdrücklich Stellung nehmen. Wenn diese Stellungnahme nur äußerst zögernd erfolgt ist, so wird man diese Zurückhaltung verstehen, die dem späteren Lauf der Ereignisse nicht vorgreifen wollte. Lebhafte Bedenken muß es jedoch erregen, wenn innerhalb dieser von der Verfassung getroffenen Regelung direkte Widersprüche nachgewiesen werden können.

Mit Art. 54 hat die Reichsverfassung das parlamentarische System in Deutschland eingeführt. Nähere Angaben darüber, wie dieses neue System im einzelnen gehandhabt werden solle, fehlen. Die Notwendigkeit des parlamentarischen Vertrauens für die Mitglieder des Kabinetts besagt nicht sonderlich viel. Der Art. 54 der Reichsverfassung ist daher lediglich der Versuch einer staatsrechtlichen Fixierung gewisser Grundsätze des parlamentarischen Systems, ohne jedoch das letztere auch nur annähernd erschöpfend dargestellt zu haben.

Die Kurve der durch Art. 54 der Verfassung nicht sonderlich eingeengten Entwicklung des deutschen Parlamentarismus zeigt eine merkwürdige Unbeständigkeit. Der Charakter der deutschen Kabinette hat häufig gewechselt. Man hat in den wenigen Jahren seit der Revolution ungefähr die sämtlichen Möglichkeiten, die die Reichsverfassung der Entwicklung des parlamentarischen Systems bietet, praktisch versucht, um allerdings in neuerer Zeit zu dem ursprünglichen Ausgangspunkt zurückzukehren. In den ersten Kabinetten der Republik saßen vornehmlich Parteipolitiker. In den kommenden Jahren schwersten innen- und außenpolitischen Drucks, während derer das parlamentarische System einen außerordentlichen Verlust an Prestige zu verzeichnen hatte, suchte man die Minister in den Reihen der hervorragendsten Führer der Wirtschaft, die parteipolitisch zumeist mehr oder minder farblos waren. Der gleichen Tendenz, politische Partei und Kabinett voneinander zu trennen, entstammt auch die bekannte Bewegung zugunsten von Beamtenministerien. Der Minister sollte, wie in konstitutioneller Zeit aus den Reihen der hohen Bureaukratie entnommen werden, da man bei diesen Männern die gewünschte parteipolitische Indifferenz sowie die erforderliche Sachkenntnis glaubte voraussetzen zu können[1]).

---

[1]) Bonn: Die Krisis der europäischen Demokratie, 1925, S. 36. „Auf dem europäischen Kontinent ist der brave Bürger immer bereit gewesen, die Regierungsgeschäfte von Fachmännern besorgen zu lassen, die er bezahlt und kritisiert. — Da er selbst vom Staat eine fortgesetzte Verwaltungstätigkeit verlangt, so braucht er den Berufsbeamten, auch wenn er auf ihn schimpft.

Die politische Entwicklung der letzten Jahre ist andere Wege gegangen, und bereits heute kann man auf Grund der gemachten Erfahrungen behaupten, daß nur eine enge Verbindung zwischen Partei und Minister eine reibungslose Entwicklung des parlamentarischen Systems garantiert.

Wenn man gegenwärtig dem parlamentarischen System so oft zum Vorwurf macht, die Exekutive allzusehr geschwächt zu haben, so liegt dies nicht zum mindesten an der falschen praktischen Durchführung dieses Systems. Ein parlamentarisches Ministerium, dessen Rückhalt im Parlament lediglich in einem einfachen Vertrauensvotum besteht, ist in der Tat nicht bewegungsfähig. Diese Lage wird jedoch mit einem Schlage geändert, wenn das Kabinett auf die politischen Parteien selber maßgebenden Einfluß erhält und somit instand gesetzt wird, seine Politik persönlich innerhalb der einzelnen Fraktionen zu vertreten. Wie eng diese Verbindung zwischen Parlament und Minister im einzelnen sein soll, wird man der politischen Praxis überlassen müssen. Grundsätzlich kann sie nicht eng genug sein, der Parteiführer erscheint als der ideale Minister des parlamentarischen Staats[1]). Mit ihm hat die Exekutive einen mächtigen Schützer in den Reihen des Parlaments selbst erhalten, dessen parlamentarische Autorität eo ipso zugunsten der Exekutive ins Gewicht fällt und ihr in einem ganz anderen Maße die politische Gefolgschaft des Parlaments sichert, als dies sonst je der Fall sein könnte[2]).

Nicht allein für die Exekutive, sondern darüber hinaus auch für das Parlament, kann eine Regelung wie die oben angestrebte nur von günstigem Erfolge sein. Die politische Verantwortung ruht

---

Und da er die Grenze zwischen Verwaltung und Regierung selten sah und den Unterschied zwischen dem Setzen von Zielen und der sachgemäßen Anwendung befohlener Mittel fortwährend verwischte, so wollte er keinen Berufsparlamentarier.

[1]) Aus mir unbekannten Gründen kann man sich in Deutschland anscheinend zu einer derartigen Personalunion zwischen Parteiamt und Ministeramt im allgemeinen nicht entschließen. So trat der Reichsaußenminister Stresemann von seiner Stellung als Parteiführer mit Rücksicht auf sein Ministeramt zurück und umgekehrt vertauschte vor einigen Jahren der Reichskanzler Marx sein Ministeramt mit der Leitung der Zentrumspartei, um allerdings trotzdem später wieder einen Sitz im Kabinett zu übernehmen.

[2]) Nawiasky: Die Stellung der Regierung im modernen Staat, 1925, S. 11. „So sind die Mandataren der Menge nicht nur Auftragsempfänger in durchführender, dienender Stellung, sondern selbst Richtung gebend, an der Spitze stehend, leitend. Wenn nun die Parteigrößen die Regierung übernehmen, bringen sie von vornherein ihre führende Stellung mit, nehmen nicht nur Aufträge des Volkes oder seiner Vertretung entgegen, sondern bestimmen selbst die Richtlinien für die Leitung der Staatsgeschäfte."

in dem heutigen politischen System ausschließlich auf dem Reichstag, der insbesondere auch für die von ihm abhängige Regierung verantwortlich ist. Das Gefühl für diese neue Verteilung der Verantwortung dürfte sich außerordentlich schneller einbürgern, wenn die einzelnen Parlamentsfraktionen durch ihre Mitglieder unmittelbar an der Regierung beteiligt werden und somit in nicht mehr mißverständlicher Weise die gesamte politische Verantwortung auf sich nehmen müssen.

Daß ein parteipolitisch indifferentes Geschäftsministerium nicht erstrebenswert sein kann, bedarf nach dem Gesagten keiner näheren Begründung. Was für das Geschäftsministerium ganz allgemein gilt, findet seine besondere Berechtigung in Ansehung des Beamtenministeriums, d. h. eines Ministeriums, dessen Mitglieder aus der Bureaukratie entnommen sind. Wir hatten gesehen, daß die Bureaukratie im parlamentarischen Staat in einem grundsätzlichen Gegensatz zu dem Kabinett steht und daß die Aufrechterhaltung dieses Gegensatzes eine Voraussetzung des parlamentarischen Systems überhaupt ist. Den Gedanken des Beamtenministeriums propagieren heißt diese Grenzen zwischen den beiden polaren Elementen der Exekutive zu verflüssigen und damit einen Gegensatz zu überbrücken, der nicht überbrückt werden darf. Wenn die feste Schranke zwischen labilen und stabilen Staatselementen gefallen ist, werden beide versuchen, Eroberungen auf dem Gebiete des Nachbarn zu machen.

Während im konstitutionellen Staat die beiden politischen Antipoden, Krone und Parlament in ihrer Eigenschaft als unmittelbare Staatsorgane gleichermaßen die Möglichkeit besaßen, ihre Stellung nötigenfalls aus eigener Kraft zu behaupten, ist dies dem stabilen Element der parlamentarischen Demokratie, dem Berufsbeamtentum, versagt. Falls die maßgeblichen staatlichen Organe nicht die Rolle eines Beschützers der Bureaukratie übernehmen und sich hierbei eine gewisse Selbstbeschränkung auferlegen, ist die Stellung des Berufsbeamtentums und damit die Stabilität des Staates nicht mehr gesichert.

Die Abgrenzung der Bureaukratie gegenüber den labilen politischen Elementen kann nach allem nicht streng genug durchgeführt werden. Diese klare Scheidung fehlt jedoch dann, wenn das Ministeramt zur Spitzenstellung des Berufsbeamtentums erklärt wird, wie die Vertreter der Idee des Beamtenministeriums es wünschen.

Wenn die bislang aufgezeigten Bedenken gegenüber der gegenwärtigen Struktur der Exekutive ihre Ursache in dem bloßen Schweigen der Verfassung finden und von der politischen Praxis erwartet werden kann, daß sie etwaige Verirrungen der früheren Jahre in Zukunft vermeiden wird, so müssen bedeutend schwerwiegendere Bedenken gegenüber verschiedenen ausdrücklichen Bestimmungen der Verfassung obwalten, in denen der bestehende Dualismus innerhalb der parlamentarischen Exekutive ignoriert worden ist, und die sich daher der gewünschten Entwicklung hemmend in den Weg stellen müssen. Hier ist in erster Linie zu erwähnen, daß die Verfassung bewußt unter Anlehnung an konstitutionelle Vorstellungen die Exekutivspitze, die Mitglieder des Kabinetts, dem Berufsbeamtentum zugerechnet hat. Wie der konstitutionelle Minister in einem Beamtenverhältnis stand, so nach der Verfassung auch der Minister des parlamentarischen Systems. Daß es sich bei dieser Bureaukratisierung des Kabinetts nach dem Willen der Verfassung nicht lediglich um eine äußere, technische Formalität handeln sollte, daß man das Beamtenverhältnis nicht nur aus formalen Gründen wählte, sondern auch sachlich dem Minister die charakteristischen Züge des Berufsbeamten aufdrücken wollte, beweist die Tatsache, daß man ihn gemeinsam mit der übrigen Bureaukratie zum Diener der Gesamtheit und nicht einer Partei erklärte.

Die in diesen Bestimmungen der Verfassung zutage tretende Inkonsequenz zeitigt die mannigfachsten Folgen, mit denen wir uns im folgenden näher beschäftigen werden, wobei allerdings Kabinett und Berufsbeamtentum einer getrennten Untersuchung unterzogen werden sollen.

Kapitel XII.

Das Kabinett.

An einer früheren Stelle hatten wir uns bereits mit den Funktionen des parlamentarischen Kabinetts beschäftigt und waren dabei zu dem Ergebnis gelangt, daß das moderne deutsche Kabinett die Stellung eines unmittelbaren Staatsorgans erhalten habe. Die amtliche Stellung des Kabinetts ist hiermit vorerst genügend bestimmt worden. In diesem Zusammenhang ist von besonderem Interesse, in welchem „Anstellungsverhältnis" die Regierung als unmittelbares Staatsorgan zu dem Staate steht. Daß ein derartiges Anstellungsverhältnis in Ansehung eines jeden Organs konstruktiv absolut unumgänglich ist, bedarf keiner weiteren Ausführung.

Die juristische Konstruktion des Anstellungsverhältnisses eines unmittelbaren Staatsorgans begegnet besonderen Schwierigkeiten.

Praktische Bedeutung erlangten die hiermit zusammenhängenden Fragen zum erstenmal in Ansehung des konstitutionellen Monarchen. Ohne auf die nicht unbestrittene Natur der monarchischen Rechtsstellung einzugehen, seien nur einige, diesem „Anstellungsverhältnis" entstammende, spezielle Rechte des Monarchen hier erwähnt. Neben dem wichtigsten Recht, überhaupt als Monarch anerkannt zu werden, gehören hierher die bekannten fürstlichen Regierungs- und Ehrenrechte, das Recht auf eine Zivilliste und andere mehr. Ähnliche Rechtsverhältnisse wie das hier geschilderte, sind in Ansehung sämtlicher mittelbarer oder unmittelbarer Staatsorgane überhaupt nachweisbar. Erwähnt sei hier nur noch der parlamentarische Abgeordnete.

Das Anstellungsverhältnis des parlamentarischen Ministers glaubte die Verfassung dem Beamtenanstellungsverhältnis assimilieren zu können. Diese Verwendung des Beamtenbegriffs ist, abgesehen von den bereits früher erwähnten Bedenken, mit dem Wesen des Beamtentums unvereinbar. Auf Grund seiner historischen Entwicklung kann der deutsche Beamtenbegriff nur auf ein mittelbares Staatsorgan Anwendung finden. Beamter und hierarchische Subordination sind nicht zu trennen, wenn nicht der Beamtenbegriff seine charakteristischen Züge verlieren soll[1]). Die gleichen Gründe, aus denen man es stets abgelehnt hat, die Beamtenqualität des Abgeordneten anzuerkennen, müssen auch in Ansehung der Kabinettsmitglieder gelten. Das trotz seiner Stellung als unmittelbares Staatsorgan „beamtete" Richtertum beweist nichts gegen die vorhergehenden Behauptungen, zumal da sich in ihm eine seltsame Mischung von unmittelbarem und mittelbarem Organ verkörpert[2]).

Neben diesen grundsätzlichen Erwägungen sind es vornehmlich praktische Bedenken, die diese Lösung der Reichsverfassung unangebracht erscheinen lassen. Daß die Einrichtung eines beamteten Ministeriums die klare Struktur der parlamentarischen Exekutive zu verwischen geeignet ist, ist bereits mehrfach betont worden. Bei der außerordentlich schwierigen Stellung, die in dem parlamentarischen System der Bureaukratie überhaupt angewiesen worden ist,

---

1) Hatschek: Deutsches und preußisches Staatsrecht, 1922, Bd. I S. 361: „Denn sowohl Artikel 21, RV als auch Artikel 10 Pr. Verfassung erklären die Abgeordneten bloß ihrer freien Überzeugung unterworfen und an Aufträge und Weisungen besonders ihrer Wählerschaft nicht gebunden. Darin zeigt sich der wesentliche Unterschied zwischen einem Abgeordneten und einem Staatsbeamten nach deutschem Recht." Andererseits gibt sich allerdings Hatschek mit der von der Verfassung gegebenen Lösung vollkommen zufrieden, da für ihn die Minister lediglich mittelbare Staatsorgane sind. Vgl. a. a. O., S. 7.

2) G. Jellinek: „Allgemeine Staatslehre", S. 593.

muß jeder Verwässerung der büreaukratischen Idee, wie sie die Einsetzung eines „beamteten" Kabinetts zur notwendigen Folge hat, eine Schwächung der dem Berufsbeamtentum staatsrechtlich angewiesenen Stellung bedeuten. Nur ein in sich völlig homogenes Beamtentum vermag die ihm verfassungsmäßig angewiesene Stellung zu behaupten. Umgekehrt kann eine Unterstellung der Mitglieder des Ministeriums unter das allgemeine Beamtenrecht auch nicht als im Interesse einer gesunden Entwicklung des Kabinetts liegend anerkannt werden. Die mannigfachsten Schwierigkeiten — nicht nur mit Rücksicht auf die praktisch am meisten in den Vordergrund getretene Frage der Pensionierung — haben sich aus dieser Verkoppelung zweier wesensverschiedener Faktoren ergeben. Für den Beamten charakteristische Voraussetzungen konnten und durften in der Person des parlamentarischen Ministers nicht gegeben sein.

Praktisch ist man diesen und anderen Schwierigkeiten mit Hilfe von Spezialbestimmungen aus dem Wege gegangen, die ihrerseits dem ministeriellen Beamtenverhältnis gerade die für das Berufsbeamtentum charakteristischen Züge genommen haben. Der Grund, warum man trotzdem an dem Gedanken eines beamteten Kabinetts festgehalten hat, dürfte in erster Linie in politischen Erwägungen zu suchen sein.

Der Parteiminister englischen Stils war anscheinend das Gespenst, das man mit Einführung des parlamentarischen Systems heraufziehen zu sehen glaubte und doch gerne verhindern wollte. Ein Gegenmittel gegenüber einer derartigen Entwicklung glaubte man in der Eingruppierung der Kabinettsmitglieder in die allgemeine Büreaukratie gefunden zu haben.

An früherer Stelle haben wir bereits gesehen, daß bei der durch die Verfassung geschaffenen grundsätzlichen Kräfteverteilung der Parteiminister nicht nur unvermeidbar, sondern auch erstrebenswert ist.

Diese widerspruchsvolle Struktur, die die Verfassung dem parlamentarischen Kabinett gegeben hat, tritt an den verschiedensten Stellen praktisch in Erscheinung. Nicht der unwichtigste Punkt ist die Frage der Vorbildung. Darüber, daß für die Bekleidung eines Ministerpostens ebensogut eine gewisse Vorbildung erforderlich ist, wie für jede andere Aufgabe im Leben, dürfte wohl kaum ein Zweifel bestehen, wobei es allerdings eine hiervon zu trennende Frage bleibt, ob diese Befähigung gerade in speziellen Ressortkenntnissen bestehen muß, ob sie nur durch eine verwaltungsmäßige Ausbildung erlangt werden kann.

Andere, praktisch schwerwiegendere Bedenken muß die grundsätzliche politische Einstellung erregen, die die Verfassung dem

Minister zur Pflicht gemacht hat. Die Reichsverfassung hat den Minister in Gemeinschaft mit dem Beamtentum zum Diener der Gesamtheit und nicht einer Partei erklärt. Die preußische Verfassung ist demgegenüber nicht ganz so weit gegangen, indem sie ihren Minister lediglich in dem Ministereide Unparteilichkeit geloben läßt. Die Trennung zwischen Partei und Minister ist in Preußen daher nicht so stark betont worden wie im Reich.

Angesichts der Tatsache, daß das moderne Kabinett notwendig in immer engere Berührung mit der politischen Partei geraten muß, erscheint der Versuch der Verfassung, derartige Zusammenhänge mit formalrechtlichen Mitteln zu verhindern, praktisch aussichtslos. Schon heute kann ein Blick in das praktische politische Leben die innere Haltlosigkeit dieser Verfassungsbestimmung lehren. Der moderne Minister verdankt sein Amt einer bestimmten politischen Partei, deren Sympathie er sich daher bewahren muß. Es ist nicht anzunehmen, daß irgendeine Partei einem Minister auch weiterhin auf die Dauer ihr Vertrauen schenken wird, von dem sie sich hat überzeugen müssen, daß seine Ziele interfraktioneller Natur sind, daß er „über den Parteien" steht. Jede Partei wird normalerweise von dem Minister ihres Vertrauens verlangen, daß er auch in seinem Amt ihre parteipolitischen Grundsätze zur Durchführung zu bringen versucht. In der Tat ist es heute kein Geheimnis mehr, daß die sämtlichen verschiedenen Ministerien in ihrer Arbeit den deutlich erkennbaren politischen Stempel ihres Chefs tragen, es sei denn, daß dieser seinen Mitarbeitern nicht gewachsen ist und so in Wahrheit von der politisch unverantwortlichen Bureaukratie die Politik gemacht wird, was zu keiner Zeit ein erfreulicher Zustand gewesen ist.

Gegenüber diesen realen Tatsachen erscheint die erwähnte Bestimmung der Verfassung als der von vornherein zum Scheitern verurteilte Versuch, den letzten Konsequenzen des im übrigen grundsätzlich anerkannten parlamentarischen Systems auszuweichen. Es hat den Anschein, als ob das für die konstitutionelle Mentalität charakteristische Ideal der „Überparteilichkeit" auch den Redaktoren der Weimaraner Verfassung vorgeschwebt habe. Bereits in konstitutioneller Zeit ist dieser „great and good man outside and above parties", wie ihn Wilson einmal genannt hat, von Angriffen nicht verschont geblieben. Max Weber hat einmal von ihm gesagt: „Heute freilich gilt es für vornehm, wenn sich ein Staatsmann von den Parteien fernhält. Graf Posadowsky glaubte es sogar seinem früheren Amt schuldig zu sein, sich keiner Partei anzuschließen, d. h. den Reichstag dazu zu mißbrauchen, in ihm als einflußloser akademischer Vortragskünstler aufzutreten[1])". Wenn auch Max Weber, soweit das konstitutionelle Regime in Frage kommt, nicht rückhaltlos zugestimmt werden kann, so unterliegt die Berechtigung des von ihm erhobenen Vorwurfs für den parlamentarischen Staat keinem Zweifel.

Die Tatsache, daß der aus dem konstitutionellen System übernommene Gedanke der Überparteilichkeit des Ministers in der Reichsverfassung wiederkehrt, beweist, um eine wie tief in dem deutschen Bewußtsein eingewurzelte Vorstellung es sich hier handelt. Die Behauptung der parteipolitischen Amtsführung bedeutet heute noch ebenso gut wie einst den schwersten Vorwurf, der einen Minister in seinem Amte treffen kann.

Mögen auch gegenüber einem ausgesprochenen Parteiminister sicherlich beachtliche Bedenken ins Feld geführt werden können, praktisch vermag dies an der Lage der Dinge nichts Wesentliches zu ändern. Der Parteiminister ist im parlamentarischen Staat schlechterdings unvermeidbar, eine Wahl zwischen ihm und einem parteipolitisch indifferenten Minister gibt es nicht. Es gibt nur die Möglichkeit, die erwähnte Gefahrenquelle durch wirksame Gegenmittel zu verringern. Das wirksamste Korrektiv gegenüber dem Parteiminister ist das Berufsbeamtentum. Im übrigen muß jedoch der Parteiminister heute als Tatsache hingenommen werden. Viele politische Reibereien dürften durch eine Klärung dieser Situation vermieden werden. Auch im Hinblick auf die Beamtenschaft ist es erwünscht, daß über die Stellung der Mitglieder des Kabinetts keinerlei Zweifel mehr herrscht. Je eindeutiger die Stellung des Kabinetts ist, um so schärfer werden sich auf diesem Hintergrunde die Pflichten der Berufsbeamten abzeichnen können.

Kapitel XIII.

Die ressortmäßige Zusammenarbeit von Minister und Bureaukratie.

Über die eigentlichen Aufgaben des parlamentarischen Ministers innerhalb seines Ressorts besteht gegenwärtig noch vielfach erhebliche Unklarheit. Die Minister des konstitutionellen Staates waren, zumal in den letzten Jahrzehnten, zum überwiegenden Teil aus den Reihen des Berufsbeamtentums hervorgegangen und

---

[1]) Max Weber, Gesammelte politische Schriften, 1921, S. 163.

daher den technischen Anforderungen, die das Ressort an sie stellte, zumeist gewachsen, wofern sie nicht sogar wegen besonders hervorragender dienstlicher Leistungen zum Minister „befördert" worden waren. Wir hatten bereits Gelegenheit gehabt, auf die suggestive Kraft, die das alte System in dieser Beziehung auf breite Massen der Bevölkerung heute noch ausübt, hinzuweisen, was sich zumal in dem Bestreben nach dem Beamtenministerium praktisch gezeigt hat.

Diese Erscheinung dürfte ihre Erklärung am ersten in der Tatsache finden, daß Deutschland auch gegenwärtig noch der Politik, dem politischen Denken, kurzum allem, was hiermit in Zusammenhang steht, fremd gegenübersteht und noch nicht geneigt ist, den eigenen Daseinswert des „Politischen" anzuerkennen. Daß die Arbeit des Politikers entsprechende positive Kenntnisse voraussetzt, versteht sich von selbst. Daß jedoch diese politischen Fähigkeiten nicht notwendig im Dienste der Bureaukratie erworben werden müssen, ja oft nicht einmal können, daß die Vorbildung des Politikers vielmehr eine gänzlich andere sein muß, als die des Beamten, vermögen noch heute große Kreise nicht einzusehen. Demgegenüber ist es nicht ohne Interesse, daß auch der konstitutionelle Staat in seiner Blütezeit seine führenden politischen Köpfe oftmals nicht allein unter dem Gesichtspunkt ihrer fachlichen Eignung ausgewählt hat. Bismarck hat beispielsweise die Vorbildung für seinen Ministerberuf während seiner parlamentarischen Tätigkeit im vereinigten Provinziallandtag sowie in seinen Gesandtenjahren erhalten. Über eine eigentlich bureaukratische Vorbildung verfügte er nicht [1]).

Für eine grundsätzliche Unterscheidung zwischen dem Politiker und dem Berufsbeamten, wie sie im konstitutionellen Staat auf Grund der Einheitlichkeit der Exekutive im allgemeinen verdeckt blieb, bietet das parlamentarische System die denkbar günstigsten Voraussetzungen.

---

[1]) Ein Beweis dafür, daß auch im konstitutionellen Staat der Minister nicht notwendig Ressortspezialist sein mußte, sondern, daß es sich hierbei mehr um eine Eigentümlichkeit der bureaukratisierten Kabinette des Spätkonstitutionalismus handelte, ist eine Äußerung Bismarcks. Es handelte sich um die Besetzung des Handelsministeriums in dem neuen Bismarckschen Kabinett. „Ich entwickelte dem König, daß die ressortmäßige Sachkunde als Handelsminister bei Eulenburg und Selchow auf ziemlich gleicher Stufe stehe und jedenfalls mehr bei ihren Räten als bei ihnen selbst zu suchen sein würde, daß ich in diesem Falle aber vielmehr Gewicht auf persönliche Begabung, Geschick und Menschenkenntnis legte, als auf technische Vorbildung." (Gedanken und Erinnerungen, Bd. I, S. 329.)

Das bureaukratisierte Kabinett, jene von Max Weber scharf erkannte Gefahr, der der konstitutionelle Staat bis zu einem gewissen Grade erlegen ist, kann in keinem politischen System derart leicht vermieden werden, wie in dem parlamentarischen, das nach seiner ganzen Struktur für die notwendige Politisierung der Exekutive Sorge trägt. Der Politiker auf dem Ministersessel ist trotz des Fehlens der speziellen Ressortkenntnisse nicht, wie oft behauptet, eine bedauerliche Begleiterscheinung des parlamentarischen Systems, sondern eine politische Notwendigkeit. Letzteres hindert allerdings nicht, daß die praktische Zusammenarbeit zwischen Minister und Berufsbeamtentum erheblichen Schwierigkeiten begegnet. Die Welten, denen diese beiden notwendig aufeinander angewiesenen Faktoren entstammen, sind denkbar verschieden. Die hiermit Kabinett und Berufsbeamtentum von dem parlamentarischen System gestellte Aufgabe muß dahin formuliert werden, daß es unter bewußter Betonung der grundsätzlichen Polarität dieser beiden Exekutivfaktoren einen modus vivendi zwischen ihnen zu finden gilt.

Bei einer so betonten Gegensätzlichkeit muß damit gerechnet werden, daß der eine sich den anderen zu unterwerfen versuchen wird, um so — unter Sprengung des alten Gegensatzes — die alte Einheitlichkeit der Exekutivgewalt wiederzugewinnen. Nicht allein die Einseitigkeit der so gewonnenen Synthese wäre zu bekämpfen, sondern überhaupt jeder Versuch, das von der Verfassung vorgesehene politische Spannungsverhältnis innerhalb der Exekutive zu beseitigen. Ob eine solche Synthese einseitig auf Kosten des Ministeriums oder des Beamtentums erfolgt, ist daher im Augenblick gleichgültig. Die Mittel, eine Aufsaugung der Bureaukratie von seiten ihres parteipolitischen Rivalen zu verhindern, werden in anderem Zusammenhang zur Darstellung zu gelangen haben. Andererseits ist jedoch auch die Möglichkeit einer übermäßigen Entwicklung des bureaukratischen Elements auf Kosten des Kabinetts keineswegs zu unterschätzen. Wenn auch nicht verkannt werden soll, daß diese Gefahr angesichts der gegebenen politischen Machtverteilung im parlamentarischen Staat so leicht kaum praktisch werden dürfte, so darf sie doch schon deswegen nicht völlig aus dem Auge gelassen werden, weil eine etwa zuweitgehende Stabilisierung der Bureaukratie notwendig ähnliche Begleiterscheinungen zeitigen müßte.

Wenn trotz der gegenwärtigen politischen Machtverteilung nach wie vor mit der Möglichkeit einer unerwünschten Verselbständigung der Bureaukratie gerechnet werden muß, so erklärt sich dies vornehmlich aus der Person des Ministers. Die Schwäche des parlamentarischen Ministers dürfte vornehmlich auf zwei Momente zurückzuführen sein. Abgesehen davon, daß der parlamentarische Minister in seinem Verhältnis zu der gesellschaftlich abgeschlossenen Bureaukratie nur zu leicht in die Stellung eines Außenseiters gerät, ist hier der Mangel eigentlicher Ressortkenntnisse des Ministers bedeutsam, wie sie gerade ein Spezifikum des bureaukratischen Elements bilden und von diesem daher besonders hoch bewertet werden. Die Beamtenschaft bildet einen in sich fest abgeschlossenen Berufsstand, der dem parlamentarischen Minister verschlossen ist. Daß eine derartig abgeschlossene Gesellschaft eine gewisse Reserviertheit gegenüber allen von außen kommenden Elementen an den Tag legt, kann nicht Wunder nehmen. In ganz besonderem Maße wird eine derartige Reservestellung von der Bureaukratie naturgemäß jedoch dann eingenommen werden, wenn diesem Außenseiter der Oberbefehl über die ihm unterstellte Beamtenschaft übertragen wird [1]).

Der Stand des neu in ein Ministerium eintretenden Parlamentariers ist daher keineswegs leicht [2]). Auch in der Monarchie stand zwar an der obersten Spitze des Berufsbeamtentums ein Außenseiter, der Monarch, der aber seinerseits mit seinen Untergebenen, auf Grund der sozialen Unterordnung des Beamtenstandes unter die monarchische Oberleitung, eng verbunden war.

Diese Schwierigkeiten der ministeriellen Stellung steigern sich auf Grund des Mangels an Ressortkenntnissen auf Seiten des Ministers. Die beste politische Zielsetzung bleibt unfruchtbar, solange es nicht gelingt, die ausführende Bureaukratie in diesem Sinne in Bewegung zu setzen. Hierzu ist jedoch unbedingt erforderlich, daß man auf dem bureaukratischen Instrument zu spielen versteht, was dem parlamentarischen Minister von Haus aus nur selten gegeben zu sein pflegt. Bereits Bismarck ist dem Kampf

---

[1]) Daß diese Unterwerfung der Bureaukratie unter einen ihr wesensfremden Minister für die erstere ursprünglich eine fast unvollziehbare Vorstellung bedeutete, beweist die Äußerung eines Regierungsvertreters gelegentlich der Beratungen der entsprechenden Artikel der preußischen Verfassung, der seine Forderung, auch dem Minister die Beamtenqualität zu verleihen, damit begründete, daß nur ein Beamter der Vorgesetzte von Beamten sein könne. Daß auch der Monarch im konstitutionellen Staat nicht Beamter gewesen ist, pflegt hierbei zumeist übersehen zu werden.

[2]) „Es mag ihnen allen nicht viel anders zumute gewesen sein, als ihrem Kollegen Trimborn, der nach den Zeitungsnachrichten seine Geheimräte im Reichsamt des Innern mit einer ungeheuer hochachtungsvollen Rede begrüßte, dann aber vom Unterstaatssekretär einer wohlwollenden Behandlung versichert wurde." Bredt: Geist der Reichsverfassung, S. 171.

mit der widerstrebenden Bureaukratie nicht völlig entgangen [1]). Gegenwärtig sind die Möglichkeiten einer derartigen Resistenz der Bureaukratie ungleich größer, als etwa vor 50 Jahren. Der Aufgabenkreis des Staates ist erheblich erweitert, die verschiedensten Lebensgebiete sind neu in den Bannkreis der staatlichen Verwaltung gezogen worden, die ihrerseits eingehende Spezialkenntnisse erfordern. Es kommt hinzu, daß der Prozeß der juristischen Formalisierung des Verwaltungsapparates zunehmende Fortschritte gemacht hat und hiermit der schaffensfreudige Politiker noch mehr in die Hand seines juristischen Beraters gegeben ist, als einst. Mag das durch die gesamte Entwicklung bedingte Spezialistentum bereits an einen sachkundigen Minister höchste Anforderungen stellen, so muß ein Politiker auf dem Ministersessel, der über derartige spezielle Sachkenntnisse im allgemeinen nicht verfügt, dieser Konstellation notwendig erliegen, wenn nicht anderweit die erforderlichen Garantien für eine sachgemäße Zusammenarbeit zwischen Minister und Räten gegeben sind.

Kapitel XIV.

Beamtentum und Parteipolitik.

Im folgenden Abschnitt rühren wir an die Schicksalsfrage des deutschen Berufsbeamtentums überhaupt. Gerade in der verschiedenen Einstellung zu dem politischen Leben liegt die von dem parlamentarischen System gewollte, von der Verfassung jedoch nicht zum Ausdruck gebrachte Verschiedenheit zwischen Bureaukratie und Kabinett. Das wahre Charakteristikum der Bureaukratie liegt heute allein in ihrer spezifisch bureaukratischen Einstellung zum Staat.

Die Reichsverfassung hat sich damit begnügt, dem Beamten seine persönliche Sicherheit zu garantieren und damit allerdings eine wesentliche Voraussetzung für die praktische Handhabung geschaffen, jedoch den eigentlichen Kern des Problems nicht offen berührt. Zwar ist die Beamtenschaft von der Verfassung zum Diener der Gesamtheit erklärt worden, jedoch mit ihr die Mitglieder des Kabinetts. Wir hatten bereits gesehen, daß es bei der politischen Struktur des parlamentarischen Systems tatsächlich eine Unmöglichkeit ist, den Minister im Gegensatz zu der ihn tragenden politischen Partei zum Repräsentanten irgendwelcher, über diesen

---

[1]) Der liberale Geheimrat ist sprichwörtlich geworden, im übrigen vgl. Bredt: Geist der Reichsverfassung, S. 154 ff.

parteipolitischen Rahmen hinausgehender, „staatspolitischer" Ideen zu stempeln. Wenn die Reichsverfassung daher Minister und Berufsbeamten auf die gleiche Stufe stellt, so hat sie dabei verkannt, daß gerade hier der Dualismus der Exekutivorgane schärfer klafft, als an anderen Stellen.

Wir haben bereits gesehen, daß die Macht der politischen Tatsachen die zuletzt erwähnte Bestimmung der Reichsverfassung, soweit die Minister in Frage kommen, Lügen gestraft hat. Die politische Mission der Bureaukratie, die spezifisch bureaukratische Einstellung zum Staat beginnt dagegen einem zunehmenden Verständnis zu begegnen. Wenn die deutsche Bevölkerung, im Gegensatz zu anderen parlamentarisch regierten Völkern, im allgemeinen das erforderliche Verständnis für die Eigenart der Bureaukratie aufgebracht hat, so findet dies vornehmlich in der historischen Entwicklung seine Begründung. Die deutsche Bureaukratie hat von jeher in betontem Gegensatz zu den parteipolitischen Kräften gestanden und beherrscht in dieser Form auch noch heute die deutsche Vorstellungswelt. In der Geschichte der Bureaukratie selbst liegen daher nicht zu unterschätzende Kautelen gegenüber übermäßigen parteipolitischen Einflüssen. Derartige geschichtliche Nachwirkungen verlieren jedoch erfahrungsgemäß an Kraft, sobald sie in der Gegenwart nicht mehr die genügende Stütze finden. Betrachten wir die Gegenwart unter diesem Gesichtspunkt.

Indem die Verfassung die Beamten zu Dienern der Gesamtheit erklärte, hat sie anscheinend dieses alte Kernstück der moralischen Struktur der Bureaukratie auch ihrerseits zu sanktionieren beabsichtigt. Der gleiche Verfassungsartikel jedoch, der die Beamten zu Dienern der Gesamtheit erklärt, sichert ihnen in seinem folgenden Absatz die völlige staatsbürgerliche Freiheit in Ausübung ihrer politischen Rechte zu.

Der Beamtenschaft ist hiermit der Weg in die politischen Parteien freigegeben, die Betätigung im Kampf der Parteien um die politische Macht gestattet. Daß von dieser Möglichkeit reichlich Gebrauch gemacht worden ist, ist allgemein bekannt. Der Weg zu einer Politisierung der Bureaukratie ist hiermit von der Verfassung in einem Maße eröffnet, das den der Bureaukratie von außen, d. h. von seiten der Partei direkt, drohenden Gefahren zum mindesten gleichkommt. Die Möglichkeit einer Politisierung der Bureaukratie aus sich selbst heraus ist hiermit in greifbare Nähe gerückt, die deshalb viel gefährlicher sein muß als alle der Bureaukratie etwa von außen aufgedrungene Politisierungsversuche, weil sich hier Beamtentum und Partei gegenseitig die Hände reichen und unter Aufgabe der traditionellen Antithese am gleichen Strange ziehen.

Auf den ersten Blick erscheint es in der Tat, als wenn der zweite Absatz des Artikel 130 den vorangegangenen praktisch aufhebe. Wenn der erste Absatz des Artikels 130 RV. trotzdem nicht völlig an praktischer Daseinsberechtigung verloren hat, so ist dies allein auf eine sonderbare Sektion zurückzuführen, die man mit dem Beamten vorgenommen hat. Man unterscheidet zwischen dem Beamten im Dienst und dem Beamten im Privatleben. Was dem Beamten im Dienst nicht gestattet ist, soll dem Privatmann gestattet sein. Die innere Unwahrhaftigkeit, die diese Trennung in die deutsche Beamtenschaft hineingetragen hat, ist bekannt. Die Tatsache der Unteilbarkeit der menschlichen Psyche spottet jeglicher formalistischen Unterscheidungsmerkmale. Die praktische Handhabung dieser Norm stand daher völlig erklärlicherweise oft vor kaum überwindbaren Schwierigkeiten, wie die Disziplinarpraxis hinreichend beweist.

Auch die konstitutionelle Monarchie ist diesem Widerspruch bekanntlich nicht gänzlich entgangen. Die Beamten besaßen auch dort grundsätzlich die gleichen politischen Rechte wie die übrigen Staatsbürger, wenn sie auch bei Ausübung dieser politischen Rechte auf ihre dienstliche Stellung weitgehend Rücksicht zu nehmen hatten. Die konstitutionelle Monarchie war jedoch stark genug, um sich derartige Konzessionen an das Ideal der allgemeinen politischen Gleichheit erlauben zu können, wenngleich es auch damals nicht an entgegengesetzten Stimmen gefehlt hat, wie etwa der Bismarcksche Entwurf für eine Verfassung des nordeutschen Bundes beweist, der der Beamtenschaft das passive Wahlrecht nahm.

Die Republik verfügt bis heute keineswegs über ähnlich fest fundierte Verhältnisse, wie die vorangegangene Monarchie. Jene auf mehrhundertjähriger Tradition beruhende innere Verbundenheit zwischen Staat und Beamtenschaft, mit der die Monarchie als sicherem Faktor rechnen konnte, gilt es für die Republik erst zu gewinnen. Bei dem Fortfall des persönlichen Moments, auf dessen grundsätzliche Bedeutung einzugehen wir später noch Gelegenheit haben werden, steht die Republik hier vor einer ungleich schwereren Aufgabe, als die Monarchie. Trotz dieser Schwäche der eigenen Stellung hat die Republik die politischen Rechte der Beamtenschaft eher erweitert als eingeschränkt, wie man hätte erwarten sollen.

Es hat den Anschein, als wenn die Nationalversammlung sich hier von dem Programmpunkt der Demokratie, der politischen Gleichheit aller Staatsbürger stärker hätte treiben lassen, als erforderlich und wünschenswert war.

In der totalen Inanspruchnahme des Beamten im Interesse des Dienstes lag die Stärke des alten Systems. Der Dienst verließ den Beamten in keinem Stadium seines Lebens, er war allgegenwärtig. Dieses Übergreifen des Dienstes in die private Sphäre, seit langem stark angefeindet, erschien mit den Grundgedanken der Demokratie nicht vereinbar. Im demokratischen Staat sollten die Beamten in erster Linie Staatsbürger und dann erst Beamte sein, die Ausstrahlungen des Beamtenverhältnisses auf das private Leben sollten daher auf ein Minimum beschränkt werden. In erster Linie versuchte die Verfassung erklärlicherweise jegliche dienstliche Beeinflussung der Beamtenschaft auf politischem Gebiet zu verhindern. In seinem Privatleben sollte derselbe Beamte, der im Amt auf eine ganz bestimmte politische Einstellung festgelegt ist, völlige Freiheit genießen.

Bezeichnenderweise hat weder die Disziplinarpraxis noch die Literatur uneingeschränkt diese Folgerungen aus der Verfassung gezogen. Nach herrschender Auffassung unterliegt das Privatleben des Beamten in politischer Beziehung nach wie vor einem gewissen dienstlichen Einfluß [1]). Es hat sich daher in diesem Punkte, nach Auffassung der herrschenden Meinung, seit dem Umsturz nichts Wesentliches geändert, höchstens daß man heute geneigt ist, die Grenzen dieser staatlichen Einflußsphäre enger zu ziehen als ehedem. Mit Rücksicht auf die erwähnte ausdrückliche Bestimmung der Verfassung kann dieser Auffassung der herrschenden Meinung nicht beigetreten werden. Aber auch dann, wenn man mit der herrschenden Meinung der Auffassung sein sollte, daß nach wie vor die politischen Rechte der Beamtenschaft gewissen Beschränkungen unterworfen sind, muß die gegenwärtige Situation als unbefriedigend erscheinen. Auch die durch die Dienstverfassung hier und da beschränkten politischen Rechte der Beamtenschaft sind wohl geeignet, im parlamentarischen Staat erhebliche Schwierigkeiten heraufzubeschwören.

Die praktische Unhaltbarkeit der durch die Verfassung geschaffenen Situation beweist das Reichsgesetz über die Pflichten der Beamten zum Schutz der Republik vom 21. Juli 1922. Durch dieses verfassungsändernde Gesetz ist den Reichsbeamten ganz allgemein zur Pflicht gemacht worden, „alles zu unterlassen, was mit ihrer Stellung als Beamter der Republik nicht vereinbar sei."

---

[1]) Statt aller andern, Brand, a. a. O., 2. Aufl., 1926, S. 486 ff.; der bezeichnenderweise auch heute noch die Grundsätze der konstitutionellen Disziplinarpraxis für grundsätzlich verwendbar erklärt. Im gleichen Sinne auch Giese in seinem Kommentar zur Reichsverfassung zu Artikel 130.

Auf diese Weise sind die politischen Rechte der Beamtenschaft, die ihnen die Verfassung noch uneingeschränkt garantiert hatte, nicht unerheblich beschnitten worden. Insbesondere ist hiermit der Grundsatz einer Unterscheidung zwischen amtlichem und außeramtlichem Verhalten, wie ihn die Reichsverfassung ausdrücklich anerkannt hat, stark abgeschwächt worden [1]). Wenn trotzdem auch diese Lösung noch nicht als befriedigend angesehen werden kann, so sind hierfür namentlich zwei Gründe ins Feld zu führen.

Der dem Beamten nach wie vor verbliebene politische Spielraum ist größer, als mit den Lebensnotwendigkeiten des parlamentarischen Systems vereinbar ist. Auch wenn man berücksichtigt, daß die gegenwärtige Disziplinarpraxis unter Anlehnung an das konstitutionelle Vorbild diesen Spielraum ihrerseits noch weiter eingeschränkt hat, als man auf Grund der positiven gesetzlichen Bestimmungen erwarten sollte, ist die der Beamtenschaft verbliebene politische Freiheit noch immer zu groß. Nach wie vor greift das Dienstverhältnis nur in Ausnahmefällen in die Privatsphäre der Beamtenschaft ein, im allgemeinen besteht eine Vermutung für die Freiheit, insbesondere die politische Freiheit der Beamtenschaft. Das parlamentarische System verlangt jedoch eine viel weitgehendere Beschränkung der *politischen* Freiheit des einzelnen Beamten.

Alle politischen Rechte schließen das Recht der parteipolitischen Betätigung in sich, das politische Recht ist von der Partei nicht zu trennen. Die Beamtenschaft muß jedoch im parlamentarischen Staat von diesen politischen Parteien so weit wie möglich ferngehalten werden. Wenn daher bislang grundsätzlich eine Vermutung für die politische Freiheit der Beamtenschaft gegolten hat, so wird diese Beweislastverteilung im parlamentarischen Staat sich umkehren müssen. Wieweit hierbei die politischen Rechte des Beamten im einzelnen zu beschneiden sind oder besser, in welchem Umfang der Beamtenschaft politische Rechte im ein-

[1]) Der maßgebliche § 10a des Reichsbeamtengesetzes legt allerdings in erster Linie das politische Verhalten des Beamten *im Amt* fest und gibt hier für besondere Fragen spezielle Vorschriften. Insoweit ist der § 10a daher lediglich Ausführungsgesetz zu dem Artikel 130, I der RV und bestimmt im einzelnen, wie sich der Beamte „als Diener der Gesamtheit" zu verhalten habe. Etwas grundsätzlich Neues gegenüber der Verfassung bringt erst der dritte Absatz des genannten § 10a. Wenn die Reichsverfassung dem Beamten in seinem Privatleben volle politische Freiheit zugebilligt hatte, so wird diese Freiheit jetzt insofern beschnitten, als der Beamte sich nunmehr auch im privaten Leben in politischen Dingen einer gewissen Zurückhaltung zu befleißigen hat. Dieser Grundsatz der Disziplinarpraxis des konstitutionellen Staates ist daher in dem beschränkten Umfange der erwähnten Bestimmung von dem Reichsgesetzgeber ausdrücklich anerkannt worden.

zelnen überhaupt zugebilligt werden können, wird uns später noch zu beschäftigen haben.

Bereits mit dem Reichsgesetz über die Pflichten der Beamten zum Schutz der Republik hat man notgedrungen das demokratische Ideal der politischen Gleichheit der Bürger verleugnen müssen und den Beamten eine Ausnahmestellung im politischen Leben angewiesen [1]). Die Lage ist jedoch nach wie vor unbefriedigend und das ideale Ziel kann allein in einer weiteren politischen „Entrechtung" der Bureaukratie erblickt werden [2]). Wieweit diese Entrechtung im einzelnen zu gehen haben wird, ist eine besondere Frage, die uns später noch zu beschäftigen haben wird [3]). Eins der wichtigsten Argumente, die gegen eine derartige politische Entrechtung der Bureaukratie in's Feld geführt werden dürften, muß in dem demokratischen Postulat der allgemeinen politischen Gleichberechtigung erblickt werden.

Was hat es mit dieser von der Demokratie verheißenen politischen Gleichberechtigung tatsächlich auf sich? Niemand wird leugnen können und wollen, daß der politische Einfluß auch in der Demokratie stets von Fall zu Fall sehr verschieden sein wird, daß etwa die Macht eines Parteiführers der eines gewöhnlichen Wählers aller Ideologie zum Trotz niemals auch nur vergleichbar sein kann. Das Dogma der politischen Gleichberechtigung gewährt in Wahrheit nur die Gleichheit aller Bürger auf der untersten Stufe politischen Einflusses, des Wahlrechts. Wieweit der politische Einfluß des einzelnen über den des gewöhnlichen Wählers hinausreicht, jede Steigerung dieses politischen Mindesteinflusses hängt von der einzelnen Persönlichkeit ab. Das demokratische Dogma von der politischen Gleichberechtigung der Bürger kann sich daher nur auf diese primitivste politische Einflußmöglichkeit beziehen.

---

[1]) Für Preußen siehe die entsprechenden Gesetze vom 31. Juli bzw. 4. Juli 1922.

[2]) In diesem Sinne, allerdings nicht ganz so scharf, auch Nawiasky: „Die Stellung des Berufsbeamtentums im parlamentarischen Staat", 1926, S. 16. „Am richtigsten wäre es, wenn der Berufsbeamte überhaupt der aktiven Politik, soweit sie Parteipolitik ist, fern bliebe."

[3]) Eine derartige politische Entrechtung dürfte übrigens an Schärfe verlieren, wenn gleich hier der später noch näher zu begründende Satz aufgestellt wird, daß es sich empfiehlt, die Zahl der Beamten ganz wesentlich einzuschränken und lieber in ausgedehnterem Maße den Privatangestellten zu verwenden. Der Kreis der politisch Entrechteten würde sich daher nicht mit dem der heutigen Beamtenschaft decken, da kein Grund ersichtlich ist, auch den Angestellten ihre politischen Rechte in dieser Art ohne weiteres zu beschneiden.

Das allgemeine gleiche Wahlrecht beteiligt die Bürger ausnahmslos an dem politischen Leben und gibt ihnen damit zum mindesten das Gefühl einer inneren Anteilnahme an den Geschicken ihres Staates. Wenn es das nationale Ideal ist, die organische Verbindung von Volk und Staat zu schaffen und zu bewahren, so trägt das den Gedankengängen der Demokratie entsprungene allgemeine gleiche Wahlrecht zu der Erreichung dieses Zieles sein gut Teil bei.

Jene innere Verbundenheit mit dem Staat, die das Wahlrecht der Bürgerschaft vermittelt, ergibt sich für den Beamten bereits aus der Tatsache seines Amtes. Was für den Bürger seine politischen Rechte bedeuten, gibt dem Beamten bereits sein Beruf. Die innere Verbundenheit zwischen Staat und Beamtentum ist auch ohne politische Rechte gesichert.

Ein anderer Einwand, den man gegen die Beschneidung der politischen Rechte der Beamtenschaft etwa geltend machen könnte, weniger grundsätzlicher als praktischer Bedeutung, erscheint beachtlicher. Wenn das Beamtentum aus dem politischen Leben ausgeschaltet wird, ganz gleich in welchem Maße, berauben wir damit das letztere nicht zu ersetzender Werte, da die Bureaukratie auf Grund ihres täglichen Umgangs mit staatlichen Interessen in besonderem Maße geeignet ist, das politische Leben zu befruchten. Ein derartiger Einwand dürfte zurzeit nur schwer zu widerlegen sein. Daß dieses bureaukratische Übergewicht in allen Fragen des öffentlichen Lebens jedoch nicht einer absoluten logischen Notwendigkeit entspricht, beweisen England und Amerika, die ihre Beamtenschaft dem politischen Leben peinlichst fernhalten. Wenn in Deutschland bislang das Berufsbeamtentum mit die besten Kräfte für das politische Leben gestellt hat, so liegt dies in der speziellen Natur der deutschen Verhältnisse begründet. Das allgemeine politische Desinteresement der deutschen Bevölkerung wirkt sich auch hier entscheidend aus. Um so mehr in Zukunft jedoch das Parlament zu aktiver politischer Arbeit herangezogen wird und sich nicht mit der sterilen Rolle der Gesetzesfabrik begnügt, um so eher wird die ursprünglich als Mentor gern begrüßte Bureaukratie in den parlamentarischen Reihen ersetzbar werden. Die Vertrautheit mit den Lebensnotwendigkeiten der Exekutive, einst in Erbpacht der Bureaukratie, wird weiteren parlamentarischen Kreisen zugänglich werden. Schon früher hat es derartig verwaltungsmäßig beschlagene Parlamentarier gegeben. Ihre Zahl muß sich steigern, um so aktiver die politische Mitarbeit des Reichstags wird, um so mehr dieser den Charakter eines bloßen Kontrollorgans verliert. Der Beamte wird hiermit im politischen Leben, entbehrlich werden.

Eine andere Frage bleibt, ob die Bureaukratie selbst nicht durch eine solche capitis diminutio an innerem Halt verliert. Ein Vergleich mit den vorhin als Beispiel herangezogenen Bureaukratien Englands und Amerikas scheint eine derartige Annahme zu bestätigen. In Wahrheit hat es jedoch gänzlich andere Gründe, wenn die amerikanische sowie die englische Beamtenschaft der deutschen nicht gleich gesetzt werden kann. Beiden fehlt die jeder Bureaukratie ihren inneren Adel verleihende persönliche Verbindung mit ihrem Staat. Der Umstand dagegen, daß dem Beamten der Zutritt zu dem politischen Leben gegeben oder verschlossen ist, kann auf die Qualität der einzelnen Bureaukratie nicht von maßgebendem Einfluß sein. Die politische Aufgabe, die der Beamtenschaft gerade in der parlamentarischen Demokratie zugefallen ist, ist derart bedeutend, daß sie wohl auch die gesteigertsten Ansprüche an persönlicher politischer Mitarbeit befriedigen dürfte. In den Fällen, in denen der politische Betätigungsdrang eines Einzelnen über die in der Bureaukratie gesteckten Grenzen hinausgehen sollte, bleibt es diesem jederzeit unbenommen, in das politische Lager hinüberzuwechseln, nachdem er allerdings vorher seine bureaukratische Stellung aufgegeben hat. Eine gewisse politische Resignation ist mit der Übernahme einer Beamtenstellung in dem parlamentarischen Staat notwendig verbunden.

Es ist daher m. E. kein Grund ersichtlich, der gegen eine parteipolitische Neutralisierung des Beamtentums ins Feld zu führen wäre. Für eine derartige Neutralisierung fällt in entscheidendem Maße die praktische Unhaltbarkeit jeder anderen Regelung ins Gewicht. Diese Unhaltbarkeit mag im folgenden nur noch kurz an einem besonderen Beispiel gezeigt werden.

Die Beamten besitzen zurzeit ausnahmslos das passive Wahlrecht. Darüber hinaus ist es bei der gegenwärtigen wirtschaftlichen Struktur keinem Berufsstand so erleichtert, ein Mandat zu übernehmen wie dem Beamten[1]), Die Reichsverfassung, Art. 39, hat generell sämtliche Beamten von ihren Dienstgeschäften entbunden, soweit dies zur Ausübung eines Reichstags- oder Landtagsmandates erforderlich ist. Der beamtete Parlamentarier erhält sein laufendes

---

[1]) Vgl.: Näheres in der Veröffentlichung des Vizepräsidenten des preuß. statistischen Landesamtes, Höpker: „Die Wahlen zum preuß. Landtag vom 7. Dezember 1924, veröffentlicht in der Zeitschr. des preuß. statistischen Landesamts, 66. Jahrg., S. 339. Hiernach stellten die größten Kontingente der preußischen Landtagsabgeordneten die Arbeiter- und Parteisekretäre, an zweiter Stelle folgen Univ.-Professoren und Lehrer, in dritter die Verwaltungsbeamten.

Gehalt ohne Unterbrechung weitergezahlt, ohne irgendwelche Anrechnung der bezogenen Diäten. In der Anciennität schreitet er automatisch weiter fort, seine Beförderungsaussichten verbessern sich erfahrungsgemäß eher denn umgekehrt. Die Lage der Angehörigen der übrigen Berufe ist hiermit überhaupt nicht zu vergleichen. Wie schwierig es in vielen Berufen ist, ein Mandat zu übernehmen, beweisen die zahlreichen Fälle, in denen an derartigen wirtschaftlichen Momenten Kandidaturen scheitern. Man kann daher mit Recht von einer direkten Sonderstellung des Beamten in dieser Richtung sprechen.

Aus doppeltem Grunde ist jedoch der beamtete Parlamentarier unerwünscht. Die Autorität der Regierung gegenüber dem Parlament, so notwendig sie im übrigen sein mag, erfährt durch ihn eventuell eine inoffizielle und eben deshalb nicht erwünschte Steigerung[1]). Letzteres gilt vornehmlich in Ansehung der sog. politischen Beamten.

Diese soeben gestreiften Bedenken wiegen jedoch zurzeit äußerst gering gegenüber einer anderen sehr beachtlichen Gefahr. Der beamtete Abgeordnete besitzt die Möglichkeit, seine vorgesetzte Behörde parlamentarisch in jeder nur denkbaren Form zu kritisieren, ohne daß er sich hierfür etwa disziplinariter zu verantworten hätte. Art. 36 RV. hat ausdrücklich auch die disziplinare Immunität der Abgeordneten betont. Daß etwaige parlamentarische Zusammenstöße zwischen Berufsbeamtentum und Ministerium der hierarchischen Autorität des letzteren, sowie dem Staatsganzen überhaupt, keineswegs förderlich sein können, bedarf keiner näheren Belege, die im übrigen in der politischen Geschichte der letzten Jahre unschwer zu finden sein dürften[2]). Daß schließlich das Vertrauen der Bevölkerung zu der Beamtenschaft, falls diese sich parteipolitisch betätigt, einen starken Stoß erhält, daß die Bürokratie hiermit den Nimbus der Überparteilichkeit einbüßen muß, liegt auf der Hand.[3]). Besonders

---

[1]) In der Monarchie war eine derartige Übermacht der Exekutive gegenüber dem Parlament allerdings wahrscheinlicher. Aus diesem Grunde verlangte Artikel 21 der alten RV, daß ein Eintritt in die Bürokratie oder eine Beförderung während der Legislaturperiode eine Neuwahl des betreffenden Abgeordneten erforderte. Ähnliche Bestimmungen finden sich im englischen Recht, soweit dieses den Beamten heute überhaupt noch den Zutritt zu dem Parlament gestattet. Im Oktober 1918 wurde die fragliche Bestimmung der deutschen Verfassung allerdings aufgehoben.

[2]) a. A. Thoma, Handwörterbuch der Staatswissenschaften, 4. Aufl., Bd. 7, S. 736: „Eine bedeutendere Rolle als in anderen Nationen dürfte in Deutschland dem Berufsbeamtentum zufallen. Es stellt, da der gewählte Beamte mit vollem Gehalt beurlaubt wird, ein erhebliches Kontingent befähigter Abgeordneter."

[3]) Vgl. Drews „Grundzüge einer Verwaltungsreform" 1919, S. 76 f., wo u. a. die Übernahme von Mandaten durch Landräte lebhaft bekämpft wird.

unerwünscht muß jedoch jede parlamentarische Betätigung der Bürokratie schon deswegen sein, weil erfahrungsgemäß hierbei nur zu leicht Fragen in die parlamentarische Debatte hineingezogen werden, die von Haus aus besser im Schoße der Exekutive erledigt würden. Der beamtete Parlamentarier kommt nur zu leicht in die Lage, Dienstherr und Untergebener in einer Person zu sein, in Besoldungsangelegenheiten Gebender und Nehmender. Die politische Betätigung birgt für den beamteten Parlamentarier die Versuchung in sich, mit Hilfe seines parlamentarischen Einflusses in innere Personalfragen einzugreifen. Eine starke Exekutive konnte derartige Bestrebungen ohne weiteres zurückweisen und hat es getan, einer parlamentarischen Regierung stehen diese Möglichkeiten nicht in jedem Falle zur Verfügung.

Besonders bedenklich erscheint die politische Betätigung der Beamtenschaft mit Rücksicht auf die früher in diesem Ausmaß nicht gekannten Berufsorganisationen der Beamtenschaft, die zum Teil direkt an das gewerkschaftliche Vorbild angelehnt sind[1]).

Es ist ein Charakteristikum unseres gegenwärtigen politischen Lebens, daß alle Berufsstände nach einer parlamentarischen Vertretung trachten und das Parlament zuweilen so stark in den Bann der Berufsstände geraten ist, daß die Theorie von dem neuen Ständestaat wohl nicht ganz ohne jede scheinbare Berechtigung aufgestellt worden ist. Mag man zu dieser Entwicklung grundsätzlich stehen, wie man will, für das Beamtentum ist sie auf jeden Fall unerwünscht. Der höchste Repräsentant des Staates, das Parlament, darf niemals in die Hand einer ihre berufsständischen Interessen wahrenden Beamtenschaft gelangen. Eine Kollision der allgemeinen Interessen mit den Spezialwünschen der Beamtenschaft wäre unvermeidbar und würde nicht nur dem Staat überhaupt unabsehbaren Schaden zufügen, sondern ebensogut dem mit ihm auf Gedeih und Verderben verbundenen Beamtentum.

---

[1]) Heuß: „Neue Demokratie", S. 88.: „Mit der Tatsache der großen Beamtenorganisationen hatte der alte Staat nur mittelbar zu rechnen, heute, da sie ihren wirtschaftlichen Kampfcharakter durchgebildet haben, sind sie ein höchst wichtiges, wenn auch in gewissem Sinne anonymes Element des Staatsbetriebes geworden. Unter ihrer Mitwirkung bildet sich der Beamtentypus um. Am deutlichsten ist dies bei den Verkehrsanstalten. Das Problem ist, die Synthese zu finden zwischen einer wirtschaftlich guten Lage, die den Beamten vor der Versuchung zur Unkorrektheit bewahrt, und einem Treuverhältnis gegenüber der Allgemeinheit.

Kapitel XV.

Beamter und Staat.

Wenn das Ergebnis des vorangegangenen Kapitels für das Beamtentum lediglich von negativer Bedeutung sein konnte, indem ihm dort das politische Leben — will sagen die Parteipolitik — verschlossen werden mußte, so gilt es jetzt, die so entstandene Lücke mit positiven Werten zu schließen.

Die Parteipolitik ist dem Beamtentum verschlossen. Bedeutet dies darüber hinaus, daß ihm die Politik überhaupt schlechthin verschlossen sei?

Was die rein theoretische Beschäftigung mit politischen Fragen anlangt, so kann dem Beamten diese selbstverständlich nicht untersagt werden und braucht es auch nicht. Mit einer derartig rein theoretischen Beschäftigung begnügt sich jedoch erfahrungsgemäß der Mensch niemals; irgend eine äußere Wirkung soll schließlich der gefundenen Anschauung immer gegeben werden, und sei es auch nur das gesprochene Wort oder vielleicht ein kurzer Schriftsatz. Viele werden sich jedoch auch hiermit nicht zufrieden geben und eine positivere Wirkung ihrer Ideen verlangen. Der dem Menschen eingeborene Drang zur schöpferischen Tat ist auch hier nicht zu unterdrücken, ohne damit an das Innerste der Menschennatur zu rühren. Der rein kontemplative Politiker ist ein Phantom, der lebendige Mensch wird stets, wenn auch in verschiedenem Maße, das Bedürfnis in sich spüren, Gedanken Taten folgen zu lassen.

Dieser inneren Beschaffenheit der menschlichen Psyche wird auch bei der Frage der Entpolitisierung der Bureaukratie Rechnung zu tragen sein. Sollte eine Entpolitisierung nichts anderes bedeuten, als den Beamten aus dem schöpferisch-politischen Leben, dem von Haus aus keiner berufsmäßig so nahe steht wie gerade er, überhaupt auszuschalten, so wäre eine solche Maßnahme von vornherein nicht zu verantworten. Ein in diesem Sinne entpolitisiertes Beamtentum hätte das persönliche Interesse an seiner Arbeit verloren und würde dem an anderen Berufsständen hinreichend oft beobachteten Mechanisierungsprozeß unentrinnbar verfallen sein. Entpolitisierung in diesem Sinne kann daher niemals die Losung sein. Sind denn aber andererseits einem von dem Parteileben ausgeschlossenen Beamtentum überhaupt noch irgendwelche politische Betätigungsmöglichkeiten geblieben, hat es nicht vielmehr damit auf alle selbständige politische Mitarbeit verzichten müssen und ist zum Werkzeug, zum fungiblen Wert, wie Schiffer es einmal genannt hat, geworden[1]?

---

[1]) Reichsjustizminister a. D. Schiffer in seiner Festrede am Jahrestage der Berliner Verwaltungsakademie im Oktober 1925.

Es ist nicht zu bestreiten, daß grundsätzlich im parlamentarischen Staat die Möglichkeit einer politischen Betätigung nur innerhalb einer bestimmten politischen Partei gegeben ist. Der viel gerühmte Sessel über den Parteien bedeutet, dem Inhaber oft selbst nicht bewußt, praktisch den Verzicht auf politische Wirksamkeit. Mit beißendem Spott hat Heuß einmal eine überparteiliche politische Vereinigung mit einem Rauchklub für nikotinfreie Zigarren verglichen[1]).

Wenn daher die Beamtenschaft von dem Parteileben ferngehalten wird, so scheint es in der Tat, als wenn ihr damit jede Möglichkeit politischer Betätigung genommen wäre. Was für den gewöhnlichen Bürger gilt, kann heute so wenig wie in der Vergangenheit auch für die Beamten Geltung beanspruchen. Auch in dem parlamentarischen Staat, in dem seine direkten politischen Möglichkeiten zwar ungleich geringer sind, als in der konstitutionellen Monarchie, hat das Beamtentum eine politische Mission zu erfüllen, die ihm hinreichend Gelegenheit geben dürfte, seinen politischen Ideen auch nach außen erkennbaren Ausdruck zu verleihen. Wenn es für die breite Masse der Staatsbürger auch nicht zu leugnen ist, daß allein die Partei heute die Möglichkeit politischer Betätigung bietet, so muß für die Beamtenschaft hier eine sehr wesentliche Ausnahme gemacht werden. Eine Beamtenschaft, die von ihrer politischen Mission völlig durchdrungen ist und sich als den ruhenden Pol in der Erscheinungen Flucht betrachtet und als solcher von den politischen Parteien auch respektiert wird, findet in überreichem Maße Gelegenheit, ihre Staatsgesinnung praktisch zu betätigen, ihr Bekenntnis zum Staat durch die Tat zu bekräftigen. Wenn diese „politische Tat" der Beamtenschaft wesentlich anders aussieht als die des Parlamentariers, wenn sie weniger auf das Schaffen neuer politischer Werte als auf das Bewahren vorhandener gerichtet ist, so findet dies seine Erklärung in der Einstellung des Beamten zum Staat überhaupt.

Über die innere Einstellung der Beamtenschaft zum Staat, über das innere Band zwischen beiden ist an früherer Stelle bereits eingehend gehandelt worden. Wir hatten dort gesehen, daß in der Gegenwart allein die Nation der Mittler zwischen Beamtenschaft und Staat sein kann. Die politische Einstellung der Bureaukratie bestimmt daher heute die Nation, sie ist in diesen Fragen ihr autoritativer Garant[2]). Es ist erforderlich, daß dieses Verhältnis zwischen

---

[1]) Theodor Heuß: Die neue Demokratie, 1920, S. 67.

[2]) Auf diese Weise ist der Beamtenschaft jenes stabile Rückgrat wiedergegeben worden, das sie in der Vergangenheit auf Grund ihrer persönlichen Verbindung mit dem Monarchen besaß. Die Nation ist der Träger der umfassenden Staatsidee, die innerhalb der nationalen Schranken den unbedingten

Nation und Bürokratie auch äußerlich in Erscheinung trete. In erster Linie gilt dies in Ansehung des Eides, bei dem sich vornehmlich diese Verbundenheit zwischen Staat und Beamten äußerlich manifestiert[1]). Die auf Grund des Art. 176 der Reichsverfassung durch eine Verordnung des Reichspräsidenten festgestellte Eidesnorm

Primat zu beanspruchen hat. Hieran ändert nichts, daß diese nationale Staatsidee ihrerseits keineswegs ein Absolutum, sondern im Laufe der Zeit Wandlungen unterworfen ist. Auch die monarchische Staatsidee war wandlungsfähig. Nawiasky hat geglaubt, dem modernen Staat eine derartig stabile Grundlage absprechen zu sollen. „Ein abstraktes, ein umfassendes, ein für alle Mal feststehendes Gesamtinteresse gibt es nicht, das sogen. Staatsinteresse besteht vielmehr zum großen Teil in dem stets aufs neue vorzunehmenden Ausgleich der Interessen aller im Staat vorhandenen gesellschaftlichen Schichten." (Vgl. „Die Stellung des Berufsbeamtentums im parlamentarischen Staat", S. 12.) Das Bild, das Nawiasky hier gezeichnet hat, ist das einer Summe von Einzelinteressen, die man dann zusammengefaßt als das Gesamtinteresse zu bezeichnen pflegt. Die Nation ist jedoch keineswegs das Ergebnis einer derartigen Summation, wie Nawiasky sie vornimmt, sondern eine geschlossene organische Einheit. Nicht durch Addition sozialer Einheiten entsteht die Nation, sondern sie ist selbst eine derartige Einheit, deren Verbundenheit mit ihren Elementen sich nicht so sehr in einer Abhängigkeit des höheren Verbandes von den niederen, als umgekehrt darin äußert, daß die Nation ihrerseits auf ihre Glieder einen bestimmenden Einfluß ausübt. Mag die nationale Gemeinschaft ursprünglich auch ein Produkt der sie tragenden sozialen Verbände gewesen sein, im Laufe der Entwicklung wendet sich notwendig das Blatt, der Schwerpunkt verschiebt sich von unten nach oben, von dem niederen auf den höheren sozialen Verband. Aus den dereinstigen Voraussetzungen der nationalen Gemeinschaft wird ihr sozialer Unterbau. Die Nation hat ein eigenes, selbständiges Dasein, auf das die einzelnen Elemente zwar einen gewissen Einfluß haben, ohne ihr jedoch ihre Eigenart irgendwie nehmen zu können. Wenn Nawiasky zu einer derart summativen Auffassung gelangt, so dürfte dies in erster Linie daraus zu erklären sein, daß er an die Stelle der Verbände und der sie tragenden geistigen Ideen die Verbandsinteressen gesetzt, daß er die Nation durch das Gesamtinteresse ersetzt hat. Mit dem Begriff des Interesses verbindet sich jedoch allgemein die Vorstellung eines auf die eigene Sphäre des zwecksetzenden Subjekts beschränkten Zweckes. Erfahrungsgemäß bestehen jedoch neben diesen rein persönlichen Interessen über die enge persönliche Sphäre hinausgehende Zwecke. Diese über die eigene Sphäre hinausgreifenden Zwecke sind die eigentlich assoziierenden Momente, ihnen verdankt jede Organisation bis zu einem gewissen Grade ihre Selbständigkeit gegenüber ihren Elementen. Wenn Nawiasky soziale Organisationen allein nach beschränkten Interessen beurteilt, kann er in ihnen allerdings lediglich eine einfache Summation sehen. Da die Nation jedoch eine soziale Einheit bedeutet und über eine eigene Individualität verfügt, vermag die an ihr orientierte Beamtenschaft sich auch durch positive Tat zu ihr zu bekennen. Wenn daher von dem Beamtentum heute Überparteilichkeit verlangt wird, so ist es nicht jene „negative" Überparteilichkeit im Sinne Nawiasky, sondern etwas überaus positives: die Arbeit an der Nation.

[1]) Für den Eid der Reichsbeamten ist maßgeblich die Verordnung des Reichspräsidenten vom 14. August 1919. Ein besonderer Amtseid ist lediglich

trägt diesem Bedürfnis keinerlei Rechnung[1]). Ein Eid auf die Verfassung, die als solche doch immer ein totes Gesetz bleibt, genügt nicht den berechtigten Anforderungen[2]). Der Beamteneid der konstitutionellen Monarchie wurde dem Monarchen persönlich geschworen, zu ihm wurde ein inneres Treuverhältnis begründet, wenn daneben noch Verfassungstreue gelobt wurde, so hatte dies nur sekundäre Bedeutung. Ein inneres Verhältnis zu einer juristischen Norm ist schlechterdings nicht denkbar[3]). Mit vollstem Recht hat daher auch das preußische Oberverwaltungsgericht erklärt, daß die „Treue" gegenüber der Verfassung" sich in ihrer gewissenhaften Beobachtung erschöpfe[4])." Ein solcher Eid ist jedoch für die Bedürfnisse der Beamtenschaft völlig unzureichend. Was der Beamtenschaft fehlt, ist die äußere, sinnfällige Dokumentation des persönlichen Bandes zwischen Beamten und Staat. Nicht einer toten Verfassung, sondern der lebendigen Nation dient der Beamte, nur ihr gegenüber kann er diejenige Hingabe an den Tag legen, die mit Recht von ihm erwartet wird, nicht aber gegenüber einer abstrakten juristischen Norm[5]). Verständlicherweise hat sich die Beamtenschaft dagegen gewehrt, in ein inneres Verhältnis zu der Verfassung gesetzt zu werden, das als

---

für den Reichspräsidenten vorgesehen. Im Gegensatz zu den Mitgliedern des Reichskabinetts, die den allgemeinen Beamteneid zu schwören haben, ist für die preußischen Staatsminister ein besonderer, allerdings von dem allgemeinen Beamteneid nicht wesentlich abweichender Eid vorgeschrieben worden.

[1]) „Ich schwöre Treue der Verfassung, Gehorsam den Gesetzen und gewissenhafte Erfüllung meiner Amtspflicht".

[2]) S. u. a. die Erklärung des Beamtenausschusses der deutschnationalen Volkspartei vom 4. September 1919, abgedruckt bei Everling: „Beamteneid" S. 38 ff., veröffentlicht in den „Flugschriften des Tag".

[3]) Everling a. a. O. S. 47 „Man kann der Verfassung so wenig treu sein wie etwa dem Baufluchtliniengesetz oder der Reichsversicherungsordnung.'

[4]) OVG. 77, 497 ff.; das OVG. hat hier den alten monarchischen Treueid in bewußtem Gegensatz zu dem modernen Verfassungseid gesetzt.

[5]) Nicht ohne Grund ist dieser persönlichen Verbindung von Beamten und Staat, dieser seelischen Verankerung des Beamten hier wie an anderer Stelle ein breiterer Raum gewährt worden, als dies sonst zumeist der Fall zu sein pflegt. Hier dürfte in der Tat der Punkt liegen, wo der Hebel angesetzt werden muß, um das heute mehr denn je immer wieder auftauchende Gespenst der Bureaukratisierung endgültig zu beschwören. Jene Kritik, die den Primat des Mechanischen, der Organisation über den Stoff an den verschiedensten Stellen des sozialen Lebens aufzuzeigen nicht müde wird, ist im Grunde nur ein einziger Ruf nach der Persönlichkeit. Erst dann, wenn aus Fachmännern wieder Persönlichkeiten geworden sind, ist die Gefahr jener entseelenden Mechanisierung, auf die heute so oft, zumal im Zusammenhang mit dem parlamentarischen System hingewiesen wird, endgültig behoben. Max Weber hat diese mechanisierenden Neigungen der Bureaukratie mit der ihm eigenen

solches begrifflich nicht denkbar ist. Andererseits glaubte die Beamtenschaft jedoch mit dem gleichen Recht, ohne ein derart inneres Verhältnis zu dem Staat nicht auskommen zu können; in ihm sah sie mit Recht das wertvollste Erbe des alten Systems. Es dürfte kaum zweifelhaft sein, daß die unzähligen Eidesverweigerungen, die nach der Revolution vorgekommen sind, erheblich zusammengeschrumpft wären, wenn man der Eidesformel einen entsprechenden Inhalt gegeben hätte.

Als Nachfolger des Monarchen ist die Nation diesem in einem sehr wesentlichen Punkte unterlegen. Der Mensch wird stets eher geneigt sein, den persönlichen Anhalt bei einer physischen Individualität zu suchen, als bei einer überpersönlichen Größe[1]). Gerade ein Volk mit jahrhundertelanger monarchischer Tradition ist an diese persönliche Einstellung derart gewöhnt, daß jene heute geforderte transpersonale Auffassung eine sehr erhebliche Umstellung verlangt. Allerdings ist anzunehmen, daß den hierher zielenden Bestrebungen

Schärfe und Folgerichtigkeit aufgedeckt. (Vgl. Gesammelte politische Schriften S. 151.) Für Weber liegt in dieser Bureaukratisierung ein unentrinnbares Schicksal aller gegenwärtigen Staaten. Die Gegenkräfte erblickt er allein in den Reihen der politischen Führer, ohne hierbei allerdings den grundsätzlich auch von ihm anerkannten Satz berücksichtigt zu haben, daß auch diese politischen Führer auf Grund der ihm keineswegs unbekannten Bureaukratisierungstendenzen der politischen Partei einem ähnlichen Schicksal entgegengehen wie die Organe der allgemeinen Staatsverwaltung. Für Max Weber ist es das innerste Schicksal und Wesen jeder Bureaukratie", eine leblose Maschine, geronnener Geist" zu sein. Eine innere Umwandlung einer derartig mechanisierten Bureaukratie ist für Max Weber eine Unmöglichkeit.

Insoweit in bewußtem Gegensatz zu der von Max Weber vertretenen Anschauung, sind die obigen Ausführungen in allen ihren Teilen von dem Glauben an die Möglichkeit einer neuen persönlichen Durchdringung des heute sicherlich stark mechanisierten bureaukratischen Apparates getragen. Gerade in der Vergangenheit des deutschen Beamtentums dürften wertvollste Kräfte für einen derartigen Versuch aufzudecken sein. Wie für den Beamten des alten Preußen in seinen prominentesten Vertretern gerade diese persönliche Verbindung zu seinem Beruf, der nicht allein die speziellen Fachkenntnisse, sondern die sämtlichen Ausstrahlungen der Persönlichkeit des Beamten für sich in Anspruch nahm, das Wertvollste war, wie seine Arbeit beseelte, d. h. von der ganzen Persönlichkeit und nicht nur von einem für Berufszwecke reservierten Persönlichkeitsausschnitte getragene Arbeit war, so ist nicht einzusehen, warum das gegenwärtig nicht mehr möglich sein sollte. Mag im Wirtschaftsleben oder wo man sonst noch diese Mechanisierung auf dem Marsch befindlich antreffen mag, eine solche persönliche Durchdringung vielleicht großen Schwierigkeiten begegnen, für den Staatsdienst entfallen alle derartigen Bedenken.

[1]) Es soll allerdings hierbei nicht übersehen werden, daß auch die Monarchie in ihrer späteren Entwicklung jenen ursprünglich ausschließlich persönlichen Charakter verloren hat, wie er etwa noch den früh germanischen Staats-

der allgemeine Zug der Zeit, der mehr und mehr, in zuweilen vielleicht bedenklichem Ausmaß den sozialen Verband an die Stelle des Individuums, den überpersönlichen Wert an die Stelle des persönlichen zu setzen trachtet, beachtlichen Vorschub leisten wird. In diesem Punkte wäre auf jeden Fall eine Steigerung des sozialen Empfindens nur zu begrüßen, mag man auch sonst diese starke Ausschaltung der einzelnen Individualität nicht immer für unbedenklich halten[1]).

Kapitel XVI.

Die Einordnung der Bureaukratie in die Organisation der parlamentarischen Demokratie.

Im konstitutionellen Staat brauchte über diese Frage kein Wort verloren zu werden. Die konstitutionelle Exekutive bildete eine in sich geschlossene Einheit, deren Stellung innerhalb des Staatsorganismus durch die der Exekutivspitze angewiesene Position eindeutig bedingt war. Die parlamentarische Exekutive zerfällt demgegenüber in zwei wesensverschiedene Bestandteile, die daher ihrerseits gesondert in das Staatsganze eingefügt werden müssen.

Die besonderen Schwierigkeiten einer derartigen Einordnung des Berufsbeamtentums in den parlamentarischen Staat erklären sich nicht zuletzt aus seiner Natur als mittelbares Staatsorgan. Wir hatten bereits früher gesehen, daß ungeachtet der grundlegenden Veränderung der politischen Stellung der Bürokratie diese nach wie

---

bildungen eignete. Mit dem Aufkommen der dynastischen Idee schiebt sich an die Stelle des Monarchen die gleichfalls überpersönliche Dynastie. Trotzdem hat die Monarchie allerdings mit Bewußtsein bis zuletzt auf die persönliche Note niemals verzichtet.

[1]) Nicht ganz verständlich sind die Ausführungen Wittmayers: „Weimarer Reichsverfassung", S. 88 ff. Er führt dort mit vollem Recht aus, daß die autoritative Grundlage der Bürokratie mit der Person des Monarchen fortgefallen sei, daß daher das Schwungrad dieser Bürokratie ausgewechselt worden sei. Wie soll jedoch das neue Schwungrad der Bürokratie nach der Auffassung von Wittmayer beschaffen sein? „Das Triebrad heißt jetzt im Zeichen der Volkssouveränität nicht mehr Autorität, sondern ein verdichteter Gemeinsinn, der als Idee in mancher Weise gleichzuhalten ist, ja damit verwechselt werden kann". Solange der hierarchische Gedanke überhaupt noch aufrechterhalten wird, solange der Dienstbefehl innerhalb der büreaukratischen Organisation noch diejenige Rolle einnimmt, die ihm heute zukommt, wird auch eine autoritative Grundlage nicht zu entbehren sein. Was ausgewechselt worden ist mit der Revolution, sind lediglich die Garanten dieser autoritativen Grundlage: an die Stelle der Einzelpersönlichkeit, des Monarchen, ist der soziale Verband, die Nation, getreten. An dem Wesen dieser Autorität hat sich jedoch sachlich nichts geändert.

vor grundsätzlich der Oberleitung des Kabinetts unterworfen bleibt, wenn ihr auch durch das parlamentarische System eine gewisse Selbständigkeit verliehen sein mag.

Die Verfassung hat sich zwar eingehend mit dem Problem des Berufsbeamtentums beschäftigt, jedoch offensichtlich unter gänzlich anderen Gesichtspunkten. Für die Verfassung steht das Individualinteresse des einzelnen Beamten im Vordergrund, den man in Weimar dem neuen Staat zu gewinnen trachtete, und mit ihm eine der wichtigsten Voraussetzungen realpolitischer Macht. Die Reichsverfassung kennt daher nur eine persönliche Unabhängigkeit des einzelnen Beamten, die Bedeutung einer selbständigen B ü r o k r a t i e, wie sie der parlamentarische Staat verlangt, ist ihr dagegen offenbar fremd. Und doch hat die Verfassung mit ihrer Anerkennung der Unabhängigkeit des einzelnen Beamten einen wichtigen Schritt dem eigentlichen Ziel, der Selbständigkeit der bürokratischen Einheit, entgegengetan.

Die Behandlung des Beamtenproblems in der Weimaraner Verfassung zeigt eine auffallende Ähnlichkeit mit jener Personalpolitik, die 100 Jahre früher die Beamtenschaft aus der Schar der privatrechtlichen Angestellten heraushob und dem einzelnen Beamten eine gesicherte öffentlich-rechtliche Rechtsposition verlieh. Auch damals stand das Individualinteresse des einzelnen Beamten äußerlich im Vordergrund, während die staatspolitische Bedeutung dieser Neuregelung erst in erheblich späterer Zeit offenbar wurde[1]).

Unsere heutige Stellung zu dem Beamtenproblem unterscheidet sich ganz wesentlich von derjenigen, die die Redaktoren der Verfassung noch vor 8 Jahren in Weimar eingenommen haben. Das Verständnis für die Bürokratie als Institution und die ihr in dem neuen Staat zugefallene politische Aufgabe steigert sich zunehmend. Die Wahrung der individuellen Interessensphäre des einzelnen Beamten ist vom Selbstzweck zum Mittel für andere, neu erkannte Zwecke geworden. Wenn sich der Blick für die politische Mission der Bürokratie erst langsam zu schärfen beginnt, so findet dies seine Erklärung vornehmlich in der völligen Neuartigkeit dieser

---

[1]) Charakteristisch für die Einstellung der Weimaraner Verfassung ist die Tatsache, daß der erste von Preuß persönlich ausgearbeitete Verfassungsentwurf überhaupt keinerlei besondere Bestimmungen über das Berufsbeamtentum enthielt, wie ja auch die alte Bismarcksche Verfassung derartige Bestimmungen nicht gekannt hatte. Die späteren Bestimmungen über die Wahrung der individuellen Rechte des einzelnen Beamten und über die grundsätzliche Anerkennung des Berufsbeamtentums sind erst im Laufe der Beratungen des Verfassungsausschusses eingefügt worden.

durch das parlamentarische System geschaffenen Situation. Im parlamentarischen Staat hat die Beamtenschaft das Kabinett zwar grundsätzlich ebenso zu unterstützen wie in konstitutioneller Zeit. Sie hat jedoch hierbei nicht lediglich die Geschäfte der Regierung zu besorgen, sondern darüber hinaus eine eigene bürokratische Mission zu erfüllen. Diese Mission ist nicht dem einzelnen Beamten persönlich, sondern der bürokratischen Institution als solcher übertragen worden, die damit zu einer eigenen politischen Kräfteeinheit geworden ist.

Der konstitutionelle Staat kannte lediglich zwei derartige politische Kraftzentren: Krone und Parlament. Das parlamentarische System ist ungleich komplizierter, die Zahl der politischen Kräfte ist angewachsen und der Ausgleich zwischen den einzelnen dieser Kräfte nicht unerheblich erschwert.

Über die Bedeutung der verschiedenen politischen Krafteinheiten in dem Gefüge des parlamentarischen Staates herrscht bis jetzt größtenteils noch völlige Unklarheit. Wenn ganz allgemein die Frage des Ausgleichs der verschiedenen politischen Energiezentren untereinander als ungelöst bezeichnet werden muß, so gilt dies in besonderem Maße für das Berufsbeamtentum. Man geht wohl nicht zu weit mit der Behauptung, daß hier das Problem vielfach überhaupt noch nicht erkannt worden ist, geschweige denn, daß man von einer Lösung sprechen könnte. Und doch kann über die Tatsache, daß in dem parlamentarischen Staat die Bureaukratie die Bedeutung eines eigenen politischen Kraftzentrums gewonnen hat, kein Zweifel mehr bestehen. Nur so rechtfertigt sich die Tatsache jener eigenartigen Abgeschlossenheit der Bureaukratie im System des parlamentarischen Staates, die hiermit ganz bewußt zu einer selbständigen Einheit zusammengeschweißt werden sollte. Eine solche einheitliche Zusammenfassung der Beamtenschaft und die mit ihr Hand in Hand gehende Abschließung nach außen findet ihre innere Berechtigung lediglich dann, wenn dieser neuen politischen Einheit eigene Aufgaben zugedacht sind. Hätte man, wie im konstitutionellen Staat, in der Bureaukratie lediglich den Adlatus der Exekutivspitze, des Kabinetts, gesehen, so würde eine derartige Abschließung der Bureaukratie und ihre betont antipodäre Stellung gegenüber dem Kabinett lediglich negativ zu beurteilen sein[1]).

[1]) Die Art, wie die Bureaukratie die ihr zuteil gewordene Aufgabe zu erfüllen hat, weicht allerdings von der allgemein üblichen ab. Regierung und Parlament erfüllen ihre politischen Aufgaben durch die positive Tat. Der Bureaukratie können derart eigene Betätigungsgebiete, wo auch sie durch positive Tat etwas zu leisten vermöchte, bekanntlich nur in sehr begrenztem

Diese politische Mission der Bureaukratie haben wir bereits inhaltlich dahingehend bestimmt, daß ihr die Wahrung der Staatsstabilität übertragen worden ist. Wie sie sich dieser Aufgabe im einzelnen zu entledigen hat, wieweit ihr Gelegenheit gegeben ist, in ihrer sachlichen Arbeit diesen eigenen, spezifisch bureaukratischen Zielen zu folgen, wie sich überhaupt die grundsätzliche Unselbständigkeit des Beamten gegenüber dem leitenden Minister mit einer solchen bureaukratischen Selbständigkeit verträgt, das alles werden wir im letzten Hauptteil noch im Zusammenhang näher zu untersuchen haben. Im Rahmen dieser kritischen Untersuchung kann die Aufgabe lediglich darin bestehen, die Probleme überhaupt anklingen zu lassen, ohne hier auf eine grundsätzliche Lösung bereits eingehen zu können.

Wie der parlamentarische Staat überall gleichzeitig verschiedene politische Kräfte heranzieht, die nur in gemeinsamer Arbeit etwas zu erreichen vermögen, so auch hier. Berufsbeamtentum und parlamentarisches Kabinett sind daher trotz ihrer inneren Wesensverschiedenheit durch die Verfassung auf eine notwendige Zusammenarbeit angewiesen worden.

Wenn auch der parlamentarische Staat an sich nach seiner ganzen Struktur mit der Bureaukratie als selbständiger politischer Einheit rechnen muß, so ist damit doch noch keineswegs eine Gewißheit dafür gegeben, daß dieser Bureaukratie durch das positive Recht eine entsprechende politische Stellung auch wirklich verliehen worden ist. Mit anderen Worten: Die Aufgabe, die der Beamtenschaft im parlamentarischen Staat gestellt worden ist, steht fest; ob sie dieser Aufgabe wird gerecht werden können, bleibt vorerst eine offene Frage.

Die Aufgabe der Bureaukratie ist die Wahrung der Staatsstabilität, sie ist berufen, das Gegengewicht zu bilden gegenüber den fluktuierenden politischen Kräften, wie sie sich zumal in der Partei repräsentieren. Soll dieses Gegengewicht praktisch nicht völlig bedeutungslos bleiben, darf es allerdings in keinem allzu auffallenden Mißverhältnis zu den entgegengesetzten parteipolitischen Kräften stehen. Es wäre allerdings irrig, nun etwa anzunehmen, daß diese parteipolitischen Kräfte und ihr bureaukratisches Gegengewicht sich notwendig das Gleichgewicht halten müßten. Ein derartiges

---

Ausmaß überwiesen werden. In der Hauptsache erfüllt die Bureaukratie daher die ihr zuteil gewordene politische Mission allein durch ihre Existenz, die die eigentlich handelnden politischen Faktoren, insbesondere das Kabinett, immer wieder zwingt, auf die von der Bureaukratie vorgetragenen Gedanken Rücksicht zu nehmen.

Gleichgewichtsverhältnis der stabilen und labilen Elemente liegt keineswegs im Sinne des parlamentarischen Systems, das die weitgehendste Entstabilisierung des Staates versucht[1]), und für das die wenigen stabilen Elemente, die es überhaupt noch anerkennt, nur die Bedeutung eines unentbehrlichen Korrektivs, jedoch niemals eines gleichwertigen Faktors besitzen[2]). Wenn man die der Bureaukratie in dem parlamentarischen Staat zugefallene Aufgabe inhaltlich in der Wahrung der Staatsstabilität beschlossen sieht, wird man erkennen, daß sie hier gegen eine schier erdrückende Übermacht anzukämpfen hat. Die sämtlichen übrigen politischen Kräfte des parlamentarischen Staats finden sich unter den Gegenspielern der Bureaukratie. In erster Linie ist hier zu nennen die politische Partei.

Die politische Partei beherrscht den parlamentarischen Staat in fast unumschränktem Ausmaß. Ihr vornehmster Gegner ist die Bureaukratie. Die von der Partei in das Staatsleben hineingetragene Bewegung findet ihre Schranke an der Stabilität dieser Bureaukratie.

Der politische Einfluß der Partei muß notwendig in einer Mobilisierung des Staates bestehen. Die Tätigkeit der politischen Partei kann sich erst dann im Interesse einer Stabilisierung des Staats auswirken, wenn eine einzelne Partei den unbedingten politischen Primat errungen und der Kampf zwischen den verschiedenen Parteien sein Ende erreicht hat. Hiermit ist jedoch der echte Parteienstaat verlassen. In einem solchen Parteienstaat kann der Einfluß der Partei lediglich in einer Mobilisierung des Staates bestehen und muß die Partei daher einen notwendigen Gegensatz zu dem bureaukratischen Element bilden, das seinerseits berufen ist, gerade mit Rücksicht auf diese durch das parlamentarische System bedingte hochgradige Mobilisierung, seine Stabilität in die Wagschale zu werfen.

Bureaukratie und politische Parteien sind die beiden vornehmsten politischen Kraftzentren im parlamentarischen Staat. Auch wenn es niemals die Aufgabe des Beamtentums sein kann, der politischen Partei in diesem Rivalitätsverhältnis die Wage zu halten, so bedarf

---

[1]) Aus diesem Grunde bietet das parlamentarische System — abgesehen von den Formen der unmittelbaren Demokratie — die idealste Regierungsform der Demokratie, von der Michels gesagt hat, daß sie der πάντα ῥεῖ des Heraklit in die politische Wirklichkeit zu überführen trachte. Vgl. Michels: „Zur Soziologie des Parteiwesens", 2. Aufl., 1925, S. 4.

[2]) Nawiasky: „Die Stellung der Regierung im modernen Staat", S. 23. „So erweist sich als unbedingtes Erfordernis eine elastische Formung des staatlichen Lebens, die allen Schattierungen Raum gibt. Ihr organisatorischer Ausdruck ist der Parlamentarismus, darauf beruht seine entscheidende Gegenwartsbedeutung.

es doch eines erheblichen Maßes eigener Kraft, um auch dieser anscheinend untergeordneten Aufgabe gerecht werden zu können.

Betrachten wir unter diesem Gesichtspunkt die dem deutschen Berufsbeamtentum durch die Verfassung verliehene Stellung. Die Verfassung hat lediglich dem einzelnen Beamten ein gewisses Maß persönlicher Unabhängigkeit verliehen, das allerdings auch der Selbständigkeit der Gesamtbureaukratie zugute kommen dürfte. Im übrigen fehlt es jedoch an einer direkten Anerkennung der Bureaukratie als eigener politischer Einheit seitens der Verfassung. Neben den formalrechtlichen Bestimmungen zugunsten des einzelnen Beamten verleihen allerdings die tatsächlichen Verhältnisse der Bureaukratie als solcher eine gewisse Selbständigkeit, die allerdings angesichts der gesteigerten Vitalität der politischen Partei nicht überschätzt werden darf. Auf jeden Fall dürfte diese auf den tatsächlichen Verhältnissen beruhende Unabhängigkeit der bureaukratischen Einheit gegenüber der politischen Partei nicht annähernd so bedeutungsvoll sein, wie etwa in der Vergangenheit gegenüber dem ungleich weniger widerstandsfähigen Monarchen. Andererseits steigert sich mit der zunehmenden Komplizierung und Ausdehnung des gesamten Verwaltungsapparates diese auf die tatsächlichen Verhältnisse begründete Unabhängigkeit der Bureaukratie.

Diese auf tatsächlichen und nicht auf juristischen Gegebenheiten beruhende Selbständigkeit der Bureaukratie ist oftmals wesentlich überschätzt worden, da man vergaß, zwischen der konstitutionellen Monarchie und der parlamentarischen Demokratie zu unterscheiden und die Erfahrungen des konstitutionellen Systems uneingeschränkt auch der Gegenwart glaubte nutzbar machen zu können. Man wird daher sagen können, daß gegenwärtig die etwa vorhandene Selbständigkeit des bureaukratischen Faktors ausschließlich auf den im Interesse des einzelnen Beamten gegebenen Bestimmungen beruht. Die auf den tatsächlichen Verhältnissen beruhenden Kautelen zugunsten der Bureaukratie dürften demgegenüber nicht sonderlich hoch zu bewerten sein.

Wenn eine staatsrechtliche Anerkennung der bureaukratischen Einheit bis heute noch fehlt, so liegt dies vornehmlich daran, daß man in Weimar den Kernpunkt des Beamtenproblems überhaupt nicht erkannt hat. Es bleibt zu untersuchen, ob die in der bisherigen Gesetzgebung zugunsten des Einzelbeamten gegebenen Vorschriften mittelbar auch der Gesamtbureaukratie das in dem parlamentarischen System erforderliche Maß politischer Selbständigkeit verliehen haben, oder ob das bureaukratische Kraftzentrum gegenwärtig zu schwach ist, um die ihm zugedachten Aufgaben erfüllen zu können.

Man mag die allgemeine politische Bedeutung der dem einzelnen Beamten garantierten Individualsphäre noch so hoch einschätzen, die durch sie der Beamtenschaft in ihrer Gesamtheit verliehene Selbständigkeit genügt den Erfordernissen des parlamentarischen Systems auf keinen Fall. Mag der einzelne Beamte auch noch so unabhängig gestellt sein, die Bureaukratie als Institution bleibt nach wie vor in einer unbefriedigenden Abhängigkeit, die sie vollkommen in die Hand ihres politischen Rivalen, des Kabinetts, gelangen läßt, so daß man von einem eigentlichen Rivalitätsverhältnis überhaupt nicht mehr sprechen kann, obwohl der parlamentarische Staat ein derartiges Rivalitätsverhältnis zwischen Kabinett und Berufsbeamtentum zu den unentbehrlichen Voraussetzungen seines Systems zu zählen pflegt.

Wenn der Bureaukratie als Ganzem in dem parlamentarischen System eine eigene politische Bedeutung zugefallen ist, so muß sie in erster Linie in ihren ureigensten Lebensprozessen vor fremdem Einfluß bewahrt werden. Zu diesen Lebensprozessen der Bureaukratie gehört vornehmlich ihre Ergänzung, die Heranbildung des Nachwuchses, das Ausscheiden nicht mehr brauchbarer Elemente, kurzum die gesamte Personalpolitik überhaupt. Eine politische Einheit, deren Zusammensetzung, wie es gegenwärtig bei der Bureaukratie der Fall ist, von ihrem Antipoden bestimmt wird, hat aufgehört, eine selbstständige politische Einheit zu sein.

Das gegenwärtige staatsrechtliche System hat auf die durch den Umsturz bedingten neuen Bedürfnisse der Bureaukratie bislang noch keinerlei Rücksicht genommen. Mag der einzelne Beamte auch vor politischem Einfluß bis zu einem gewissen Grade geschützt sein, die Gesamtbureaukratie ist zurzeit noch vollkommen in die Hand der politischen Partei gegeben. Demgegenüber muß bereits hier die Notwendigkeit betont werden, der Bureaukratie dasjenige Maß an Selbständigkeit und Unabhängigkeit zu verleihen, ohne das sie schlechterdings der ihr zugefallenen Aufgabe niemals gerecht werden kann. Die Tatsache, daß die Bureaukratie trotzdem nach wie vor mittelbares Staatsorgan bleibt, steht einer derartigen Lösung nicht im Wege. Mag das Beamtentum dem Kabinett auch in der sachlichen Arbeit untergeben sein, so erfordert dies doch keineswegs, daß das Kabinett auch persönlich über die Substanz des bureaukratischen Werkzeuges zu verfügen imstande ist.

Die rechtlichen Formen, in denen eine derartige Verselbständigung der Gesamtbureaukratie erfolgen kann, insbesondere die staatsrechtliche Bewertung dieses eigenartigen bureaukratischen Faktors, der trotz grundsätzlicher Subordination eine gewisse Selbständigkeit gegenüber seinem Vorgesetzten und politischen Antipoden für sich in Anspruch nehmen kann, wird uns im letzten Hauptteil noch näher zu beschäftigen haben. Daß eine derartige Verselbständigung der Bureaukratie, wie ihr vorstehend das Wort geredet worden ist, andererseits die Gefahr einer allzu großen Erstarrung des bureaukratischen Elementes mit sich bringt, liegt auf der Hand. Auch hierauf wird daher Rücksicht zu nehmen sein.

Kapitel XVII.

Das Anstellungswesen.

Die Bedeutung des Anstellungswesens für das Berufsbeamtentum kann niemals hoch genug eingeschätzt werden. Im konstitutionellen Staat lag die Anstellungsbefugnis bei dem Monarchen, wenn dieser auch weitgehende Delegationen auf nachgeordnete Instanzen vornehmen konnte und vorgenommen hat. Auch gegenwärtig ist die Spitze der Exekutive zur Anstellung der Beamtenschaft berufen. Artikel 46 der Reichsverfassung hat die Anstellungsbefugnis dem Reichspräsidenten übertragen, der allerdings hierbei, wie bei allen sonstigen Regierungsakten, der Mitwirkung des Kabinetts bedarf, so daß praktisch dieses zumeist den Ausschlag geben wird. In Preußen ist die gleiche Funktion dem Staatsministerium übertragen worden.

Die Tatsache, daß mit dieser Regelung dem Antipoden des Berufsbeamtentums ein entscheidender Einfluß auf das letztere eingeräumt worden ist, braucht an dieser Stelle nicht noch einmal ausdrücklich hervorgehoben zu werden [1]). Die bereits früher in dieser Richtung geäußerten grundsätzlichen Bedenken müssen sich jedoch ganz erheblich steigern mit Rücksicht auf die speziellen Besonderheiten des Anstellungswesens überhaupt. Das freie Ermessen der Anstellungsbehörde ist regelmäßig nur in geringstem Umfang gesetzlich beschränkt worden. Für das Reichsrecht bestehen wesentliche rechtliche Voraussetzungen für die Übernahme

---

[1]) Wie stark die politische Partei sich heute bereits offiziell der Personalpolitik angenommen hat, von dem allbekannten inoffiziellen Interesse vollkommen zu schweigen, beweist eine Entschließung des Reichstages vom 15. Juli 1922. „Die Reichsregierung zu ersuchen, die Personalreferate in allen Zweigen der Reichsverwaltung nur solchen Beamten zu übertragen, die sachkundig zur unbedingt zuverlässige Republikaner sind. Die Anstellung von Beamten zu Personalreferenten bei den nachgeordneten Behörden bedarf der Bestätigung durch den zuständigen Minister."

eines Amtes im allgemeinen überhaupt nicht [1]). Die Reichsverfassung hat sich damit begnügt, den Grundsatz zu proklamieren, daß alle Staatsbürger entsprechend ihrer Befähigung und ihren Leistungen zu den öffentlichen Ämtern zuzulassen seien. Die Auswahl der sämtlichen deutschen Beamten — nicht etwa nur der eigentlichen Reichsbeamten, ebenfalls der Staats- und Kommunalbeamten — hat daher nach dieser Bestimmung der Verfassung lediglich unter dem Gesichtspunkt der beruflichen Eignung des Bewerbers zu erfolgen. Die praktische Bedeutung dieses Verfassungsartikels kann nur außerordentlich gering sein. Einer die Verfassung ergänzenden Gesetzgebung müßte die Aufgabe zufallen, die notwendigen Kautelen dafür zu schaffen, daß die Anstellungspraxis auch tatsächlich im Rahmen der durch die Reichsverfassung gezogenen Schranken bleibt.

Derartige Ausführungsgesetze fehlen bis heute vollkommen. Es ist daher praktisch nach wie vor allein dem freien Ermessen der Anstellungsbehörde überlassen, nach welchen Gesichtspunkten sie ihre Anstellungspolitik betreiben will. Das im allgemeinen für die Rechtsverhältnisse der Reichsbeamten maßgebliche Reichsbeamtengesetz enthält z. B. keinerlei Bestimmungen über Voraussetzungen der Anstellung. Soweit solche für bestimmte Beamtenkategorien etwa bestehen, beruhen sie fast ausnahmslos auf Ministerialerlassen der betreffenden Ressorts, d. h. auf jederzeit von der obersten Anstellungsbehörde einseitig abänderungsfähigen Verwaltungsreglements. Nur in ganz vereinzelten Fällen ist die Anstellung eines Beamten von bestimmten gesetzlichen Voraussetzungen abhängig gemacht worden. In erster Linie sind hier die sämtlichen richterlichen Beamten zu nennen, die unter Beachtung der Bestimmungen des Gerichtsverfassungsgesetzes ernannt werden müssen, und ferner die Mitglieder des Reichsfinanzhofs (§ 35 Reichsabgabenordnung). Die große Mehrzahl der Reichsämter stehen dagegen einem unbegrenzten Kreis von Personen offen [2]).

[1]) Eine Bestimmung, wie die des § 9 der Reichsabgabenordnung, wonach die Finanzbeamten für ihren Beruf vorgebildet sein sollen, ist praktisch unfruchtbar, solange sie die weitere Bestimmung darüber, wer unter den Kreis dieser so vorgebildeten Personen zu rechnen sei, einseitig dem Minister und damit der politischen Partei überläßt.

[2]) Daß diese Situation keineswegs unbedenklich ist und dem naturgemäßen Interesse der politischen Partei für personal-politische Fragen bereits mehr Nahrung gibt, als begrüßenswert sein dürfte, beweist vielleicht am besten die heute offizielle Tatsache, daß die sämtlichen politischen Parteien irgendeines ihrer Mitglieder, zuweilen sogar mehrere, speziell mit personalpolitischen Fragen betraut haben und diese „Personalreferenten" der politischen Partei

Etwas günstiger ist die Rechtslage in Preußen. Bereits im allgemeinen Landrecht fand sich eine Bestimmung, mit der man, wenn auch in sehr bescheidenen Grenzen, eine gesetzliche Fixierung der Anstellungspolitik versuchte. „Wem die Besetzung der verschiedenen Arten von Zivilbedienungen zukomme, wer zu dergleichen Bedienungen gelangen könne, und was für Vorbereitungen und Prüfungen dazu vorhergehen müssen, ist, nach Verschiedenheit der Fächer und Stufen solcher Bedienungen, durch spezielle Gesetze und Instruktionen bestimmt." Schon in verhältnismäßig früher Zeit ist in dem preußischen Beamtenstaat eine allgemeine Normalisierung der Anstellungsbedingungen erstrebt worden. Die verschiedenen Instruktionen für das Generaldirektorium sowie für die Kriegs- und Domänenkammern geben interessante Aufschlüsse über diese preußische Personalpolitik. Auch die berühmte Regierungsinstruktion vom 23. Oktober 1817 beschäftigt sich eingehend mit dieser Materie. Wenn hier überall die eigentlichen Verwaltungsbeamten im Vordergrunde des Interesses stehen, so kann dies für den preußischen Staat, der auf seiner inneren Verwaltung zu tiefst beruhte, nicht weiter Wunder nehmen.

Auf diese alte preußische Praxis dürfte auch zurückzuführen sein, daß gegenwärtig in Preußen die Anstellungsbedingungen der Staatsbeamten in größerem Umfange Gegenstand gesetzlicher Regelung sind, als etwa im Reich. Der Vorsprung Preußens gegenüber dem Reich dürfte vornehmlich in seinem „Gesetz über die Befähigung zum höheren Verwaltungsdienst" zu erblicken sein [1]). Durch dieses Gesetz ist grundsätzlich für die Mehrzahl der höheren Verwaltungsämter der Lokal- und Mittelinstanz eine genau vorgeschriebene Berufsausbildung zur Vorbedingung der Anstellung erklärt worden. Die Anstellungsbehörde ist daher hier, ganz ähnlich wie die Justizverwaltung, von vornherein auf einen ganz bestimmten Personenkreis in ihrer Auswahl beschränkt, dessen Angehörige mit Rücksicht auf die bereits abgelegten Prüfungen eine gewisse Garantie für ihre sachliche Geeignetheit von vornherein mitbringen. Nur für bestimmte Beamtenkategorien — so z. B. Landräte, Regierungspräsidenten, Oberpräsidenten, u. a. m. — ist von dem Erfordernis einer derartigen Berufsausbildung mit

---

sich zuweilen sogar direkt mit den für irgendeine Stelle in Aussicht genommenen Beamten in Verbindung setzen, unter Umgehung der eigentlichen Anstellungsbehörde.

[1]) Ursprüngliche Fassung vom 10. August 1906 entscheidend abgeändert durch die Novelle vom 8. Juli 1920.

Rücksicht auf die Besonderheit des betreffenden Amtes von vornherein abgesehen worden [1]).

Die praktische Bedeutung des erwähnten Gesetzes verliert jedoch sehr auf Grund einer Bestimmung, wonach der Innen- und Finanzminister ermächtigt sind, in Ausnahmefällen auch Personen, die die allgemeinen Voraussetzungen nicht erfüllen, jedoch „auf Grund ihrer fachlichen Vorbildung und einer mindestens dreijährigen Tätigkeit in einem öffentlichen Verwaltungsdienst für die Stellung eines höheren Verwaltungsbeamten besonders geeignet erscheinen", die Befähigung für den höheren Verwaltungsdienst zu verleihen [2]). Wann ein Ausnahmefall dieser Art vorliegt, entscheidet selbständig der Minister, in dessen Hand es daher gelegt ist, welchen Zielen er diese gesetzliche Bestimmung praktisch dienstbar machen will. So notwendig der Aufstieg befähigter Beamter ist, so unerwünscht muß es andererseits sein, wenn auf diesem Wege außenstehende Parteigänger in die Verwaltung hineingebracht werden [3]).

Das Prüfungswesen erhält hiermit in dem parlamentarischen Staat eine besondere Bedeutung. Nur dann, wenn jeder Beamtenanwärter vor einer parteipolitisch unbedingt neutralen Prüfungskommission seine sachliche Eignung für die erstrebte Stelle nachweisen muß, ist die Möglichkeit gegeben, die Bureaukratie vor Überhandnahme parteipolitischen Einflusses zu bewahren. Wenn die

---

[1]) Es fehlen jedoch bislang sowohl im Reich wie in Preußen jegliche Befähigungsvorschriften, betreffend die Stellen der Zentralverwaltung. Die Ministerialräte können daher jederzeit aus dem Berufsbeamtentum völlig fremden Schichten genommen werden, wie es zurzeit in manchen Ressorts auch zuweilen bereits geschieht.

[2]) Diese Fassung des § 13 des genannten Gesetzes ist erst auf die Novelle vom 8. Juli 1920 zurückzuführen. Nach früherem Recht konnte lediglich Gerichtsassessoren und Landräten unter bestimmten Voraussetzungen die Qualifikation als Regierungsassessor verliehen werden.

[3]) In einer Sitzung des preußischen Staatsrats im Dezember 1926 nahm der preußische Innenminister zu der Frage der Vorbildung der Verwaltungsbeamten eingehend Stellung und gab für einzelne Posten die Prozentsätze der vorgebildeten und nicht vorgebildeten Beamten an. Hiernach waren unter den 488 preußischen Landräten am 1. Dezember 1926 246 vorgebildete Regierungsassessoren und 104 Gerichtsassessoren. 8 Beamte hatten akademische Vorbildung anderer Art, 14 waren überhaupt nicht akademisch vorgebildete Verwaltungsbeamte und 44 besaßen überhaupt keine spezielle Vorbildung für ihren Beruf. Von den 24 preußischen Polizeipräsidenten waren 14 akademisch und verwaltungsmäßig vorgebildet, einer war nicht akademischer Verwaltungsbeamter und 9 waren verwaltungsmäßig überhaupt nicht vorgebildet. Ähnliche Angaben erfolgten weiter in Ansehung der Oberpräsidenten und Regierungsvizepräsidenten.

Beurteilung der Befähigung des Anwärters jedoch lediglich in das subjektive Ermessen der Anstellungsbehörde gestellt wird, fehlen diese Garantien vollständig, zumal wenn man berücksichtigt, daß gerade diejenigen Stellen, denen die Anstellungspolitik zurzeit übertragen ist, den stärksten parteipolitischen Einflüssen ausgesetzt sind. Aus diesem Grunde ist z. B. auch eine Bestimmung wie die des Artikel 17 der preußischen Verfassung nicht unbedenklich, wonach grundsätzlich alle diejenigen zu den Beamtenstellungen zuzulassen sind, die hierfür die erforderliche Befähigung besitzen „ohne Rücksicht auf den bisherigen Beruf.“

Alles in allem wird man daher sagen müssen, daß die gegenwärtige Regelung des Anstellungswesens den besonderen Erfordernissen des parlamentarischen Staats keineswegs gerecht wird. Im besonderen Maße gilt dies für das Reich, wo gesetzliche Voraussetzungen der Beamtenanstellung nur in den seltensten Fällen bestehen. Aber auch die entsprechenden preußischen Bestimmungen können nicht als befriedigend angesehen werden.

Kapitel XVIII.

Beförderungen.

Ähnliche Mißstände, wie auf dem Gebiet des Anstellungswesens, ergeben sich auch in Ansehung der Beförderungen. Das Beförderungsrecht ist im allgemeinen der Anstellungsbehörde übertragen worden. Die gleichen Bedenken, die gegenüber der Auswahl dieser Behörden in Ansehung des Anstellungswesens ins Feld geführt werden mußten, gelten daher auch hier. Hinzu kommt, daß eine gesetzliche Fixierung des Beförderungswesens praktisch kaum in Frage kommt, wenn man nicht zu dem zweifelhaften Mittel fortlaufender Prüfungen greifen will, wie es die Vereinigten Staaten von Nordamerika getan haben. Die vorgesetzte Dienststelle ist daher in Ausübung des Beförderungsrechts notwendig keinerlei Schranken unterworfen. Um so unentbehrlicher sind jedoch anderweite Garantien für eine sachgemäße Ausübung dieses Beförderungsrechts, wie sie gegenwärtig aus den angegebenen Gründen fehlen.

Kapitel XIX.

Die Versetzung im „Interesse des Dienstes“.

Im Rahmen einer Kritik des geltenden Beamtenrechtes darf das Institut der Versetzung im Interesse des Dienstes nicht unberücksichtigt bleiben. Daß eine derartige Versetzungsmöglichkeit im Interesse eines geregelten Dienstbetriebes in keiner großen Verwaltungsorganisation zu entbehren ist, daß es daher praktisch ein unmögliches Verlangen bedeutet, wenn zuweilen gefordert worden ist, das Prinzip der richterlichen Unversetzbarkeit auch auf Verwaltungsbeamte auszudehnen, unterliegt keinem Zweifel.

Wie bereits der terminus technicus besagt, erfolgt diese Versetzung allein „im Interesse des Dienstes." Allerdings verfügt die Personalverwaltung derartige Versetzungen nach freiem Ermessen, das keinerlei Nachprüfung unterliegt [1]. Gegenwärtig werden derartige Versetzungen, abgesehen von den untergeordneten Stellen, zumeist direkt von dem zuständigen Ressortminister verfügt, womit diesem die Möglichkeit gegeben ist, etwaigen parteipolitischen Einflüssen die gewünschte Geltung zu verschaffen. Auch hier läßt sich ein Wandel nur derart schaffen, daß die Versetzungsbefugnis einer Behörde übertragen wird, die nach ihrer Zusammensetzung die notwendigen Garantien für eine sachgemäße Ausführung bietet [2].

Kapitel XX.

Die Disziplinargerichtsbarkeit.

Der Grundsatz der Unabsetzbarkeit des Beamten findet sein notwendiges Korrelat in der Disziplinargesetzgebung. Von ihrer Ausgestaltung hängt es letzten Endes ab, welch praktische Bedeutung dem Prinzip der Unabsetzbarkeit zuzuerkennen ist. In Anerkennung dieser Tatsache hat die Reichsverfassung gewisse Mindestgrundsätze für die Ausgestaltung des Disziplinarverfahrens aufgestellt. Nach Artikel 129 der Verfassung muß gegen jedes dienstliche Straferkenntnis ein Beschwerdeweg und die Möglichkeit eines Wiederaufnahmeverfahrens eröffnet werden.

Der entscheidende Wert ist auf die Zusammensetzung der Disziplinarbehörden zu legen. Diese Behauptung wird gerechtfertigt durch die Unbestimmtheit des disziplinarrechtlichen Tatbestandes, der der entscheidenden Behörde ungleich größeres Maß an Bewegungs-

---

[1]) Vgl. Brand a. a. O. 2. Aufl., S. 560.

[2]) Wenn Brand a. a. O. 2. Aufl., S. 558 mit beachtlichen Gründen eine Bestimmung verlangt, nach der der einzelne Beamte vor seiner Versetzung zu hören ist, so mag dies für den einzelnen Beamten sicherlich sehr erwünscht sein; die hier interessierenden Interessen der Gesamtbureaukratie werden durch eine derartige Bestimmung nicht berührt.

freiheit verleiht, als etwa den verwandten Strafgerichten [1]). Mit Rücksicht auf die Gefahren, die derart weite Grenzen des Ermessens der erkennenden Behörde mit sich bringen müssen, ist bereits seit langer Zeit vereinzelt angeregt worden, auch den disziplinarrechtlichen Tatbestand analog denjenigen des Kriminalrechts zu spezialisieren. Die unüberwindbaren Schwierigkeiten, die sich der praktischen Durchführung einer derartigen Spezialisierung entgegenstellen, sind jedoch nicht zu verkennen und werden diese unbestimmte Fassung des disziplinarrechtlichen Tatbestandes als ein unvermeidliches Übel erscheinen lassen [2]). Nach der Staatsumwälzung ist allerdings im Reich sowie in Preußen für politische Verstöße der Beamtenschaft ein besonderer disziplinarrechtlicher Tatbestand geschaffen worden, der als solcher doch immer eine Einzelerscheinung bleiben wird, während die Hauptbedeutung nach wie vor dem allgemeinen Tatbestand zukommt [3]).

Die gegenwärtige Organisation der Disziplinargerichtsbarkeit entspricht weder im Reich noch in Preußen den an sie zu stellenden Anforderungen. Von den geringeren Disziplinarstrafen, den Ordnungsstrafen, soll dabei bei dieser Kritik des formellen Disziplinarrechts abgesehen werden. Ungleich wichtiger ist die Auswahl der Disziplinarbehörden für die schweren Strafen, insbesondere für die Entfernung aus dem Amt.

Die Organisation der Disziplinarbehörden sieht, soweit es sich um Reichsbeamte handelt, Reichsdisziplinarkammern und in der Berufungsinstanz einen Reichsdisziplinarhof vor. Die Disziplinarkammern bestehen aus 7 Mitgliedern, ihre Entscheidungen fällen sie in der Besetzung von 5 Mitgliedern. Diese Mitglieder sind zum Teil aus der Zahl der allgemeinen Verwaltungsbeamten entnommen, zum Teil bekleideten sie ein richterliches Amt im Reich oder in einem Lande. Das Übergewicht in der Sitzung haben immer die Verwaltungsbeamten. Drei richterliche Mitglieder müssen der Kammer

---

[1]) Das Disziplinarrecht beherrscht im Gegensatz zum Strafrecht, für das grundsätzlich das Legalitätsprinzip maßgebend ist, die Opportunitätsmaxime, was ebenfalls eine Erweiterung des freien Ermessens der Disziplinarbehörden bedeutet. Vgl. Brand a. a. O. 2. Aufl. 1926, S. 570, Anm. 1.

[2]) In diesem Sinne auch Brand a. a. O. S. 571.

[3]) Für die Reichsbeamten ist ein solcher besonderer disziplinarrechtlicher Tatbestand durch den § 10 a in Verb. mit den §§ 73, 76 des Reichsbeamtengesetzes geschaffen worden. In Preußen sind die beiden Disziplinargesetze am 31. Juli und am 4. August 1922 geändert worden. Durch diese Novelle ist auch für das preußische Disziplinarrecht ein Sondertatbestand in Ansehung politischer Vergehen geschaffen worden. Bereits in früherer Zeit bestanden vereinzelt derartige Sondertatbestände, insbesondere für den Fall des unberechtigten Fernbleibens vom Amt.

überhaupt nur angehören, unter ihnen allerdings der Präsident. Bei der Entscheidung müssen mindestens zwei richterliche Mitglieder zugegen sein. Der Reichsdisziplinarhof besteht aus 11 Mitgliedern, von denen der Präsident und zwei Mitglieder dem Reichsgericht, zwei weitere als Bevollmächtigte dem Reichsrat angehören müssen. Die übrigen Mitglieder werden dem Beamtenstande entnommen.

Das richterliche Element ist daher in diesen Disziplinarbehörden stets in der Minderzahl, die richterliche Unabhängigkeit, wie sie auch für den Disziplinarrichter in Anspruch genommen wird, entbehrt daher in Ansehung der meisten dieser Disziplinarrichter der erforderlichen Garantie. Noch ungünstiger ist die Rechtslage in Preußen. Nach dem Disziplinargesetz für nichtrichterliche Beamte vom 21. Juli 1852 entscheidet hier über Disziplinarvergehen sämtlicher nichtrichterlicher Beamter, mit Ausnahme der direkt vom Staatsministerium Ernannten, die Provinzialbehörde, bei der der betreffende Beamte beschäftigt ist oder zu deren Ressort er gehört. Für die innere Verwaltung sind dies die Regierungen, für das Schulwesen die Provinzialschulkollegien und so fort. In zweiter Instanz entscheidet der Disziplinarhof für nichtrichterliche Beamte. Er besteht aus einem Präsident und 10 Mitgliedern, von denen wenigstens vier dem Kammergericht angehören müssen. Die übrigen Mitglieder werden den verschiedensten Zweigen der Staatsverwaltung entnommen. Die Mitglieder des Disziplinarhofs werden vom Staatsministerium auf drei Jahre ernannt.

Die direkt von dem Staatsministerium ernannten höheren Beamten werden in erster Instanz von dem soeben erwähnten Disziplinarhof abgeurteilt. In zweiter Instanz entscheidet das preußische Staatsministerium. Eine ausgesprochen politisch eingestellte Instanz ist hiermit in die Organisation der Disziplinarbehörden verflochten worden und ihr die höchste diziplinare Gewalt über die Bureaukratie gegeben.

Zusammenfassend wird man sagen können, daß die gegenwärtige Organisation der Disziplinarbehörden, die naturgemäß nur in den hier speziell interessierenden Punkten gestreift werden konnte, keineswegs den Bedürfnissen des parlamentarischen Systems entspricht. Stärkste Bedenken muß die weitgehende Verwendung ausgesprochen politischer Elemente bei Ausübung der Disziplinargewalt erregen. Daß die durch das Reichsbeamtengesetz geschaffene disziplinare Organisation aus diesem Grunde der preußischen überlegen ist, kann hierbei nicht übersehen werden[1]).

---

[1]) Im gleichen Sinne bereits für das konstitutionelle System Brand: Die Reformbedürftigkeit der preußischen Disziplinargesetzgebung, 1090, S. 47. „Unser preußisches Verwaltungsdisziplinargesetz läßt nach den angedeuteten

Kapitel XXI.

Die rechtlich geschützte Individualsphäre des einzelnen Beamten und ihre allgemeine politische Bedeutung.

Mit der über ihren ursprünglichen Geltungs-Bereich weit hinausgehenden Bedeutung dieser Individualsphäre, mit ihren mittelbaren staatspolitischen Wirkungen haben wir uns bereits mehrfach beschäftigt. Jede Sicherung der individuellen Interessen des Beamten muß automatisch auf die gesamte Organisation der Bureaukratie zurückwirken; eine Stabilisierung der Individualsphäre des einzelnen Beamten geht notwendig Hand in Hand mit einer Stabilisierung der Bureaukratie überhaupt.

Daß eine solche Verstärkung der persönlichen Unabhängigkeit des einzelnen Beamten allerdings den gegenwärtigen Bedürfnissen allein nicht genügen kann, ist bereits mehrfach betont worden. Die deutsche Reichsverfassung steht zwar anscheinend auf einem anderen Standpunkt. Wenn eine befriedigende Stabilisierung der Gesamtbureaukratie auf dem von der Verfassung eingeschlagenen Wege nicht erreicht werden kann, so erklärt sich dies insbesondere daraus, daß eine derartige Sicherung der Individualsphäre des einzelnen Beamten nur in relativ eng gesteckten Grenzen praktisch durchführbar ist, wenn nicht die Behördenorganisation die erforderliche Elastizität verlieren soll[1]). Es erscheint daher mehr als fraglich, ob der Kreis der von der Verfassung den Beamten verliehenen Rechte noch in nennenswertem Umfang erweiterungsfähig ist.

Die Reichsverfassung hat das Beamtenproblem mit Hilfe der Anerkennung von Individualrechten zugunsten des einzelnen Beamten zu lösen versucht. Den wichtigsten Fortschritt der Verfassung

---

Richtungen hin sehr viel zu wünschen übrig und die bevorstehende Reform wird gerade bei der Ordnung des Verfahrens eine völlige Umgestaltung der jetzigen Verhältnisse eintreten lassen müssen, um dem Beamten eine unparteiische Rechtsprechung und die Möglichkeit umfassender Verteidigung zu gewährleisten."

[1]) Daß die dem Beamten gesicherte Individualsphäre bereits heute die allgemeine Beweglichkeit und Leistungsfähigkeit der Beamtenschaft herabsetzt, ist eine kaum zu leugnende Tatsache, die aber aus allgemeinen politischen Rücksichten notwendig in Kauf genommen werden muß. Wenn z. B. etwa Spengler neue Formen der Personalpolitik fordert, insbesondere gegen die Lebenslänglichkeit der Anstellung Sturm läuft und die „Majorsecke" auch für die Bureaukratie verlangt, so sind das Wünsche, die innerhalb der Organisation des parlamentarischen Staates niemals berücksichtigt werden können. (Vgl. „Neubau des Deutschen Reiches 1924, S. 36 ff.

bedeutet in dieser Richtung der verfassungsmäßige Schutz der wohl erworbenen Rechte der Beamtenschaft. Jeder Eingriff in die beamtenrechtliche Individualsphäre erfordert seitdem ein verfassungsänderndes Gesetz. Den Länderparlamenten sowie einer etwaigen Zufallsmajorität im Reichstage ist somit jede Möglichkeit genommen, die wohlerworbenen Rechte der Beamtenschaft in irgendeiner Richtung durch gesetzgeberische Maßnahmen zu schmälern. Gerade gegenüber den Abbaubestrebungen ist diese Bestimmung ursprünglich ein wirksames Korrektiv gewesen, wenn schließlich auch mit dem Ermächtigungsgesetze Wege gefunden wurden, um in die wohlerworbenen Rechte der Beamtenschaft einzugreifen[1]).

Neue subjektive Rechte selbst hat die Reichsverfassung für die Beamtenschaft nicht begründet. Die einzelnen heute verfassungsmäßig geschützten wohlerworbenen Rechte besaßen die Beamten bereits auf Grund der vorrevolutionären Gesetzgebung. Was allerdings im einzelnen auf Grund der bestehenden Gesetze als wohlerworbenes Recht anzusprechen sei, darüber gehen die Ansichten zurzeit noch wesentlich auseinander. Mit Recht hat das Reichsgericht innerhalb seines Machtbereiches, d. h. soweit es sich um vermögensrechtliche Ansprüche handelte, eine Strömung bekämpft, die dem Beamten auf alles und jedes ein wohlerworbenes Recht zuerkennen wollte.

Von besonderer praktischer Bedeutung ist in diesem Zusammenhang eine altbekannte Frage, die neuerdings wieder aufgetaucht ist. Besitzt der Beamte ein Recht auf das Amt? Jene grundsätzlichen Bedenken, die etwa Laband gegenüber einer derartigen Konstruktion ins Feld führte[2]), dürften zu überwinden sein, wenn man dieses Recht auf das Amt so konstruiert, daß dem Beamten lediglich das Recht auf Organstellung im Sinne Jellineks verliehen wird[3]). Daß damit die

[1]) Es kann keinem Zweifel unterliegen, daß aus allgemeinen politischen Rücksichten die Abbaupolitik ein gefährliches Experiment gewesen ist und leicht zu einer Politisierung der Bureaukratie im schlimmsten Ausmaß führen konnte. In den verschiedenen Abbaugesetzen sind allerdings gegenüber einer derartigen Entwicklung besondere Vorkehrungen getroffen. Heute, nachdem der Personalabbau sein Ende erreicht hat, wird man sagen dürfen, daß die befürchteten politischen Folgen ausgeblieben sind. Trotzdem bleiben alle grundsätzlichen Bedenken gegenüber derartigen Eingriffen in die Individualsphäre der Beamtenschaft, zumal an der empfindlichsten Stelle in der Frage der Entlaßbarkeit, nach wie vor bestehen, es sei hier nur an den später noch zu erwähnenden, berühmt gewordenen Personalabbau der französischen Justizverwaltung im Jahre 1883 erinnert.

[2]) Vgl. Laband: Staatsrecht, Bd. I, S. 495.

[3]) Jellinek: „Allgem. Staatslehre", S. 561. „Der einzelne hingegen kann ein Recht auf Organstellung haben, d. h. auf Anerkennung als Organ und Zulassung zu dessen Funktionen. Solcher Anspruch steht allen denjenigen

amtlichen Funktionen selbst nicht zum Inhalt subjektiver Rechte des Beamten werden, wie man der Annahme eines Rechts auf das Amt oftmals entgegengehalten hat, dürfte nicht zu leugnen sein.

Das Reichsgericht hat neuerdings die Auffassung vertreten, daß der Beamte ein wohlerworbenes Recht auf „Belassung im Amte" seit Inkrafttreten der neuen Verfassung besitze, wenn dieses wohlerworbene Recht auch im Gegensatz zu den vermögensrechtlichen Ansprüchen keinen besonderen Rechtsschutz genieße[1]). Die überwiegend platonische Bedeutung eines derart prozeßmäßig nicht geschützten Rechtes dürfte nicht zu übersehen sein.

Ganz abgesehen hiervon erscheint es jedoch überhaupt höchst zweifelhaft, ob die Reichsverfassung ein derartiges Recht auf das Amt begründen wollte[2]). Die Tendenz der Verfassung ist ausgesprochen nur auf den Schutz der Individualinteressen des einzelnen Beamten gerichtet. Ein Recht auf das Amt begründen, heißt nichts anderes, als dem Beamten einen Rechtsanspruch auf eine bestimmte Beschäftigung zu geben. Der letztgenannte Anspruch ist jedoch im Rahmen einer Beamtenpolitik, die lediglich den Schutz der Privatinteressen des einzelnen Beamten im Auge hat, entbehrlich. Es genügt hierfür, dem Beamten jene finanziellen Sicherheiten zu geben, deren er sich heute erfreut. Die von jeher ausschließlich auf den Schutz der Individualinteressen der Beamten eingestellte deutsche Beamtengesetzgebung hat daher aus erklärlichen Gründen ein Recht auf eine bestimmte amtliche Tätigkeit niemals anerkannt. Der Beamte darf allerdings nur in ein Amt von gleichem Einkommen und gleichem Range versetzt werden. An Einkommen und Rang hat der Beamte ein persönliches Interesse, das schutzbedürftig erschien. Es ist kein Grund ersichtlich, warum die Reichsverfassung an diesen alten beamtenrechtlichen Grundsätzen nicht hätte festhalten sollen.

Es besteht daher rechtlich die Möglichkeit, den Beamten zeitweilig gänzlich ohne Beschäftigung zu lassen[3]). Eine Person kann

---

Personen zu, die dem Recht gemäß zur Trägerschaft eines unmittelbaren Staatsorgans berufen sind." Was für den Träger eines unmittelbaren Staatsorganes gilt, kann begrifflich natürlich auch für den eines mittelbaren Organs der Fall sein, wenn dies bislang auch wohl kaum praktisch vorgekommen sein dürfte. In diesem Sinne sagt Jellinek: Besondere Staatslehre, ein „Fragment", veröffentlicht in den ausgewählten Schriften und Reden, Bd. II, S. 306, „nicht das Amt, sondern die Beamteneigenschaft kann Gegenstand eines subjektiven öffentlichen Rechtes sein."

[1]) Vgl. Entsch. RGZ Bd. 104, S. 61 ff.

[2]) Im Art. 129 der RV. heißt es, die „Anstellung" erfolgt auf Lebenszeit, von einer lebenslänglichen „Übertragung des Amtes" ist keine Rede.

[3]) O. v. Sarwey. Das öffentliche Recht und die Verwaltungsrechtspflege. 1880. S. 472. „Selbst die einfache Abnahme der Geschäfte ohne Versetzung

Beamter sein, ohne deshalb notwendig ein Amt ausüben zu müssen. Nur in einigen wenigen Fällen ist durch das Anstellungsverhältnis ein direkter Anspruch auf Beschäftigung begründet worden, so insbesondere bei allen richterlichen Beamten. Dem Gros der Beamten ist ein derartiges Recht auf das Amt jedoch weder durch das frühere Recht noch durch die sich in ihrer grundsätzlichen Einstellung zu dem Beamtenproblem von der früheren Gesetzgebung in nichts unterscheidenden Verfassung von 1919 verliehen worden. Die Beamten sind nach wie vor lediglich vor Beeinträchtigung ihrer individuellen Interessen geschützt. Falls der Beamte sein volles Gehalt fortbezieht und ihm auch sonst keinerlei Beschränkungen auferlegt werden, vielmehr allein auf seine Dienste verzichtet wird, liegt eine Schädigung der gesetzlich geschützten privaten Interessensphäre nicht vor. Eine Beurlaubung wider Willen dürfte daher auch nach geltendem Recht nicht zu beanstanden sein[1]). Es besteht auf diese Weise die Möglichkeit, politisch mißliebige Beamte kaltzustellen. Die im konstitutionellen Staat sehr beachtliche Tatsache, daß die parlamentarische Etat-Kontrolle in derartigen Fällen helfend eingriff, ist im parlamentarischen System annähernd bedeutungslos geworden, da ihr hier die Solidaridät zwischen Regierung und Parlamentsmajorität im allgemeinen entgegensteht.

Die Bedeutung dieser Lücke des geltenden Beamtenrechts wird man nicht unterschätzen dürfen. Mag der Beamte selbst auch

---

auf ein anderes Amt unter Belassung in dem bisherigen Gehalt und Rang im Wege der Verwaltungsverfügung ist grundsätzlich nicht ausgeschlossen".

[1]) Anderer Ansicht Otto Mayer: Deutsches Verwaltungsrecht, 3. Aufl., 1924, Bd. II, S. 155, der mit Rücksicht auf die Unabhängigkeit des Beamtentums einerseits und die allgemeinen Staatsfinanzen andererseits zu dem Ergebnis gelangt, daß dem Beamten sein Amt nur in denjenigen Fällen entzogen werden dürfe, wo eine derartige Entziehung gesetzlich ausdrücklich vorgesehen ist. Dieser Ansicht wird man sich nicht anschließen können. Die Unabhängigkeit des Beamtentums bedeutet, soweit die Verwaltungsbeamten in Frage kommen, für die bisherige Gesetzgebung lediglich die Sicherung seiner privaten Lebensinteressen, eine etwaige sachliche Unabhängigkeit der Bürokratie war höchstens eine Folgeerscheinung dieses zuerst erwähnten Postulates. Allein dem Richter ist heute bereits durch das Gesetz eine derartige sachliche Unabhängigkeit verliehen worden. Die Wahrung der Interessen der Staatsfinanzen erfolgt gelegentlich der Etatsberatung, es ist daher kein Grund ersichtlich, warum man mit Rücksicht auf diese Staatsfinanzen der Regierung notwendig verbieten sollte, auf die Dienste eines einzelnen Beamten gegebenenfalls zu verzichten, eine Maßnahme, die sie ja später doch vor dem Parlament wird verantworten müssen. Die Möglichkeit einer unfreiwilligen Beurlaubung bejaht ebenfalls Brand a. a. O., 2. Aufl., S. 456, a. A. allerdings Hatschek: Dtsch. u. Pr. Verwaltungsrecht, 21. Aufl., 1922, S. 292.

an der Verwendungsart seiner Arbeitskraft kein persönliches Interesse haben, oder besser, mag ein solches auch offiziell nicht anerkannt werden, so muß doch der Staat seinerseits ein gesteigertes Interesse an der Verwendungsart haben, die seine Beamten finden. Gegenwärtig ist die notwendige Garantie dafür, daß der einzelne Beamte die im dienstlichen Interesse wünschenswerte Verwendung findet, aus den genannten Gründen nicht gegeben. Man könnte vielleicht geneigt sein, die gesuchte Abhilfe in dem Recht auf das Amt zu finden. Soll ein derartiges Recht praktische Bedeutung haben, so verlangt es die Unversetzbarkeit sämtlicher Verwaltungsbeamter, was praktisch undurchführbar ist. Das Recht auf das Amt kann daher niemals die geeigneten Handhaben für eine Stabilisierung der Geschäftsverteilung innerhalb der Bürokratie bieten [1]).

Gerade hier zeigt sich wieder, daß wohlerworbene Rechte der Beamten allein niemals das Ziel zu erreichen gestatten. Die Hauptkautelen gegenüber einer Aufsaugung der Bureaukratie von seiten ihr entgegengesetzter parteipolitischer Gewalten können nur mit anderen Mitteln gefunden werden.

Kapitel XXII.

Der Beamtenbegriff.

Im Laufe der vorangegangenen Untersuchung ist an den verschiedensten Stellen die Tatsache in Erscheinung getreten, daß in dem System des parlamentarischen Staates die Beamtenschaft eine eigene politische Größe bildet und als solche in einem gewollten Spannungsverhältnis zu den sonstigen politischen Kräften steht. Eine derartige Abgeschlossenheit der Bureaukratie erfordert jedoch deutlich erkennbare äußere Grenzen, die das Berufsbeamtentum von allen anderen staatlichen Institutionen trennen. Diese Grenzen bestimmt der Beamtenbegriff.

Ein derartiger Beamtenbegriff ist bis heute von der Gesetzgebung nicht aufgestellt worden. Die Ausbildung des Beamtenbegriffs blieb daher ausschließlich Rechtsprechung und Wissenschaft überlassen, die ihrerseits bei dieser Arbeit nur an ganz allgemeinen staatsrechtlichen Gesichtspunkten einen gewissen Anhalt fanden. Es kann daher

[1]) Es kann Adolf Wach nur zugestimmt werden, wenn er gegen die Annahme eines Rechts auf das Amt ins Feld führt: „Das Gemeininteresse bestimmt die Gestaltung, Voraussetzungen und den Inhalt des Amtes, daher gibt es dem Staat gegenüber kein Recht am Amt." Vgl. „Rechtsgutachten. betr. Altersgrenzengesetz" in Arch. öff. R., 43, 262 ff.

nicht wundernehmen, wenn zurzeit in Theorie und Praxis lediglich darüber Einstimmigkeit herrscht, daß das Beamtenverhältnis sich von allen ähnlichen Dienstverhältnissen des Privatrechts durch seine spezifisch öffentlich-rechtliche Natur unterscheidet, daß in ihr das Hauptcharakteristikum des Beamtenverhältnisses liegt[1]). Mag dieser öffentlich-rechtliche Charakter für die innere Struktur des Beamtenverhältnisses auch noch so wichtig sein, so läßt sich doch aus ihm allein ein brauchbares Kriterium niemals gewinnen. Ob ein Dienstverhältnis als ein öffentlich-rechtliches Gewaltverhältnis gedacht ist oder als rein privatrechtliches Schuldverhältnis, wird ihm in der Mehrzahl der Fälle ohne weiteres nicht anzusehen sein, falls nicht gewisse Erfahrungssätze für diese oder jene Annahme sprechen.

Mit Recht hat daher die Judikatur immer wieder darauf hingewiesen, daß es kein äußeres Merkmal gibt, das die Annahme eines Beamtenverhältnisses in jedem Falle rechtfertigen könnte. So ist beispielsweise festgestellt worden, daß die Art der Beschäftigung[2]),

---

[1]) Laband: „Staatsrecht des Deutschen Reiches", 5. Aufl., 1911, Bd. I, S. 438. „Wenngleich das Reichsbeamtengesetz den Begriff des Beamten nicht definiert, so ergibt sich doch aus den im vorstehenden angeführten Bestimmungen desselben, daß zu den wesentlichen Momenten dieses Begriffes **nicht** gehört: Besoldung, die dauernde Übertragung eines Amtes, Handhabung obrigkeitlicher Hoheitsrechte, Selbständigkeit der Verfügung oder Entscheidung, Ausfüllung des Lebensberufes durch die Bekleidung des Amtes, also gerade die Momente, die regelmäßig als wesentlich angeführt werden. Das öffentlich-rechtliche Dienstverhältnis bleibt vielmehr als das allein wesentliche Begriffsmoment übrig." In diesem Sinne auch eine Entscheidung des Kaiserlichen Disziplinarhofs vom 30. Juni 1877, mitgeteilt bei Schulze: Rechtsprechung d. Kaiserl. Disziplinarhofs, 1914.

[2]) In der Judikatur ist diese Frage allerdings nicht unbestritten. In einem unter dem Stichwort „Fall Malitz" bekannt gewordenen Prozeß, der übrigens mit einen Anlaß zu dem Erlaß des Preußischen Kommunalbeamten-Gesetzes bildete, haben das Reichsgericht und das Preußische Oberverwaltungsgericht einen entgegengesetzten Standpunkt vertreten. Nach der auch in seiner späteren Rechtsprechung aufrecht erhaltenen Anschauung des Reichsgerichts zieht die Betreuung mit obrigkeitlichen Funktionen im Zweifel regelmäßig den Erwerb der Beamteneigenschaft automatisch nach sich. Noch in neuerer Zeit (Entscheidung in Zivilsachen, Bd. 106, S. 18 ff.) hat das Reichsgericht wieder ausgeführt:

> „Diese Übertragung polizeilicher Funktionen hat nach der Rechtsprechung des erkennenden Senats im allgemeinen die Bedeutung, daß sie dem mit der Ausübung der öffentlichen Gewalt Betrauten die Eigenschaft eines Beamten verleiht, und zwar nicht nur nach außen hin, sondern auch im Innenverhältnis zwischen dem Angestellten und der Körperschaft, welche ihn angestellt hat."

(Vgl. weiter die in den Bänden 112 und 37 veröffentlichten Entscheidungen, sowie die Ausführungen des Reichsgerichtsrates Cornelius im Preuß. Verwaltungsblatt, Bd. 42, S. 242.)

die Lebenslänglichkeit der Anstellung, die dauernde Übertragung eines Amtes, die Vereidigung, die obrigkeitliche Natur der Dienstgeschäfte u. a. m. keine notwendigen Charakteristika des Beamtenverhältnisses seien.

Abgesehen davon, daß diese unsichere Rechtslage in der Praxis zu ungezählten Streitigkeiten geführt hat und noch heute führt, ist auch eine säuberliche Abgrenzung des Berufsbeamtentums auf dieser Grundlage schlechterdings unmöglich. Zu einer derart mangelhaft abgegrenzten Bureaukratie zählt heute ebenso gut der parlamentarische Minister wie der Berufsbeamte, hoheitliche Beamte wie Beamte einer Betriebsverwaltung, lebenslänglich angestellte Beamte ebenso gut wie jederzeit entlaßbare Kündigungsbeamte. Wenn das Beamtentum in monarchischer Zeit trotz dieser formalrechtlichen Unbestimmtheit tatsächlich zu einer inneren Geschlossenheit, zu einem eigenen Charakter gelangen konnte, so lag dies daran, daß damals die Personalpolitik von einer einheitlichen Spitze mit konstanter Zielsetzung geführt wurde und die Leitung daher, trotz des Mangels entsprechender rechtlicher Voraussetzungen, der Bureaukratie einen einheitlichen Charakter verleihen konnte. In der parlamentarischen Demokratie ist eine derartige Geschlossenheit des bureaukratischen Elements von ungleich größerer Bedeutung als im konstitutionellen Staat. War diese Geschlossenheit dort durch das politische System bereits garantiert, so bedarf es im parlamentarischen Staat besonderer rechtlicher Kautelen. Zu diesen Kautelen gehört nicht zuletzt ein scharf bestimmter Beamtenbegriff. Wir werden noch sehen, daß heute verschiedene Beamtenkategorien zu verzeichnen sind, die an sich auf keinen Fall der eigentlichen Bureaukratie zugerechnet werden dürfen. Um nur ein bereits früher mehrfach erwähntes Beispiel herauszugreifen, so sei an den parlamentarischen Minister erinnert. Daß dieser Minister zu dem Staat in einem öffentlich-

---

Der Standpunkt des Preußischen Oberverwaltungsgerichts findet sich in Band 18 der amtlichen Sammlung entwickelt. (Vgl. auch Brand, a. a. O., S. 58 ff.) Ohne auf den konkreten Streit näher eingehen zu wollen, mag hier nur betont werden, daß es nicht möglich ist, aus der Übertragung obrigkeitlicher Funktionen ohne weiteres auf die Beamteneigenschaft des betreffenden Bediensteten zu schließen. Wenn der von Otto Mayer aufgestellte Satz: „Kein Amt ohne öffentliche Dienstpflicht" auch sicherlich einem Gebot der Rechtslogik entspricht, so scheint doch die weitere Annahme des Reichsgerichts, daß diese öffentliche Dienstpflicht, dieses öffentlich-rechtliche Anstellungsverhältnis notwendig ein Beamtenverhältnis sein müsse, jeder Begründung in dem positiven Recht zu entbehren. Amt und Beamter sind eben, wie bereits verschiedentlich ausgeführt, keineswegs notwendig korrespondierende Momente.

rechtlichen Dienstverhältnis steht und notwendig stehen muß, kann nicht bestritten werden. Dieses Dienstverhältnis muß sich jedoch im parlamentarischen Staat von dem normalen bureaukratischen Anstellungsverhältnis wesentlich unterscheiden. Das öffentlich-rechtliche Dienstverhältnis ist hier lediglich der Oberbegriff, der praktisch in den verschiedensten Erscheinungsformen wiederkehrt.

Otto Mayer hat in seinem deutschen Verwaltungsrecht einen Katalog dieser öffentlich-rechtlichen Dienstverhältnisse gegeben und sie in drei Gruppen zerlegen zu sollen geglaubt: Ehrenamt, Zwangsdienstpflicht und Anstellung. Die uns hier beschäftigende spezielle Kategorie ist diejenige der durch Anstellung begründeten Dienstverhältnisse. Innerhalb dieser Kategorie verzichtet Otto Mayer auf eine weitergehende Differenzierung. Alle diejenigen Personen, die auf Grund ihrer Anstellung dem Staat zu Diensten verpflichtet sind, gehören für ihn zu der einheitlichen Kategorie: Beamter. Das Beamtentum ist bislang formalrechtlich in der Tat ein ungeteiltes Ganzes, dem all diejenigen Personen angehören, die zu dem Staat oder einer ihm eingegliederten öffentlich-rechtlichen Körperschaft in einem öffentlich-rechtlichen Anstellungsverhältnis stehen. Die Tatsache, daß neben den eigentlichen Berufsbeamten auch die Ehrenbeamten der Beamtenschaft angehören, beweist bereits die Unbestimmtheit des gegenwärtigen Beamtenbegriffs.

An Stelle dieser Unbestimmtheit erfordert das parlamentarische System einen fest umrissenen Beamtenbegriff. Bei einer derartigen Begriffsbestimmung ist die Art der dem Beamten zu übertragenden Funktionen besonders zu berücksichtigen. Der gegenwärtige Beamtenbegriff ist funktionell indifferent. Das Beamtenrecht ist bis auf den heutigen Tag lediglich als Schutzrecht des einzelnen Beamten gegenüber dem Staat gedacht, durch das alle Konflikte zwischen den Intentionen der allgemeinen Staatsverwaltung und den Privatinteressen der Bureaukratie geregelt werden sollen. Für den parlamentarischen Staat hat das Beamtenrecht eine vornehmlich staatsrechtliche Bedeutung erhalten. Das Beamtenrecht des parlamentarischen Staates muß sich daher eingehend mit allgemeinen staatsrechtlichen Fragen beschäftigen.

Aber noch in anderer Beziehung stellt das parlamentarische System an den Beamtenbegriff besondere Anforderungen. Vorbildung und Erfahrung lassen die Bureaukratie vornehmlich geeignet erscheinen, die ihr zugefallene Aufgabe der Stabilisierung des Staates zur allgemeinen Zufriedenheit zu erfüllen. Lediglich dem Berufsbeamtentum ist daher eine eigene politische Mission zuteil geworden. Außerhalb dieses Berufsbeamtentums stehen die Ehrenbeamten.

Für den konstitutionellen Staat bestand zwischen ihnen und den Berufsbeamten kein Wesensunterschied. Beide dienten dem Staat, ob mit oder ohne Vorbildung, ob lebenslänglich oder auf Zeit war von sekundärer Bedeutung. In dem parlamentarischen Staat wird zwischen Ehrenbeamten und Berufsbeamten ein scharfer Trennungsstrich gezogen werden müssen. Während die Gesetzgebung noch heute eine derartige grundsätzliche Trennung vermissen läßt, wird in Zukunft der Ehrenbeamte auch formalrechtlich von dem Berufsbeamtentum zu trennen und für ihn ein spezielles Gewaltverhältnis zu begründen sein, das sich insbesondere im Hinblick auf die politischen Rechte ganz wesentlich von dem Beamtenverhältnis unterscheiden dürfte.

Das Vorhandensein spezieller Berufskenntnisse muß Begriffsbestandteil eines auf die Bedürfnisse des parlamentarischen Staates zugeschnittenen Beamtenbegriffes sein. Zurzeit wird zwar praktisch bereits für viele Stellen eine besondere Berufsausbildung verlangt; von dem allgemeinen Grundsatz, daß Berufskenntnisse eine notwendige Voraussetzung für die Übernahme jedes Amtes bilden, sind wir jedoch heute noch weit entfernt. Man könnte vielleicht einwenden, daß für manche Posten, die heute mit Beamten besetzt werden, eine derartige Vorbildung nicht erforderlich sei, wie es bei einem Teil der Unterbeamten der Fall ist. In anderem Zusammenhang werden wir auf diesen Einwand noch zurückzukommen haben und hier den Nachweis dafür zu führen versuchen, daß es nicht erwünscht ist, derartige Stellen überhaupt mit Beamten zu besetzen. Berufskenntnisse sind für den Beamten im parlamentarischen Staat die Legitimation, die ihn zur Übernahme der ihm zugedachten Aufgaben geeignet erscheinen läßt. Sie werden daher auch in dem Beamtenbegriff in irgendeiner Form berücksichtigt werden müssen.

Wenn von der Beamtenschaft derart spezielle Berufskenntnisse verlangt werden, so muß ihr andererseits die Garantie dafür gegeben werden, daß dieser Beruf für sie auch einen Lebensberuf bedeutet. Bereits aus allgemeinen wirtschaftlichen Rücksichten folgt daher aus dem Verlangen einer speziellen Berufsausbildung die Forderung der Lebenslänglichkeit der Anstellung. Das Postulat der Lebenslänglichkeit der Anstellung ergibt sich jedoch darüber hinaus mit ungleich zwingenderer Notwendigkeit aus der Struktur des parlamentarischen Staates überhaupt. Die Unabsetzbarkeit des einzelnen Beamten ist im parlamentarischen Staat eines der unentbehrlichsten Mittel, um der Bureaukratie als Ganzem, gegenüber den auf sie einstürmenden parteipolitischen Gewalten, die notwendige Widerstandsfähigkeit zu geben. Mag der Grundsatz der Lebenslänglichkeit der

Anstellung bereits in der Monarchie von größter Wichtigkeit gewesen sein, im parlamentarischen Staat ist er schlechterdings unentbehrlich. Wenn wir das geltende Beamtenrecht daraufhin ansehen, inwieweit es diesen Bedürfnissen des parlamentarischen Staates Rechnung trägt, so entdecken wir auch hier eine bedenkliche Lücke.

Weit entfernt davon, die Lebenslänglichkeit der Anstellung zu einem notwendigen Kriterium des Beamtenbegriffes zu erklären, bietet das geltende Beamtenrecht in größtem Umfange die Möglichkeit, von der Institution des sogen. Kündigungsbeamten Gebrauch zu machen[1]). Lediglich für die Richter der ordentlichen Gerichtsbarkeit und einige ihnen gleichgestellte Beamtenkategorien ist von der Gesetzgebung die Lebenslänglichkeit der Anstellung zwingend gefordert worden. Über den reichsgesetzlichen Rahmen hinaus haben die einzelnen Landesgesetze auch noch für einige andere Stellen Lebenslänglichkeit der Anstellung verlangt. Die allgemeine Tendenz der Verwaltungspraxis, die Mehrzahl der Verwaltungsämter mit lebenslänglich angestellten Beamten zu besetzen, ist unverkennbar. Ein interessantes Beispiel hierfür liefert das preußische Kommunalbeamtengesetz, das in seinem § 8 grundsätzlich für sämtliche Kommunalbeamte lebenslängliche Anstellung verlangt und die Anstellung sogen. Kündigungsbeamter möglichst zu unterbinden versucht. Was der preußische Staat jedoch von seinen Kommunen verlangt, ist er keineswegs gewillt in der eigenen staatlichen Verwaltung in gleichem Umfange durchzuführen. Durch das preußische Disziplinargesetz für nichtrichterliche Beamte (§ 83) ist die Möglichkeit, Kündigungsbeamte einzustellen, grundsätzlich anerkannt worden. Rechtlich können daher innerhalb der preußischen Staatsverwaltung die meisten Stellen mit Kündigungsbeamten besetzt werden. In der Praxis ist allerdings die Anstellung von Kündigungsbeamten nur in Fällen vorgenommen worden, in denen es sich um niedere oder vorübergehende Dienste handelt[2]). Es hat sich insbesondere die feste Gewohnheit herausgebildet, die höheren Posten ausschließlich mit fest angestellten Beamten zu besetzen, wodurch jedoch die Tatsache nicht aus der Welt geschafft wird, daß ein rechtlicher Zwang zur lebenslänglichen Anstellung im allgemeinen

[1]) Erst neuerdings hat das preußische Schutzpolizeibeamtengesetz von der Institution des Kündigungsbeamten in denkbar größtem Umfange Gebrauch gemacht. Hiernach sollen die sämtlichen Polizeiwachtmeister erst nach Ablauf des 32. Lebensjahres, die Polizeioffiziere nach 10 jähriger Dienstzeit fest angestellt werden.

[2]) In diesem Sinne auch die Regierungsinstruktion vom 23. Oktober 1817, § 12, vgl. auch Otto Mayer: Deutsches Verwaltungsrecht, Bd. II, 1924, S. 158.

fehlt. Im Reichsbeamtenrecht ist die Lage insofern etwas günstiger, als hier grundsätzlich alle Beamten als lebenslänglich angestellt gelten, soweit nicht die Anstellung ausdrücklich unter dem Vorbehalt der Kündigung oder des Widerrufs erfolgt ist. (§ 12 Reichsbeamtengesetz.) Eine ähnliche rechtliche Vermutung kennt das preußische Recht nicht, wenn sie als tatsächliche Vermutung auch hier die Gerichte oft in ihrer Entscheidung maßgebend bestimmen wird.

Einen gewissen Fortschritt bedeutet hier die Reichsverfassung. Nach ihr erfolgt die Anstellung sämtlicher Beamter — nicht etwa nur der Reichsbeamten — grundsätzlich auf Lebenszeit. Soweit von diesem Grundsatz Ausnahmen zugelassen werden sollen, kann dieses nur auf gesetzlichem Wege geschehen. Trotzdem bildet jedoch auch für die Reichsverfassung die Lebenslänglichkeit der Anstellung kein notwendiges Kriterium des Beamtenbegriffs, wie es im parlamentarischen Staat an sich wünschenswert wäre. Die Beamten im Vorbereitungsdienst, eine große Gruppe von nicht lebenslänglich angestellten Beamten, müßten bei einer derartigen Regelung allerdings zu einer besonderen Spezies zusammengefaßt werden, die ihrerseits außerhalb der allgemeinen Bureaukratie zu bleiben hätte. Im übrigen besteht kein zwingender Grund, auch in Zukunft auf die Lebenslänglichkeit der Anstellung als Begriffsmerkmal zu verzichten.

Des weiteren ist es eine ebenfalls bereits durch entsprechende Fassung des Beamtenbegriffs zu lösende Frage von außerordentlicher Wichtigkeit, welche Stellen im Staat mit Beamten besetzt werden müssen, in welchen Fällen dagegen andere Personen gleichfalls herangezogen werden können. Es ist richtig, wenn Otto Mayer sagt: „Kein Amt ohne öffentliche Dienstpflicht". Jedem Außenverhältnis, jedem Amt, muß notwendig ein Innenverhältnis zwischen dem Amtsträger und dem Dienstherren entsprechen. Wie dieses Innenverhältnis jedoch im einzelnen auszusehen hat, ist hiermit noch keineswegs gesagt. Wir hatten bereits gesehen, daß Otto Mayer selbst die verschiedensten Kategorien derartiger öffentlich-rechtlicher Dienstverhältnisse unterscheidet. Es ist keineswegs eine aus dem oben wiedergegebenen Satze Otto Mayers mit logischer Notwendigkeit zu folgernde Konsequenz, daß alle diese Ämter ausschließlich an Berufsbeamte vergeben werden müssen[1]). Welch primitive Formen ein derartiges öffentlich-rechtliches Dienstver-

---

[1]) Etwas irreführend ist Otto Mayer, a. a. O., S. 147, Anm. 2 „Um obrigkeitliche Funktionen auszuüben, muß man als Beamter, also nicht mit Privatdienstvertrag, sondern mit öffentlich-rechtlicher Dienstpflicht angestellt sein." Daß diese Dienstpflicht nicht notwendig auf einem Beamtenverhältnis zu beruhen braucht, erwähnt Otto Mayer nicht.

hältnis gegebenenfalls annehmen kann, beweist am besten das von Otto Mayer erwähnte Beispiel des Eisenbahnpolizeibeamten im Dienst einer Privatbahn.

Eine ausdrückliche Bestimmung, wonach bestimmte Staatsämter — ausgenommen sind hier natürlich wie immer die richterlichen Ämter — nur an Beamte vergeben werden dürfen, ist der gegenwärtigen Gesetzgebung unbekannt. Otto Mayer hat es allerdings aus grundsätzlichen Erwägungen heraus in allen denjenigen Fällen für notwendig erachtet, Beamte zu den Staatsämtern zu berufen, wo die betreffenden Gesetze ausdrücklich von „Beamten", „Ernennung" und ähnlichem mehr reden [1]. Wie weit diese Annahme gerechtfertigt ist, erscheint mit Rücksicht auf die erst neuerdings durchgeführte reinliche Scheidung von Beamten und Amt zum mindesten zweifelhaft. Für die älteren Gesetze wird man ohne weiteres behaupten können, daß für sie der Beamte mit dem Amtsträger schlechthin identisch ist, daß hier Innen- und Außenverhältnis unlöslich verquickt sind, und sich daher aus ihnen keineswegs zwingend schließen läßt, daß sie zu bestimmten Ämtern nur besonders qualifizierte Amtsträger zulassen wollten: Beamte. Auch in der neueren Gesetzgebung erscheint diese Frage bei dem völligen Mangel ausdrücklicher Bestimmungen zum mindesten zweifelhaft. Der Versuch, das Berufsbeamtentum auf dem Wege der Verwaltungspraxis unter Umgehung des gesetzgeberischen Apparats durch genehmere Kräfte zu ersetzen, ist hiermit juristisch ermöglicht worden. Wenn auch die gegenwärtige Tendenz, Beamte durch Angestellte zu ersetzen, vornehmlich auf wirtschaftliche Motive zurückzuführen ist, so wäre doch eine ähnliche Tendenz mit politischem Hintergrund keineswegs undenkbar.

Mit Rücksicht darauf, daß es nicht wünschenswert erscheint, obrigkeitliche Funktionen anderen Personen als Beamten anzuvertrauen, hat das preußische Kommunalrecht den Kommunalverbänden die Anstellung von Beamten in diesen Fällen ausdrücklich zur Pflicht gemacht. Die kommunalen Aufsichtsinstanzen haben gegebenenfalls die Möglichkeit, die Anstellung von Beamten zu erzwingen [2]. Der Entwurf für eine neue preußische Städteordnung sowie für die Landgemeindeordnung verlangen ebenfalls die Anstellung von Beamten in allen denjenigen Fällen, wo „die Dienstobliegenheiten im wesentlichen öffentlich-rechtlicher Natur sind und ein dauerndes Bedürfnis vorliegt" [3]. Die Tatsache, daß

[1]) Vgl. Otto Mayer, a. a. O., S. 166.

[2]) Vgl. Ausführungsanweisung zum preußischen Kommunalbeamtengesetz vom 12. Oktober 1899 (Ministerialblatt der inneren Verwaltung, S. 192).

[3]) Vgl. Drucksachen des preuß. Landtags 1924, Nr. 8320.

man derartige Vorschriften überhaupt für notwendig erachtet hat, beweist, daß es sich hier keineswegs um eine Selbstverständlichkeit handelt, sondern daß nach geltendem Recht an sich auch anderen Personen als Beamten öffentliche Ämter übertragen werden können[1]). Ein derartiger Zustand ist mit Rücksicht auf die politische Struktur des parlamentarischen Staates unhaltbar, da er eine weitgehende Boykottierung der Bureaukratie gestattet und mit ihr die Eliminierung eines für das parlamentarische System lebensnotwendigen Faktors [2]).

Es wird daher notwendig sein, in Zukunft bestimmte Funktionen ausschließlich dem Berufsbeamtentum vorzubehalten. Welche Funktionen hierzu im einzelnen gehören sollen, ist eine Frage sekundärer Bedeutung. Die Auswahl der in dieser Art der Bureaukratie zu überweisenden Aufgaben kann entweder rein kasuistisch geschehen, besser jedoch nach allgemeinen Gesichtspunkten. Ein derartiger allgemeiner Gesichtspunkt wäre etwa die Übertragung sämtlicher öffentlich-rechtlicher Funktionen des Staates, resp. der ihm eingegliederten öffentlich-rechtlichen Körperschaften auf das Berufsbeamtentum. Zu diesen öffentlich-rechtlichen Funktionen gehören jedoch nicht zuletzt auch diejenigen der parlamentarischen Minister. Öffentlich-rechtliche Funktionen sind ferner auch den Ehrenbeamten übertragen worden. Hieraus ist bereits ersichtlich, daß eine ausschließliche Übertragung sämtlicher öffentlich-rechtlicher Funktionen auf das Berufsbeamtentum nicht in Frage kommen kann. Die öffentlich-rechtliche Funktion als solche kann daher niemals ein Begriffsmerkmal bilden, sie kann jedoch wesentliche Fingerzeige dafür geben, in welchem Umfange der Beamte überhaupt Verwendung zu finden hat. Im übrigen wird man sich auf den Standpunkt stellen müssen, daß der Beamte aus Gründen, die wir später noch erörtern werden, in möglichst beschränktem Ausmaße zu verwenden ist, daß aber andererseits alle öffentlich-rechtlichen Funktionen, soweit nicht in besonderer Weise für sie gesorgt sein sollte, ausschließlich dem Berufsbeamtentum zu übertragen sind.

Frei von öffentlich-rechtlichen Funktionen jeglicher Art sind ,n erster Linie die Beamten der rein fiskalischen Wirtschaftsbetriebe,

[1]) a. A. Peters: „Grenzen der kommunalen Selbstverwaltung in Preußen" 1926, S. 142 ff., der es als geltendes Recht ansieht, daß nur ein Beamter Organfunktionen der Gemeinde als Körperschaft des öffentlichen Rechts ausüben könne." s. hierzu die Bemerkung von Lutz Richter „Organisationsgewalt" 1926 S. 11 über die sogen. Vertragsassessoren im Justizdienst.

[2]) Die nach dem Umsturz häufig geübte Praxis, Politiker zu Reichs- und Staatskommissaren zu ernennen und ihnen unter Ausschaltung der zuständigen Instanzen spezielle Aufgaben zu erteilen, gehört hierher.

der Betriebsverwaltungen. Das gleiche gilt für alle diejenigen Personen, die wie Heizer, Boten, Stenotypisten u. a. m. lediglich die technischen Voraussetzungen für die Tätigkeit der eigentlichen Verwaltungsbeamten zu schaffen haben. Wenn der Beamtenkörper auf diese Weise stark zusammenschrumpft, so kann das aus den verschiedensten Gründen nur erwünscht sein.

Kapitel XXIII.

Die sonstigen, neben dem Beamtenverhältnis zu verwendenden Dienstverhältnisse.

Die vorangegangenen Untersuchungen haben die Verwendung des Berufsbeamtentums in mehr als einer Richtung eingeschränkt. Drei große Gruppen von Staatsdienern sind vornehmlich zu nennen, die in Zukunft dem Berufsbeamtentum nicht mehr werden zugerechnet werden können. An erster Stelle stehen die parlamentarischen Minister. Neben ihnen sind zu nennen die Ehrenbeamten, die in dem Augenblick eine besondere Kategorie bilden müssen, in dem die Berufsmäßigkeit ein wesentliches Kriterium des Beamtenbegriffs wird. Neben diesen beiden Kategorien, die in Zukunft aus dem Beamtentum zu eliminieren sind, steht die große Zahl aller derjenigen Staatsdiener, die, ohne daß ihnen öffentlich-rechtliche Funktionen übertragen wären, lediglich aus verwaltungstechnischen Rücksichten zu Beamten ernannt zu werden pflegen. Der Wunsch nach Sicherung der Individualsphäre des einzelnen Staatsdieners hat bei einer derart weitherzigen Verwendung des Beamtenbegriffs eine entscheidende Rolle gespielt. In Zukunft wird dagegen allein denjenigen Staatsdienern Beamtenqualität zugebilligt werden können, bei denen dies mit Rücksicht auf ihre Funktionen unbedingt notwendig ist.

Hiermit wird eine bedeutende Einschränkung des Berufsbeamtentums erreicht. Mit Rücksicht darauf, daß in Zukunft an die Beamtenschaft in jeder Beziehung, insbesondere in moralischer Richtung, erhöhte Anforderungen gestellt werden müssen, wird eine derartige Verkleinerung der Basis nur zu begrüßen sein. Es erscheint von vornherein zweifelhaft, ob das Gros dessen, was heute dem Berufsbeamtentum zugerechnet wird, denjenigen Anforderungen wird gerecht werden können, die zumal in politischer Beziehung im parlamentarischen Staat an den Beamten gestellt werden müssen[1]).

---

[1]) **Nawiasky**: Die Stellung des Berufsbeamtentums im parlamentarischen Staat, 1926, S. 14. „Alles das ist nur zu verwirklichen, wenn die Zahl der Berufsbeamten nicht lawinenartig anschwillt. Das Beamtentum hat m. E.

Wenn jedoch in derart großem Umfang Personen, die heute dem Beamtentum zugerechnet werden, in Zukunft aus der Bureaukratie eliminiert werden, müssen für diese neue Dienstverhältnisse geschaffen werden. Diese neu zu schaffenden Dienstverhältnisse werden allerdings nur zu einem Bruchteil öffentlich-rechtlicher Natur zu sein brauchen. In allen denjenigen Fällen, wo dem betreffenden Staatsdiener ein „Amt" übertragen ist, d. h. wo er zu öffentlich-rechtlichen Funktionen berufen ist, jedoch aus irgend welchen Gründen trotzdem dem Berufsbeamtentum nicht zugerechnet werden kann, wird für ein besonderes öffentlich-rechtliches Dienstverhältnis Sorge getragen werden müssen. „Kein Amt ohne öffentliche Dienstpflicht!" [1]) Hierher gehört der Fall der Kabinettsmitglieder sowie der Ehrenbeamten [2]). Die Kabinettsmitglieder sowie die Ehrenbeamten müssen mit Hilfe besonderer öffentlich-rechtlicher Dienstverhältnisse angestellt werden. Wie diese Dienstverhältnisse im einzelnen zu konstruieren sind, ist eine Frage, die uns im letzten Hauptteil dieser Untersuchungen beschäftigen wird. Welch primitive Formen ein solch öffentlich-rechtliches Dienstverhältnis gegebenenfalls annehmen kann, haben wir früher an dem Beispiel des Angestellten einer Privatbahn mit bahnpolizeilichen Funktionen gesehen.

Während in den soeben genannten Fällen die Begründung eines öffentlich-rechtlichen Dienstverhältnisses unumgänglich ist, ist ein solches in allen denjenigen Fällen entbehrlich, in denen der betreffende Staatsdiener keinerlei öffentlich-rechtliche Funktionen ausübt. In der Vergangenheit und noch mehr in der Gegenwart ist in größerem Umfang lediglich fiskalische Aufgaben wahrnehmenden Organen Beamtenstellung verliehen worden. Die Angestellten der öffentlichen Betriebsverwaltungen haben sich in den letzten Jahren mit Hilfe ihrer Berufsorganisationen zu einem großen Teile die Beamtenstellung erkämpft. In der Kommunalverwaltung mit ihren zahlreichen Regiebetrieben tritt diese Erscheinung deutlicher zutage, als in der allgemeinen Staatsverwaltung. Im allgemeinen war es allein das Bestreben, den in Frage kommenden Personen eine gesicherte Lebensstellung zu verleihen, das zu dieser weitgehenden Verwendung des Beamtenrechts führte, die notwendig

kein Interesse an einer möglichst großen Zahl. — Nicht auf die Autorität der Masse, die Quantität, sondern auf die Autorität der Leistung, die Qualität kommt es an."

[1]) Vgl. Otto Mayer, a. a. O., S. 141.

[2]) Auch die Kategorie der Beamten im Vorbereitungsdienst wäre hierher zu rechnen, die wir an einer früheren Stelle ebenfalls aus dem allgemeinen Berufsbeamtentum ausgesondert hatten.

eine Verwässerung der Beamtenidee überhaupt nach sich ziehen mußte. Eine derartige wirtschaftliche Sicherstellung läßt sich jedoch gegenwärtig mit Hilfe der von dem Arbeitsrecht geschaffenen neuen Rechtsformen sowie mit Hilfe des Abschlusses von Pensionsversicherungen auch auf privat-rechtlicher Basis erreichen.

Im Verlauf der letzten 10 Jahre hat der Beamte in der Person des sogen. „Dauerangestellten" einen Gegenspieler erhalten, der sich von ihm in allen Fragen der Sicherung der persönlichen Lebensstellung nicht wesentlich unterscheidet [1]). Der Dauerangestellte ist erst eine neuere Erscheinung und hat eine feste juristische Formulierung bislang noch nicht gefunden. Das Anstellungsverhältnis des Dauerangestellten hat praktisch gewisse Ähnlichkeiten mit dem Beamtenverhältnis, es ist gleichsam das privatrechtliche Gegenstück zu letzterem. Wieweit das Anstellungsverhältnis des Dauerangestellten im einzelnen demjenigen des Beamten angeglichen ist, wird sich heute nicht allgemein beantworten lassen. Der Dauerangestellte als besondere Angestelltenklasse ist eine Schöpfung des Tarifvertrages. Die Generalisierung der Anstellungsbedingungen durch den Tarifvertrag ließ diese besondere Spezies von Angestellten entstehen. Das Hauptmerkmal des Dauerangestellten liegt heute wohl darin, daß ihm nur aus einem wichtigen Grunde gekündigt werden kann. Hiermit hat die Position des Dauerangestellten annähernd jene Stabilität erhalten, die bislang ausschließlich das Beamtenverhältnis auszeichnete. Diese Stabilität läßt sich jedoch im Interesse der persönlichen Sicherstellung des Dauerangestellten, durch weitere Einschränkung des Kündigungsrechts und Gewährung des erforderlichen Rechtsschutzes nicht unerheblich verstärken. Auch in anderer Beziehung kann die Stellung des Dauerangestellten der des Beamten äußerlich angeglichen werden, ohne daß damit allerdings der Dauerangestellte beamtenähnlichen Charakter erhalten hätte, was die Praxis häufig irrtümlich annimmt [2]). So bestehen teilweise bereits ausdrückliche Bestimmungen, wonach der Dauerangestellte seine Entlohnung nicht nach Tarifsätzen erhält, sondern nach der Beamtenbesoldungsordnung, die für ihn für maßgeblich

[1]) Vgl. über den Dauerangestellten Peters: Grenzen der kommunalen Selbstverwaltung in Preußen, 1926, S. 138 ff.

[2]) Diese grundsätzliche Verschiedenheit von Beamten und Dauerangestellten kann allerdings nicht scharf genug betont werden. Damit entfallen jedoch alle diejenigen Bedenken, die heute an maßgebender Stelle der Verwaltung immer wieder gegen eine Angleichung des Dauerangestellten an den Beamten geltend gemacht werden, da man hiervon eine Verwässerung der Beamtenidee erwartet. Mit Rücksicht darauf, daß nicht die individuellen Schutzrechte den Charakter des Beamtentums bestimmen, erscheinen diese Bedenken ungerechtfertigt.

erklärt worden ist [1]. Darüber hinaus beziehen die Dauerangestellten zuweilen sogar ein Ruhegehalt und Hinterbliebenenfürsorge [2]. Aus allem diesen geht hervor, daß sich ein Schutz der Individualinteressen des Beamten ebensogut innerhalb eines privatrechtlichen Anstellungsverhältnisses erreichen läßt, wie im Rahmen des Beamtenverhältnis. Die Notwendigkeit, einer Person um ihres individualrechtlichen Schutzes willen eine Beamtenstellung zu verleihen, besteht daher nicht. Die große Zahl der sogenannten Wirtschaftsbeamten wird daher ohne Bedenken auf Privatdienstvertrag angestellt werden können.

Was für die Wirtschaftsbeamten gilt, hat in gleichem Maße auf alle die Hilfskräfte Anwendung zu finden, die lediglich anderen Organen die Wahrnehmung ihrer öffentlich-rechtlichen Funktionen ermöglichen sollen. Hierher gehören Bureaukräfte [3], Boten, Heizer, Chauffeure u. a. m. Zurzeit befindet sich ein großer Prozentsatz der zuletzt genannten in der Stellung von Unterbeamten. Bei dem Mangel einer sie von dem gewöhnlichen Privatangestellten unterscheidenden Beschäftigungsart neigen gerade diese Beamtenkategorien erfahrungsgemäß besonders stark dazu, unter Anlehnung an das gewerkschaftliche Vorbild, ihr Verhältnis zu dem Staat unter dem gleichen Gesichtspunkt zu betrachten, wie dasjenige zwischen Angestellten und Unternehmer. Wenn sie trotzdem darauf Wert legen, zu der Beamtenschaft gezählt zu werden, so geschieht dies allein mit Rücksicht auf die mit der Beamtenstellung verbundenen persönlichen Vorteile. Daß diese Vorteile dem Beamten jedoch nicht lediglich aus allgemeinen sozialpolitischen Erwägungen heraus verliehen sind, sondern einzig und allein im Hinblick auf die politische Mission der Bureaukratie, wird dabei nur zu oft übersehen. Wenn die Natur des Beamtenverhältnisses gerade in den Kreisen der sogenannten Beamten des unteren Dienstes zuweilen verkannt wird, so ist dies insofern erklärlich, als diesen ja in der Tat keine Aufgabe zugefallen

---

[1] So erklärt das preußische Gesetz betreffend die Regelung verschiedener Punkte des Gemeindebeamtenrechts vom 8. Juli 1920, die Besoldungsbestimmungen für Kommunalbeamte auf die nach Gemeindebeschluß den Beamten gleich zu achtenden ständig Angestellten und Anwärter für anwendbar.

[2] Nach dem preußischen Angestelltentarifvertrag vom 30. Juni 1924, § 4, ist sogar eine Vereidigung der Angestellten auf die Verfassungen des Reichs und Preußens vorgesehen. Wieweit eine derartige Vereidigung mit der privatrechtlichen Natur dieser Dienstverhältnisse überhaupt noch vereinbar ist, bleibe dahingestellt.

[3] Zu diesen Bureaukräften rechnen die Kanzleibeamten, Registratoren u. a. m. Von ihnen scharf zu trennen sind alle diejenigen Beamten, die eine Expedientenstellung bekleiden und in dieser zumal in Verwaltungsbehörden, in größerem Umfang zu selbständiger Arbeit berufen sind.

ist, die eine derartige Sonderstellung rechtfertigen könnte, wie sie ihnen das Beamtenrecht verliehen hat [1]). Andererseits bedeuten diese Erscheinungen für die Beamtenidee als solche eine keineswegs zu unterschätzende Gefahr, die sich jedoch dadurch beheben lassen dürfte, daß alle diejenigen Personen, deren spezielle Aufgaben keine genügende Berechtigung für eine Ausnahmestellung, wie sie das Beamtenverhältnis ist, bieten, nach privatrechtlichen Grundsätzen angestellt werden [2]).

Kapitel XXIV.

Der politische Beamte.

Der politische Beamte war schon der konstitutionellen Monarchie bekannt. Die Notwendigkeit einer derart besonderen Beamtengruppe erklärte sich damals so gut wie heute daraus, daß in gewissen Fällen von dem Beamten eine besonders enge Fühlungnahme mit der Regierungspolitik verlangt werden muß. Von diesen politischen Beamten verlangte der konstitutionelle Staat die offizielle Vertretung der Regierungspolitik in Ausübung ihrer amtlichen Tätigkeit. So wurde z. B. von den preußischen Landräten verschiedentlich ausdrücklich verlangt, daß sie die Politik der Staatsregierung auch bei den Wahlen vertraten [3]). Die persönliche Selbständigkeit dieser

---

[1]) Ein Beweis für die Systemlosigkeit, mit der gegenwärtig vielfach bei Verwendung des Beamtenbegriffs verfahren wird, ist § 13 des Betriebsrätegesetzes, der die Möglichkeit gibt, gewisse Beamtenkategorien durch Verordnung der Reichsregierung für den Geltungsbereich dieses Gesetzes den Arbeitern oder Angestellten gleichzustellen. Diese Bestimmung erklärt sich einzig und allein daraus, daß bei vielen Behörden Aufgaben von Beamten versehen werden, die ebensogut von Angestellten besorgt werden könnten.

[2]) Es wird z. B. nicht empfehlenswert sein, unterschiedslos alle Beamten des gegenwärtigen mittleren Dienstes auch in Zukunft weiter in Beamtenstellung zu belassen. Zu denjenigen Beamten, die gegenwärtig zu den mittleren Beamten gezählt werden, gehören einfache technische Hilfskräfte. So werden z. B. die Registratoren ganz allgemein als Beamte des mittleren Dienstes angesehen, für die Preußischen Kanzleibeamten hat ein Erlaß des Preußischen Finanzministers v. 26. Juli 1924 ausdrücklich bestimmt, daß sie als mittlere Beamte anzusehen sind. Vielleicht wird sich in Zukunft eine Neugruppierung der Beamtenschaft ermöglichen lassen, die nicht allein, wie gegenwärtig oft, von Äußerlichkeiten bestimmt ist, sondern aus der Zahl der mittleren Beamten alle diejenigen ausscheidet, die keine öffentlich-rechtlichen Funktionen zu erfüllen haben. Es würde daher in Zukunft an Stelle von den drei bisherigen nur noch zwei Beamtenkategorien geben. Bei einer derartigen Neuregelung könnte vielleicht gleichzeitig die gegenwärtig noch völlig ungeklärte Frage des mittleren Beamten überhaupt gelöst werden.

[3]) Vgl. Brand, Beamtenrecht, 1. Aufl., 1914, S. 557.

Beamten war von jeher gegenüber derjenigen der übrigen Beamtenschaft erheblich eingeschränkt. Um diesen speziellen Anforderungen der Regierung den notwendigen Nachdruck zu verleihen, war dem politischen Beamten insbesondere das Privileg der Unabsetzbarkeit genommen, er mußte sich gegebenenfalls die Versetzung in den einstweiligen Ruhestand unter Zubilligung des gesetzlichen Wartegeldes gefallen lassen.

Hiermit unterschied sich der politische Beamte bereits im konstitutionellen Staat nicht unerheblich von der übrigen Beamtenschaft. Dieser Unterschied hatte jedoch in der konstitutionellen Monarchie keinerlei tiefere Bedeutung. Wir wissen, daß die konstitutionelle Bureaukratie politisch einheitlich orientiert war, daß eine Divergenz der politischen Anschauungen zwischen der monarchischen Exekutivspitze und der nachgeordneten Bureaukratie in der Blütezeit der konstitutionellen Monarchie kaum denkbar war. Wenn von den politischen Beamten verlangt wurde, daß sie dienstlich und außerdienstlich die Regierungspolitik unterstützten, so bedeutete dies daher in der konstitutionellen Monarchie nichts anderes, als daß bei ihnen die allgemeine politische Abhängigkeit der Bureaukratie von der Krone eine besonders betonte war. In den großen Linien der politischen Einstellung unterschieden sich daher im konstitutionellen Staat die politischen Beamten von der übrigen Beamtenschaft keineswegs, allein daß von ihnen eine besonders intensive politische Abhängigkeit von der Regierung erwartet wurde[1]). Ein Wesensunterschied trennte im konstitutionellen Staat diese beiden Beamtenkategorien nicht.

Auch der parlamentarische Staat hat auf den politischen Beamten nicht verzichten zu können geglaubt. Die Zahl der politischen Beamten hat hier sogar eine Vergrößerung erfahren[2]). Über das Wesen der politischen Beamten in dem parlamentarischen Staat herrscht bis heute in der deutschen Staatspraxis Unklarheit. Zwei völlig verschiedene Gruppen lassen sich innerhalb derjenigen Beamten

---

[1]) So wurden z. B. zwei Regierungspräsidenten und zahlreiche Landräte gelegentlich einer Kanaldebatte im Preußischen Abgeordnetenhaus im Jahre 1899 zur Disposition gestellt, da sie in ihrer Eigenschaft als Mitglieder des Parlaments gegen die Regierungsvorlage gestimmt hatten. Ein ähnlicher Konflikt zwischen Regierung und politischen Beamten ereignete sich bereits im Jahre 1872 gelegentlich der parlamentarischen Beratungen der Kreisordnung.

[2]) Für Preußen vgl. das Disziplinargesetz für nichtrichterliche Beamte, § 87 in der neuesten Fassung, die Verordnung vom 26. Februar 1919, sowie die Verordnung vom 31. Dezember 1922. Für das Reich, s. R.-Beamten-Ges., § 25, sowie das Reichsgesetz über die Pflichten der Beamten zum Schutze der Republik, vom 21. Juli 1922.

unterscheiden, die heute zu den politischen Beamten gerechnet werden. Ein Teil dieser politischen Beamten ist aus der allgemeinen Bureaukratie hervorgegangen und hat den inneren Zusammenhang mit ihr auch in seinem neuen Amte nicht verloren. Hierher gehören in erster Linie die Beamten der Staatsanwaltschaft, die nach dem Preußischen Disziplinargesetz für nichtrichterliche Beamte zu den politischen Beamten zählen. Wenn die Staatsanwaltschaft trotzdem ausschließlich mit Berufsbeamten besetzt ist, so erklärt sich dies allein aus § 149 des Gerichtsverfassungsgesetzes, wonach zu Staatsanwälten nur zum Richteramt befähigte Personen ernannt werden können. Neben dieser Gruppe politischer Beamter, deren Angehörige dem Berufsbeamtentum zugerechnet werden können, stehen seit Einführung des parlamentarischen Systems zahlreiche ausgesprochen parteipolitische Elemente, denen heute politische Ämter übertragen worden sind.

Man hat geglaubt, das parlamentarische System nicht besser durchführen zu können, als indem man gerade die sog. „politischen Stellen" mit Angehörigen der Regierungsparteien besetzte, um auf diese Weise die Einheitlichkeit der Regierungspolitik womöglich bis in die Lokalinstanz zu sichern. Der politische Beamte sollte die Grundsätze des parlamentarischen Systems bis in ihre letzten Auswirkungen durchführen helfen.

Diese Beamten parteipolitischer Herkunft trennt von der übrigen Bureaukratie jene Kluft, die zwischen Politikern und Berufsbeamten überhaupt besteht, und die wir in dem speziellen Fall des parlamentarischen Ministers bereits kennen gelernt haben. Was an früherer Stelle über den Minister gesagt worden ist, gilt auch für diese politischen Beamten. Ihre politische Einstellung bestimmt die Partei, sie verfügen häufig über keine Berufserfahrung und Vorbildung. Der politische Beamte parteipolitischer Herkunft ist daher ein Fremdkörper innerhalb der Bureaukratie.

Da der parlamentarische Staat jedoch eine geschlossene bureaukratische Einheit verlangt, ist ein derartiger Fremdkörper unvereinbar mit den Notwendigkeiten des parlamentarischen Systems. In sämtliche Verwaltungsinstanzen finden wir heute derartige politische Beamte eingestreut. Neben den maßgebenden Ministerialbeamten sind in Preußen vornehmlich die Oberpräsidenten, Regierungspräsidenten und Landräte politische Beamte. Auch das Reichsrecht hat neuerdings in die Mittelinstanz politische Beamte aufgenommen, während ursprünglich, abgesehen von den diplomatischen Missionen, lediglich in den Zentralinstanzen politische Beamte zu finden waren [1]).

---

[1]) Zum Teil mag das allerdings daran liegen, daß die Reichsverwaltung

„Leiter von Reichsbehörden und ihre Stellvertreter, die der jetzigen Besoldungsgruppe XIII oder einer höheren Gruppe angehören, können im Interesse der Festigung der republikanischen Staatsform jederzeit einstweilen in den Ruhestand versetzt werden[2]).“ Der Leiter eines größeren Finanzamts ist hiermit unter Umständen politischer Beamter geworden.

Eine derartige Durchsetzung der Bureaukratie mit politischen Beamten nimmt dieser jene einheitliche Geschlossenheit, die der parlamentarische Staat von ihr erwartet. Soweit es sich um politische Beamte parteipolitischer Prägung handelt, erübrigen sich mit Rücksicht auf frühere Untersuchungen alle weiteren Fragen. Zweifelhaft bleibt es dagegen, ob die politischen Beamten alter Prägung beizubehalten sind oder ob auch für sie in dem parlamentarischen Staat kein Raum mehr ist. Voraussetzung ist hier natürlich, daß diese politischen Beamten sich in jeder Beziehung innerhalb des allgemeinen bureaukratischen Rahmens halten, daß sie die gleichen Vorbedingungen für ihren Beruf mitbringen, wie die übrigen Beamten, daß sie ebenso die hierarchische Stufenleiter durchlaufen haben wie jene und insbesondere jedes Konnexes mit der Partei entbehren.

Das Verhältnis eines derartigen politischen Beamten zur Regierungspolitik wird allerdings heute nicht so eng sein können wie in der konstitutionellen Monarchie. Der konstitutionelle Beamte, der sich hinter die Regierungspolitik stellte, erfüllte damit seine politische Mission. Im parlamentarischen Staat haben Regierung und Bureaukratie verschiedene politische Aufgaben erhalten, es hieße daher von einem Angehörigen der Bureaukratie den Verzicht auf die eigene Mission zu verlangen, wenn man ihn zur bedingungslosen Vertretung der Regierungspolitik zwingen wollte. Der politische Beamte des parlamentarischen Staates kann daher nur zu einem beschränkten Grade für die Politik der Regierung in Anspruch genommen werden. Erwartet werden muß insbesondere von ihm ein ausgesprochener politischer Takt sowie ein besonderes Maß an Loyalität gegenüber seinem Minister[3]). Von dem politischen

vor dem Kriege Lokalinstanzen im allgemeinen nicht besaß, und das Reich eine durchgebaute Verwaltungsorganisation größeren Stils erst mit der Erzbergerschen Finanzreform erhalten hat.

[2]) Vgl. Gesetz über die Pflichten der Beamten zum Schutz der Republik, vom 21. Juli 1922.

[3]) Beachtenswerterweise ist eine aktive Unterstützung der Regierungspolitik meines Wissens in neuerer Zeit von dem politischen Beamten offiziell nicht mehr gefordert worden. Für diesen Wandel der Anschauung betreffend die Pflichten der politischen Beamten bietet ein interessantes Beispiel ein Vergleich der beiden Auflagen von Brand: Beamtenrecht. Während Brand

Beamten die aktive Unterstützung der Regierungspolitik zu verlangen, hieße diesen zum Anschluß an die politische Partei zu zwingen, womit er seine bureaukratische Eigenart eingebüßt hätte.

Man wird vielleicht demgegenüber darauf hinweisen, daß selbst ein Bismarck des Beistandes der politischen Beamten nicht glaubte entraten zu können, und nicht einmal auf die Wahlpropaganda eines pommerschen Landrats verzichten wollte [1]). Was für Bismarck vielleicht unentbehrlich war, kann der parlamentarische Staat vermissen und muß er entbehren, wenn nicht ungeahnte Schwierigkeiten entstehen sollen. Damit, daß heute an der Spitze jedes Ressorts ein Politiker steht, ist eine im Zweifel hinreichende Garantie dafür gegeben, daß die betreffende Verwaltung dem lebendigen Strom des politischen Lebens erschlossen bleibt. Damit, daß dem Minister uneingeschränkte Freiheit in der Verwendung der ihm unterstellten Bureaukratie gegeben ist, daß diese bedingungslos seiner Befehlsgewalt untersteht, ist für eine politische Durchdringung der verschiedenen Ressorts auch ohne politische Beamte eine genügende Garantie gegeben.

Man könnte vielleicht einwenden, daß trotzdem die Möglichkeit einer passiven Resistenz der Bureaukratie nach wie vor bestehe, ja näher liege als in der Monarchie. Wenn man berücksichtigt, daß sogar in der Monarchie die Beamtenschaft vereinzelt derart passive Resistenz gegenüber der Regierung getrieben hat, wird man diese Bedenken nicht unterschätzen können [2]). Die erforderlichen Garantien gegenüber derartigen Eigenmächtigkeiten der Bureaukratie liegen einmal in der Person des Ministers. Daneben müssen diese Garantien jedoch in der Bureaukratie selber gegeben sein. Unter

in der ersten Auflage (1914) von dem politischen Beamten noch eine aktive Unterstützung der Regierungspolitik fordert, begnügt er sich in der neueren Auflage (1926) damit, diesen politischen Beamten in erster Linie Zurückhaltung in politischen Dingen zur Pflicht zu machen. Von einer Vertretung der Regierungspolitik, insbesondere bei den Wahlen, die noch in der vorigen Auflage ausdrücklich erwähnt war, ist keine Rede mehr. Während diese Zeilen in Druck gehen, hat allerdings bei einer der Durchführung der Parlamentswahlen gewidmeten Konferenz der preußischen Oberpräsidenten und Regierungspräsidenten der preußische Minister des Innern nach Zeitungsberichten seine Beamten aufgefordert, auch im Wahlkampf sich für die bisherige Regierungspolitik einzusetzen.

[1]) „Wir können nur mit Landräten, die durch ihre Tätigkeit die volle und entschiedene Parteinahme für die Regierung an den Tag legen, die uns vom König gestellte Aufgabe lösen.“ Aus einem Briefe Bismarcks an den Pommerschen Oberpräsidenten Senfft von Pilsach, vgl. Roell: „Bismarcks Staatsrecht“, S. 385.

[2]) Vgl. hierzu Waldecker: Entwicklungstendenzen im deutschen Beamtenrecht, Arch. f. öffentl. R. 1924, S. 144.

diesem Gesichtspunkt erlangt das Amt des Staatssekretärs eine völlig neue Bedeutung. Seine Aufgabe ist es, im parlamentarischen Staat als Mittler zwischen Kabinett und Bureaukratie dafür Sorge zu tragen, daß die Bureaukratie, der er selber angehört, die Anordnungen des Kabinetts in loyaler Weise vollzieht. Ihm wird daher gerade in personalpolitischer Beziehung in Zukunft ein entscheidender Einfluß eingeräumt werden müssen.

In Anbetracht dieser besonderen Mission erscheint es wohl erforderlich, den Staatssekretär zum politischen Beamten zu machen. Hiermit scheidet letzterer jedoch keineswegs aus der allgemeinen Bureaukratie aus, ihm wird vielmehr lediglich das Privileg der Unabsetzbarkeit in einem gewissen Grade beschnitten. Die Aufgabe des Staatssekretärs kann es in Hinblick auf seine Eigenschaft als Berufsbeamter niemals sein, aktiv für die Politik des Kabinetts in der Form einzutreten, wie dies früher von dem politischen Beamten verlangt wurde. Was von ihm erwartet werden muß, ist äußerster Takt und politische Loyalität, die jedoch keineswegs in einem Verzicht auf die eigene bureaukratische Mission enden darf [1]). Ob neben dem Staatssekretär noch weitere politische Beamte wünschenswert sind, ist in erster Linie eine Frage der Zweckmäßigkeit, für die die spezifische Struktur der einzelnen Verwaltung maßgeblich sein muß [2]). Auf jeden Fall kann eine Verwendung von politischen Beamten nur in engsten Grenzen in Frage kommen. Die Lokalinstanz mit politischen Beamten zu besetzen, ist weder notwendig noch zweckmäßig [3]).

Durch eine solche Regelung, die dem politischen Beamten nur ein beschränktes Betätigungsfeld beläßt und ihn ausschließlich aus den Reihen der Bureaukratie entnimmt, sind alle jene parteipolitischen Elemente ausgeschlossen, die gegenwärtig unter der Firma des politischen Beamten die Exekutive zahlreich bevölkern. Es genügt, an die Spitze eines Ressorts einen Politiker zu stellen und ihm den bestimmenden Einfluß auf das Ressort zu geben, für die ordnungsgemäße Durchführung der von der politischen Leitung gegebenen Befehle muß die Beamtenschaft selber die erforderlichen Garantien bieten und nötigenfalls durch den hierzu besonders ermächtigten Staatssekretär angehalten werden. Das bekannte Mißtrauen gegenüber dem Berufsbeamtentum, das, wie das Mißtrauen gegenüber der

---

[1]) Über die Bedeutung des Staatssekretärs s. Lassar: „Reichseigene Verwaltung unter der Weimarer Verfassung" Jahrbuch d. öffentl. Rechts 1926 S. 42.

[2]) In diesem Sinne auch Bredt: Der Geist der deutschen Reichsverfassung, S. 173 ff.

[3]) Ebenso Bredt, a. a. O., S. 175, Anm. 1.

Exekutive überhaupt, aus der Zeit des politischen Dualismus herrührt, wird in Zukunft schwinden müssen.

Mag aus den angeführten Gründen die Ausschaltung politischer Elemente aus der Exekutive notwendig sein, in einer Beziehung ist sie sicherlich zu bedauern. Derartige Stellen, innerhalb der Exekutive, die heute von Politikern besetzt werden, bieten zurzeit die einzigste Möglichkeit, den Parlamentarier in breiterem Ausmaß mit der Exekutive und ihren Bedürfnissen in Berührung zu bringen. Die Leistungen des viel bewunderten englischen Parlaments erklären sich nicht zuletzt daraus, daß ein großer Teil seiner Mitglieder die Möglichkeit gehabt hat, sich von vornherein mit exekutiven Aufgaben vertraut zu machen. Wenn wir die Exekutive dem Parlamentarier völlig verschließen, so ist ihm damit jede Möglichkeit genommen, Erfahrungen auf exekutivem Gebiet zu sammeln. Der parlamentarische Staatssekretär bietet hier vielleicht eine Möglichkeit, dem Politiker eine praktische Vorbereitung für einen etwaigen späteren Ministerberuf zu geben, mit der wir uns im letzten Hauptteil noch näher befassen werden[1]). Dieser parlamentarische Staatssekretär müßte allerdings ebensogut außerhalb des Berufsbeamtentums stehen, wie der ihm vorgesetzte Minister. Minister und parlamentarischer Staatssekretär würden demnach das parteipolitische Element in der Exekutive zu bilden haben gegenüber einer geschlossen parteipolitisch neutralisierten Bureaukratie. Mit den Einzelheiten dieses Problems werden wir uns später noch zu beschäftigen haben.

Kapitel XXV.

Beamtenvereine.

Art. 130 der Reichsverfassung sichert den Beamten die Vereinigungsfreiheit zu. Durch Art. 159 ist den Beamten daneben auch die sogen. wirtschaftliche Vereinigungsfreiheit „zur Wahrung und Förderung der Arbeits- und Wirtschaftsbedingungen" ausdrücklich zugebilligt worden. Im konstitutionellen Staat besaß der Beamte zwar grundsätzlich ebenfalls diese Vereinigungsfreiheit, er hatte sich jedoch von solchen Vereinen fernzuhalten, deren Zwecke den staatlichen oder dienstlichen Interessen zuwiderliefen.

---

[1]) Diese Bedeutung des parlamentarischen Staatssekretärs übersieht anscheinend Bredt, a. a. O., S. 174, der sich von einer Einführung einer derartigen Institution, wie sie in Preußen zeitweilig bestanden hat, lediglich eine Erschwerung des Geschäftsganges verspricht.

In zweierlei Richtung kann die den Beamten durch die Weimaraner Verfassung gewährte Vereinigungsfreiheit eventuell politisch bedeutungsvoll werden. Dem Beamten ist hiermit uneingeschränkt der Weg in die politischen Vereine, insbesondere in die politischen Parteien eröffnet. Aber auch die ausgesprochenen Beamtenvereine verdienen heute besondere Beachtung. Mit welchen Fragen diese Beamtenvereine sich im einzelnen beschäftigen, ob sie lediglich wirtschaftliche oder darüber hinaus auch politische Ziele verfolgen, ist heute gleichgültig. Im allgemeinen werden sich in der Gegenwart auch ursprünglich rein wirtschaftliche Ziele lediglich auf dem Umweg über die allgemeine Politik erreichen lassen.

Im parlamentarischen Staat, in dem der Schwerpunkt aller politischen Macht bei dem Parlament liegt, müssen diese Beamtenvereine notwendig bei den politischen Parteien Anschluß zu finden versuchen. Im konstitutionellen Staat war mit einer ähnlichen Entwicklung nicht zu rechnen.

Daß unter diesem Gesichtspunkt die Beamtenvereine innerhalb eines politischen Systems, das auf eine säuberliche Trennung zwischen Partei und Berufsbeamtentum den peinlichsten Wert legen muß, keineswegs unbedenklich sind, liegt auf der Hand. Einen Ausweg aus diesem Dilemma bietet vielleicht Art. 130 der Reichsverfassung, der die Schaffung besonderer Beamtenvertretungen vorsieht. Bis heute sind diese Vertretungen noch nicht eingeführt worden. Der bereits seit langem vorliegende Gesetzentwurf für ein Beamtenvertretungsgesetz wird wohl auch aller Voraussicht nach in nächster Zeit kaum seine parlamentarische Erledigung finden.

Die Beamtenvertretung ist gegebenenfalls der geborene Rivale des Beamtenvereins. Was der Beamtenverein außerhalb der Behörde mit parlamentarischer Unterstützung zu erreichen versucht, soll die Beamtenvertretung im Schoße der Behörde selbst erledigen. Das parlamentarische System verlangt eine gewisse Abgeschlossenheit der Bureaukratie. Der Beamtenverein droht diese zu lockern, die Beamtenvertretung stärkt sie. Erforderlich hierfür ist allerdings, daß diese Beamtenvertretungen nicht nur ein Scheindasein führen, sondern in gewissen Grenzen einen bestimmenden Einfluß auszuüben imstande sind. Unter diesem Gesichtspunkt erscheint es zum mindesten erwägenswert, der Beamtenvertretung in Fragen des inneren Dienstes ein beschränktes aktives Mitwirkungsrecht zu geben. Es dürfte politisch zweckmäßiger sein, der Beamtenschaft ein begrenztes Selbstverwaltungsrecht zu geben, als sie auf dem Wege über die Beamtenvereine in den allgemeinen politischen Strudel zu verwickeln. Daß durch dieses Selbstverwaltungsrecht die Organisation als solche keineswegs notwendig geschwächt werden muß, dürfte an Hand ähnlich gelagerter Fälle unschwer nachzuweisen sein, in denen die Verleihung derartiger Selbstverwaltungsrechte lediglich eine innere Stärkung der gesamten Organisation zur Folge gehabt hat[1]).

DRITTER HAUPTTEIL.

Kapitel XXVI.

Vorwort.

Wenn in den vorangegangenen Kapiteln eine Kritik der gegenwärtigen deutschen Exekutivverfassung versucht worden ist, so konnte diese zu einem großen Teil nur rein aprioristischer Natur sein. Etwaige Mängel sind vielfach heute überhaupt noch nicht praktisch in Erscheinung getreten, zum mindesten nicht in einem Maße, das bereits zu einer allgemeinen Kritik berechtigen könnte. Es soll nicht bestritten werden, daß in dem Fehlen ausreichenden positiven Materials eine Schwäche der vorangegangenen kritischen Untersuchungen liegt. Die gegebenen Verhältnisse, die noch keinerlei sichere Erfahrungsurteile gestatten, ermöglichten keinen anderen Weg.

Einen erwünschten Ausgleich bieten daher ausländische Vorbilder. Das Ausland bietet in der Tat für die hier speziell interessierenden Fragen ein sehr beachtliches Tatsachenmaterial, an dem nicht vorübergegangen werden kann. Wenn aus der Fülle der sich bietenden Möglichkeiten gerade England, Amerika und Frankreich ausgewählt wurden, so hat dies, abgesehen davon, daß es sich bei ihnen um die zurzeit bedeutendsten Staatswesen überhaupt handelt, seine besonderen Gründe.

England schien deshalb als besonders geeignetes Vergleichsobjekt, weil sich hier, in der Heimat des parlamentarischen Systems, dessen Grundsätze naturgemäß am klarsten entwickeln konnten, und man daher von ihm auch am ersten das richtige Verständnis für die Beamtenfragen in Verbindung mit dem parlamentarischen System erwarten kann.

---

[1]) In dieser Richtung sind von Interesse die sogenannte Departmental Whitley Councils, die die englische Verwaltungspraxis der Nachkriegszeit geschaffen hat, und die in einigen Verwaltungen wichtige Funktionen betr. den inneren Dienst zu erfüllen haben. Vgl. hierüber Finer: The British Civil Service, 1927, S. 84.

Wenn Amerika, die Präsidentschaftsrepublik, ebenfalls herangezogen ist, so muß dies kurz begründet werden. Es ist zwar richtig, daß Amerika das englische Kabinettsystem nicht entwickelt hat, daß hier vielmehr die Exekutive in der Hand eines gegenüber dem Parlament unverantwortlichen Präsidenten zusammengefaßt ist. Andererseits wird man jedoch auch hier die starken Wechselwirkungen zwischen politischer Partei und Exekutive nicht leugnen können, wie sie wohl in keinem Lande in derart ausgedehnter Form bestanden haben, wie gerade hier in Amerika. In diesen Wechselwirkungen liegt jedoch für uns der eigentlich charakteristische Punkt. Verschieden sind in England und Amerika allein die beiden Verbindungsglieder zwischen Partei und Beamtentum, hier das Kabinett, dort der Präsident. Mag man die Verbindung mit der politischen Partei hier für enger halten als dort, die erwähnten Wechselwirkungen bald stärker, bald schwächer; vorhanden sind sie in Amerika ebensogut wie in England.

Amerika bietet jedoch andererseits ein unentbehrliches Anschauungsobjekt für das uns hier speziell interessierende Problem, da hier in Amerika die Verbindung von Partei und Bureaukratie mit einer an Selbstvernichtung grenzenden Konsequenz zeitweilig durchgeführt gewesen ist. Das ehemalige amerikanische Patronagesystem hat geradezu symbolische Bedeutung gewonnen. Auch vor Deutschland steht es als stets warnendes Wahrzeichen einer für Amerika heute überwundenen Epoche.

Wenn schließlich drittens und letztens Frankreich in den Rahmen der Untersuchung hineingezogen worden ist, so lag dies ebenfalls nur allzu nahe. Wie gegenwärtig in Deutschland monarchisches Beamtentum und parlamentarische Demokratie aufeinanderstoßen und der Gegenwart die Aufgabe zufällt, an diesem historischen Schnittpunkt die politische Zukunft mit der Vergangenheit zu einem harmonischen Ganzen zu verschweißen, so hat Frankreich ungefähr 100 Jahre früher vor der im wesentlichen gleichen Aufgabe gestanden, ohne sie allerdings, wie wir noch sehen werden, bis heute haben befriedigend lösen zu können.

Kapitel XXVII.

Der englische civil service.

Wenn wir uns im folgenden der englischen Exekutivverfassung zu wenden, so muß an erster Stelle die Tatsache Erwähnung finden, daß die Exekutive in England im Gegensatz zum Kontinent auch dann stets im Vordergrund des politischen Geschehens gestanden, wenn staatsrechtlich der Schwerpunkt bei dem Parlament lag. Der Kampf zwischen König und Parlament, zwischen Exekutive und Legislative, endete nicht, wie man auf Grund kontinentaler Erfahrungen erwarten sollte, mit dem Übergewicht der Legislative, sondern lediglich mit einem Austausch der Exekutivorgane. An die Stelle des Königs trat das Kabinett. Um so stärker der Einfluß des letzteren, um so selbständiger wird es gleichzeitig gegenüber dem es einst zeugenden Parlament. Der Aufstieg des Kabinetts und der Niedergang der monarchischen Gewalt sind bedingt durch das Erstarken des Parlaments und der in ihm vertretenen politischen Parteien. Indem diese Parteien an Macht gewinnen und sich straffer organisieren, steigt auch die Macht ihrer Führer. Der Schwerpunkt der Partei verschiebt sich mehr und mehr auf die exekutiv tätigen Parteimitglieder, hinter denen der „private member" an Bedeutung verliert, für die er nicht selten lediglich die politische Staffage abzugeben hat. In der engen Verknüpfung von Partei und Exekutive, wie sie sich zumal in der Person des Premiers repräsentiert, der stets der Führer der siegreichen Partei des House of Commons zu sein pflegt, liegt die Besonderheit der englischen Exekutivverfassung.

Es mag erwünscht sein, an dieser Stelle einmal kurz auf die historische Entwicklung des heutigen englischen Kabinetts einzugehen. Ursprünglich war die gesamte Exekutivverwaltung eine Aufgabe des privy council, in dem der König den Vorsitz führte, der parlamentarischen Einflüssen gänzlich entzogen war. Aus diesem privy council sonderte sich dann allmählich ein kleineres und beweglicheres Gremium ab, das heutige Kabinett. Im Laufe der historischen Entwicklung, die zumal nach der glorreichen Revolution die Vormachtstellung des Parlaments mehr und mehr stärkte, geriet dieses Kabinett steigend unter den Einfluß des Parlaments, der zumal dadurch weiter gestärkt wurde, daß die Hannoveraner auf Teilnahme an den Kabinettssitzungen gänzlich verzichteten. Die Bindung zwischen Kabinett und Parlament wurde fortgesetzt stärker, so daß sich schließlich die heutigen Grundsätze des englischen Verfassungsrechts über die Auswahl des Premiers bilden konnten, womit die offizielle Verbindung zwischen Partei und Regierung hergestellt war.

Während in der praktischen Politik das politische Schwergewicht sich von der Krone auf das Parlament verschoben hatte, blieb die formalrechtliche Struktur des englischen Verfassungsrechtes unverändert, die Exekutive staatsrechtlich nach wie vor ein uneingeschränktes Betätigungsfeld der Krone. Nach dem englischen Verfassungsrecht ist der Minister noch heute ein servant of the Crown, das Kabinett ein Werkzeug des Monarchen. Dem König steht noch heute das Recht einer nicht an die Zustimmung des Kabinetts gebundenen Auflösung des Parlamentes sowie einer Entlassung der Kabinettsmitglieder zu. Rechtlich hat der englische König jederzeit die Möglichkeit, durch Verweigerung seiner Unterschrift die Durchführung eines Gesetzes zu inhibieren.

Gegenüber dieser beachtlichen Einflußsphäre, die das englische Verfassungsrecht dem König noch heute zuerkennt, erscheint der effektive politische Einfluß des Trägers der Krone erstaunlich gering. Für den kontinentalen Betrachter mag diese Inkongruenz zwischen Recht und Wirklichkeit, zwischen Sein und Sollen, vielleicht erstaunlich sein, wie man denn auch in einem kontinentalen Staat wohl längst die juristischen Konsequenzen aus den veränderten politischen Verhältnissen gezogen hätte. Nichts desto weniger hat dieses von den politischen Verhältnissen überholte englische Staatsrecht noch heute seine außerordentlich praktische Bedeutung. Wenn die dem englischen König formalrechtlich verbliebene politische Selbständigkeit auch im allgemeinen diesem nicht mehr zugute kommt, so doch dem an seiner Stelle regierenden Kabinett.

Wir hatten gesehen, daß dieses Kabinett sich von einem Organ der Krone zu einem solchen des Parlaments umgebildet hat, ohne jedoch hierbei in völlige Abhängigkeit von letzterem geraten zu sein. Diese relative Unabhängigkeit des Kabinetts gegenüber dem Parlament erklärt sich nicht allein aus der hervorragenden Stellung, die der englische Ministerpräsident als Parteiführer innerhalb des Parlaments einnimmt, sondern daneben nicht zum geringsten daraus, daß das Kabinett der eigentliche Erbe der königlichen Prärogative geworden ist.

Die Ausübung dieser Prärogative, die nach formalem Recht nach wie vor dem Monarchen zusteht, ist heute ebensogut Aufgabe des Ministeriums, wie sie dies in früherer Zeit gewesen ist. Der Unterschied liegt allein darin, daß das Kabinett ursprünglich bei Ausübung dieser königlichen Prärogative lediglich die Rolle eines Dieners der Krone spielte, während es heute selbständig handelt. Wenn die Prärogative auch nach wie vor im Namen des Monarchen ausgeübt wird, so ist es doch in Wahrheit das Kabinett selbst, von dem die Ausübung dieser Prärogative im einzelnen Fall ausgeht, während der König hierbei lediglich als eine staatsrechtliche Figur vorgeschoben wird. So ist die Prärogative heute weniger eine Stütze der monarchischen Gewalt, als des Kabinetts, das auf diese Weise die für England charakteristische Unabhängigkeit gegenüber dem Parlament erhielt [1]).

In dieser relativen Selbständigkeit des englischen Kabinetts liegt der Kernpunkt des englischen Parlamentarismus. Es ist die goldene Mittelstraße zwischen einem Absolutismus auf Seiten der Krone und einem solchen des Parlaments, die der Engländer hiermit gefunden hat. Mit vollem Recht sagt daher z. B. Macaulay in seiner „History of England" 1855: „Happily a way has been found out in which the House of Commons can exercise a paramount influence over the executive government, without assuming functions such as can never be well discharged by a body so numerous and so variously composed. An institution which did not exist in the times of the Plantagenets, of the Tudors or of the Stuarts, an institution not known to the law, an institution not mentioned in any statute, an institution of which such writers as De Lolme and Blackstone take no notice, began to exist a few years after the revolution, grew rapidly into importance, became firmly established, and is now almost as essential a part of our policy as the Parliament itself. This institution is the Ministry [2])."

Das Charakteristikum dieser englischen Exekutivverfassung liegt in der trotz weitgehendem parlamentarischen Einfluß keineswegs zu unterschätzenden Selbständigkeit der Exekutive, die ihre Begründung einmal in der parlamentarischen Stellung der Kabinettsmitglieder findet und ferner in der dem König verbliebenen, formalrechtlichen Machtstellung, die in Zeiten der Krise stets für die Exekutive den Ausschlag zu geben vermag [3]). Wenn wir uns im folgenden kurz mit dem inneren Ausbau der Exekutive Englands beschäftigen, so beginnen wir auch hier am besten mit der Exekutivspitze.

---

[1]) Einige wenige Prärogativrechte vermag der König allerdings nach wie vor auch ohne Zustimmung des Kabinetts auszuüben. Welche hierzu im einzelnen zu rechnen sind, ist stark bestritten. Zumeist rechnet man hierher in erster Linie das Recht der Parlamentsauflösung. Jedoch auch diese Rechte werden de facto heute zumeist in Übereinstimmung mit dem Kabinett ausgeübt. Vgl. hierzu Hasbach: Parlamentarische Kabinettsregierung, 1919, S. 94ff.

[2]) Vgl. Macaulay: The history of England from the accession of James II. 1855. Bd. IV., S. 435.

[3]) Für die für den Engländer überhaupt charakteristische Exekutivfreudigkeit, in der er sich so sehr von dem Kontinent unterscheidet, ließen sich unzählige literarische Beispiele anführen. So sagt z. B. der bekannte Earl Grey in seinem „Parliamentary Government", S. 99: "It has often been said, and with truth, that, under our present constitution, the worst administration, we can have, is a weak one. A weak Ministry has not the power of acting rightly; it must bring forward in Parliament, not the measures, it knows to the best for the interests of the Country, but those it can hope to carry".

Die staatsrechtliche Spitze der englischen Exekutive ist noch heute der König, dessen servants die Kabinettsmitglieder sind, in dessen Namen „His Majesty Government" die Regierung führt. Wenn der englische Minister auch heute noch staatsrechtlich ein Diener der Krone ist, so ist er doch praktisch-politisch längst ein selbständiger Faktor, der zwischen Krone und Parlament die Vermittlerrolle zu übernehmen hat. An der Spitze der englischen Exekutive steht daher materiell heute das Kabinett, dessen Mitglieder sich aus den führenden Mitgliedern der Regierungspartei zusammensetzen, dessen Ministerpräsident der Führer der Regierungspartei ist. Das englische Kabinett ist daher mit Recht als der Exekutivausschuß der Regierungspartei bezeichnet worden [1]). Das Kabinett bestimmt die Richtlinien der Politik. Die Zahl der Kabinettsmitglieder ist keineswegs absolut feststehend [2]). Stets gehören zu dem Kabinett neben dem Premier der first lord of the treasury, der Lord high Chancellor of Great Britain, der lord President of the Privy council, der lord privy Seal, der first lord of the admiralty, die Staatssekretäre und einige andere mehr. Der Lord Chancellor of Ireland und der Lord Lieutenant of Ireland gehören dagegen z. B. nicht regelmäßig zum Kabinett, sondern haben nur zeitweilig dort Sitz und Stimme eingeräumt erhalten. Neben dem Kabinett steht das Ministerium, das von diesem scharf getrennt werden muß. Zu dem Ministerium gehören in erster Linie die sämtlichen Kabinettsmitglieder und darüber hinaus alle diejenigen Mitglieder der Exekutive, die wir nach kontinentalen Vorstellungen als politische Beamte bezeichnen würden [3]). Alles, was nicht zu dem Ministerium gehört, muß zu dem sogenannten permanent civil service gerechnet

[1]) In diesem Sinne z. B. Walter Bagehot: The english constitution, 1872, S. 10: "The efficient secret of the English Constitution may be described as the close union, the nearly complete fusion of the executive and legislative powers . . . . The connecting link is the cabinett. By that new word we mean a committece of the legislative body selected to be the executive body".

[2]) Vgl. Alpheus Todd: „Parlamentarische Regierung Englands" (zit. nach der deutschen Übersetzung), Bd. II, S. 136: „Einige der hervorragendsten dieser Mitglieder des Ministeriums werden regelmäßig in jedes Kabinett aufgenommen, doch wird bei der Auswahl derselben eine bestimmte Regel oder Gewohnheit nicht beobachtet; wie wir bereits bemerkt haben, läßt sich der Premier dabei mehr von Rücksichten auf die Person, als auf die größere oder geringere Bedeutung der Ämter leiten".

[3]) Zu diesen „politischen Beamten" gehören in erster Linie die parlamentarischen Unterstaatssekretäre, der Generalzahlmeister, der Präsident des Gesundheitsamts, der Präsident des Local Government Board, der Attorney General, der Sollicitor General und neben ihnen noch einige andere Amtsträger. Alle Mitglieder des Ministeriums gehören auf jeden Fall der Zentralverwaltung an und bekleiden dort eine leitende Stellung.

werden. Um nur die wichtigste Gruppe aus dieser Kategorie hervorzuheben, die wohl dem Ministerium, jedoch nicht dem Kabinett angehört, seien die parlamentarischen Unterstaatssekretäre, der Chef des Generalstabs, die vier englischen Seelords und der Generalzahlmeister erwähnt.

Diese Mitglieder des Ministeriums stehen sämtlich in mehr oder minder enger Verbindung mit dem Parlament, bzw. der Regierungspartei, und sind in ihrer Amtsführung von der politischen Lage abhängig, so daß sie sich bei einem etwaigen Sturz der Regierungspartei von ihren Ämtern zurückzuziehen haben. Wie eng die Verbindung zwischen Ministerium und Parlament im einzelnen Fall ist, läßt sich nicht generell beantworten. Auf jeden Fall ist die Verbindung in Ansehung der Kabinettsmitglieder im Zweifel enger als bei den übrigen Angehörigen des Ministeriums. Am engsten ist diese Verbindung jedenfalls bei dem Ministerpräsidenten, der regelmäßig gleichzeitig Führer der Regierungspartei ist. Im übrigen gilt für die Kabinettsmitglieder ganz allgemein, daß sie der Regierungspartei offiziell angehören müssen und als Mitglieder der Fraktion Sitz und Stimme im Parlament haben müssen. Da das englische Verfassungsrecht den Minister als solchen zu den parlamentarischen Beratungen nicht zuläßt, müssen die Minister schon deswegen im allgemeinen Parlamentsmitglieder sein, um dem Parlament überhaupt Rede stehen zu können. Aus dem gleichen Grunde müssen auch die dem Ministerium angehörenden parlamentarischen Unterstaatssekretäre Parlamentsmitglieder sein und zwar, wenn eben möglich, desjenigen Hauses, dem der betreffende Minister nicht angehört, damit das Ressort in beiden Häusern vertreten ist. Für die übrigen Mitglieder des Ministeriums besteht eine Notwendigkeit der Parlamentsmitgliedschaft nicht, obwohl auch sie nicht selten dem Parlament angehören werden.

Neben diesem Ministerium, in dem die sämtlichen „politischen Beamten" zusammengefaßt sind, steht der permanent civil service [1]). Der permanent civil service Englands entspricht unserem deutschen Berufsbeamtentum, und doch zeigt sich gerade bei ihm der tiefgehende Unterschied, wie er auf politischem Gebiet überhaupt zwischen Deutschland und England besteht.

Es ist eine historische Tatsache, daß das kontinentale Berufsbeamtentum, daß insbesondere das Beamtentum der deutschen

[1]) Über die Entwicklungsgeschichte der englischen Amtsverfassung von der Zeit der Tudors bis in die Gegenwart, vgl. das Standard Work des Amerikaners Dorman B. Eaton "Civil service in Great Britain, a history of Abuses and Reforms and their Bearing upon American Politics". 1880. Eaton, der zu den eifrigsten amerikanischen Civil service Reformern gehörte, schrieb dieses Buch auf Veranlassung der amerikanischen Bundesregierung.

Monarchien eine Schöpfung des Absolutismus gewesen ist. Die Staaten des Kontinents, die ausnahmslos erst der staatenbildenden Kraft des Absolutismus ihr Dasein verdanken, sind daher bis auf den heutigen Tag mit den Ideen des Berufsbeamtentums aufs engste verknüpft. Die Geschichte des englischen Ämterwesens ist demgegenüber gänzlich andere Wege gegangen. Ähnlich wie auf dem Kontinent tragen auch in England die Anfänge der Amtsverfassung ständischen Charakter. Es sind die großen Barone, die um ihrer ständischen Stellung willen die hohen Staatsämter bekleiden. Es ist das gleiche Bild, wie wir es in den europäischen Ständestaaten vorfinden, die Ämter sind aufgeteilt unter die Stände, für die das Amt nicht so sehr eine Pflicht als ein Recht bedeutet. Die Amtsverfassung des Ständestaats hatte die Aufgabe, dem Staatsangehörigen diejenige aktive Beteiligung an der Staatsgewalt zu geben, die ihm in einer späteren Zeit mit dem Wahlrecht eingeräumt wurde. „Das englische office wurde ein dingliches Recht mit eigentumsähnlichem Charakter. Es konnte, wenn es nicht gerade ein richterliches Amt war, veräußert und verpfändet werden [1]." Während auf dem Kontinent der Absolutismus an die Stelle dieser ständischen Amtsverfassung das landesherrliche Beamtentum treten ließ, und damit wesentliche Voraussetzungen des modernen Staates schuf, behielt England diese alte ständische Amtsverfassung bis weit in das 19. Jahrhundert hinein und hat sie auch heute noch nicht gänzlich aufgegeben, wenn auch die noch vorhandenen ständischen Ämter politisch nur eine untergeordnete Rolle spielen.

Wenn die ständische Amtsverfassung sich in England derart lange hat erhalten können, so findet dies seine Begründung nicht allein in dem besonderen staatlichen Verhältnissen Englands, sondern daneben nicht zuletzt in dem Fehlen einer ausgebauten inneren Staatsverwaltung. Die Aufgaben, die auf dem Kontinent die Staatsverwaltung zu lösen hatte, blieben in England dem Local Government überlassen. Hiermit war dem englischen Staat eine Aufgabe erspart, die in den kontinentalen Staaten einen großen Beamtenstab erforderte. Erst im 19. Jahrhundert beginnt sich in England ein staatlicher Verwaltungsstab zu entwickeln, der dem Berufsbeamtentum des Kontinents ähnelt und allgemein als permanent civil service bezeichnet wird. Die Ursachen, die auch England trotz ursprünglichen Widerstrebens zur Schaffung eines Berufsbeamtentums zwangen, sind vornehmlich in zwei Momenten zu suchen: Einmal die Veränderungen der allgemeinen verfassungsrechtlichen Verhältnisse, wie sie insbesondere durch die beiden grundlegenden

[1]) Vgl. Hatschek: Englisches Staatsrecht 1906, Bd. II, S. 576.

Parlamentsreformen von 1832 und 1867 charakterisiert werden, und ferner die zunehmende Erweiterung des staatlichen Aufgabenkreises, die eine innere Staatsverwaltung notwendig machte.

Gerade durch die erwähnten Parlamentsreformen, die dem House of Commons seinen ursprünglich ständischen Charakter nahmen und in der representation of the people Act vom 6. Februar 1918 ihren Abschluß fanden, ist der Übergang Englands zum modernen Staat am schärfsten charakterisiert. Das englische Parlament ist nunmehr zu einem Repräsentativorgan im Sinne der französischen Revolution geworden. Gegenüber einem derartigen Parlament war eine nach wie vor nach ständischen Gesichtspunkten aufgebaute Amtsverfassung ein Unding. Wie im Parlament an die Stelle der Adelsgruppe die moderne Partei getreten war, mußte auch das alte ständische Amt der Geschichte angehören.

Zwei Möglichkeiten standen dem englischen Staat an diesem Scheidewege, wo er sich von seiner ständischen Amtsverfassung notgedrungen trennen mußte, zur Verfügung: der Parteifunktionär als Träger staatlicher Funktionen oder das Berufsbeamtentum nach dem Muster des europäischen Absolutismus. Es ist ein Beweis für den politischen Tatsachensinn der englischen Leitung, daß England trotz aller Parlamentsfreudigkeit das Berufsbeamtentum dem amerikanischen Beispiel von vornherein vorgezogen hat. Und so sehen wir denn Hand in Hand mit dem Umbau des englischen Staates überhaupt ein Beamtentum entstehen, das deutlich dem kontinentalen Berufsbeamtentum verwandte Züge trägt.

Diese Entwicklung ist durch ein anderes Moment noch besonders unterstützt und beschleunigt worden: die beispiellose Erweiterung des staatlichen Aufgabenkreises, die wie in allen anderen Staaten, so auch in England innerhalb der letzten 50 Jahre stattgefunden hat. Diese beiden Momente sind es daher, denen der englische permanent civil service sein Dasein verdankt. Seine Entwicklung, die wir in diesem Zusammenhang nur an ihren wichtigsten Punkten streifen können, läßt sich bereits relativ weit zurückverfolgen. Den ersten Anstoß zur Schaffung eines Berufsbeamtentums wird man wohl in der Burke-Pittschen Behördenreform zu suchen haben, die am 11. Februar 1780 mit einer berühmt gewordenen Rede Edmund Burkes im House of Commons eingeleitet wurde. Hiermit war der Angriff auf die alte ständische Amtsverfassung eröffnet, der nach jahrzehntelangen Kämpfen dann schließlich den Weg für den neuen Civil service freigeben sollte.

Es ist charakteristisch, daß mit dem Jahre 1832, in dem England einen grundsätzlich neuen politischen Kurs überhaupt einschlug, auch die Amtsverfassung langsam in den Mittelpunkt des Interesses zu rücken beginnt, um zum ersten Male im Jahre 1853 gelegentlich eines offiziellen Reports Sir Stafford Northcotes und Sir Charles Trevelyans den Gegenstand einer allgemeineren Debatte zu bilden. Dieser Report ist der Ausgangspunkt einer Bewegung, die England ein Beamtentum bringen sollte, das seinen veränderten verfassungsrechtlichen Verhältnissen genügte.

Die besondere Schwierigkeit aller Versuche, auch für England ein Berufsbeamtentum zu schaffen, wie es die kontinentalen Staaten bereits seit längerer Zeit besaßen, lag darin, daß nicht, wie auf dem Kontinent, das Berufsbeamtentum selbständig von der Krone geschaffen werden konnte, da die königliche Prärogative und damit die Organisationsgewalt in dem Zeitpunkt, in dem in England das Beamtenproblem akut wird, bereits auf das Kabinett übergegangen war und somit dem Einfluß der politischen Parteien offenstand. Im Gegensatz zu Amerika war man jedoch in England nicht geneigt, das Beamtentum parteipolitischen Einflüssen im Übermaß auszusetzen. Die Gründe hierfür dürften verschiedener Art gewesen sein. Einmal muß berücksichtigt werden, daß die Scheu vor einem allzugroßen Erstarken der Exekutive, wie sie für das junge Amerika charakteristisch war, dem Engländer von Haus aus fremd ist. Daneben ist jedoch der Hauptgrund wohl darin zu suchen, daß England im Gegensatz zu dem von politischen Erfahrungen nicht beschwerten Amerika bereits die Gefahren eines nach unsachlichen Gesichtspunkten ausgewählten Beamtentums in seiner eigenen Geschichte kennen gelernt hatte. Auch das alte ständische Amtsrecht Englands war in weitem Ausmaß von der Patronage beherrscht.

Mit dem Wort Patronage ist ein Begriff eingeführt worden, der seine Ausprägung vornehmlich in Amerika gefunden hat und seitdem als terminus technicus für einen Zustand gilt, in dem die Beamten auf Grund eines von persönlichen Rücksichten beeinflußten Vorschlages ernannt werden. Diese „Patronage" kann von verschiedenster Seite ausgeübt werden: so von einer einflußreichen Einzelpersönlichkeit oder auch einer größeren Gruppe, wie etwa einer politischen Partei [1]). Die alte englische Patronage war eine

[1]) Man kann wohl in der Hauptsache drei Patronagesysteme unterscheiden. Erstens die sogen. Kronpatronage, die in dem englischen Frühkonstitutionalismus, zumal unter den letzten Stuarts, eine große Rolle gespielt hat. Mit Hilfe dieser Patronage versuchte die Krone die Abgeordneten des Parlaments in ihre Hand zu bekommen, indem sie ihnen Beamtenstellung verschaffte. Die nächste Art, die in der geschichtlichen Entwicklung anzutreffen ist, ist die ständische Patronage, d. h. die Verteilung der Staatsämter an die Mitglieder der ständischen Gruppe. Die modernste Art der Patronage ist die echte Parteipatronage, für die die Parteikarte jeden anderen

typisch ständische Patronage, die von den alten Adelsparteien ausgeübt wurde und daher lediglich unter ständischen Gesichtspunkten beurteilt werden kann. Es war die ständische Gruppe, die ihre Mitglieder in die leitenden Staatsämter entsandte. Für den ausgesprochenen Ständestaat, in dem die Ämter zu dem anerkannten Machtbereich der Stände gehören, war eine derartige Patronage an sich nichts absonderliches und wurde innerhalb des ganzen Systems nicht ohne weiteres als lästig empfunden. Erst, als im Laufe der Entwicklung der ständische Staat auf Grund der völligen Umgruppierung der sozialen Verhältnisse zu entarten begann, tauchten die ersten Klagen über diese Ämterpatronage auf, die dann nicht mehr verstummen sollten und so zu der Reorganisation des englischen Amtsrechts geführt haben [1]).

Die Schattenseiten des Patronagesystems mußten immer stärker in Erscheinung treten, um so mehr sich der englische Staat zu einer modernen Repräsentativverfassung nach kontinentalem Muster bekannte [2]). Aus der ständischen Patronage entwickelte sich die Parteipatronage. Während die ständische Patronage trotz aller Mängel stets eine gewisse Stetigkeit ausgezeichnet hatte und so die Amtsverfassung vor plötzlichen Schwankungen bewahrt blieb, mußte die eigentliche Parteipatronage das Ende jeder organisierten Verwaltung bedeuten [3]).

Qualifikationsnachweis zu ersetzen bestimmt ist. Für alle diese verschiedenen Patronagesysteme ist das entscheidende Symptom, daß die Auslese nicht nach der sachlichen Geeignetheit des Bewerbers, sondern nach anderen Momenten erfolgt.

[1]) Dieses Patronagesystem des späten Ständestaats war das, was Max Weber als inoffizielle Patronage zu bezeichnen pflegt und mit Recht die unerträglichste Art aller Patronagen genannt hat. (Max Weber: Parlament und Regierung, veröffentlicht in den Gesammelten politischen Schriften 1921, S. 185). Solange England ein reiner Ständestaat war, muß man jedoch diese ständische Patronage als offiziell, d. h. in vollstem Einklang mit der Verfassung stehend, ansehen. Die englischen Stände trugen damals die Verantwortung für den englischen Staat, mochten sie dafür auch die Staatsämter besetzen. Als England vom Ständestaat sich zum modernen Parteistaat entwickelte und trotzdem anfänglich die alte ständische Patronage beibehalten wurde, entwickelte diese sich zur inoffiziellen Patronage im Sinne Max Webers und war deshalb den stärksten Angriffen ausgesetzt.

[2]) Sogar ein so entschiedener Anhänger des Parlaments wie der Earl Grey gibt in seinem "Parliamentary Government considered with reference to his reform" — Deutsche Übersetzung von Graf Leo Thun, 1863, — die Mangelhaftigkeit dieser Regierungsform mit Rücksicht auf die Beamtenauslese unumwunden zu. Vgl. a. a. O., S. 43.

[3]) Die Wirkungen einer derartigen Parteipatronage sind in einem der vielen Parlamentsreports, die über dieses Thema veröffentlicht worden sind, treffend geschildert worden: "Let anyone who has had experience, reflect on the operations of patronage on Electors, Parliament and the Government Over each it exercises an evil influence. In the elections it interferes with the

Die politischen Kampfmittel der Partei, die sich insbesondere auch in ihrer Personalpolitik zeigen müssen, sind stets stark demagogischer Natur. Eine solche Personalpolitik vermag aber niemals eine befriedigende Beamtenauslese zu garantieren. Die alte englische Ständevertretung unterlag keinerlei Bindungen gegenüber breiten Wählermassen, ihr war außerdem durch ihre traditionelle Geschlossenheit eine stärkere Einflußmöglichkeit gegenüber ihren Mitgliedern gesichert, als etwa der modernen Partei gegenüber ihren Anhängern. Es war daher unausbleiblich, daß die schon an sich nicht begrüßenswerte Patronage der ständischen Zeit sich unter den veränderten staatsrechtlichen Verhältnissen zu einer äußerst bedenklichen Parteipatronage auswachsen mußte, wenn nicht rechtzeitig für Abhilfe gesorgt wurde. Der erste sichtbare Merkstein in dieser Gegenbewegung, der Report Sir Stafford Northcotes, ist bereits erwähnt. Es war der englische Premierminister Gladstone, der Northcote und Trevellyan mit der Anfertigung dieser Denkschrift im Jahre 1853 beauftragte.

In dem gleichen Jahre 1853 war das Civil Service-Problem in England bereits in einem anderen Zusammenhang akut geworden. Die Charte der Ostindischen Kompagnie lag dem Unterhaus vor, um in einigen Punkten eine Änderung zu erfahren. Bei dieser Gelegenheit wurde dem Direktorium der Kompagnie das Recht der Ernennung der indischen Beamten genommen, das es bislang besessen hatte. Bei der dadurch notwendigen Neuregelung des indischen Beamtenwesens wurde für die gesamte indische Beamtenschaft ein jedermann zugängliches Examen zur obligatorischen Voraussetzung der Anstellung gemacht. Das unter diesem Namen berühmt gewordene System der „open competition", das in der englischen Verwaltungsgeschichte des 19. Jahrhunderts einen Programmpunkt bedeutet, war damit für Indien offiziell anerkannt. Der Hauptanwalt dieses neuen Systems war der bekannte englische Historiker Macaulay, der in einer großen Rede vor dem Unterhaus seinen Standpunkt auf das eindrucksvollste verteidigte [1]). Durch dieses neue System der open competition war es möglich, den Einfluß der Patronage in großem Ausmaß zu brechen. Falls unter den wenigen Personen, die die notwendigen Examina abgelegt hatten, der

---

honest exercise of the franchise; in Parliament it encourages subservience to the administration; it impetes the free action of a Government desirous of pursuing an honest and economical course, and it occasions the employment of persons without regard to their peculiar fitness. It is a more pernicious system than the mere giving of money to electors or members of Parliament to secure their votes. It is bribery in its worst form"; (Parliamentary Reports 1854, 1855, Vol. XX. p. 302.)

[1]) Vgl. Moses a. a. O., S. 53.

eine oder andere trotzdem auf Grund persönlicher politischer Beziehungen vorgezogen werden sollte, so ließ sich dies allerdings auch weiterhin nicht vermeiden, wenn man nicht nach amerikanischem Muster jede Rangerhöhung von einer entsprechenden Prüfung abhängig machen wollte. Grundsätzlich wird man jedoch sagen können, daß mit Hilfe der Einführung dieser obligatorischen Prüfungen die Ausschaltung der Patronage erreicht worden ist.

Während in den konstitutionellen Monarchien des Kontinents das Prüfungswesen lediglich als interne Verwaltungsangelegenheit behandelt wurde, und deshalb auch allein verwaltungstechnische Gesichtspunkte für seine Ausgestaltung maßgeblich waren, spielen in England diese Prüfungen eine hochpolitische Rolle, indem sie vornehmlich dazu bestimmt sind, die Schaffung eines politisch neutralen Beamtentums zu ermöglichen. Wir werden daher im Laufe unserer weiteren Untersuchungen immer wieder auf diese Prüfungen stoßen und hierbei ihre außerordentliche Bedeutung für das gesamte englische Staatsleben erkennen können.

Für Indien wurden in dem Jahre 1853 derartige Prüfungen, die jedermann offenstanden, durch Parlamentsbeschluß eingeführt. Während hier die Einführung dieser Neuerung verhältnismäßig wenigen Widerständen begegnete, sollten sich der Reform der englischen Amtsverfassung die erheblichsten Schwierigkeiten in den Weg stellen. Es war bereits erwähnt worden, daß im Jahre 1853 der Report Northcotes erschien. Das Programm dieses Reports hat Moses in seinen Hauptzügen in die Worte zusammengefaßt: "They would attract the ablest men by a competitive examination open to all classes, conducted by an independent central board[1])." Bedeutsam ist, daß sich bereits in diesem Report eine Trennung zwischen intellectual und mechanical work findet, die später, wenn auch unter etwas veränderten Gesichtspunkten, in den beiden clerk divisions fortlebt, die in der Geschichte des englischen civil service eine erhebliche Rolle gespielt haben. Dieser Report mit den von ihm vorgeschlagenen einschneidenden Neuerungen, die der politischen Partei mit der Patronage eine nicht zu unterschätzende Waffe in dem politischen Kampf nahmen, erregte naturgemäß lebhaften Widerspruch. Und doch zeigte eine auf Grund einer Anordnung des Unterhauses vorgenommene Enquete, wie notwendig derartige Reformen waren. In der Mehrzahl der englischen Behörden wurden damals sämtliche Beamte ohne jegliche Prüfung angestellt. Nur in einigen wenigen Ressorts verlangte man ein wenig Rechnen und Schreiben. In der Accise und dem Post Office darüber hinaus englische Geschichte, Geo-

[1]) Vgl. Moses a. a. O., S. 68.

graphie und Buchführung. Nur die Admiralität verlangte von ihren Beamtenanwärtern die Ablegung einer Art Examen im technischen Sinne. Trotzdem diese Zustände, schon mit Rücksicht auf die dem Angelsachsen stets sehr am Herzen liegende „efficiency" des Beamtentums, unbestreitbar reformbedürftig waren, wollten die Gegner des Report von 1853 nicht verstummen. Obwohl sich Gladstone persönlich für den Report einsetzte und bemüht war, dessen Vorschlägen de lege ferenda baldmöglichst gesetzgeberische Taten folgen zu lassen, verschob sich die Vorlage eines derartigen Gesetzentwurfs immer weiter, nicht zum mindesten auf Grund des inzwischen ausgebrochenen Krimkrieges. Der Nachfolger Gladstones, Lord Palmerston, versuchte das gleiche Ziel auf einem anderen Wege zu erreichen. Die Abneigung des Parlaments gegen eine durchgreifende Reform war nach wie vor so stark, daß es nicht ratsam erschien, derartige Fragen dem Parlament überhaupt vorzulegen. Die Reform wurde daher vorerst auf dem Verordnungswege vorgenommen[1]). Durch eine order in council vom Mai 1855 wurde eine gegenüber den einzelnen Verwaltungsstellen selbständige Prüfungskommission — die Civil Service Commission — bestellt und dieser das gesamte Beamtenprüfungswesen übertragen. Hiermit wurden jedoch keineswegs bereits allgemeine obligatorische Prüfungen eingeführt, es sollte

[1]) Wenn diese für den englischen Staat so außerordentlich wichtige Neuerung im Wege der Verordnungsgewalt der Regierung vorgenommen wurde, so haben wir hier eine geradezu typische Erscheinung vor uns, die sich, wie wir später noch sehen werden, z. B. in Amerika in der gleichen Form wiederholt hat. Vielleicht ist gerade diese Tatsache geeignet, die Grenzen parlamentarischer Möglichkeiten erkennen zu lassen. Ganz besonders schwierig ist naturgemäß die parlamentarische Entscheidung einer Frage, durch die, wie hier, die Belange des Parlaments selber auf das Empfindlichste berührt werden. Derartige Erscheinungen, wie wir sie in England und in Amerika bei den Versuchen der Schaffung eines parteipolitisch-neutralen Verwaltungsstabes antreffen, wiederholen sich in der gleichen Weise auf den verschiedensten anderen Gebieten. Es gibt gewisse Probleme, die von der Legislative anscheinend nicht gelöst werden können. Ein interessantes Gegenstück zu dem im Text behandelten Problem scheint die gegenwärtige deutsche Wahlreformbewegung liefern zu sollen. Mit vollstem Recht weist Koellreutter in seinen „Politischen Parteien" 1926 (S. 70) darauf hin, daß de facto keine der deutschen Parteien zurzeit geneigt ist, eine Wahlrechtsreform zu unterstützen, die, wenn auch vielleicht grundsätzlich als notwendig anerkannt, um den Parlamentarismus lebensfähig zu machen, geeignet ist, die Arbeit der Parteimaschine weitgehend zu erschweren und damit die rein organisatorische Machtstellung der politischen Partei zu erschüttern. Von der politischen Partei Selbstbeschränkung zu erwarten, wird sich praktisch zumeist als irrig erweisen müssen, da ja auch diejenigen Parteien, die grundsätzlich den Parlamentarismus ablehnen, letzten Endes mit ihm auf Gedeih und Verderben verbunden sind.

lediglich den einzelnen Departements-Chefs die Möglichkeit gegeben werden, in ihren Ressorts derartige Prüfungen einzuführen und sich hierbei der Kommission zu bedienen. Die endgültige Entscheidung lag nach wie vor bei dem einzelnen Departements-Chef. Hiermit war allerdings der praktische Erfolg der Reform in Frage gestellt, zumal ein großer Teil der Departements-Chefs diesen Prüfungen nach wie vor ablehnend gegenüberstand.

Die Rolle, die hier der Departements-Chef spielt, erscheint auf den ersten Blick nicht recht verständlich. Für die kontinentalen Staaten und ihr von dem Absolutismus geschaffenes Beamtentum, dessen Leitung zentral in der Hand des Monarchen zusammengefaßt war, ist eine ähnlich selbständige Stellung eines Ressortchefs undenkbar. Bei den englischen heads of the department bricht an dieser Stelle noch einmal ihre historische Vergangenheit durch, in der sie einst als ständische Beamte die einzigen eigentlichen officers gewesen waren, während die sämtlichen unteren Beamten von ihnen lediglich als ihre persönlichen Hilfskräfte angestellt wurden und dementsprechend auch jederzeit entlassen werden konnten[1]). Ein kleines Gegenstück hierzu bietet im Rahmen der inneren Verwaltung Preußens der Landrat, der sich ebenfalls bis in das 20. Jahrhundert hinein seine „Beamten" auf dem Landratsamt, mit Ausnahme des Kreissekretärs, aus eigenen Mitteln, die ihm allerdings als Pauschale für den Dienstaufwand zur Verfügung gestellt wurden, halten mußte. Die „Beamten" der preußischen Landratsämter waren somit ursprünglich Privatangestellte der Landräte. Im großen war es ähnlich bei den ständischen officers des alten Englands. „Die im Inneren des Office beschäftigten Clerks, die die Staatsverwaltungsmaschine in Gang hielten, waren nur Hilfsarbeiter der oberen Amtsträger, die das Beamtenrecht und die offizielle Amtsorganisation nicht kannte; sie, die Clerks, wurden aus der massa communis, den Fonds des Amts, bezahlt, die aus den Parteisporteln gebildet wurden. An diesen Fonds hatten alle Oberbeamten des Amtes einen Quotenanteil, den Löwenanteil und den eigentlichen Gewinn der Leiter des Amtes, der patentierte Amtsträger[2])." Es sind die letzten Nach-

[1]) Charakteristisch für diese sonderbare Stellung des englischen Ressortchefs in allen personalpolitischen Fragen ist eine Bemerkung von Moses in seinem "Civil Service of Britain": "In England not only the prime minister, but the chancellor of the exchequer, and the parliamentary and permanent heads of other departements had each his own policy or standard. If there was patronage in one departement under Jackson (h. in Amerika) there was patronage in all — but in 1853 in England there were as many polities as there were ministers." (S. 33.)

[2]) Vgl. Hatschek: Englisches Staatsrecht, 1906, Bd. II, S. 576.

klänge dieser ständischen Zeit, die diese für kontinentale Begriffe unverständliche Selbständigkeit des Departements-Chefs gegenüber den Beamten seines Ressorts erklären. Diese Tatsache ist andererseits ein Beweis dafür, wie schwer die Idee eines eigentlichen Staatsbeamtentums in England Eingang gefunden hat. Wir werden später noch sehen, daß dieses Selbstbestimmungsrecht des Departementschefs keineswegs eine leere Form war, daß ein heißer Kampf entbrannte, als spätere Reformen auch dieses beseitigen wollten.

Daß die Stellung der Civil Service Commission bei dieser Lage der Dinge gegenüber den einzelnen Ressorts keineswegs sonderlich einfach war, und nur mit außerordentlichem Takt und Rücksichtnahme auf den Ressortpartikularismus überhaupt etwas zu erreichen war, liegt auf der Hand. Trotz aller Mängel, die die Reform daher aufzuweisen hatte, verhielt sich das Parlament gegenüber allen weiteren Reformvorschlägen nach wie vor ablehnend. Im Jahre 1856 erfolgte ein abermaliger Vorstoß, der ganz allgemein die Einführung der open competition verlangte. Auch die Regierung, vertreten durch den Chancellor of the Exchequer sprach sich jedoch mit der interessanten Begründung gegen derartige Reformen aus, daß man den Departementchefs derartige Beschränkungen in der Wahl ihrer Beamten nicht auferlegen dürfe, da sie für diese verantwortlich seien.

Einen wichtigen Fortschritt der Reform bedeutete die Superannuation-Act von 1859, in der das Zertifikat der Civil Service Commission über die bestandene Prüfung zur Voraussetzung der Erwerbung eines Pensionsanspruchs gemacht wurde. Daß hiermit ein erheblicher Druck zugunsten der Prüfungen der Civil Service Commission ausgeübt wurde, versteht sich von selbst. In der Folgezeit haben die Reformbestrebungen nicht mehr aufgehört, um nach Überwindung großer Schwierigkeiten im großen und ganzen zu dem angestrebten Ziel, der obligatorischen Prüfung, zu führen. Den entscheidenden Wendepunkt in dieser Entwicklung bedeutet die berühmt gewordene Order in Council des Jahres 1870, durch die für sämtliche britische Staatsbeamte die Ablegung eines Examens vor der Civil Service Commission verlangt wurde, zu dem sich jedermann bei genügender Vorbildung melden konnte[1]). Die Open compe-

[1]) Was diese im Text erwähnte Order in council für England bedeutete, läßt sich am besten aus einer Äußerung Eatons erkennen (Civil Service in Gret Britain, S. 239): "Thos order was in short a grand triumph of patriotism, charakter, education and capacity over selfishness, official favoritism, partisan intrigue, and whatever else had been corrupt, immoral, or injust in the action of parties on the bestowal of the office. It market the highest elevation of justice and official self.denial that governmental action in any country had ever reached."

tition war damit in England endgültig eingeführt. Es mag nicht unerwähnt bleiben, daß Art. 7 dieser Order in Council Vorkehrungen traf, um in besonders gelagerten Fällen auch Personen, die eine derartige Prüfung nicht bestanden hatten, die Beamtenlaufbahn zu eröffnen. Eine derartige Ausnahme kam jedoch nur in den seltensten Fällen in Frage und bedurfte im übrigen stets der Zustimmung der Civil Service Commission, so daß für den Department-Chef keine Möglichkeit bestand, etwa auf diesem Umwege politische Günstlinge in gute Posten zu bringen. Und doch war auch mit dieser Regelung des Jahres 1870 ein idealer Zustand noch nicht erreicht. Die Order in Council sah zwei verschiedene Arten von Prüfungen vor, wie sie andererseits auch Clerks der first und der second division unterschied. Die entscheidende Frage war nun, welche Stellen mit Clerks der first division besetzt werden mußten und welche nicht. Die Verordnung selber hatte hierüber keine Anordnungen getroffen, so daß praktisch die Entscheidung bei dem Departement-Chef lag, mit welcher Beamtenkategorie er die einzelnen Posten besetzen wollte.

In der Folgezeit ergaben sich trotz aller bereits vorgenommener Reformen immer noch wesentliche Schwierigkeiten verschiedenster Art. Wenn beispielsweise auch die treasury stets einen bestimmenden Einfluß auf das Besoldungswesen besaß, so war damit doch eine einheitliche Beamtenbesoldung keineswegs garantiert. Durch verschiedene Orders in Council aus dem Jahre 1876 und aus dem März und August 1890 wurde auch diesen Übelständen abgeholfen. Die Selbständigkeit der Ressortchefs war nunmehr endgültig nach langem Kampf gebrochen und der Weg zu einem modernen Berufsbeamtentum frei geworden. Die Prüfungen, die Besoldungen und teilweise auch die Aufrückungsmöglichkeiten waren nunmehr einheitlich in einer für alle Ressorts gleich verbindlichen Form geregelt und damit die Grundlage des heutigen englischen civil service gegeben[1]).

Und doch unterscheidet sich dieser englische civil service auch heute noch ganz wesentlich von dem kontinentalen Berufsbeamten-

[1]) Durch dieses Prüfungssystem ist es England in der Tat gelungen, den Einfluß der Patronage fast durchweg zu brechen. So sagt z. B. Moses "the civil service of Great Britain" 1914, S. 197: "So far as the writer can judge, the job of this perpetrated by ministers and the Treasury in the last decade have been very few. Very rarely a man is appointed from outside on account of family or political connections to a post for which he is no particularly fitted." Eine Ausnahme macht der sogen. „private secretary scandal". Die in der englischen Politik eine wichtige Rolle spielenden Privatsekretäre einzelner einflußreicher Politiker haben sich natürlich dort ebenso um hohe Staatsämter bemüht und sie erhalten, wie wir dies auf dem Kontinent beobachten können. Da es sich jedoch hierbei um eine Einzelerscheinung handelt, wird sie das grundsätzliche Urteil nicht beeinflussen können.

tum. Die Gründe hierfür sind doppelter Natur. Der Engländer kennt keine gesonderte Rechtskategorie des öffentlichen Rechts, wie sie die kontinentalen Staaten in der auf den Absolutismus folgenden Epoche, zumal unter dem Einfluß des Postulates der gesetzmäßigen Verwaltung, geschaffen haben. Das common law beherrscht die gesamte englische Rechtsordnung, die nicht wie die der kontinentalen Staaten in die beiden großen Kategorien des öffentlichen und des privaten Rechts gespalten ist. Es ist hier nicht der Ort, um auf diese für ein Verständnis englischer Verhältnisse so außerordentlich wichtige Erscheinung näher einzugehen. Die Ursache liegt auch hier in der englischen politischen Entwicklung, in dem Fehlen einer absolutistischen Epoche. Auf dem Kontinent hatte der Absolutismus dem Staat jene überragende Stellung angewiesen, die ihn ursprünglich überhaupt außerhalb jeder Rechtsordnung stellte und ihn nur äußerst widerstrebend auf dem Umweg über den Fiskus in engen Grenzen dem Gesetz zu unterwerfen bereit war. Diese grundsätzliche Auffassung des Absolutismus wirkt noch heute in dem modernen Rechtssystem des öffentlichen Rechtes nach, das letzten Endes auch nur die Aufgabe hat, dem Staat als Staat eine rechtliche Sonderstellung zu verschaffen, die ihn über den gewöhnlichen Privatmann hinaushebt. Wie England keinen Absolutismus gekannt hat, so auch kein eigentliches öffentliches Recht[1]). Daß dieser Mangel eines öffentlichen Rechts auch für die Stellung des englischen civil service äußerst wichtig ist, steht außer Frage, wenn man sich vor Augen hält, wie das kontinentale Berufsbeamtentum nicht zuletzt gerade dieser öffentlich-rechtlichen Position seine hervorragende Stelle in dem staatlichen Organismus verdankt. Der englische civil servant unterscheidet sich grundsätzlich nicht von jedem anderen servant, wie ja bereits die Tatsache beweist, daß die englische Sprache für beide nur die gleiche Bezeichnung clerk besitzt. Der clerk ist zwar ursprünglich in erster Linie staatlicher Beamter, der clericus, dessen

---

[1]) In diesem Sinne auch Dicey in seiner "Introduction to the study of the law of the constitution", S. 382. "Here we touch upon the fundamental difference between English and French ideas. In England the Powers of the Crown and its servants may from time to time be increased as they may also bediminished. But these powers whatever they are, must be exercised in accordance with the ordinary common law principles which govern the relation of one Englishman to another." Diese Frage ist allerdings nicht unbestritten. In einer längeren Erwiderung auf die erwähnten Ausführungen Diceys stellt sich z. B. Edmund Parker in seinem Aufsatz "State and official liability" (veröffentlicht in der Harvard law Review vom März 1906) auf den Standpunkt, daß auch England ein droit administratif im französischen Sinne kenne. Auf seine m. E. nicht überzeugenden Ausführungen kann hier mit Rücksicht auf den beschränkten Raum nicht weiter eingegangen werden.

sich die englische Krone in der Frühzeit häufig zur Erledigung der Verwaltungsaufgaben bedient hat. Langsam wird die Verwendung des Begriffes clerk jedoch eine allgemeinere und bezeichnet heute ebenso gut den Staatsbeamten wie den privaten Angestellten. Wenn die civil service-Reform daher auch in vielen Punkten ein besonderes Dienstrecht geschaffen hat, so hat sie trotzdem dem englischen civil servant nicht jene eigentümliche Stellung verliehen, die der Beamte in den kontinentalen Monarchien besaß, und die ihn dort von allen anderen Bediensteten unterschied. Die Regelung, die England mit seiner civil service-Reform getroffen hat, kann theoretisch in ähnlicher Weise jedes große Unternehmen für sein Personal durchführen. Praktisch ist eine solche Regelung, die lediglich organisatorische Bedeutung hat, in der Gegenwart mit Hilfe der Tarifverträge oftmals durchgeführt worden, wie in Deutschland der bereits erwähnte Tarifvertrag der Reichs- und Staatsangestellten beweist, der neben ausführlichen Besoldungsvorschriften, spezielle Normen über Entlassung, Disziplin u. a. m. vorsieht. Und doch sind alle diese unter das im Wege des Tarifvertrages geschaffene Dienstrecht fallenden Personen dennoch gewöhnliche Privatangestellte geblieben, wie bisher.

Ähnlich steht es mit dem gesamten englischen civil service, der sich ebenfalls von den Bediensteten der Privatwirtschaft nicht wesentlich unterscheidet. In diesem Sinne hat daher die civil service-Reform in erster Linie organisationstechnische Bedeutung. Daß sie nebenbei auch noch grundsätzliche Bedeutung für das englische Beamtentum beanspruchen darf, indem sie den Beamten vom Angestellten des alten ständischen officer zum Staatsangestellten werden ließ, soll nicht geleugnet werden. Der Reform ist jedoch nicht gelungen — was sie im übrigen auch garnicht angestrebt hat, — auf spezifisch öffentlich-rechtlicher, d. h. privilegierter Rechtsnorm ein Beamtentum im Sinne der großen Verwaltungsstaaten des Kontinents zu schaffen. Der englische Beamte steht auf dem gleichen juristischen Boden wie jeder übrige Staatsbürger, während der kontinentale Beamte als Vertreter des übergeordneten Staates in seiner amtlichen Stellung ebenfalls eine juristisch überlegene Stellung einnimmt. In anschaulicher Weise bringt Dicey in seiner „Introduction to the study of the law of the constitution" diesen Unterschied zwischen England und dem Kontinent zur Darstellung[1]). „An intelligent

[1]) Die Ausführungen Diceys leiden allerdings m. E. darunter, daß er zu stark die persönliche Note in den Vordergrund schiebt und das ganze deutsche bzw. französische öffentliche Recht damit abfertigen zu können glaubt, daß er es als privilegierte Rechtsordnung zugunsten der Bureaukratie behandelt. Daß man hiermit jedoch dem Wesen des öffentlichen Rechts nicht im mindesten

student soon finds that droit administratif (sein Beispiel ist immer Frankreich, wo die Verhältnisse jedoch in dieser Beziehung nicht anders liegen als in Deutschland) contains rules as to the status, the privileges, and the duties of government officials. He therefore thinks he can identify it with the laws, regulations, or customs which in England determine the position of the servants of the Crown or of the civil Service. Such „official law" exists, though only to a limited extent, in England no less than in France, and it is of course possible to identify and compare this official law of the one country with the official law of the other. But further investigation shows that official law thus understood, though it may form part of, is a very different thing from droit administratif. The law by whatever name we term it, which regulates the privileges or disabilities of civil servants is the law of a class, namely, the army. But droit administratif is not the law of a class, but — a very different thing — a body of law, which under given circumstances, may affect the rights of any French citicen..... In truth, droit administratif, is not the law of the civil service, but is that part of French public law which affects every Frenchman in relation to the acts of the public administration as the representative of the State. The relation indeed of droit administratif to the ordinary law of France may be best compared not with the relation of the law governing a particular class the general law of England, but with the relation of Equity to the common law of England." (S. 380)[1]).

M. E. hat Dicey gerade mit dem letzten Satz die unterschiedliche Lage außerordentlich treffend gekennzeichnet. Wie zwischen dem common law und dem law of Equity sich kategoriale Schranken erheben, so sind auch öffentliches Recht und Privatrecht in dieser Weise kategorial getrennt. Das englische Recht kennt die Kategorie des öffentlichen Rechts nicht, kann daher auch seine Amtsverfassung nicht auf ihr aufbauen[2]). Daß diese Verschiedenheit der juristischen

gerecht werden kann, bedarf in diesem Zusammenhang keiner weiteren Beweise. Dicey sieht das öffentliche Recht zu sehr unter dem Gesichtswinkel der Bureaukratie, während es in Wahrheit unter dem Gesichtswinkel des Staates, d. h. der Allgemeinheit, gesehen werden muß. In diesem Sinne neustens wieder H. Finer: "The British Civil Service", 1927, S. 88.

[1]) Im gleichen Sinne auch Hatscheck: Englisches Staatsrecht, 1906, Bd. II, S. 649.

[2]) Dieser Satz ist zumal in der amerikanischen Literatur lebhaft bestritten worden, so vor allem von Frank I. Goodnow, der für England und Amerika ebenfalls ein öffentliches Recht eigener Art in Anspruch nimmt, das ähnlich den Rechtssystemen des kontinentalen Europas von dem Privatrecht durch kategoriale Schranken getrennt sein soll. "The conception of office and officer are conceptions of pnblic and not of private law". ("Comparative Admini-

Basis auf den englischen civil service von größtem Einfluß sein muß, steht außer Zweifel. Die einzigartige Stellung des deutschen Beamtentums erklärt sich ja gerade nicht zuletzt aus der öffentlichrechtlichen Fundierung seiner Stellung, an der daher gegenüber allen Bestrebungen, die etwa an die Stelle des heutigen spezifisch öffentlich-rechtlich getönten Beamtenrechts ein mehr oder minder farbloses Sozialrecht setzen wollen[1]), nachdrücklich festgehalten werden muß!

Zu diesem juristischen Unterschied, der das deutsche Berufsbeamtentum von dem englischen civil service trennt, tritt ein anderer, damit eng zusammenhängender: Die Verschiedenartigkeit der politischen Entwicklung. Wir hatten gesehen, daß die Staaten des Kontinents, insbesondere Deutschland, unter dem absolutistischen Regiment erst zu eigentlichen Staaten geworden sind. An diesen Staatenschöpfungen des Absolutismus hat die Bureaukratie den hochgradigsten Anteil. Die gewaltigen Staatenschöpfungen des Absolutismus sind undenkbar ohne das landesherrliche Beamtentum, das den ersten Kitt zwischen den verschiedenen Landesteilen zu bilden hatte, der sich allmählich so stark verdichten sollte, daß aus der Vielheit kleiner Territorien der moderne Staat entstehen konnte. Eben so gut wie die entscheidende Rolle, die die staatenbildende Kraft des Absolutismus in der politischen Geschichte Europas überhaupt gespielt hat, niemals unterschätzt werden darf, so auch im speziellen nicht die Mission, die das Beamtentum hierbei zu erfüllen hatte.

Dem englischen civil service fehlt diese traditionelle Bindung an den englischen Staat, jenes Stück politischer Geschichte, das auf dem Kontinent Staat und Beamtentum zu einem Ganzen zusammenwachsen ließ. Während der Beamte des kontinentalen Europas an der Schöpfung seines Staates tätig mitgearbeitet hat und sich somit von vornherein eine eigene Stellung in diesem Staate schaffen konnte, wurde der englische civil service in einem Augenblick zur Mitarbeit an der politischen Entwicklung berufen, als der englische Staat bereits vorhanden war. An der bisherigen

---

strative Law", 1893, Bd. I, S. 6 ff.; Bd. II, S. 2). Vgl. in diesem Sinne auch O. Koellreutter: Verwaltungsrecht und Verwaltungsrechtsprechung im modernen England", 1912, S. 207 ff. Gerade in diesen Ausführungen von K., der selber mit der Existenz eines kategorial selbständigen öffentl. Rechtes für die Gegenwart rechnet, geht jedoch hervor, wie stark der Gedanke der „Einheit des Rechts" von Haus aus in England wurzelt.

[1]) So z. B. der bereits früher erwähnte Heinz Potthoff „Grundfragen des künftigen Beamtenrechts", Heft 3 der Schriftensammlung des allgemeinen deutschen Beamtenbundes, 1923.

politischen Entwicklung des Empire hat der englische civil service nicht mitarbeiten können.

So nimmt daher der deutsche Beamte heute noch eine gänzlich andere Stellung in dem Staatsorganismus ein, als der englische clerk, wenn ihm auch heute ein direkter Einfluß auf die allgemeine Staatspolitik im großen und ganzen genommen worden ist. Mit Recht konnte daher Köllreutter sagen: „In dem Geist, der unser Beamtentum und Offizierkorps beherrscht, lag u n s e r e politische Tradition" [1]. Die Stellung die in Deutschland der Beamte einnimmt oder vielleicht besser noch, eingenommen hat, bekleidet in England der zünftige Politiker. Der englische civil service spielt gegenüber diesen politischen Elementen eine lediglich untergeordnete Rolle. Bei jeder Gegenüberstellung englischer und deutscher Verhältnisse darf daher dieser grundlegende Unterschied zwischen deutschem Beamtentum und englischem civil service nicht unbeachtet bleiben.

Mit Rücksicht auf spätere Untersuchungen empfiehlt es sich noch auf einige Einzelfragen des englischen Amtsrechts besonders einzugehen. So erscheint es insbesondere erwünscht, die Beziehungen des civil service zu dem Parlament, zu der politischen Partei etwas näher zu beleuchten. Wir haben bereits gesehen, daß das moderne englische Staatsrecht jede offizielle Beziehung zwischen dem permanent civil service und dem Parlament grundsätzlich mißbilligt, und daß gerade darin der große Unterschied zwischen den Mitgliedern des Ministeriums und dem civil service zu suchen ist, daß bei letzteren die Verbindung mit der politischen Partei völlig fehlt, die für die Mitglieder des Ministeriums umgekehrt erforderlich ist. Wenn daher auch die grundsätzliche Einstellung des englischen Verfassungsrechts zu dieser Frage nicht mehr zweifelhaft sein kann, so muß es doch noch als offene Frage angesehen werden, in welchem Umfange das englische Recht im einzelnen für die reibungslose Durchführung dieses Prinzips Sorge getragen hat.

In erster Linie kommt als eine derartige Schranke zwischen Partei und Bureaukratie die Entziehung des passiven Wahlrechts in Frage. Der politische Kampf um einen parlamentarischen Ausschluß der Bureaukratie läßt sich in der Geschichte Englands relativ weit zurück verfolgen. Seinen Ausgang nimmt er bei der zumal unter dem Regiment der beiden letzten Stuarts in stärkstem Umfange betriebenen Kronpatronage. Die Krone versuchte sich damals mit Hilfe der von ihr abhängigen Bureaukratie, der sie in größtem Ausmaße Sitze im Parlament verschaffte, einen maßgeblichen parlamentarischen Einfluß zu sichern. Es war daher eine der ersten

[1]) Vgl. „Staatslehre Oswald Spenglers", 1924, S. 44.

Maßregeln der in dem langen Parlament zur Macht gelangten republikanischen Partei, im Jahre 1644 die self denying ordinance zu beschließen, wonach kein Parlamentsmitglied ein bürgerliches oder militärisches Amt bekleiden durfte [1]). Diese ordinance von 1644 hatte jedoch nicht den gewünschten Erfolg, so daß in der Folgezeit zumal unter der Regierungszeit Wilhelms III. die alte Kronpatronage stärker auflebte, denn je. Im Jahre 1693 beschloß daher das Unterhaus nochmals ein Gesetz, das alle Beamten der Krone von dem Parlament ausschloß. Nachdem dieses Gesetz erst nach zweimaliger Abstimmung die Zustimmung des Oberhauses erhalten hatte, verweigerte Wilhelm III. die verfassungsmäßig notwendige Zustimmung, den royal assent, so daß alles beim Alten blieb. Den entscheidenden Wendepunkt bedeutet die Act of Settlement des Jahres 1701 (12. 13 Will. III C 2). In diesem Gesetz heißt es im Abschnitt 6: „That no person who has an office or place of profit under the King or receives a pension from the Crown shall be capable of serving as a member of the House of Commons".

Mit dieser Bestimmung war nun allerdings über das Ziel weit hinausgeschossen und das Kabinettsystem selbst in seiner Existenz in Frage gestellt [2]). Die Act of Settlement zieht noch nicht jenen für das spätere englische Amtsrecht entscheidenden Trennungsstrich zwischen politischen und nicht politischen Amtsträgern, zwischen ministry und permanent officials, auf der der heutige englische Parlamentarismus beruht. Es kann daher kein Wunder nehmen, daß diese Bestimmungen der Act of Settlement bereits im vierten Regierungsjahr der Königin Anna wieder aufgehoben wurden (4 Anne C. 8). An ihre Stelle trat zwei Jahre später die Succession of the Crown Act von 1707 (6 Anne C. 41). Hier werden alle diejenigen Beamten vom House of Commons ausgeschlossen, deren Ämter erst nach dem 5. Oktober 1705 eingerichtet worden sind. Die Inhaber der alten ständischen offices behielten daher ihre Sitze im Parlament mit der Maßgabe, daß durch die Übernahme des Amtes die Mitgliedschaft zwar grundsätzlich erlischt, eine Wiederwahl jedoch gestattet ist. Erst in neuester Zeit ist durch die Reelection of Ministers Act 1919 bestimmt worden, daß eine solche Wiederwahl unterbleiben könne, wenn das Amt innerhalb von 9 Monaten nach Zusammentritt eines neuen Parlaments übernommen worden ist.

---

[1]) Vgl. Todd: "Parlamentary Government" deutsche Übersetzung von R. Aßmann 1869, Bd. II, S. 68.

[2]) Vgl. Taswell-Langmead "English Constitutional History" 1919, S. 672.

Trotzdem jedoch für die Inhaber der vor dem 5. Oktober 1705 bereits bestehenden Ämter die Wiederwahl verlangt wurde, falls sie ihren Sitz in dem House of Commons neben ihrem Amte beibehalten wollten, blieb die Kronpatronage nach wie vor außerordentlich groß. So saßen z. B. im Jahre 1741 nicht weniger als 200 Beamte im House of Commons [1]). In der Folgezeit wurden die Bestimmungen des Gesetzes der Königin Anna auch auf viele Beamtenkategorien ausgedehnt, deren Ämter bereits vor dem Oktober 1705 bestanden hatten. Bezeichnend hierfür ist die sogen. Place Bill (15 Geo. II C. 22) und die Civil List Act des Jahres 1782 (22 Geo. III C. 82). Als Beweis dafür, daß diese Politik des „official disfranchisment" auch heute noch in England betrieben wird, mögen die zahlreichen neueren Organisationsgesetze dienen, die regelmäßig eine ausdrückliche Kautel dieser Art in Ansehung der neu zu schaffenden Beamtenstellen aufzuweisen haben [2]). Charakteristisch hierfür ist u. a. die Local Government Act des Jahres 1894, die die gleichen Grundsätze für die Kommunen durchführt und dem Kommunalbeamten den Weg in die kommunalen Parlamente versperrt.

Auf diese Weise ist es England bis zu einem erheblichen Grade gelungen, seine Bureaukratie parteipolitisch neutral zu halten. Es ist bezeichnend für das politische Geschick, daß alt ererbte Grundsätze in die neuere Zeit übernommen wurden, wo es zwar nicht so sehr einen Absolutismus der Krone, als einen solchen des Parlaments zu bekämpfen gilt, wo jedoch diese Bestimmungen sicherlich eine nicht minder wichtige Aufgabe zu erfüllen haben [3]).

Eine andere Frage, die mit den vorstehenden Untersuchungen in engem Zusammenhang steht, ist die nach der Dauer der ver-

---

[1]) Vgl. Taswell-Langmead a. a. O. S. 674.

[2]) Charakteristisch dafür, wie fest diese Auffassung, daß der Beamte kein passives Wahlrecht besitzen dürfe, in der englischen Staatsrechtslehre wurzelt, ist Alpheus Todd in seinem "Parliamentary Government". In der deutschen Übersetzung von Aßmann aus dem Jahre 1869 heißt es dort auf S. 327 des ersten Bandes: „Den nicht politischen Diener der Krone kann man tatsächlich als für das Parlament nicht wählbar ansehen. Zum größten Teil sind diese durch Gesetz ausdrücklich vom Hause der Gemeinen ausgeschlossen; aber selbst, wo kein positives Verbot besteht, hat die Tatsache, daß jemand ein dauerndes Kronamt bekleidet, die Wirkung einer indirekten Disqualifikation für das politische Leben, zumal da jedes englische Ministerium nach Parteiprinzipien gebildet wird und keine Administration mit Kollegen zusammenwirken könnte, wenn diese nicht bereit wären als Mitglieder derselben Partei zu wirken."

[3]) In diesem Sinne auch W. R. Anson: Law and Custom of the Constitution, S. 88.

schiedenen Ämter, nach der Art der Entlassung des englischen Beamten. Es liegt auf der Hand, daß eine wahrhafte politische Neutralität der Beamtenschaft nur dann gesichert sein kann, wenn letztere sich auch in ihrer persönlichen Stellung einer gewissen Unabhängigkeit erfreut und nicht stets die Entlassung als Folge einer Meinungsverschiedenheit mit der politischen Leitung zu erwarten hat. In England ist auch diese Frage nicht auf rechtlichem Wege, sondern gleichsam unbemerkt, durch die politische Praxis beantwortet worden. Juristisch steht England auch hier noch auf dem Boden einer de facto längst überholten Vergangenheit. Die sämtlichen englischen Beamten behalten ihre Posten formalrechtlich lediglich during the pleasure of the Crown. Nur in Ansehung einiger weniger Beamter, vornehmlich der Richter, ist von diesem Grundsatz abgegangen worden und ihnen ihr Amt "during good behaviour" garantiert worden. Auch hier ist es wieder die Act of Settlement des Jahres 1701, die zum ersten Mal den Grundsatz der richterlichen Unabhängigkeit verkündete. In dem 7. Abschnitt heißt es dort: „That after the said limitations shall take effect as foresaid, judges commissions be made quamdiu se bene gesserint, and their salaries ascertained and established; but upon the adress of both Houses of Parliament, it may be lawfully to remove them"[1]). Gegenüber dieser Unabhängigkeit, die dem Richtertum durch die Act of Settlement garantiert wurde, ist das Schicksal der übrigen Beamtenschaft, soweit die rein formalrechtliche Seite in Frage kommt, nach wie vor in die Hand der Krone gelegt [2]). Wir hatten jedoch bereits betont, daß die politische Entwicklung hierüber längst hinausgegangen ist und heute ein anerkannter politischer Grundsatz besteht, wonach ein Mitglied des permanent civil service nur wegen "misconduct" aus seinem Amt entfernt werden kann. Dieser politische Grundsatz ist heute derart unbestritten, daß Lord Grey in seinem bereits mehrfach erwähnten "Parliamentary Government" sagen konnte: "This principle is so universally recognized, that the dismissal of a person holding a

[1]) Grundsätzlich ist auch hier die Dienstentlassung allein in die Hand der Krone gelegt. Dem Parlament ist jedoch in der Mehrzahl der Fälle das Recht gegeben, von sich aus ein Kommitee zur Führung einer regelrechten Disziplinaruntersuchung einzusetzen und dann eventuell die Krone vermittels einer genau spezifizierten Anklageschrift, die in die Form einer "address to the Crown for dismissal" gekleidet wird, zur Entlassung des betreffenden Beamten zu veranlassen. Im einzelnen vgl. Halsbury: "The laws of England", Vol. 7, S. 23 ff.

[2]) Gegenwärtig ist neben den Richtern auch einer kleinen Zahl von Verwaltungsbeamten eine Amtszeit during good behaviour garantiert. Zu ihnen gehören die Mitglieder des Council of India und der Comptroller and Auditor General.

permanent office is now never heard, except for misconduct" [1]. So ist England auf diesem verhältnismäßig reibungslosem Wege zu einem de facto lebenslänglich angestellten Beamtentum gelangt, dessen Einführung auf dem Kontinent nur ungleich schwieriger ermöglicht wurde, da hier diese Neuerung bedeutend geräuschvoller, d. h. auf dem Wege der Gesetzgebung, eingeführt werden mußte [2].

Für deutsche Begriffe mag die praktische Bedeutung dieser nur auf einen Satz der politischen Praxis gegründeten Unabsetzbarkeit der Bureaukratie zweifelhaft scheinen. Allein die Tatsache jedoch, daß die wichtigsten Sätze des englischen Verfassungsrechts überhaupt auf der gleichen Basis beruhen, ohne bis heute deshalb größeren Erschütterungen ausgesetzt gewesen zu sein als die gesetzlich fundierten Verfassungen des kontinentalen Europas, dürfte derartige Bedenken entkräften. So wird man sagen können, daß heute in England eine hinreichende Garantie dafür besteht, daß der permanent civil service nicht einem jeden politischen Wechsel zum Opfer fällt, sondern seine Funktionen unabhängig von der großen Politik ungestört erledigen kann. Um so mehr in England der reine Parlamentarismus zum Durchbruch kam, um so stärker entwickelten sich die zuvor erwähnten Grundsätze, so daß "it was not unnatural that with the growth of the parliamentary system the line between the changing political chiefs and their permanent subordinates should be more and more clearly marked" [3].

Bereits verschiedentlich haben uns die sogen. politischen Beamten beschäftigt. Wir haben bereits gesehen, daß die politischen

---

[1]) Vgl. a. a. O. S. 286.

[2]) Daß der rechtlichen Anerkennung eines lebenslänglich angestellten Beamtentums sich in England die gleichen Bedenken entgegenstellten, wie auf dem Kontinent, beweist ein Ausspruch Todds in seinem bereits mehrfach zitierten "Parliamentary Government" (deutsche Übersetzung von Aßmann). „Man hat den Vorschlag gemacht, die Beziehungen zwischen den untergeordneten Staatsbeamten durch Gesetz zu regeln und dadurch einen möglichsten Mißbrauch der Gewalt seitens der verantwortlichen Räte der Krone gegen ihre Untertanen zu verhüten. Ganz richtig ist jedoch von Lord Derby bemerkt worden, daß es unmöglich sein würde, die Befugnis Beamten zu entlassen, auf Fälle zu beschränken, in welchen eine Pflichtverletzung vor einem Gerichtshof erwiesen werden könnte, ohne Gefahr zu laufen, die Regierung durch den passiven Widerstand der Beamten und durch die Hindernisse, die sie den Ministern, welchen sie zu opponieren wünschen, in den Weg legen könnten, gelähmt zu haben. Das Gesetz würde ein zu ungeschicktes Instrument sein, um die gegenseitigen Beziehungen zwischen permanentem Beamtentum und Ministern zu regeln. Das geschieht jetzt weit wirksamer durch die Macht der öffentlichen Meinung". (Bd. I, S. 340).

[3]) Vgl. Lowell: The Government of England, Bd. I, S. 153.

Beamten Englands heute in dem ministry zusammengefaßt sind. Es ist interessant zu beobachten, wie die Zahl dieser politischen Ämter planmäßig verringert wird, und im Laufe der Entwicklung ein Amt nach dem andern aus der politischen Sphäre in die des permanenten Berufsbeamtentums hinübergewechselt ist. Der Trennungsprozeß, der mit der Act of Settlement und der Succession of the Crown Act der Königin Anna beginnt, hat sich fortgesetzt bis in die neueste Zeit, nur mit dem Unterschied, daß der Gegenspieler des Beamtentums heute das Parlament ist, während es ursprünglich der Monarch gewesen war. Es ist höchst bemerkenswert, daß auch heute, wo das Parlament der unumschränkte Träger aller politischen Macht ist, die Entwicklung nicht auf eine möglichste Vergrößerung der Zahl der politischen Beamten hinstrebt, um auf diese Weise die ganze Exekutive mit parlamentarischem Einfluß zu durchdringen [1], sondern im Gegenteil die Zahl dieser politischen Beamten zunehmend beschränkt wird [2]. Diese Entwicklung, die sich von derjenigen mancher kontinentaler Staaten merklich unterscheidet, erklärt sich aus der eigenartigen Struktur der englischen Exekutive. In dem englischen Kabinettsystem ist eine derart enge Verbindung zwischen Legislative und Exekutive gefunden worden, daß sich für die Legislative ein darüber hinausgehender Einfluß auf die Verwaltung erübrigte, und daß andererseits das Kabinett stark genug war, mit Hilfe seines parlamentarischen Einflusses der Exekutive die notwendige Unabhängigkeit gegenüber dem Parlament zu bewahren [3].

[1] Hatschek gibt in seiner „Englischen Verfassungsgeschichte bis zum Regierungsantritt der Königin Victoria" 1913 hierzu eine interessante Statistik. Die Zahl der sogen. Placemen, d. h. derjenigen Beamten, die einen Sitz im Parlament inne haben, betrug:

im ersten Parlament Georg I. 271
im ersten Parlament Georg II. 257
im ersten Parlament Georg IV. 89.

Unter dem Einfluß der Pittschen Reformen sinkt die Zahl im Jahre 1833 auf nur 60 placemen. Genaue Angaben über den augenblicklichen Stand der Dinge waren leider nicht erhältlich.

[2] So z. B. auch Todd in seinem „Parliamentary Government" 1887, Bd. II, S. 221 (vgl. die deutsche Übersetzung von Aßmann). Nach den Zahlen einer jüngsten Veröffentlichung, die Finer in seinem „British civil service" gegeben hat, beträgt die Gesamtzahl des engl. civil service augenblicklich 300 000. Während die Zahl der nicht der Beamtengesetzgebung unterliegenden Funktionäre politischen Charakters 1914 300 betrug, ist neuerdings eine weitere Senkung dieser Ziffer zu verzeichnen.

[3] Es ist z. B. charakteristisch, daß die sämtlichen Mitglieder der ausländischen Vertretungen heute dem permanent civil service angehören und somit aus der Zahl der politischen Beamten ausgeschieden sind. Vgl. im übrigen für England Halsbury: The laws of England, Bd. 7, S. 37 ff.

Unter diesen politischen Beamten ist von besonderem Interesse der parlamentarische Unterstaatssekretär, den man nach dem Umsturz bekanntlich auch in Deutschland einzubürgern versucht hat. Die verfassungsrechtliche Notwendigkeit des englischen parlamentarischen Unterstaatssekretärs, der das Ressort in demjenigen Parlamentshaus zu vertreten hat, dem der Minister nicht selber angehört, ist bereits erwähnt. Der parlamentarische Unterstaatssekretär ist im allgemeinen die Vorstufe, die jeder spätere englische Minister durchlaufen zu haben pflegt [1]). Eine Beobachtung, die für England überhaupt charakteristisch ist, kann auch hier gemacht werden: der Primat der praktisch politischen Arbeit und die durch ihn bedingte Stellung der Exekutive, die von dem Minister eine Vertrautheit mit exekutiven Belangen verlangt. Hiermit ist allerdings nicht gesagt, daß der englische Minister ein Verwaltungsfachmann, ein "expert" sei. Durch die frühzeitige Berührung mit der Exekutive, wie sie zumal auch die praktische Verwaltungsarbeit in den Kolonien mit sich bringt, ist der englische Minister, wenn auch kein "expert" innerhalb seines Ressorts, so doch von vornherein vertraut mit den spezifischen Bedürfnissen der Verwaltung überhaupt, die dem Nur-Parlamentarier zumeist fremd zu sein pflegen.

Der Gegenspieler des parlamentarischen Unterstaatssekretärs, ist der permanent undersecretary [2]). Dieser permanent undersecretary steht an der Spitze des englischen Berufsbeamtentums. Seine Person ist deshalb so ungeheuer wichtig, weil er den Vermittler zwischen den beiden völlig heterogen Elementen der Exekutive abzugeben hat, zwischen dem Politiker auf der einen und dem Berufsbeamten auf der anderen Seite [3]). Es ist deshalb verständlich, daß die englische Personalpolitik von jeher auf diese Stellen nur die fähigsten Angehörigen der Bureaukratie berufen hat, zumal Männer, die über einen besonderen politischen Takt und eine gewisse Anpassungsfähigkeit verfügten, ohne die eine derartige Stelle nicht ausgefüllt werden kann. Die Möglichkeit

---

[1]) Lawrence Lowell: The Government of England, 1920, Bd. I, S. 63: "Formerly a statesmen began his official life as a parliamentary undersecretary and he did not become the head of a department, or win a seat in the Cabinet, until he had served his apprenticeship in public administration — a practice which furnished both a guarantee of experience and a test of executive capacity. Of late years there have been a number of exceptions to this rule."

[2]) Vgl. Moses: "The civil service of Great Britain" 1914, S. 41.

[3]) Zu seiner Zuständigkeit gehören daher auch alle Disziplinarsachen. Vgl. Todd: Parliamentary Government in England, (deutsche Übersetzung Bd. II, S. 417).

einer Reibung liegt bei der grundlegenden Verschiedenheit der beiden Elemente, die gerade in der Person des Unter-Staatssekretärs miteinander verkoppelt werden sollen, naturgemäß äußerst nahe. Es ist daher vielleicht eine der schwierigsten Aufgaben, die der Parlamentarismus überhaupt stellt, an diesem Schnittpunkt eine glückliche Synthese zu finden.

Eine wesentliche Garantie für ein reibungsloses Funktionieren des parlamentarischen Systems muß daher die Person des permanenten Unterstaatssekretärs bieten. Lowell zeigt in seinem bereits mehrfach zitierten „Government of England", wie diese Aufgabenverteilung zwischen „experts" und „men of the world", zu denen er die politischen Elemente der Exekutive rechnet, das ganze englische Verwaltungssystem durchzieht und von jeher durchzogen hat. Das landläufigste Beispiel ist der judge und die jury, der justice of the peace und sein clerk [1]). Es ist daher in England kein erst durch das Kabinettsystem bedingtes Novum, dieses Zusammenarbeiten von expert und man of the world, sondern ein in der englischen Verwaltungsgeschichte fest verankerter Grundsatz. Das englische Beamtentum ist niemals an eine ähnlich selbständige Rolle gewöhnt gewesen, wie sie etwa die Bureaukratieen in den Verwaltungsstaaten des Kontinents gespielt haben und zum Teil heute noch spielen. Dieser englische civil service ist von Anfang an in engstem Kontakt mit dem Laienelement groß geworden, dem er von jeher untergeordnet war. Deshalb konnte sich auch in England dieses Zusammenarbeiten von Beamtentum und Politiker reibungsloser vollziehen, als in den historisch belasteten Staaten des europäischen Kontinents [2]).

Daß trotz dieser, einer reibungslosen Zusammenarbeit zwischen Minister und Bureaukratie an sich günstigen Lage Ansätze zu bureaukratischen Auswüchsen nicht ausgeblieben sind, soll nicht verschwiegen werden. Der bekannteste Fall dieser Art ist wohl

---

[1]) a. a. O. Bd. I, S. 173 ff.

[2]) Charakteristisch dafür, wie eindeutig und selbstverständlich für den Engländer das Verhältnis von Minister und Beamtenstaat ist, um dessen theoretische Durchdringung man sich auf dem Kontinent bereits seit langem vergeblich bemüht, ist ein Satz Lowells in seinem "Government of England": "The theoretical relation between the political chief and his permanent subordinate is a simple one. The political chief furnishes the lay element in the concern. This fonction is to bring the administration into harmony with the general sense of the community and especialy of Parliament" (Bd. I, S. 182). Von diesem Standpunkt sind wir bislang in Deutschland noch weit entfernt, wo spezielle Fachkenntnisse, insbesondere Ressortkenntnisse noch vielfach für die alleinige Voraussetzung einer gedeihlichen Arbeit des Ministers angesehen werden.

derjenige des zu einer gewissen historischen Berühmtheit gelangten „Mr. Mothercountry". Dieser Mr. Mothercountry war der permanente Unterstaatssekretär im Kolonialamt, der die Kolonialverwaltung um das Jahr 1830 herum lange Zeit höchst autokratisch geleitet hat. Buller hat in seiner Streitschrift: „Responsible Government for Colonies" diesen Zustand einer scharfen Kritik unterzogen. Von ihm ist für den verantwortlichen Leiter dieser Politik, den permanenten Unterstaatssekretär, der originelle Ausdruck „Mr. Mothercountry" geprägt worden [1]). Derartige bureaukratische Auswüchse bilden jedoch in England eine Ausnahme. Die in der politischen Struktur ruhenden Gegengewichte gegenüber einer ungesunden Übermacht der Bureaukratie erweisen sich im allgemeinen als kräftig genug, um eine solche Entwicklung zu verhindern. Es muß daher zum Schluß zusammenfassend noch einmal betont werden, daß England sich in besonderm Maße um eine glückliche Verteilung legislativer und exekutiver Gewalten bemüht hat und ihm dies auf Grund seiner eigenartigen politischen Struktur in einem Grade gelungen ist, den kontinentalen Staaten, denen ähnliche historische Voraussetzungen fehlen, im Zweifel nur mit ungleich größerer Anstrengung werden erreichen können [2]).

Kapitel XXVIII.

Der civil service der Vereinigten Staaten von Nordamerika.

Wenn wir hier von der Exekutivverfassung Nordamerikas handeln, so muß streng zwischen der Union und den ihr angegliederten Bundesstaaten unterschieden werden. Gerade auf dem Gebiet der Exekutive lassen sich state und federal government nur unter ganz verschiedenen Gesichtspunkten behandeln. Das in der staatsrechtlichen Nomenklatur als Präsidentschaftsrepublik bezeichnete System ist nur für die Union maßgebend. Nur hier nimmt der Präsident jene überragende Stelle ein, insbesondere in seinem Verhältnis zu dem Ministerium, daß es notwendig erschien, einen eigenen Begriff der Präsidentschaftsrepublik zu bilden. Die Stellung der Exekutivchefs in den einzelnen Bundesstaaten, der Gouverneure, ist demgegenüber ungleich schwächer. Der Gouverneur ist lediglich

[1]) Vgl. a. a. O. S. 74 ff.

[2]) Zur Orientierung über den gegenwärtigen Zustand des englischen civil service sei auf die Schrift von Hermann Finer: "British Civil Service", 1922, verwiesen, die nicht zuletzt deshalb von Interesse ist, weil der Verfasser die Verbindung von sozialistischen Ideen mit der Bureaukratie, die Bedeutung der letzteren im sozialitsischen Staat eingehend behandelt hat.

primus inter pares gegenüber seinem Ministerkollegen. Während die Leiter der einzelnen Ressorts in der Union staatsrechtlich dem Präsidenten untergeordnet sind, sind diese hohen Beamten in den nordamerikanischen Einzelstaaten völlig selbständig und dem Gouverneur in keiner Weise hierarchisch untergeordnet. In richtiger Erkenntnis dieser Rechtslage spricht daher z. B. auch die Verfassung von Nordkarolina von einem „Kabinett", ein Begriff, der der Union offiziell unbekannt ist. In der vorliegenden Untersuchung wird Amerika bekanntlich lediglich deshalb berücksichtigt, um an Hand dieser Spezialuntersuchung einen tieferen Einblick in das Exekutivproblem überhaupt zu erhalten. Unter diesem Gesichtspunkt ist aber lediglich die Unionsverfassung von Interesse, da sich hier in der Präsidentschaftsrepublik eine Regierungsform herausgebildet hat, die gerade für das uns hier speziell interessierende Beamtenproblem von größter Wichtigkeit ist [1]).

Die staatsrechtliche Grundlage der Präsidentschaftsrepublik bildet der Artikel II Sec. I der Unionsverfassung, in dem die sogen. appointing power des Präsidenten geregelt ist. Das amerikanische System mit seiner starken Zentralisierung weist eine gewisse Ähnlichkeit mit der konstitutionellen Monarchie auf, für die sich das Exekutivproblem gleichfalls zum Beamtenproblem verengte. Der Begriff des Kabinetts ist der Union ursprünglich unbekannt, wie überhaupt jegliche Unterscheidung zwischen politischen und unpolitischen Beamten. Wie diese Fragen im Laufe der weiteren Entwicklung auch in Amerika langsam auftauchen und wie sich die von der Verfassung beabsichtigte Präsidentschaftsrepublik zu einem völlig ungesunden System entwickelte, um schließlich allerdings wieder zu dem Ausgangspunkt der Verfassung zurückzukehren, wird in der Folge zu entwickeln sein.

Als entwicklungsgeschichtlichen Ausgangspunkt der amerikanischen Exekutivverfassung haben wir bereits den Artikel 2 der Unionsverfassung bezeichnet. Bei der grundlegenden Bedeutung dieser Bestimmung für das gesamte amerikanische Staatsrecht erscheint es zweckmäßig, sie im Wortlaut anzuführen.

"The President shall nominate, and, by and with the advice and consent of the Senate shall appoint ambassadors, other public ministers and consuls, judges of the Supreme Court and all other

---

[1]) Daß das Beamtenproblem auch in den Einzelstaaten bestanden hat und auch hier mannigfaches Interesse auf sich gezogen hat, versteht sich von selbst. So ist man z. B. in Massachusetts, Wisconsin und New York ebenfalls zu einem mehr oder minder ausgebauten Berufsbeamtentum gelangt. Hier sei nur verwiesen auf Joung: "The new American Government", S. 356.

officers of the United States, whose appointments are not herein otherwise provided for, and which shall be established by but the Congress may by law vest the appointment of such inferior officers as they think proper in the President alone, in the courts of law or in the heads of departments."

Grundsätzlich liegt hiernach das Ernennungsrecht für sämtliche Beamte der Union bei dem Präsidenten, jedoch nur "by and with the advice and consent of the Senate". Bei den Beratungen über die amerikanische Bundesverfassung war diese Klausel zugunsten einer Senatskontrolle eingeführt worden, um auf diese Weise die Stellung des Präsidenten ein wenig zu beschneiden, und das Übermächtigwerden der Exekutive, der die Redaktoren der amerikanischen Verfassung von Haus aus keineswegs günstig gesonnen waren, zu verhindern [1]). In der Übergangszeit, d. h. vor Einführung der Verfassung, hatte ursprünglich die Anstellungsgewalt zum überwiegenden Teil unmittelbar bei der Legislative gelegen und es bedeutete daher bereits einen erheblichen Schritt vorwärts, wenn man sich nunmehr dazu entschloß, die Personalpolitik dem Präsidenten anzuvertrauen [2]). Wenn daher eine gewisse parlamentarische Kontrolle des Präsidenten nach wie vor verlangt wurde, so war dies verständlich. Über die Art der Ausübung dieser Kontrolle sind die Ansichten bereits gelegentlich der Verfassungsberatungen auseinandergegangen. Im Anschluß an eine Regelung des Staates New York wurde von beachtlicher Seite die Schaffung eines special council of appointment vorgeschlagen, von dem die sämtlichen

---

[1]) Eine gewisse Abneigung gegenüber der Exekutive, wie sie die Mehrzahl der damaligen amerikanischen Verfassungspolitiker beseelte, kann an sich nicht weiter erstaunlich sein, nachdem die englische Oberherrschaft vorangegangen war. In einem interessanten Kommentar zur Unionsverfassung von Hamilton, Hadison und John Jay, die alle drei der verfassunggebenden Versammlung in Philadelphia angehört haben, wird auch zu dieser Frage eingehend Stellung genommen. "En effet, c'est dans l'organisation du Pouvoir exécutif que les peuples republicains trouveront les plus grand obstacles et, s'ils s'abstinent a définir exactement ses attributions, il est impossible qu'a un moment donné, il ne se produise des incidents qui viennent dérouter tous leurs calculs. Alors la Republique se trouvera placée entre le danger de violer sa loi fondamentale et les impérieuses nécessités du salut public. Or, dans des crises semblables il est fort à craindre que la majorité ne se prononce en faveur des usurpations de pouvoir, et que le peuple ne laisse sacrifier sa constitution. Le seul moyen d'éviter ces dangers c'est de disposer les choses de telle sorte, que le Président, toujours le plus en vue dans des temps de crise, puisse étendre ses attributions dans le cas où les circonstances viendraient à l'eriger". zitiert nach Adolphe de Chambrun: Le Pouvoir Executiv aux États Unis, 1896, S. 169.

[2]) Vgl. hierzu Carl Russel Fish: The Civil Service and the Patronage, 1905, S. 2.

Anstellungen vorgenommen werden sollten. Diese Bestrebungen vermochten sich jedoch in den entscheidenden Beratungen nicht durchzusetzen, man hielt ihnen den Einwand entgegen, daß die Aufgabe einer derartigen obersten Anstellungsbehörde besser und einfacher von dem Senat bewältigt werden könnte, dem dann auch praktisch durch die Verfassung die Anstellungskontrolle gegenüber dem Präsidenten übertragen worden ist. Man mag es vielleicht heute, vom Standpunkt einer zurückschauenden Betrachtung aus, für einen der entscheidenden Punkte in dem Entstehungsprozeß des jungen amerikanischen Staates bezeichnen, daß die Anstellungsfrage damals in dieser Form geregelt worden ist. Es ist interessant zu beobachten, wie die eigenartigen praktischen Konsequenzen dieser Verfassungsbestimmung, die wir heute mit dem Begriff des Patronagesystems zu kennzeichnen pflegen, erst langsam und gleichsam unbemerkt in die Erscheinung getreten sind [1]). Auch hier zeigt sich wieder die beispiellose Vitalität der politischen Partei, die über jede Schranke hinweg den eigenen Wirkungsbereich zu erweitern bestrebt ist [2]).

Unter der Präsidentschaft Washingtons blieb die Kontrolle des Senats in den Grenzen, in denen sie von den Redaktoren der Verfassung gedacht war, d. h. eine bloße Kontrolle, während die eigentliche Initiative bei dem Präsidenten lag. Die sämtlichen von Georges Washington ernannten Beamten, einschließlich der Chefs der Ressorts, sind anerkanntermaßen lediglich unter dem Gesichtspunkt ihrer persönlichen Eignung ausgewählt worden, ohne Rücksicht auf ihre Parteizugehörigkeit. Die Ansätze zur Schaffung einer brauchbaren Bureaukratie waren damit gegeben. Jedoch bereits unter den Nachfolgern Washingtons beginnt ein sich langsam verstärkender Einfluß der politischen Partei auf die Personalpolitik sich geltend zu machen. Während Washington auf Grund

---

[1]) Zum historischen Verständnis der wider Erwarten durchgreifenden Einbürgerung des sogen. spoils-system mag ein amerikanisches Urteil berufener Seite nicht ohne Interesse sein. Moses sagt in seinem 1914 erschienenen Buche "The Civil Service of Great Britain", in dem er als Amerikaner naturgemäß häufig Vergleiche zwischen England und Amerika zieht, hierüber folgendes: "In the United States the fear of the entrenched and arbitrary authority of permanent office-holders, inherited from colonial days, had led a number of states to make expreß provision for short official terms and rotation. In spite of the opposition of the first two presidents, this principle was passed on to the national government. Without such a philosophical background, it is doubtful wether rotation in office would have become so firmly entrenched at Washington." (S. 25.)

[2]) Vgl. Dorman B. Eaton: The Terms and Tenure of Office 1882, S. 25.

seiner persönlichen Stellung den notwendigen Rückhalt in der Bevölkerung fand, um etwaigen übertriebenen Wünschen der politischen Partei in der angemessenen Form entgegenzutreten, waren seine Nachfolger gegenüber derartigen parteipolitischen Einflüssen bedeutend hilfloser.

So fällt der zunehmende Einfluß der politischen Partei auf die Amtsverfassung zusammen mit dem Steigen des politischen Einflusses der Partei überhaupt. Es ist daher nicht weiter verwunderlich, daß gerade der Mann, der für die Organisation des amerikanischen Parteiwesens überhaupt von größter Bedeutung ist, vielfach als der Vater des Patronagesystems angesprochen wird. Es ist der demokratische Parteiführer im Staate New York, der Oberst Aaron Burr. Er ist für Eaton: „our first partisan despot"[1]). Er ist der erste Mann, der die Bedeutung der Organisation für die Beherrschung des politischen Lebens erkannt hat und der daher speziell planmäßig seine demokratische Partei zu jener Organisation ausgebaut hat, auf die mit Recht der Vergleich mit der Maschine Anwendung finden konnte. Es ist charakteristisch für die Einstellung dieses amerikanischen Politikers, daß er die Partei mit einer militärischen Organisation zu vergleichen pflegte, daß er der Parteidisziplin die gleich wichtige Rolle, wie der militärischen zuwies, daß somit für ihn die Partei den denkbar aristokratischsten Charakter trug, indem "a few leaders were to think for the masses and that the latter were to obey implicitly their leaders and to move only at the word of command[2])". Das erste Gebiet, auf das die erstarkende politische Partei ihre Hand legte, war, wie gar nicht anders zu erwarten sein konnte, die Personalpolitik. Einmal war es die völlig richtige Erkenntnis, daß, wer das Beamtentum hat, in großem Ausmaß damit auch die Exekutive und den Staat selbst in der Hand hat, die eine solche Politik der Partei veranlaßte. Daneben bildeten die Ämter jedoch auch ein keineswegs zu unterschätzendes politisches Agitationsmittel, wenn sie geschickt an Parteifreunde als Belohnungen ausgeteilt wurden. Es ist daher nur verständlich, wenn einer der Leitsätze Aaron Burrs lautete: "Politic is a game, the prices of which are offices and contracts[3])". Hier finden wir bereits jene für das spätere Amerika charakteristische

---

[1]) Vgl. Dorman B. Eaton: "The Spoils System and Civil Service Reform in the Custom House and Post Office at New York", S. 4.

[2]) Vgl. Eaton, a. a. O., S. 4.

[3]) Dieser Ausspruch ist dem sogenannten "Burrian Code" entnommen, der im einzelnen in dem Buche "The life of Jackson" von Parton abgedruckt ist. Jackson ist derjenige amerikanische Präsident, unter dem das Patronagesystem in der Union offiziell zum Siege gelangte.

Staatsauffassung vertreten, die sich in dem principle of rotation ein bleibendes Denkmal in der amerikanischen Geschichte gesetzt hat[1]).

Aaron Burr war der erste, der die Staatsämter offen zur Beute der im Wahlkampf siegreichen Partei erklärte und sich damit zu dem später berüchtigt gewordenen spoilssystem bekannte. Die mangelhafte Fixierung des Amtsrechts in der Bundesverfassung war den von Burr und seinen zahlreichen Anhängern verfolgten Maximen äußerst günstig. Drei Fragen hatte die Verfassung insbesondere überhaupt nicht beantwortet:

1. Wo sind die Grenzen zwischen politischen und nicht politischen Beamten, wieweit reicht der Einfluß der politischen Partei auf die Exekutive?
2. Wie lange behalten die einzelnen Beamten ihr Amt?
3. Sind die Beamten vor vorzeitiger Entlassung geschützt?

Ein Unterschied zwischen politischen und nicht politischen Beamten bestand in Amerika um die Wende des 18. Jahrhunderts herum nicht. Der Unterschied zwischen den von dem Präsidenten und den Departementschefs allein ernannten Beamten sowie denjenigen, die nur nach Anhörung des Senats ernannt werden konnten, bezog sich lediglich auf die technische Bedeutung der einzelnen Stelle. Die wichtigsten Staatsbeamten sollten nach der Verfassung grundsätzlich nur mit Genehmigung des Senates ernannt werden, während man die minder wichtigen der Exekutive, d. h. dem Präsidenten oder den Ressortchefs, glaubte überlassen zu können. Das Problem des politischen Beamten, wie es die gesamten späteren civil service-Reformen beschäftigt hat, ist im Jahre 1787 noch vollkommen unbekannt.

Offengelassen hat die Verfassung weiter die Frage, ob das Beamtentum Amerikas ein Berufsbeamtentum im Sinne der Verwaltungsstaaten des europäischen Kontinents sein solle oder ob der Beamte lediglich auf eine bestimmte Anzahl von Jahren sein Amt versehen solle, wie es die demokratische Ideologie verlangt. Ein term, um den amerikanischen Fachausdruck zu gebrauchen, ist in der Verfassung lediglich für den Präsidenten und den Vizepräsidenten festgesetzt worden. Hinsichtlich der übrigen Beamten der Union schweigt die Verfassung. Die hier einsetzende und die Ver-

---

[1]) Rotation in office bedeutet jenes für das Amerika des 19. Jahrhunderts charakteristische System, bei dem die Staatsämter nur an Parteigenossen vergeben werden und bei einem etwaigen Regierungswechsel gleichzeitig die sämtlichen Beamten bis zum Postmeister herunter wechseln.

fassung ergänzende Interpretation trägt naturgemäß stets in mehr oder minder ausgesprochener Form den politischen Stempel des jeweiligen Interpreten.

Ein dritter Mangel der jungen amerikanischen Verfassung ist das völlige Fehlen einer genügenden persönlichen Sicherheit des Amtsträgers in seinem Amt. Der Beamte war rechtlich vogelfrei und konnte jederzeit aus dem Dienst entlassen werden. Alle Bestrebungen, die diese Willkür durch ein geordnetes Verfahren ersetzen wollten, scheiterten an dem ihnen mit erstaunlicher Zähigkeit entgegengehaltenen Argument, daß eine solche Regelung „unamerican" sein würde.

Es konnte keinem Zweifel unterliegen, daß ein rechtlich sowie tatsächlich derart mangelhaft fundiertes Beamtentum die Beute der politischen Partei werden mußte, sobald diese erst einmal die genügende Stoßkraft gesammelt hatte, um zu dem vernichtenden Schlage gegen die Bureaukratie ausholen zu können. Es ist daher gar nicht weiter erstaunlich, wenn das amerikanische Beamtentum innerhalb kürzester Zeit zur Beute der politischen Partei wurde, nachdem diese den Angriff erst einmal energisch eröffnet hatte. Den entscheidenden Punkt in dieser Entwicklung bedeutet das Gesetz vom 20. April 1820, wodurch alle die Fragen, die die Verfassung bisher offengelassen hatte, im Sinne der neuen Lehre gesetzlich entschieden wurden[1]). Die Dienstzeit des Gros der Beamtenschaft wurde jetzt ausdrücklich auf vier Jahre beschränkt, so daß sie sich mit der Amtszeit des Präsidenten deckte. Nur in Ansehung einiger weniger höherer Beamter wurde die Dienstzeit auf 5 Jahre festgesetzt. Abgesehen davon wurde bestimmt, „those officers shall be removable at pleasure", d. h. der Beamte konnte auch innerhalb der ihm zuerkannten Amtszeit jederzeit entlassen werden. Während unter Washington und seinem Nachfolger bei dem Schweigen der Verfassung der Grundsatz befolgt worden war, den Beamten solange in seinem Amt zu belassen, wie dies im Interesse des Dienstes lag, und daher damals nur aus ganz triftigen Gründen von der Entlassungsgewalt überhaupt Gebrauch gemacht worden war — Washington hat in den langen Jahren seiner dreimaligen Präsidentschaft nur 9 Entlassungen verfügt[2]) — sollte dies alles jetzt vollkommen anders werden. In einer offiziellen Botschaft des Präsidenten wurde rotation in office, die Übergabe der Ämter an die siegreiche Partei, zum „leading

[1]) Die treibende Kraft bei Erlaß dieses Gesetzes war der als Präsidentschaftskandidat auftretende Aaron Burr.

[2]) Vgl. Eaton: Terms and Tenure of Office, 1882, S. 22.

principle" der amerikanischen Politik erklärt[1]). Daß schon damals gegenüber dieser Staatsauffassung eines Aaron Burr, eines Jackson und a. m. die heftigste Opposition laut wurde, kann bei den praktischen Auswirkungen der neuen Lehre nicht weiter Wunder nehmen. So wandte sich z. B. Calhoun scharf gegen dieses Patronagesystem „and declared it one of the most dangerous, and that it would work revolution"[2]).

Diese und noch manch andere Warnung mehr verhallten ungehört. So bürgerte sich in Amerika mangels jeder entgegenstehenden Tradition in relativ kurzer Zeit in sämtlichen politischen Lagern die feste Überzeugung heraus, daß die Staatsämter notwendig nach Parteirücksichten besetzt werden müßten und daß ohne dieses wichtige Privileg ein geordnetes Parteiwesen überhaupt nicht denkbar sei. Nur äußerst langsam und unter denkbar größten Schwierigkeiten ist es später gelungen, die politischen Parteien in einem Zeitpunkt zum Verzicht auf die Patronage zu bestimmen, in dem die Schäden dieses Systems schlechterdings nicht mehr zu bestreiten waren.

Es war beispielsweise allgemein üblich, bei den Wahlen Stimmen mit Hilfe der Zusicherung von Ämtern zu kaufen. So hat sich auch Abraham Lincoln nicht gescheut, von der ihm durch die Verfassung verliehenen Anstellungsgewalt in diesem Sinne Gebrauch zu machen[3]). Wenn ein derartiger Ämterhandel auch niemals offiziell sanktioniert wurde, so hatte sich doch die Bevölkerung an diese Verbindung von Bureaukratie und Parteipolitik bereits derart gewöhnt, daß die gerade in Amerika außerordentlich wirkungsvolle öffentliche Meinung keineswegs in einer Form gegen diese Mißbräuche opponierte, wie man es unter anderen Umständen hätte erwarten können. Die Patronage war eben nicht mehr allein Bestandteil des demokratischen Parteidogmas, sondern darüber hinaus zum interfraktionellen poli-

---

[1]) Durch diese Beamtenpolitik wurde natürlich die amerikanische Staatsauffassung überhaupt erheblich in Mitleidenschaft gezogen. Es war nur folgerichtig, wenn der auf diesem Wege in sein Amt Gelangte sich nicht so sehr als Staatsbeamter, sondern als Parteifunktionär fühlte. Bezeichnend hierfür eine Äußerung Eatons: The spoils-system and civil service - Reform, 1882, S. 34: Es versteht sich "that under the present system, the officers who ware appointed through political influence are expexted to make their offices contribute to the support of the party. . . ., and that most of the officials thus assessed accede to the demand; some of them repairing their deminished salaries by exacting or accepting from the merchants unlawful gratuities".

[2]) Vgl. Eaton: Terms and Tenure, S. 25.

[3]) Vgl. C. R. Fish: Civil Service . . . ., S. 180

tischen Prinzip geworden. Die eine Partei hatte der andern hier nichts mehr vorzuwerfen; die letzte Kontrolle jeder Partei, die öffentliche Meinung, war damit weitgehend ausgeschaltet.

An die Partei mußte sich wenden, wer ein Amt erhalten wollte. Wie sehr diese Ämtervermittlung der Partei bereits zu einer offiziellen Tatsache geworden war, beweist vielleicht am besten das Institut der Parteisteuer, die offiziell von den durch Parteiprotektion ernannten Beamten gefordert wurde. Besondere Erwähnung verdient schließlich in diesem Zusammenhang die Tammany Association, eine politische Organisation der demokratischen Partei des Staates New York, die 1789 um rein caritativer Zwecke willen gegründet wurde, und sich nachher zu einer berüchtigten Versorgungsanstalt demokratischer Parteimitglieder entwickelte[1]).

Bei dieser Lage der Dinge kann es nicht weiter Wunder nehmen, daß die politischen Parteien im Laufe der Zeit auf dem Gebiet der Personalpolitik immer aktiver wurden und zuweilen direkt das Recht der Beamtenernennung für sich in Anspruch nahmen. So beanspruchten z. B. im Jahre 1841 die demokratischen Bezirksvereine von New York für sich das Recht, die Regierung mit bindenden Anweisungen über die Anstellung von Beamten zu versehen[2]). Diese Verhältnisse erhielten im Jahre 1846 in gewissem Umfang eine gesetzmäßige Sanktion. Das Prinzip der rotation in office wurde gesetzlich zu einem fundamentalen Prinzip der republikanischen Regierungsform erklärt. Ein Amt sollte nach diesem Gesetz nicht länger als 8 Jahre hintereinander von demselben Inhaber verwaltet werden. Schließlich wurde ausdrücklich bestimmt, daß Beamtenernennungen nur entsprechend der parteipolitischen Zusammensetzung des Kongresses gemacht werden sollten und daß, um eine möglichst weitgehende Übereinstimmung zwischen Beamtentum und Parlament zu sichern, alle zwei Jahre ein Viertel der Beamten ausscheiden sollte, um neuen Parteifunktionären Platz zu machen.

Hiermit ist, wenn wir von Einzelheiten absehen, das Patronagesystem auf seinen Höhepunkt geführt[3]). Der Beamte ist offiziell der Vertrauensmann der ihn stützenden politischen Partei und versieht

---

[1]) James Bryce widmet in seinem Buche "The American Commonwealth" 1910 dieser Gesellschaft einen eigenen Abschnitt, dem sehr illustrative Einzelheiten zu entnehmen sind.

[2]) Vgl. hierzu C. R. Fish: Civil Service and tbe patronage, S. 173.

[3]) Zur Charakteristik dieser Zustände mag nur ein kleines Stimmungsbild aus amerikanischer Feder wiedergegeben werden. „Es ist in der Tat fast unmöglich, ein richtiges Bild der damaligen Zustände wiederzugeben. Die ernste, unerbittliche, alle Hindernisse übersteigende Jagd nach einem sogenannten fetten Amte zeigt sich vor allem nach Einzug eines neuen Prä-

sein Amt zu deren Nutz und Frommen. Welch schädliche Folgen dieses System für den amerikanischen Staat gehabt hat, wie es auf die Dauer beinah zu einer Auflösung des Staates in mächtige, sich befehdende Parteiverbände führte, braucht wohl hier nicht näher dargetan zu werden. Wenn man beobachtet, mit welchem für deutsche Verhältnisse bis heute gänzlich unbegreifbarem Interesse in der Literatur Amerikas die Reform der Amtsverfassung propagiert worden ist, wie es mit die bedeutendsten Politiker Amerikas überhaupt gewesen sind, die sich der civil service-Reform zur Verfügung stellten, vermag man zu ermessen, wie sehr Amerika unter dem Patronagesystem gelitten hat und wie daher die civil service-Reform zu einer Lebensfrage der Union geworden war [1]).

Daß es an Widerständen gegen das Patronagesystem zu keiner Zeit gefehlt hat, war bereits erwähnt worden. Und doch dauerte es geraume Zeit, bis diese Kritik ein derartiges Gewicht erhielt, daß man sich mit ihr auch in den maßgeblichen politischen Kreisen auseinandersetzen mußte. Die ersten offiziellen Ansätze zu einer Reform dürften wohl in zwei Senatsreports aus den Jahren 1851 und 1853 zu erblicken sein. Es ist interessant, daß diese beiden Reports das ganze Problem hauptsächlich unter dem Gesichtspunkt einer Steigerung der arg beeinträchtigten "efficiency" des Beamtentums behandeln. Grundsätzliche staatsrechtliche und politische Probleme treten in den Hintergrund hinter rein ökonomischen Fragen einer rationellen Staatsverwaltung. Von großer praktischer Bedeutung sind diese beiden Reports allerdings noch nicht.

Ein praktischer Erfolg der Reformbestrebungen war im Jahre 1856 zu verzeichnen, als für den Konsulardienst ein obligatorisches Examen eingeführt wurde. In der Folgezeit haben die Reformer mit wechselndem Glück weiter gearbeitet. Unter ihnen ragen insbesondere hervor: Allen Jenckes aus Rhode Island und der Deutsche Karl Schurz. Ersterer legte im Jahre 1868 dem Parlament einen

---

sidenten in seine amtliche Wohnung. Eine Menge hungriger Stellenbewerber belagerten ihn von früh bis spät und es sind sogar Fälle vorgekommen, wo sie sich in verschiedenen Räumlichkeiten seines Wohnhauses verborgen und dort geschlafen haben, um des ersten Interviews am nächsten Morgen sicher zu sein." Vgl. James T. Joung: Der Staatsdienst in Deutschland, der Schweiz und den Vereinigten Staaten als Bundesstaaten 1896, S. 8.

[1]) Dementsprechend wurde die civil service-Reform auch mit erstaunlicher Rührigkeit unter allgemeiner Anteilnahme betrieben. Es bildete sich z. B. eine civil service-Reform association, in deren Auftrage große wissenschaftliche Abhandlungen verfaßt und von der unzählige Flugblätter in die ganze Welt hinaus versandt worden sind.

eingehenden Report vor[1]), von dem Fish sagt: "this report may be considered as the effective starting-point of reform in this country[2])". In der Neujahrsbotschaft des Jahres 1871 machte der Präsident Grant auf die Mißstände der bestehenden Amtsverfassung aufmerksam und bekannte sich zu den Gedankengängen der Reform. Am 1. Januar 1872 wurde durch eine Verordnung des Präsidenten für Teile der Beamtenschaft der Examenszwang eingeführt. Diese Ansätze einer Reform scheiterten jedoch vorerst an dem Widerstreben des Parlaments und zwar, was bemerkenswert ist, sämtlicher Parteien[3]). Im Jahre 1874 verweigerte der Kongreß die für eine Durchführung der Reform erforderlichen Mittel, deren Höhe für das Gesamtbudget kaum zu Buch schlug. Erst unter dem Präsidenten Hayes entwickelte sich jenes System, das gleichsam das Übergangsstadium zwischen der Vergangenheit und einer wohl geordneten Bureaukratie bilden sollte, das sogen. Merit-System. Es ist vielleicht zur Charakteristik dieses Systems am besten, wenn wir hier einen der besten Kenner der damaligen amerikanischen Beamtenverhältnisse zu Worte kommen lassen. Eaton faßt die Grundsätze dieses Systems folgendermaßen zusammen.

1. Politics ist neither a trade, a business nor a game, but the science of government involving the rights, interests, and duties of the people, which no one may sacrifice or disregard for private gain or party ends. —

3. Parties are necessary, useful and inévitable, not as e n d s in t h e m s e l v e s, but to embody and enforce public opinion, to enable the majority to control the Government, and to fill the seats of legislation and other offices through which that opinion expresses itself in law, and gives direction to policy at home and abroad. The strength and stability of a party are not spoils or patronage, but the soundness of its principles, the wisdom of its legislation, the worthy men its puts in office, and the good administration, with which it blesses the people[4]).

---

[1]) Vgl. Fish: Civil Service . . ., S. 211.

[2]) Der Report ist als Sonderdruck erschienen und außerdem in den House-Reports 40 Congr., 2 Sess., 11, Nr. 47, veröffentlicht worden.

[3]) Interessant ist es, daß auch diejenige Partei, die die civil service-Reform ursprünglich auf ihr Wahlprogramm gesetzt hatte, sich später praktisch doch nicht zu diesen Ideen bekennen wollte, aus Furcht, die Macht der eigenen Parteiorganisation zu schädigen. Eaton sagt in seinem bereits mehrfach erwähnten "spoils-system . . .": "This congressional suppression of a reform to which the dominant party was pledged was prudently made without a debate or a record of the votes."

[4]) B. Eaton, "The spoils-system and civil service-Reform . . .", S. 38ff.

Wie aus der kurzen Charakteristik Eatons bereits ersichtlich ist, bedeutet das Merit-System die bewußte Abkehr von der alten Patronage. Und doch ist diese Abkehr in erster Linie theoretischer, programmatischer Natur. Wenn das Merit-System das Programm aufstellte, so kam die Durchführung erst später, am 16. Januar 1883, als durch die civil service law das System der open competition allgemein eingeführt wurde, womit das Schicksal der Patronage grundsätzlich besiegelt war.

Die civil service law vom 16. Januar 1883 ist ein Wendepunkt in der staatlichen Entwicklung der Union. Auch sie ist noch keine Vollendung, sondern nur ein erster Anfang, aber doch ein merkbarer Erfolg. Von hier beginnt eine Entwicklung, die zu einer völligen Umgestaltung der Exekutivverfassung führen sollte. Wenn die Exekutive bisher hinter der Legislative zurückgetreten war, so beginnt sich diese Exektuive von nun an zu einem selbständigen politischen Faktor zu entwickeln. Es ist festzustellen, daß der Träger dieser Reformen, ebenso wie in England, nicht das Parlament gewesen ist, das nur langsam auf die ihm unentbehrlich gewordene Patronage verzichten lernte, sondern die Exekutive.

Wohl wissend, daß es unmöglich sein würde, die Patronage auf parlamentarischem Wege völlig zu beseitigen, verlieh das Gesetz von 1883 dem Präsidenten lediglich eine weitgehende Verordnungsgewalt mit dem Ziele der Einführung gesetzlicher Examina und damit der Ausschaltung der Patronage. An positiven Bestimmungen sieht dieses Gesetz von 1883 nur vereinzelte vor, wie etwa das Verbot der bereits erwähnten Beamtensteuern. Entscheidend ist allein, daß durch dieses Gesetz die Rechtsgrundlage für die heute noch bestehende civil service-Kommission geschaffen wurde. Diese Kommission besteht aus drei, nach Vorschlag des Senats ernannten Mitgliedern, von denen nur zwei der gleichen Partei angehören dürfen. Bei dem amerikanischen Zweiparteiensystem wollte man hiermit erreichen, daß sämtliche Parteien in der Kommission vertreten waren und hierdurch eine parteipolitische Neutralität der Kommission in etwa garantieren. Ein Mangel blieb jedoch, daß diese civil service commissioners von dem Präsidenten jederzeit entlassen werden können und hierdurch natürlich doch in eine gewisse Abhängigkeit geraten.

Wenn die civil service act von 1883 das Programm aufgestellt hatte, so erfolgte die praktische Durchführung durch die auf Grund des civil service act von dem Präsidenten erlassenen einzelnen „rules“. Durch diese Exekutivverordnungen wurde das moderne amerikanische Amtsrecht geschaffen. Auf Einzelheiten kann in diesem Zusammenhang nicht eingegangen werden. Nur die wichtigsten Bestimmungen sollen hier kurze Erwähnung finden.

Die Dreiteilung der amerikanischen Beamtenschaft wird jetzt rechtlich einwandfrei festgelegt. Das Rückgrat des amerikanischen Beamtentums bildet von nun an der sogen. classified civil service, dessen Mitglieder sich ausnahmslos vor ihrer Anstellung einer Prüfung zu unterziehen haben, zu der jedermann zugelassen wird, der die gesetzlichen Vorbedingungen erfüllt. Neben diesem classified civil service steht der unclassified civil service, der seinerseits wiederum in zwei heterogene Bestandteile zerfällt. Der eine dieser Bestandteile wird von denjenigen Beamten gebildet, whose appointments ar subject to confirmation by the Senate. Es sind die politischen Beamten im Sinne des kontinentalen Staatsrechts. Wir haben bereits früher gesehen, daß die amerikanische Verfassung zwischen Beamten unterscheidet, die nur mit Genehmigung des Senats und nach seinen Vorschlägen ernannt werden können, und solchen, die der Präsident oder auch nur der einzelne Ressortchef selbständig anstellen kann. Während die Verfassung ursprünglich diese Teilung nur aus Zweckmäßigkeitserwägungen vorgenommen hatte, um den Senat nicht unnütz mit personalpolitischen Fragen zu belasten, bildet sich jetzt auf dieser Basis ein grundsätzlicher Unterschied zwischen diesen beiden Beamtenkategorien heraus. Die Zahl der politischen Beamten ist zunehmend im Schwinden begriffen, der classified civil service wächst auf Kosten der sogen. politischen Beamten.

Diese politischen Beamten stehen ausdrücklich außerhalb des classified civil service, unterliegen daher keinerlei Prüfungen und werden lediglich nach politischen Gesichtspunkten ausgewählt. Neben ihnen stehen außerhalb des classified civil service die sogen. laborers, die Staatsarbeiter.

Das amerikanische Berufsbeamtentum steht in denkbar betonter Form unter der Herrschaft der Prüfungen. Nicht nur jede Anstellung hat eine entsprechende Prüfung zur Voraussetzung, sondern auch die meisten Beförderungen, sowie die Versetzungen in ein anderes Amt. Man hat in Amerika in größtem Stile den Versuch gemacht, mit Hilfe allgemeiner Beamtenprüfungen den Einfluß der politischen Partei zu brechen. Daß dieser Versuch in beachtenswertem Umfange gelungen ist, kann nicht übersehen werden. Ohne das Prüfungssystem wäre zweifellos ein ähnlicher Erfolg niemals möglich gewesen. Und so kann es nicht wundernehmen, wenn Amerika diesen Beamtenprüfungen derartiges Interesse schenkt und zu diesem Zwecke ein besonderer Behörden-Apparat ins Leben gerufen worden ist.

An der Spitze des amerikanischen Prüfungswesens steht die United States Civil Service Commission die durch das Gesetz von 1883 eingeführt wurde. Diese Zentralbehörde hat einen über das ganze Land verteilten Stab nachgeordneter Instanzen. Die gesamte Union ist in 13 civil service districts aufgeteilt, für die je ein civil service bureau mit einem Distriktssekretär besteht. Die eigentlichen Prüfungen werden von den sogen. local boards of examiners vorgenommen. Diese boards unterstehen dem Distriktsekretär, so daß das amerikanische Prüfungswesen einen dreigliedrigen Instanzenzug besitzt. Die Mitglieder der zahlreichen local boards sind Beamte der verschiedensten Dienstzweige der Union, die ihre Prüfertätigkeit im Nebenamt versehen. Das Examen selbst arbeitet mit dem Punktsystem. Eine bestimmte Anzahl von Punkten ist erforderlich, um bestehen zu können. Alle diejenigen, die bestanden haben, werden auf eine Liste gesetzt und zwar diejenigen Kandidaten, die die höchste Punktzahl erreicht haben, an oberster Stelle. Falls sich der Chef einer Behörde an die Kommission mit der Bitte um Nennung geeigneter Kandidaten für eine zu besetzende Stelle wendet, müssen ihm die drei obersten Prüflinge auf der Liste genannt werden. Unter diesen drei Bewerbern m u ß der Departementschef wählen, er hat nicht die Möglichkeit, sich an die Kommission mit der Bitte um neue Nennungen zu wenden oder sich seine Beamten auf anderem Wege zu besorgen. Die civil service-Kommission ist der gesetzliche Stellenvermittler für die Beamtenschaft, der in keinem Falle übergangen werden kann.

Allerdings gilt das zuvor Gesagte nicht uneingeschränkt. Gewisse Beamtenkategorien unterliegen auch heute noch nicht dem Prüfungszwang, trotzdem sie dem classified civil service angehören. Diese Beamten sind in zwei Verzeichnissen einzeln aufgezählt. Es handelt sich zumeist um solche Beamten, deren Fähigkeiten vornehmlich auf technischem Gebiet liegen müssen. Erwähnt seien daneben nur die Privatsekretäre der Departementschefs.

Wenn wir den classified civil service bereits verschiedentlich schlechthin als Berufsbeamtentum bezeichnet haben, so bedarf es hierfür noch in verschiedener Richtung des näheren Beweises. Für den Berufsbeamten ist die lebenslängliche Anstellung begriffswesentlich. Wir hatten bereits gesehen, daß die amerikanische Verfassung sich zu der Frage des „term" im allgemeinen nicht geäußert hat und lediglich in Ansehung des Präsidenten und des Vizepräsidenten eine Beschränkung der Amtszeit vorgeschrieben hat. Präsident Washington hatte sich auf den Standpunkt gestellt, daß ein Berufsbeamtentum mit unbegrenzter Amtszeit das Wünschenswerte sei. In der Folgezeit hatte dann die entgegengesetzte Auffassung Raum gewonnen, so daß die Amtszeit der meisten Beamten im Jahre 1820 gesetzlich auf vier Jahre beschränkt wurde. Nur für eine einzelne Beamtenkategorie hatte bereits die Verfassung eine gesicherte Rechtslage geschaffen, die auch den Wirren der Patronagezeit zu widerstehen vermochte, das Richtertum. Sektion 1 des dritten Verfassungsartikels sichert den Richtern ihr Amt during good behaviour zu, so daß sie nur auf Grund disziplinarer Verstöße entlassen werden können.

Neuerdings hat sich zwar unter dem Einfluß der Reformbewegung der Gewohnheitssatz herausgebildet, die Beamten als lebenslänglich angestellt zu betrachten. Offiziell gesetzlich anerkannt ist dieser Grundsatz jedoch auch heute noch nicht. Im Jahre 1896 sprach sich z. B. das Programm der demokratischen Partei gegen das Berufsbeamtentum aus und befürwortete die Einführung von "fixed terms". Noch im Jahre 1912 wurde ein Gesetzentwurf betreffend die Beschränkung der Amtsdauer eingebracht und auch von beiden Häusern angenommen. Bei dieser Gelegenheit machte jedoch der Präsident Taft von dem ihm nach der Verfassung zustehenden Vetorecht Gebrauch. Ähnliche Gesetzentwürfe wurden im Jahre 1914 eingebracht, auch diesen blieb jedoch der praktische Erfolg versagt. Wenn daher auch alle direkt gegen das Berufsbeamtentum gerichteten Angriffe in den letzten Jahrzehnten abgeschlagen worden sind, so hat sich doch Amerika bis auf den heutigen Tag noch nicht offiziell zu dem Gedanken der lebenslänglichen Anstellung bekannt. Wenn auch die führenden Politiker längst erkannt haben, daß ein Staat von den Ausmaßen Amerikas nur mit Hilfe einer Bureaukratie regiert werden kann, so fehlt doch bis heute in der Gesetzgebung Amerikas ein direktes Bekenntnis zu dem Berufsbeamtentum.

Dieses Bekenntnis zu dem Gedanken des Berufsbeamtentums setzt allerdings eine wesentliche Änderung der politischen Ideologie Amerikas voraus. Begreiflicherweise zeigt sich daher die Wandelung der amerikanischen Staatsauffassung besonders sinnfällig auf dem Gebiet der Exekutive. Der amerikanische Staatsrechtler Goodnow hat dieser Frage ein eigenes Buch gewidmet [1]). "The American conception of government has had to submit to modifications in the interest of social efficiency. Social efficiency is a much more important factor than it once was in the determination of our form of government." Es ist charakteristisch für Amerika, wie auch hier wieder

[1]) Frank I. Goodnow: "The American Conception of Government" 1916.

die "efficiency" im Vordergrunde steht. Diese efficiency der Staatsverwaltung, verlangt ein ausgebildetes Berufsbeamtentum. Wenn sich das amerikanische Staatsrecht auch noch nicht offiziell zu derartigen Gedankengängen bekannt hat, so ist dieses Ergebnis praktisch doch schon heute, wenn auch auf einem Umweg, erreicht. Dieser Umweg führt über das Dienstentlassungsverfahren.

Die power of removal hatte bekanntlich in der Reformzeit eine erhebliche Rolle gespielt. Die Verfassung schweigt auch hier. In der vierten Sektion des zweiten Verfassungsartikels ist zwar die Möglichkeit vorgesehen, den Präsidenten, den Vizepräsidenten sowie jeden Beamten der Union wegen Hoch- und Landesverrats, sowie anderer schwerer Verbrechen im Wege des impeachment vom Amt zu entfernen. Ein derartiges, nur für besondere Fälle geeignetes Verfahren genügt jedoch für die Ansprüche der Verwaltungspraxis keineswegs. Es bildete sich daher der unbestrittene Grundsatz heraus, daß die gewöhnlichen Beamten, d. h. alle Beamten mit Ausnahme des Präsidenten und Vizepräsidenten, auch aus anderen Gründen vom Amt entfernt werden könnten. Wer für eine solche Entlassung im einzelnen Fall zuständig sei, in welcher Form sie zu erfolgen habe, unter welchen Voraussetzungen, war lange Zeit bestritten. Es versteht sich von selbst, daß es auch hier an offiziellen und inoffiziellen parteipolitischen Einflüssen nicht gefehlt hat.

Bei dem Fehlen jeglicher positiver Bestimmungen mußte natürlich auch hier vorerst die politische Praxis ergänzend eingreifen. So bildete sich der Grundsatz heraus, daß Anstellungs- und Entlassungsbefugnis in einem organischen Zusammenhang stehen müßten, und daß daher der Träger der appointing power gleichzeitig Inhaber der power of removal sein müsse[1]). Bezeichnenderweise wurde hierbei ursprünglich nicht zwischen solchen Beamten, die der Präsident selbständig und solchen, die er unter Mitwirkung des Senats angestellt hatte, unterschieden. Als sich der Senat jedoch im Laufe der Zeit immer mehr zum offiziellen Träger der parteipolitischen Patronage entwickelte, war es nur folgerichtig, daß er auch auf die Entlassung der unter seiner Mitwirkung angestellten Beamten einen gewissen Einfluß zu erhalten trachtete. Es bildete sich der Grundsatz heraus, daß diejenigen Beamten, die mit Zustimmung des Senats ernannt worden waren, nur durch vereintes Vorgehen von Präsident und Senat entlassen werden könnten. Durch die Tenure of Office Acts von 1867 und 1869 hat dieser Grundsatz

---

[1]) Vgl. Dormann, B. Eaton: "The Terms and Tenure of Office", S. 22.

die ihm bislang fehlende rechtliche Stütze erhalten. Die mit Zustimmung des Senats ernannten Beamten konnten und können nur mit Zustimmung des Senats von dem Präsidenten wieder entlassen werden, so daß ihr Verbleiben im Amt vornehmlich von parteipolitischen Rücksichten bedingt ist.

In Ansehung der übrigen Beamtenschaft, des heutigen classified civil service, ist die Entwicklung andere Wege gegangen. Ursprünglich lag hier die Entlassungsbefugnis gemäß dem oben erwähnten Grundsatz bei dem anstellenden Departementschef oder, falls der Präsident die Anstellung vollzogen hatte, bei dem letzteren. Die civil service act vom 16. Januar 1883 verbietet die Entlassung eines Beamten des classified civil service aus Gründen der Parteipolitik. Einen Fortschritt in dieser Entwicklung bedeutete der Criminal Code des Jahres 1910, wonach sich jeder Beamte strafbar macht, der einen anderen Beamten deswegen aus dem Dienste entläßt, weil dieser sich geweigert habe, irgendwelche politischen Ziele mit Geld oder auf andere Weise zu unterstützen. Entscheidend ist das Gesetz vom 24. August 1912, mit dem für den amerikanischen civil service ein unserem deutschen Disziplinarrecht in mancher Beziehung verwandtes Verfahren eingeführt wurde [1]). Materiellrechtlich ist in diesem Gesetz ausdrücklich der Grundsatz anerkannt worden, daß nur im Interesse des Dienstes eine Entlassung vorgenommen werden dürfe [2]). Mag diese Bestimmung auch im Vergleich mit den ungleich zahlreicheren Kautelen des deutschen Disziplinarrechts äußerst dehnbar sein, für Amerika bedeutet dieses Gesetz alles in allem einen wesentlichen Fortschritt. Dieser Fortschritt liegt insbesondere auf formellem, verfahrensrechtlichem Gebiet. Keine Entlassung darf heute ohne schriftliche Begründung erfolgen, die dem Beamten vor seiner Entlassung bekanntgegeben werden muß, um ihm die Möglichkeit einer Rechtfertigung zu geben. Falls der Beamte sich darauf beruft, daß

---

[1]) Daß dieses Verfahren trotzdem von einem regulären Prozeßverfahren, als welches das deutsche Disziplinarverfahren aufgefaßt werden muß, wesentlich verschieden ist, kann nicht übersehen werden. In diesem Sinne wird daher auch die gegenwärtige Regelung in amerikanischen Kreisen vielfach noch als ungenügend empfunden und man strebt ein eigentliches Prozeßverfahren an. Vgl. z. B. Lewis Mayers: The Federal Service, S. 92. "The reason for which a person is removed or dismissed in almost all cases is beyond the reach of any court or enforcing tribunal; nor indeed has any method of enforcement been provided by rules other than investigation by the Civil Service Commission."

[2]) Sec. 6 des Gesetzes vom 24. August 1912 (37 Stat., 555) bestimmt: "that no person in the classified civil service of the U. S. A. shall be removed therefrom except for such cause as will promote the efficiency of said service."

das Verfahren nicht in der vorgeschriebenen Weise eingehalten sei, oder daß die Entlassung aus politischen oder religiösen Gründen erfolgt sei, kann die civil service commission das Verfahren von neuem aufrollen und eventuell von sich aus die Wiedereinstellung des Beamten verfügen. Das Anschuldigungsmaterial und die etwaige Rechtfertigungsschrift des Angeschuldigten sind zu den Akten zu nehmen, in die den Mitgliedern der civil service commission gegebenenfalls Einblick gegeben werden muß. Auf diese Weise ist praktisch die Möglichkeit der Entlassung eines Beamten stark beschnitten worden und hat Amerika, auch wenn es sich zu der lebenslänglichen Anstellung nicht grundsätzlich bekannt hat, ein modernes Berufsbeamtentum erhalten. Wenn sich Amerika auch aus prinzipiellen Gründen nach wie vor sträubt, die Lebenslänglichkeit der Ämterbesetzung gesetzlich anzuerkennen, so ist doch praktisch dieses Ziel heute erreicht [1]). Man kann daher mit Recht den classified civil service des modernen Amerikas als Berufsbeamtentum im europäischen Sinne bezeichnen [2]).

Wenn wir die Entwicklung des amerikanischen Beamtentums noch einmal an uns vorüberziehen lassen, so wird man anerkennen

---

[1]) Es ist natürlich für den ausländischen Betrachter schwierig, sich ein anschauliches Bild von den praktischen Auswirkungen dieses im Jahre 1912 eingeführten Entlassungsverfahrens zu machen. Gerade in neuester Zeit hat der bereits mehrfach erwähnte Lewis Mayers die praktische Bedeutung dieses Verfahrens außerordentlich skeptisch beurteilen zu sollen geglaubt, auf Grund tatsächlicher Unterlagen, die sich in dieser Art dem Verfasser naturgemäß entziehen (Vgl. Mayers a. a. O., S. 92 ff.). Trotzdem wird man die im Text vertretene optimistische Einstellung m. E. beibehalten dürfen, wenn man den Schwerpunkt nicht so sehr auf das heute bereits Erreichte legt, das für uns ja nur von sekundärer Bedeutung ist, als auf die prinzipielle Feststellung, daß Amerika heute eine Entwicklung eingeschlagen hat, die zu der Bildung einer Bureaukratie führen muß, die den Bureaukratien des europäischen Kontinents stark verwandte Züge tragen wird, wobei es hier eine offene Frage bleiben kann, in welchem Stadium diese Entwicklung sich zurzeit im einzelnen befindet.

[2]) Interessant ist übrigens, daß auch hier in Amerika, wenn auch nur vereinzelt, ähnlich wie in Europa die Frage aufgetaucht ist, ob der Beamte einen Rechtsanspruch auf sein Amt besitze. Anscheinend unter dem Eindruck der neuen Organisation des Ämterwesens ist Goodnow zu einer Bejahung dieser Frage gelangt. "The first right to be noticed is the right of the officer to exercise the powers and perform the duties connected with this office." Goodnow: Municipal Home Rule 1895, S. 282. Demgegenüber scheint die entgegengesetzte Auffassung den Vorzug zu verdienen, wie sie gerade in neuester Zeit in einer offiziellen Ausgabe der Unionsverfassung vertreten wird. "An officer appointed for a definite time or during good behaviour has not any vested interest or contract right in his office." Vgl. Senate Documents 68 Congreß 13 th Session Vol. 18, S. 397.

müssen, daß Amerika in den letzten 50 Jahren um die Schaffung eines Berufsbeamtentums außerordentlich bemüht gewesen ist und auf diesem Wege auch größere Fortschritte gemacht hat. Die Möglichkeit eines parteipolitischen Einflusses auf die Bureaukratie ist heute weitgehend ausgeschaltet worden. Die Anstellung der Beamten ist grundsätzlich nur von der persönlichen Tüchtigkeit des Einzelnen abhängig. Das gleiche gilt von der Beförderung, die in der Mehrzahl der Fälle von einem entsprechenden Examen abhängig ist. Wenn man schließlich noch berücksichtigt, daß der Beamte nicht mehr ohne weiteres aus dem Dienst entlassen werden kann, daß jeder amerikanische Beamte daher praktisch sein Amt heute during good behaviour innehat, so wird man diese Besserungen gegenüber dem Patronagesystem als einen großen Fortschritt empfinden müssen. Diese Entpolitisierung der Beamtenschaft, die durch die erwähnten Bestimmungen mit Erfolg angestrebt worden ist, findet eine beachtenswerte Ergänzung durch alle diejenigen Maßnahmen, mit denen man nicht so sehr die Partei von dem Beamtentum, als das letztere von der Partei fernzuhalten versuchte.

Beachtlicherweise finden diese Maßnahmen zum Teil ihre rechtlichen Grundlagen in der Verfassung selbst. In Art. 1 Sec. 6 der Unionsverfassung ist bestimmt worden, daß kein Mitglied des Kongresses gleichzeitig Beamter der Union sein dürfe. Es ist beachtlich, daß man diese Bestimmung anscheinend für so selbstverständlich gehalten hat, daß man sie bereits in einem Zeitpunkt in die Verfassung aufnahm, in dem man im allgemeinen über die Gestaltung der amerikanischen Exekutive allem Anschein nach noch recht nebelhafte Vorstellungen hatte. Diese Bestimmung der Verfassung erschien jedoch in der Folge allein nicht genügend, um die parteipolitische Neutralität der Bureaukratie zu sichern. Die erste civil service rule bestimmte daher: "Persons who by the provisions of these rules are in the competitive classified civil service, while retaining the right to vote as to they please and to express privately their opinions on all political subjects, shall take no active part in political management or in political campaigns[1])." Ein Vergleich mit unserem heutigen deutschen Beamtentum und seiner weitgehenden Bewegungsfreiheit auf politischem Gebiet zeigt wohl am besten, wie stark der amerikanische Beamte heute in seiner politischen Freiheit beschränkt ist. [2])[3]).

---

[1]) Eine analoge Bestimmung besteht sogar für die laborers des unclassified civil service.

[2]) Daß allerdingsdie praktische Durchführung dieser Grundsätze keineswegs sehr leicht war, vielmehr auf erhebliche Schwierigkeiten stieß und noch

Wir hatten oben eine Zweiteilung des heutigen amerikanischen Beamtentums geglaubt feststellen zu sollen. Bislang haben wir uns ausschließlich mit dem einen Teile der amerikanischen Beamtenschaft befaßt, dem classified civil service. Wenn dieser auch für uns in diesem Zusammenhang der wichtigere ist, so dürfen wir doch an dem sogen. unclassified civil service nicht achtlos vorübergehen. Wir haben bereits gesehen, daß dieser unclassified civil service, dessen genaue Definition in der zweiten civil service rule gegeben ist, in zwei völlig heterogene Bestandteile zerfällt. Der eine von diesen beiden ist hier ohne weiteres Interesse, es ist die Gruppe der bereits erwähnten laborers, d. h. staatlicher Bediensteter in untergeordneter Stellung, die hauptsächlich Handarbeit zu leisten haben. Den wichtigeren Teil des unclassified civil service bilden die politischen Beamten der amerikanischen Exekutivverfassung, die von dem Präsidenten unter Mitwirkung des Senats ernannt werden. Für diese politischen Beamten gelten die sämtlichen Bestimmungen der civil service Gesetzgebung nicht. Auffallenderweise ist jedoch das passive Wahlrecht auch diesen politischen Beamten genommen, was wohl in erster Linie darauf zurückzuführen sein dürfte, daß die Verfassung diesen grundsätzlichen Unterschied zwischen politischen und nicht politischen Beamten noch nicht kannte, dem damaligen Unterschied zwischen presidential und non-presidential officers lediglich verwaltungstechnische Bedeutung zukam.

Bei dieser Rechtslage ist den Parteien uneingeschränkt die Möglichkeit gegeben, diese Stellen des unclassified civil service mit Parteigängern zu besetzen. Bezeichnenderweise ist jedoch diese theoretische Möglichkeit in neuerer Zeit praktisch keineswegs in

---

heute stößt, dafür möge eine Bemerkung Youngs (The new american government) zum Beweise dienen. "A large number of violations of this rule occurs anualy but it has been the practice of the Commission to treat those in a broad, liberal spirit and to give for the first offense a warning or reprimand; on continuent an persistent disobedience the Commission asks the appointing to remove."

[3]) In Ergänzung dieser allgemeinen Bestimmungen hat die civil service commission ihrerseits genaue Vorschriften darüber gegeben, was unter eine derart unerlaubte politische Betätigung im einzelnen zu rechnen sei. Einige Beispiele seien hier nur kurz erwähnt. So ist verboten jede Betätigung innerhalb einer Partei, nicht nur etwa diejenige des Abgeordneten, die dem Beamten bereits durch die Verfassung untersagt ist. Ferner ist verboten, das Halten politischer Gespräche im Dienst oder an öffentlichen Plätzen, die Beteiligung an einer öffentlichen, politischen Diskussion, jeder Zusammenhang mit einer politischen Zeitung, sei es als Verleger, Manager oder Finanzmann, das Schreiben von gezeichneten und ungezeichneten politischen Artikeln, das Tragen politischer Abzeichen u. a. m.

dem Maße ausgenützt worden, daß etwa die sämtlichen Mitglieder dieses unclassified civil service notwendig einem etwaigen Regierungswechsel zum Opfer fallen müßten. Die politische Praxis ist hier zurzeit noch recht schwankend und hat nur einen Teil dieser Stellen in unbedingtem Konnex mit der politischen Partei gebracht. Allgemein anerkannt als politische Beamte sind die Heads of Departements, die Minister im europäischen Sinne. Das gleiche gilt für die chief assistant secretaries, die man vielleicht mit den englischen parlamentarischen Unterstaatssekretären vergleichen kann. Im übrigen ist die Entwicklung trotz der gleichen formalrechtlichen Situation in Ansehung der verschiedenen Ämter verschiedene Wege gegangen. Charakteristisch hierfür ist der Head of the bureau, der vielleicht mit dem deutschen Ministerialdirektor verglichen werden kann. Die sämtlichen Heads of the bureau sind politische Beamte im Rechtssinne, sie werden mit Genehmigung des Senats von dem Präsidenten angestellt, unterliegen nicht den civil service rules und können daher jederzeit entlassen werden. Trotzdem werden in der politischen Praxis noch längst nicht alle diese Beamten gleichmäßig als politische Beamte angesehen. Ein Teil dieser Heads of the bureau bekleidet sein Amt tatsächlich during good behaviour, unbekümmert um die jeweilige parteipolitische Konstellation. Falls der Präsident und der Senat einen solchen Beamten aus rein politischen Motiven entlassen sollten, wozu sie formalrechtlich imstande sind, würde dies ohne Zweifel als ein grober Mißbrauch des Amtsrechts empfunden werden, gegen den die öffentliche Meinung scharf reagieren würde[1]). Auch hier zeigt sich wieder die bereits mehrfach erwähnte Tendenz zu einer Konsolidierung des Ämterwesens und damit einer stärkeren Zurückdrängung der politischen Partei. Der Prozentsatz, den der classified civil service zu der gesamten amerikanischen Beamtenschaft stellt, ist ständig im Wachsen begriffen. Im Jahre 1914 betrug die Gesamtzahl der amerikanischen Beamtenschaft (d. h. wohlgemerkt nur der Union) 391 000 Köpfe. Von diesen gehörten 295 000 dem classified civil service an. Die restlichen 96 000 Personen waren hauptsächlich laborers. Nur 10 000 Personen gehörten zu den eigentlichen politischen Beamten. Gegenwärtig beträgt das amerikanische Beamtenheer 560 000 Mitglieder, von denen 15 000 von dem Präsidenten mit Genehmigung des Senats angestellt worden sind.[2]) Ein Vergleich dieser Zahlen ergibt, daß die Zahl der

---

[1]) Vgl. Lewis Mayer: „The Federal Service", S. 100.

[2]) Ein genaues Verzeichnis derjenigen Ämter, die nur mit Genehmigung des Senats besetzt werden dürfen, findet sich bei Lewis Mayers: „The Federal Service", S. 33 ff.

Mitglieder des classified civil service auch in den letzten Jahren verhältnismäßig stärker angewachsen ist, als die der mit Senatszustimmung ernannten Beamten, daß sich das Verhältnis damit zugunsten des Berufsbeamtentums verschoben hat [1]). Es dürfte nicht zweifelhaft sein, daß man die oben angegebene Zahl der politischen Beamten noch um ein Beträchtliches verringern könnte, da ein großer Prozentsatz dieser formalrechtlich politischen Beamten de facto dem Berufsbeamtentum zugezählt werden muß.

Die oben in ihren großen Zügen skizzierte Entwicklung zeigt sich besonders deutlich in Ansehung einer ganz bestimmten Gruppe der politischen Beamten, der Departementschefs. Diese Departementschefs sind wohl am ersten mit den Ministern des Monarchen zu vergleichen, indem sie, wie diese ihren König, den Präsidenten mit Rat und Tat zu unterstützen haben, ohne irgendwelche politische Selbständigkeit für sich in Anspruch nehmen zu können. In der Person des Departementschefs zeigt sich vielleicht am besten der schwankende Kurs der amerikanischen Entwicklung, die nur langsam in die heute eingeschlagene Richtung einmündet und damit den Typ der Präsidentschaftsrepublik immer reiner entwickelt.

Die amerikanische Verfassung kennt nur einen Präsidenten, dem die Exekutive übertragen worden ist. Die wichtigste staatsrechtliche Folgerung, die sich hieraus ergibt, ist, daß die Departementschefs keinerlei eigene staatsrechtliche Kompetenzen haben. Der Departementschef unterscheidet sich nach der amerikanischen Verfassung nicht von dem übrigen Beamtentum. So erklärt es sich, daß die Stellung dieses amerikanischen „Ministeriums" auf das engste mit dem Schicksal der Bureaukratie verknüpft ist. Wenn wir von der Präsidentschaft Washingtons absehen, die sich mit Rücksicht auf die einzigartige Stellung dieses Mannes nicht in den allgemeinen Rahmen einspannen läßt, so hat das amerikanische Ministerium ursprünglich unleugbar unter dem Einfluß des Vorbildes des englischen Kabinetts gestanden. Wie dort die Minister Vertrauensmänner der politischen Partei waren und sind, so wünschte man dies ursprünglich auch für Amerika. Die Imitation des englischen Beispiels wurde naturgemäß energischst unterstüzt von den Anhängern des Patronagesystems. So bietet das amerikanische Ministerium der Patronagezeit ein ähnliches Bild, wie das englische Kabinett. Nachdem das amerikanische Ministerium so jene äußere Form und parteipolitische Stütze erhalten hatte, die es dem englischen Kabinett im Laufe einer langjährigen Entwicklung ermöglicht hatte, den politischen Schwerpunkt

[1]) Vorstehende Zahlen sind dem Buche von Young: „The new american government" entnommen, vgl. S. 600.

zu seinen Gunsten zu verschieben, setzten auch in Amerika ähnliche Bestrebungen ein, die entgegen den ausdrücklichen Bestimmungen der Verfassung die Minister und nicht den Präsidenten zum eigentlichen Träger der Exekutive zu machen trachteten. Gegenüber diesen Bestrebungen setzte ein sehr bemerkenswerter Gegenstoß ein.

Der amerikanische Präsident stieg selbst in die Arena des Parteikampfes herab, aus dem "great and good man outside and above party" wurde der moderne Parteiführer [1]). Daß diese Entwicklung einsetzte, war notwendig, da die ganze Wahlmaschine in der Hand der politischen Parteien lag, von ihnen also auch der Präsident einzig und allein auserwählt wurde [2]). Daß die politische Partei auf die Dauer nur ein besonders hervorragendes Mitglied als Präsidenten zur Wahl stellte, kann nicht weiter wundernehmen. Ein derartig parteipolitisch gerichteter Staatspräsident vermag jedoch auch innerhalb der eigenen Partei übertriebenen Wünschen des Parlaments entgegenzutreten. Hierzu gehört die von den Anhängern des Patronagesystems angestrebte Politisierung der Bureaukratie. Es ist daher charakteristisch, daß der Kampf gegen das Patronagesystem in erster Linie immer von dem jeweiligen Präsidenten unterstützt worden ist [3]). Wie in späterer Zeit die Entpolitisierung der Beamtenschaft in erster Linie durch Exekutivorders der Präsidenten zur Tat wurde, so sind auch vor dem grundlegenden Beamtengesetz des Jahres 1883 die entscheidenden Anstöße immer von dem

[1]) Vgl. W. M. Sloane: Party Government in the United States of America; 1914, S. 256; in gleichem Sinne auch W. Hasbach: Die moderne Demokratie. 1912, S. 175.

[2]) In diesem Sinne auch Wilson in seinem "President of the United States", 1916: "The President cannot escape being the leader of his party except by incapacity and lack of personal force, because he is at once the choice of the party and of the nation" (a. a. O. S. 36).

[3]) Ein charakteristisches Beispiel hierfür in neuerer Zeit ist neben Wilson, dessen Stellungnahme zu dieser Frage wir soeben berührt haben, der Präsident Taft. In seinem 1916 erschienenen Buche "Our chief Magistrate and his Powers" führt er folgendes aus: "In my judgement the President should not be required to exercise his jugement to make appointments, except to fill the most important offices. In the Executive Department he should be limited to the selection of those officers, the discharge of whose duties involves discretion in the carrying out of the political and governmental policy of his administration. He therefore ought to have the appointments of his cabinet officers, and he ought also to have the appointment of a political undersecretary in each department to take the place of the Head of the Department when for any reason the Head of the Department is not able to discharge his usual duties. All other officers in Departments, including the Assistant Secretaries and the Chiefs of Bureau, should have a permanent tenure and not change with each administration."

jeweiligen Präsidenten ausgegangen. Voraussetzung hierfür war allerdings, daß der Präsident den notwendigen Einfluß auf die politische Partei besaß, die z. B. einem Manne wie Jackson fehlte, was ihn zum Werkzeug der politischen Partei und ihrer Patronagewünsche werden ließ.

Nur ein Präsident, der gegenüber der Partei diese Selbständigkeit besaß, vermochte der Civil Service Reform zum Siege zu verhelfen. Charakteristisch für diese Zurückdrängung der Partei aus der Exekutive ist auch die Umgestaltung des Ministeriums. Wie für das Beamtentum die Ideen des Patronagesystems langsam aber sicher an Zugkraft verloren, haben wir bereits gesehen. Ähnliches gilt auch für das Kabinett. Das amerikanische Kabinettsmitglied verdankt heute seine Stellung in den wenigsten Fällen einer bestimmten Partei. Die ursprüngliche Auffassung hat sich heute wieder durchgesetzt, der amerikanische Minister ist lediglich adviser des Präsidenten. Daß die Auswahl derartiger Ratgeber nach anderen als lediglich parteipolitischen Gesichtspunkten erfolgt, ist heute wieder allgemein anerkannter Grundsatz. Somit bildet das amerikanische Kabinett oftmals ein nach im wesentlichen anderen als parteipolitischen Gesichtspunkten ausgewähltes Gremium zur Unterstützung des Präsidenten, dem die eigentliche Führung der Exekutive allein zusteht [1]).

Allein der Präsident ist notwendig Parteimann, bei allen anderen Mitgliedern der Exekutive ist diese Parteizugehörigkeit entbehrlich, wenn nicht, wie bei dem gesamten classified civil service, unzulässig. Wir haben bereits gesehen, wie auch in den Reihen der vom Standpunkt des Staatsrechts aus politischen Beamten die Entpolitisierungstendenz sich geltend macht, wofür gerade die prominentesten dieser politischen Beamten, die Mitglieder des Kabinetts, den besten Beweis bieten. Auf der andern Seite zeigen sich die gleichen Bestrebungen in der immer weiteren Ausdehnung des classified civil service [2]). Alles in allem vermag man sich bei Beurteilung der gegenwärtigen amerikanischen Exekutive und ihrer Entwicklung dem Eindruck nicht zu entziehen, daß das Streben nach einer Zurückdrängung der

---

[1]) Wilson „The President" S. 55.

[2]) Charakteristisch für diese Tendenzen ist auch eine Stellungnahme des früheren Präsidenten Wilson, der in seinem in dem Jahre 1919 erschienenen Buche „The State" die eindeutige Forderung aufstellt, das gesamte Beamtentum ausnahmslos schon deswegen im Sinne des classified civil service zu neutralisieren, weil ein tieferer Grund für die besondere Stellung der politischen Beamten mit Rücksicht auf die heutige starke Zentralisierung der amerikanischen Exekutivverfassung, überhaupt nicht mehr vorhanden sei. Vgl. a. a. O. S. 376.

politischen Partei aus der Exekutive, nach einem parteipolitisch neutralen Beamtentum ganz allgemein ist und daß diese Entwicklung bereits heute große Erfolge zu verzeichnen hat [1]).

Kapitel XXIX.

Das Beamtentum der französischen Republik.

Frankreich und Deutschland haben ihre eigentliche staatliche Prägung durch den Absolutismus erhalten. Die Aufgabe, das der absolutistischen Epoche entstammende Beamtentum mit den Grundideen der parlamentarischen Demokratie zu versöhnen, ist in Frankreich bereits ein Jahrhundert früher an den Politiker herangetreten als in Deutschland [2]).

Es kann zweifelhaft sein, an welchem Zeitpunkt eine historische Betrachtung wie die vorliegende einzusetzen hat, von wann an man von einem parlamentarischen System in Frankreich überhaupt sprechen kann, dem es das Beamtentum zu assimilieren galt. Die französische Revolution kann als Ausgangspunkt dieser Untersuchung schon deswegen nicht in Betracht kommen, weil das parlamentarische System den sämtlichen Verfassungen der ersten Republik fremd geblieben ist [3]). Das die Republik ablösende erste Kaiserreich nahm mit gewissen Modifikationen die bourbonische Beamtenpolitik wieder auf, was bei der starken Ähnlichkeit der Regierungsformen des französischen Königtums und des jungen Kaiserreiches nicht verwundern kann. Von einem parlamentarischen System wird man daher erst in der Zeit des Bürgerkönigtums reden können, da der Verfassung der Restaurationszeit das parlamentarische System ebenfalls fremd war. Allerdings erwähnte auch die Verfassung des Jahres 1830 diese neue Regierungsform mit keinem Wort. Es war die politische Praxis, die hier wie in anderen Staaten diesem neuen System zum Siege verholfen hat [4]). Die Ministerien

---

[1]) Charakteristisch dafür in neuester Zeit Young: "The new american government" 1923, S. 602 ff., der die Zahl von 100 politischen Beamten für vollkommen ausreichend erklärt.

[2]) Vgl. über das französische Beamtentum der dritten Republik: Hasbach: „Die moderne Demokratie", 1912, S. 197 ff.

[3]) Vgl. A. Esmein: Eléments de droit constitutionel Français, 5. Aufl., 1909, S. 176 ff.

[4]) Vgl. Esmein: a. a. O. S. 183: "C'est la cause du gouvernement parlementaire qui triomphait avec la Monarchie de Juillet. Cependant on n'éprouva la besoin d'en préciser et compléter les règles dans la Charte revisée de 1830. Celle-ci reproduisit purement et simplement sur ce point les dispositions de la Charte de 1814. On sentait que la coutume parlementaire saurait bien les compléter et leur faire produire toutes leurs conséquences naturelles."

der Julimonarchie waren nach dieser Parlamentspraxis der Kammer verantwortlich und hatten sich auf ihren Wunsch zurückzuziehen.

Ebenso wie ihre Vorgängerin hat auch die Verfassung des Jahres 1848 zu dem Problem des parlamentarischen Systems keine Stellung genommen. Ministeramt und Mandat wurden allerdings ausdrücklich für vereinbar erklärt, die Minister hatten freien Zutritt zu den Sitzungen des Parlaments. Im Gegensatz zu der Kammer, die das Prinzip des parlamentarischen Systems betont wissen wollte, stellte sich Louis Napoleon von vornherein auf den Standpunkt, daß die Regierungsgeschäfte dem Präsidenten allein vorbehalten seien und dieser daher das ihn lediglich unterstützende Ministerium jederzeit entlassen und durch den Plänen des Staatschefs gefügigere Personen ersetzen könne [1]).

Bei dieser Einstellung Napoleons zum parlamentarischen System kann es nicht wundernehmen, daß die Verfassung vom 14. Januar 1852 diese Regierungsform ausdrücklich ausschloß. Art. 13 der Napoleonischen Verfassung bestimmte, daß die Minister allein dem Staatsoberhaupt untergeben seien. Die Inkomptabilität zwischen Ministerportefeuille und Mandat wurde eingeführt. Die Ministerverantwortlichkeit blieb lediglich krimineller Natur. In dem Bestreben, Kammer und Kabinett möglichst voneinander zu trennen, ging man sogar so weit, daß den Mitgliedern des Kabinetts lediglich der Zutritt zu dem Senat gestattet wurde, während in der Deputiertenkammer die Regierungsvorlagen von eigens hierzu ernannten Staatsräten vertreten werden mußten. Mit Recht sagt Esmein: „Jamais en France on n'avait été plus lion du gouvernement parlementaire." Auf die Dauer ließ sich diese Radikallösung allerdings nicht halten. Nachdem bereits verschiedene andere Konzessionen vorangegangen waren, bekannte sich die revidierte Verfassung vom 21. Mai 1870 rückhaltlos zu den Gedankengängen

[1]) Der Standpunkt Napoleons erhellt am besten aus einer Adresse, die er dem Parlament am 24. Januar 1851 zugehen ließ. „L'union des deux pouvoirs est indispensable au repos du pays; mais comme la constitution les a rendus indépendants, la seule condition de cette union est la confiance réciproque..... Pour ne point prolonger une dissidence pénible j'ai accepté après la vote récente de l'Assemblée la démission d'un ministère qui avait donné au pays et à la cause de l'ordre témoignages éclatants de son dévouement. Voulant toutefois réformer un cabinet avec des chances de durée, je ne pouvais prendre ses éléments dans une majorité née de circonstances exceptionelles et je me suis vu, à regret, dans l'impossibilité de trouver une combinaison parmi les membres de la majorité, malgré son importance. Dans cette conjuncture je me suis résolu à former un ministère de transition, composé d'hommes spéciaux, n'appartenants à aucune fraction de l'Assemblée et décidés a se livrer aux affaires sans préoccupation de parti."

des parlamentarischen Systems. Der Lauf der sich überstürzenden Ereignisse verhinderte es, daß diese Verfassung sich praktisch auswirken konnte.

Die nach dem Umsturz gewählte Nationalversammlung in Bordeaux stand grundsätzlich auf dem Boden des parlamentarischen Systems. Trotzdem sollte es vorerst noch unentschieden bleiben, in welcher Form dieses parlamentarische System in Erscheinung treten sollte. Es waren weniger grundsätzliche politische Erwägungen, als die Person des ersten französischen Präsidenten, die die französische Entwicklung ursprünglich in dieser Frage haben schwanken lassen. Die gesamte Exekutive war seinerzeit von der Nationalversammlung provisorisch dem außerordentlich populären Thiers übertragen worden und ihm im August 1871 der Präsidententitel verliehen. In den folgenden Jahren, in denen eine eigentliche Verfassung fehlte, hat Thiers die Regierung in seiner Eigenschaft als Staatspräsident höchstpersönlich geführt. Alle Aufforderungen, die Verantwortlichkeit für die Regierungsakte den Ministern zu überlassen, lehnte er ab, da ihn das Gesetz vom 31. August 1871 persönlich verantwortlich gemacht habe. Andererseits war Thiers allerdings entschlossen, sofort zurückzutreten, wenn ihm die Nationalversammlung das Vertrauen entziehen würde, was nach zweijähriger Amtszeit bekanntlich geschehen ist.

Unter dem Nachfolger Thiers, dem Marschall Mac Mahon, entwickelte sich allmählich ein System, das dem Kabinett wieder mehr Selbständigkeit gab und ihm auch eine eigene Verantwortlichkeit zuwies. Eine endgültige Konsolidierung der Verhältnisse brachten erst die Verfassungsgesetze. Die Verfassung der dritten Republik hat ihre Regelung bekanntlich in den drei Organisationsgesetzen vom 24. und 25. Februar sowie vom 16. Juli 1875 erhalten. In dem Gesetz vom 25. Februar 1875 heißt es in Art. 6: „Les ministers sont solidairement responsables devant les Chambres de la politique générale du Gouvernement, et individuellement de leurs actes personels.

Le Président de la République n'est responsable que dans le cas de haute trahison."

Hiermit war die verfassungsrechtliche Grundlage für das parlamentarische System gegeben. Wenn man die Entwicklung verstehen will, die das parlamentarische System von hier aus genommen hat, so ist dies nicht möglich, ohne Berücksichtigung der Eigenart der französischen Partei.

Wie in allen ehemals absolutistischen Staaten ist das Parteiwesen, gemessen am englischen Maßstab, in Frankreich verhältnismäßig unentwickelt. Schon Rousseau sprach sich in seinem „Contrat social" gegen die Institution organisierter Parteien aus, da diese verhindern müßten, daß in dem Parlament der Wille des Volkes in seiner reinen Form zum Ausdruck komme. Wenn man berücksichtigt, daß auch das moderne Frankreich noch stark von den politischen Ideen der französischen Revolution zehrt [1]), kann es nicht wundernehmen, daß auch das gegenwärtige französische Parteiwesen nur mangelhaft entwickelt ist [2]).

Von festen Parteiorganisationen kann in Frankreich keine Rede sein. Gewiß bestehen auch hier politische Organisationen, jedoch sind diese nicht geeignet, die taktische Grundlage für ein politisches Programm abzugeben. So fehlen in Frankreich sehr wesentliche Voraussetzungen gedeihlicher parlamentarischer Arbeit, wodurch insbesondere auch die Exekutive in Mitleidenschaft gezogen wird.

Im folgenden muß es vorerst unsere Aufgabe sein, das Beamtentum von den durch das parlamentarische System mit ihm verquickten politischen Elementen zu scheiden. Wie in anderen parlamentarisch regierten Staaten, so bestehen auch in Frankreich direkte Verbindungen zwischen Politikern und Berufsbeamten. Während jedoch beispielsweise in England die Zuständigkeitsgrenzen zwischen den von Haus aus wesensverschiedenen Elementen der parlamentarischen Exekutive scharf gezogen sind, gehen in Frankreich Politiker und Berufsbeamte, soweit erstere überhaupt zu exekutiven Aufgaben berufen sind, in einem einheitlichen Ganzen auf: der französischen Staatsverwaltung.

Einige Tatsachen mögen das Gesagte erhärten. Ein charakteristisches Beispiel für die mangelhafte Abgrenzung zwischen den politischen und den bureaukratischen Elementen der Exekutive bietet das Amt des Unterstaatssekretärs. Durch eine königliche Ordonnanz vom 9. Mai 1816 wurde dieser Posten geschaffen. Die

---

[1]) Erst in allerneuester Zeit beginnt die französische öffentliche Meinung ihre Stellung gegenüber der Partei zu revidieren. Noch Thiers bekämpfte sie, wenn sie über die engsten Grenzen hinaus auf Kosten der Individualität sich ausbreitete. „Une Chambre dont tous les membres se proclameraient indépendants et agiraient dans chaque circonstance au gré de leur inspiration purement personelle serait peût-être une Assemblée analogue a celle que semblait rêver Thiers, elle ne rendrait possible aucun régime de parti..... La théorie de Thiers a encore de nombreux et inconscients adhèrents qui voient dans la République, non pas le Gouvernement de la nation par un parti, mais par le Pays lui-même tout entier". Vgl. Léon Jacques: Les Partis Politiques sous la III. République", 1913, S. 450 ff.

[2]) Die einzige Ausnahme macht hier die sozialistische Partei;

ursprüngliche Absicht war, dem Minister in der Person des Unterstaatssekretärs einen adlatus zu geben, der ihn bei der praktischen Verwaltungsarbeit unterstützen sollte. Mit der Ernennung Thiers im November 1830 bekam dieses Amt zum erstenmal einen ausgesprochen politischen Charakter. In der zweiten Republik wurden dem Unterstaatssekretär wieder reine Verwaltungsaufgaben zugewiesen und dieser gleichzeitig durch die Inkomptabilitätsbestimmungen aus dem politischen Leben ausgeschaltet. In der III. Republik hat das Amt wiederum neue Wandlungen durchmachen müssen. Indem das Organisationsgesetz vom 30. November 1875 den Mitgliedern des Parlaments das Amt des Unterstaatssekretärs öffnete, stempelte es dieses zu einer rein politischen Stellung. Wenn somit auch die staatsrechtliche Stellung des Unterstaatssekretärs grundsätzlich bestimmt war, so blieb doch die Art seiner tatsächlichen Verwendung nach wie vor keineswegs einheitlich. Die Zahl der Unterstaatssekretäre hat im Laufe der Zeit erheblich geschwankt. Zwei der derzeitigen vier Unterstaatssekretäre sind lediglich Hilfsarbeiter eines Ministers im ursprünglichen Sinne. Die beiden anderen sind dagegen Leiter selbständiger Verwaltungszweige. Der eine dieser beiden Verwaltungszweige ist die Post- und Telegraphenverwaltung, der andere ein aus der allgemeinen Kultürverwaltung herausgenommener spezieller Aufgabenkreis, den man am besten mit dem Stichwort der Subventionierung von Wissenschaft und schönen Künsten umreißt. Aus dieser doppelten Art der Verwendung der französischen Unterstaatssekretäre ersieht man bereits den Mangel eines allgemeinen Systems.

Noch krasser tritt dieser Mangel bei einer Betrachtung des so außerordentlich wichtigen „Cabinet du ministre" zutage. In einem solchen Kabinett sind die persönlichen Mitarbeiter des Ministers vereinigt, die unter der Oberleitung eines „Chef du cabinet" ihre Arbeit verrichten und von dem Minister vollkommen selbständig unter parteipolitischen Gesichtspunkten ausgewählt werden. Das Kabinett steht in keinerlei bureaumäßigem Zusammenhang zu der eigentlichen Ministerialverwaltung. Die Mitglieder des Kabinetts sind nicht etwa Beamte, sondern private Angestellte des Ministers und verlieren mit dessen Abgang ihre Stellung. Die Machtvollkommenheiten dieser Kabinette haben sich im Laufe der Entwicklung stark ausgedehnt [1]), heute haben sie einen direkten Einfluß auf die laufende Verwaltung gewonnen, die ursprünglich allein den

---

[1]) Vgl. Roger Bonnard: Précis de droit public, Paris 1925, S. 71.

„bureaux" vorbehalten war [1]). In ganz besonderem Maße haben sich die Kabinette der Personalpolitik angenommen, und diese der politischen Partei dienstbar zu machen versucht. Auf diese Weise ist politischen Einflüssen Tür und Tor geöffnet. Wie stark dieses offiziell anerkannte System ausgebaut ist, beweist, daß in der Präfekturverwaltung das gleiche Verfahren zur Anwendung gebracht wird [2]). Auch hier steht neben der staatlichen Verwaltung jene offizielle Parteifunktionärinstanz in Gestalt des Kabinetts [3]). Die Stellung des Kabinettchefs bildet regelmäßig die Vorstufe für hohe Staatsämter, insbesondere das des Präfekten und Unterpräfekten. Der Weg in die Präfektur führt zumeist durch das Kabinett eines Ministers. Da die Präfekten politische Beamte sind, wäre gegen die Verwendung des Kabinettchefs an dieser Stelle grundsätzlich wenig einzuwenden. Jedoch auch hier ist die Trennung unscharf, indem nicht ausschließlich dem Politiker diese Präfektenstellen offenstehen, sondern neben ihm auch den dem Berufsbeamtentum angehörenden Auditeuren des Staatsrats [4]).

Wie in absolutistischer Zeit fehlt auch heute noch in Frankreich ein tieferes Verständnis für den Wesensunterschied zwischen den politisch orientierten Bestandteilen seiner Exekutive und der großen Masse des Berufsbeamtentums [5]) [6]). Der Minister ist formalrecht-

---

[1]) H. Chardon. L'administration de la France et les Fonctionnaires. 1908, S. 127.

[2]) H. Berthelemy: Traité élémentaire de droit administratif. 1908, S. 141.

[3]) Vgl. M. Hauriou: Précis de droit administratif, S. 195.

[4]) Klar erkannt hat diese grundsätzliche Spaltung der Exekutive in politische Elemente und Berufsbeamtentum A. Kammerer: La Fonction Public en Allemagne, Paris 1899, S. 381.

[5]) Gaston Jèze: „Verwaltungsrecht der französischen Republik", veröffentlicht in der Sammlung des öffentlichen Rechts der Gegenwart, 1913, S. 63. „Im übrigen ist die Ansicht wohl berechtigt, daß diese Einteilung der Personen, deren Dienste dem Staat gewidmet sind, in Träger der Regierungsgewalt und Beamte hauptsächlich politischen Wert hat. Unter dem Gesichtspunkt der juristischen Technik ist der Unterschied zwischen ihnen ziemlich gering." Indem Jèze den „politischen" Wert einer solchen Einteilung anerkannt hat, hat er damit gleichfalls zugegeben, daß ihr nicht lediglich konstruktive Bedeutung zukommt. Wenn ihr jedoch eine derartige innere Berechtigung zuerkannt werden muß, so wird sie sich notwendig auch auf die juristischen Formen auswirken müssen, anderenfalls diese den Anforderungen der praktischen Politik nicht genügen.

[6]) Einen Beweis dafür, daß die Verfassungsgesetze einen Unterschied zwischen dem Ministerium und Beamtentum nicht kennen, bietet die Regelung der Ministerernennung. Ausdrückliche Bestimmungen hierüber fehlen überhaupt, man hält daher die ganz allgemeine Bestimmung, nach der der Präsident die Beamten zu ernennen hat, für ausreichend, da der Minister seinerseits auch nur ein Mitglied der Beamtenschaft sei.

lich Beamter wie jeder andere auch. Das französische Beamtenrecht hat bis heute auf die spezifischen Bedürfnisse des parlamentarischen Systems noch kaum Rücksicht genommen.

Wenn Frankreich auch eine scharfe Herausarbeitung des bureaukratischen Elements der Exekutive noch nicht gelungen ist, so ist es doch andererseits weit davon entfernt, nach Art Amerikas etwa sein Beamtentum völlig der Partei ausgeliefert zu haben. Die französische Gesetzgebung ist vielmehr von vornherein bestrebt gewesen, eine Trennung zwischen Partei und Beamtentum zu schaffen, indem sie letzterem den Zutritt zu dem Parlament ausdrücklich versagte. Um eine Wahlbeeinflussung durch die Exekutive, wie sie unter Napoleon III. in größtem Stile betrieben worden war, wenn auch nicht gänzlich zu unterbinden, so doch zu erschweren, kann sich heute kein französischer Beamter in einem Bezirk als Kandidat aufstellen lassen, in dem er irgendwelche amtlichen Einflußmöglichkeiten auf die Wahl besitzt. Der Beamte ist in diesem Wahlkreis schlechterdings nicht wählbar[1]). In anderen Bezirken können sich die Beamten zwar als Kandidaten aufstellen lassen, jedoch eine gleichzeitige Ausübung des Amtes und des Mandates ist unstatthaft. Sämtliche besoldeten Beamten der Republik müssen, falls sie in das Parlament gewählt worden sind, innerhalb 8 Tagen nach der Wahl erklären, ob sie die Wahl annehmen wollen. Bejahendenfalls oder im Falle des Ausbleibens einer Erklärung wird angenommen, daß der Beamte aus dem Staatsdienst ausscheiden wolle[2]). Niemand kann gleichzeitig Beamter und Abgeordneter sein[3]). Diese Bestim-

---

[1]) Über die inégibilité und die incompatibilité vgl. die Ausführungen bei M. Hauriou: „Précis de droit administratif et de droit public", 1921, S. 140 ff.

[2]) Von Wichtigkeit sind natürlich die praktischen Auswirkungen dieser „Abschiedsgesuche". Nach dem ursprünglich maßgeblichen Gesetz vom 30. November 1875 konnte der Beamte, nachdem sein Mandat erloschen war, wieder in den aktiven Dienst eingestellt werden. Allerdings lag die Entscheidung über diese Reaktivierung im freien Ermessen der Regierung. Diese nicht unbedenkliche Rechtslage erfuhr durch ein Gesetz vom 21. Oktober 1919 eine wesentliche Umgestaltung. Nunmehr gilt der Beamte während seiner parlamentarischen Tätigkeit, d. h. nicht nur während der Session, sondern solange er das Mandat inne hat, als „détaché au Parlement", er bleibt verpflichtet, seine Beiträge für den Pensionsfonds weiter zu zahlen und tritt mit Ablauf des Mandats automatisch wieder in seine Stellung ein. Der Beamte verliert daher jetzt sein Amt nicht mehr durch Annahme der Wahl, sondern wird lediglich beurlaubt.

[3]) Bei einem Vergleich der dritten Republik mit dem früheren deutschen Kaiserreich in bezug auf die Frage des passiven Beamtenwahlrechts kommt A. Kammerer: „La Fonction Publique en Allemagne" zu folgendem richtigen Ergebnis: „Ce qui serait impraticable en France peut se faire dans ces pays

mung, die für die Deputiertenkammer durch das Gesetz vom 30. November 1875 eingeführt wurde, findet seit der Senatsreform im Jahre 1884 auch auf Senatoren Anwendung. Ausgenommen sind hiervon nur die eigentlichen politischen Beamten — insbesondere natürlich die Minister — sowie einige wenige andere Beamtengruppen, bei denen man es mit Rücksicht auf die Besonderheit ihres Beamtenverhältnisses nicht für erwünscht hielt, sie von dem Parlamente auszuschließen. Zu den Beamten, die in dieser Weise ihre amtliche und ihre parlamentarische Tätigkeit nebeneinander ausüben können, gehören: die Minister, Unterstaatssekretäre, Botschafter, Gesandten, der Seinepräfekt, der Polizeipräfekt von Paris, der Chefpräsident und Generalstaatsanwalt des Kassationshofs, sowie die gleichen Beamten beim Rechnungshof und schließlich die Universitätsprofessoren.

Wie den Beamten das Parlament verschlossen ist, so umgekehrt dem Parlamentarier die Bureaukratie. Allerdings gilt dies nur in Ansehung der Deputierten, während die Senatoren jederzeit Ämter übernehmen können. Jeder Deputierte, der ein besoldetes Amt annimmt, das nicht lediglich vorübergehender Natur ist, verliert sein Mandat. Nur in Ansehung bestimmter Ämter politischen Charakters besteht die Möglichkeit der Wiederwahl. Seit dem Jahre 1915 ist für die Minister und Unterstaatssekretäre die Notwendigkeit der Neuwahl beseitigt. Durch die Formulierung des Gesetzes, daß lediglich auf die Dauer übertragene Ämter dem Deputierten verschlossen seien, ist allerdings ein für die Praxis sehr wichtiger Mißbrauch ermöglicht worden. Auf Grund ausdrücklicher Bestimmung ist ein Amt, das auf höchstens 6 Monate übertragen wird, als lediglich vorübergehendes anzusehen. Von der Möglichkeit einer vorübergehenden Amtsübertragung, die regelmäßig verlängert wird, ist in so starkem Maße Gebrauch gemacht worden, daß gerade in allerneuester Zeit von berufener Seite gesagt werden konnte: „Les règles sur les rapports de la fonction publique et du mandat legislatif appartiennent à un âge périmé du parlementarisme. Elles sont si facilement tournées qu'elles sont devenues vaines. Les historiens futurs n'auront aucune peine à montrer que sous la troisième République l'allocation de fonctions publiques à des parlementaires a servi parfois à écarter des oppositions et souvent à payer des services[1])".

---

sans graves dangers, car les gouvernements n'y dépendent pas d'une majorité et ne sont pas en péril par l'opposition des partis, bien moins encore par celle de quelques fonctionnaires" a. a. O. S. 392.

[1]) Joseph Barthélemy et Paul Duez: „Traité Elémentaire de Droit Constitutionnel", Paris 1926, S. 511, wo sich auch zahlreiche praktische Beispiele für die im Text zitierte These finden.

Wenn auch die französischen Inkomptabilitätsbestimmungen unvollkommen sind, so wird man doch davon ausgehen können, daß das französische Recht hiermit einen Keil zwischen die Bureaukratie und die politischen Parteien treiben wollte. Wenn die Motive für diese Regelung auch ursprünglich weniger in dem Wunsch nach Erhaltung eines parteipolitisch indifferenten Beamtentums zu suchen sind, als in der Befürchtung einer Beeinträchtigung des Parlaments seitens der Exekutive, so ist dies doch heute ohne jede Bedeutung. Gegenwärtig wirken sich diese Bestimmungen lediglich im Interesse der parteipolitischen Unabhängigkeit der Bureaukratie aus.

Weitergehende Bestimmungen, um die Parteipolitik von dem Beamtentum fernzuhalten, hat das französische Recht nicht getroffen. Jeder Beamte hat das Recht, sich einer beliebigen politischen Partei anzuschließen, wofern diese nicht auf gewaltsamen Umsturz hinarbeitet. Durch ein Gesetz vom 30. August 1883 wurde allerdings den Beamten die Beteiligung an regierungsfeindlichen Demonstrationen untersagt.

Weitere ausdrückliche Bestimmungen über das Verhältnis von Beamtentum und Parteipolitik fehlen, es bleibt zu untersuchen, inwieweit die allgemeinen Bestimmungen des Beamtenrechts auf dieses Verhältnis etwa von Einfluß sind. Wie wir aus den vorhergehenden Untersuchungen wissen, sind es vornehmlich drei Fragen, die hier von Wichtigkeit sind: Anstellung, Beförderung und Entlassung.

Bevor auf diese drei Punkte im einzelnen eingegangen werden kann, ist es notwendig, einen kurzen Blick auf das französische Beamtenrecht überhaupt zu werfen.

Während in der Zeit des Feudalstaats das Ämterwesen käuflich gewesen war und auf ein derart käuflich erworbenes Amt ein subjektives Privatrecht des Amtsinhabers bestanden hatte, schuf sich der Absolutismus ein seinen Wünschen jederzeit zur Verfügung stehendes Berufsbeamtentum, für das es irgendwelche subjektiven Rechte auf das Amt niemals geben konnte. Diese „noblesse de robe" verdrängte allmählich die Würdenträger des alten Feudalstaats aus ihren Positionen und befestigte damit die Allmacht der Krone auf allen Gebieten staatlicher Tätigkeit [1]). Wenn auch ein eigentliches Beamtenrecht in absoluter Zeit nicht bestand, so finden sich doch bereits damals einige durch die Beschwerden der Generalstände veranlaßte Ordonnanzen, die einen ersten Versuch darstellen,

---

[1]) Vgl. G. D'Avenel: „Richelieu et la Monarchie absolue" Paris 1884, Bd. II, S. 125.

das Beamtenverhältnis in bescheidenem Umfange zu legalisieren[1]). Von Wichtigkeit für die historische Entwicklung des französischen Beamtenrechts ist ein im Archiv des Ministeriums des Äußeren aufbewahrter Bericht Talleyrands an den ersten Konsul. In diesem Bericht handelt es sich insbesondere um das Problem einer Legalisierung des Beförderungswesens, wozu sich Talleyrand folgendermaßen äußert: „Une administration qui n'a pas de système de promotion n'a pas à proprement parler d'employés; les hommes qui s'en occupont sont des salariés qui ne voient devant d'eux aucune perspection, autour d'eux aucune garantie, audessous d'eux aucune motif de confiance[2])." Es ist interessant, wie Talleyrand hier den Unterschied zwischen employé und salarié scharf herausarbeitet und damit auf die spezifische Eigenart des Beamtenverhältnisses gegenüber sonstigen Dienstverhältnissen hinweist. Ein derartiges Beamtenrecht wurde jedoch unter Napoleon nicht geschaffen, trotzdem dieser auf so vielen anderen Gebieten die französische Staatsverwaltung vollkommen umorganisiert und modernisiert hat. Der Grund für diese auffällige Zurückhaltung der Napoleonischen Gesetzgebung dürfte vornehmlich in dem Bestreben Napoleons zu suchen sein, sich selbst freie Hand zu wahren und die kaiserlichen Machtvollkommenheiten nicht durch ein mit subjektiven Rechten ausgestattetes Beamtentum beschneiden zu lassen. Was unter Napoleon versäumt worden ist und sich damals gelegentlich der völligen Neuorganisation des französischen Staates aller Voraussicht nach ohne sonderliche Schwierigkeiten hätte durchführen lassen, blieb für die Nachfolger Napoleons unerreichbar. Nach schüchternen Versuchen im Jahre 1830 war der erste bemerkenswerte Vorstoß zur Schaffung eines französischen Beamtenrechts das Finanzgesetz des Jahres 1843. Im Art. 7 wurde dort bestimmt, daß die Zentralverwaltung jedes Ministeriums durch eine königliche Ordonnanz zu regeln sei, die im Bulletin des lois veröffentlicht werden sollte. Die praktischen Auswirkungen dieser Bestimmung waren gering. Einer endgültigen Lösung des Beamtenproblems stand die damalige Kammer auch keineswegs freundlich gegenüber. Es wurde zwar eine Kommission eingesetzt, die einen Entwurf für ein Gesetz betreffend die Zulassung zu den Staatsämtern ausarbeiten sollte, die von dieser Kommission gemachten Vorschläge wurden jedoch von dem Parlament ausnahmslos verworfen. Die Kommission verlangte, daß die Anstellungsbedingungen verordnungsmäßig festgelegt werden und die Ablegung

---

[1]) Vgl. H. Chardon: L'administration de la France et les Fonctionnaires, 1908, S. 139.

[2]) Vgl. Henri Chardon a. a. O. S. 139.

eines entsprechenden Examens ganz allgemein Voraussetzung für Übernahme jedes Amtes sein solle. Desgleichen befürwortete die Kommission eine genaue rechtssatzmäßige Regelung des Beförderungswesens. Das Projekt wurde von der Kammer zurückgewiesen „au nom de ces prétendus principes que tous les gouvernements invoquent aussi bien les democratiques que les monarchiques, pour couvrir les abus d'autorité et les iniquités de ceux qui détiennent momentanément le pouvoir[1])."

Es ist nicht ohne Interesse, zu beobachten, wie die gleichen Kämpfe, die in Deutschland bereits in der Zeit des aufgeklärten Absolutismus zur Austragung kamen, sich in Frankreich unter wesentlich anderen politischen Voraussetzungen wiederholen. Wie einst der absolute Monarch geglaubt hatte, im Hinblick auf die Stoßkraft der Regierung dem Beamtentum eine gesicherte Rechtsstellung versagen zu müssen, so lehnte man im konstitutionellen Frankreich ähnliche Bestrebungen mit der gleichen Begründung ab. Auch in dem parlamentarisch demokratischen Frankreich der Gegenwart glaubt eine nicht unbeachtliche Zahl von Politikern, die Schaffung eines Beamtenstatuts mit Rücksicht auf die notwendige Bewegungsfreiheit der Regierung bekämpfen zu sollen. Wie in früherer Zeit die Krone, so glaubt heute die parlamentarische Regierung, daß ein Statut, ein Beamtenrecht, den staatlichen Interessen zuwiderlaufe. Gerade die deutsche Geschichte dürfte den Beweis dafür erbracht haben, daß derartige Befürchtungen bei einer nicht zu weitgehenden formalrechtlichen Fixierung des Beamtenverhältnisses unbegründet sind. Da jedoch im Jahre 1844 die Mehrheit der damaligen Kammer in derartigen Gedankengängen befangen war, sollte die erwähnte Reform nicht zur praktischen Durchführung gelangen. Auch ein zweiter ähnlicher Gesetzentwurf wurde von der Kammer zurückgewiesen.

Einen neuen Anlauf zur Regelung dieses heiß umstrittenen Fragenkomplexes versuchte die Verfassung des Jahres 1848. Art. 10 dieser Verfassung bestimmte: „Tous les citoyens sont également admissibles à tous les emplois publics, sans autre motifs de préference que leur mérite et suivant les conditions qui seraient fixées par les lois." Auch dieser Verfassungsartikel behielt jedoch rein theoretische Bedeutung. In einem Gesetz vom 5. Juli 1850 bestimmte die Nationalversammlung zwar, daß innerhalb eines Jahres durch Verwaltungsverordnungen die Anstellungs- und Beförderungsbedingungen für jedes Ressort normativ geregelt werden sollten, soweit dieses nicht

[1]) Vgl. Chardon a. a. O. S. 143.

bereits durch Gesetz geschehen war. Auch dieses Gesetz blieb jedoch ohne praktische Bedeutung. Gegen Ende des zweiten Kaiserreichs wurde die Frage wiederum aufgegriffen und das Finanzgesetz vom 27. Juli 1870 bestimmte, daß die Zentralverwaltungen der einzelnen Ministerien durch Dekret zu regeln seien und wiederholte hiermit eine Forderung, die in der Vergangenheit bereits verschiedentlich gestellt worden war.

Die Nationalversammlung in Bordeaux versuchte nun ihrerseits endlich Klarheit zu schaffen. Für die einzelnen Ressorts wurden Spezialstudienkommissionen eingesetzt, die sich mit den Personalverhältnissen des betreffenden Ressorts beschäftigen sollten. Im Jahre 1874 wurde als Resultat dieser vorbereitenden Arbeit der Kammer ein „projet de loi sur l'organisation des administrations publiques et l'état de semployés" vorgelegt. Dieser Entwurf brachte wesentliche Neuerungen, zumal durch Schaffung des sog. conseil d'administration, der aus Regierungs- und Beamtenvertretern bestehen und dem die Personalpolitik der einzelnen Ressorts in verschiedenster Hinsicht übertragen werden sollte. Gegen diesen Gesetzentwurf ,der einen wirklichen Fortschritt gebracht hätte, protestierte im Namen der Unabhängigkeit des Ministers der Staatsrat. Auch dieser Gesetzentwurf erhielt daher nicht die Sanktion.

In dem Finanzgesetz des Jahres 1882 wurde bestimmt, daß für die Zentralverwaltungen der einzelnen Ministerien Reglements aufzustellen und im Gesetzblatt zu veröffentlichen seien. Wenn auch diese Reglements erlassen worden sind, so haben sie doch eine maßgebliche Besserung nicht zu bringen vermocht. Einmal beschränkten sich diese Reglements auf die Zentralverwaltung und ließen die praktisch mindestens gleich wichtige Lokalverwaltung unberücksichtigt. Daneben hat der Minister aber jederzeit die Möglichkeit behalten, sein Ressort neu zu organisieren, was praktisch nur zu häufig geschehen ist. So ist z. B. das Landwirtschaftsministerium in dieser Weise 18mal neu organisiert worden. Trotz aller Bestrebungen, eine endgültige Lösung des Beamtenproblems zu finden, blieb daher auch jetzt wieder im Grunde alles unverändert. Heute wie in absoluter Zeit hält man in Frankreich allen Bestrebungen, die auf Schaffung eines Beamtenrechts zielen, die Lebensnotwendigkeiten der Regierung entgegen, wenn auch die Motive für diese Einstellung gewechselt haben. Es ist sonderbar, wie selten in der französischen Literatur auf diese Verschiebung der Motive hingewiesen worden ist. So ist beispielsweise typisch eine Äußerung Chardons: „Et toujours au moment opportune, quelqu'un, parfois un anonyme s'écrit: „Et l'autorité du gouvernement!" Mane thecelphares. L'ombre de Louis XIV. surgit; les projets s'évanouissent"[1]). Nicht der Schatten Ludwigs XIV. taucht auf, sondern derjenige der politischen Partei, die heute ebensowenig, wie einst Ludwig XIV. gewillt ist, sich die einmal errungene realpolitische Machtstellung durch ein unabhängiges Beamtentum schmälern zu lassen[2]). Wir haben bereits gesehen, daß weder in England noch in Amerika das Parlament imstande gewesen ist, diese Frage in einer befriedigenden Weise zu lösen, sondern diese Aufgabe der Exekutive überlassen mußte[3]). Es hat den Anschein, als ob die Entwicklung in Frankreich den gleichen Weg gehen solle, wenn auch die Bemühungen um eine gesetzliche Regelung des Beamtenrechts nach wie vor rege sind[4]), und gerade in neuester Zeit dem Parlament wieder ein entsprechender Entwurf vorgelegt worden ist[5]).

Ähnlich wie in England und Amerika hat auch in Frankreich die Exekutive aus eigener Macht das Problem des Ämterwesens zu lösen versucht. In diesem Bestreben haben die Ressortchefs für ihre speziellen Verwaltungszweige Dienstordnungen erlassen, in denen die Anstellungs-, Beförderungs- und Entlassungsbedingungen in der verschiedensten Art geregelt sind. Wenn auch eine derartige keineswegs einheitliche Regelung, die jederzeit ohne Rücksicht auf etwaige wohlerworbene Rechte der Beamtenschaft geändert werden kann, unzureichend ist, so bietet sie doch dem Beamten einen größeren Schutz, als man auf den ersten Blick annehmen sollte. Falls nämlich die einmal aufgestellte Dienstordnung von der be-

---

[1]) Vgl. Chardon a. a. O. S. 148.

[2]) Gaston Jèze in seinem Berichte über Frankreich im „Jahrbuch des öffentlichen Rechts". 1912, Bd. 6, S. 358: „Es ist hier tatsächlich schlechter Wille zu konstatieren. Es ist nicht sicher, ob die Regierenden die Praktiken der Günstlingswirtschaft aufrechterhalten wissen wollen. Aber es ist gewiß, daß, wenn sie dieses Ziel erreichen wollen, sie nicht anders vorgehen würden, als sie es jetzt tun. Seit mehreren Jahren steht die Frage des Beamtenstatuts auf der Tagesordnung der Kammer. Ein Ministerium folgt dem andern. Jedes bringt ausgezeichnete Vorschläge, aber es hütet sich wohl, darüber abstimmen zu lassen."

[3]) Aus der großen Zahl der von privater Seite ausgearbeiteten Gesetzesentwürfe sei hier nur auf das von L. Salaun in der Revue politique et parlementaire, Bd. 55, S. 176 veröffentlichte Projekt hingewiesen, indem besonders auf die Mitarbeit der Berufsvertretungen der Beamtenschaft großer Wert gelegt wird.

[4]) Über diese Bemühungen um ein Beamtenstatut vgl. den Jahresbericht von Gaston Jèze über „Gesetzgebung und Jurisprudenz auf dem Gebiet des öffentlichen Rechts in Frankreich", veröffentlicht im Jhb. d. öff. Rechts. Bd. IV, 1910, S. 504 ff. und Bd. VI, 1912, S. 358 ff.

[5]) Näheres über diesen Entwurf s. bei Hautriou: Précis de droit administratif. S. 596 ff.

treffenden Anstellungsbehörde verletzt werden sollte, so hat der Beamte die Möglichkeit sich gegen eine derartige Verletzung im Wege der Klage an den Staatsrat zu wenden[1]). Wenn auch auf diese Weise für einen verwaltungsgerichtlichen Schutz der Beamtenschaft gesorgt worden ist[2]), und keineswegs verkannt werden soll, daß die französischen Beamten in der Judikatur des Staatsrats eine beachtliche Stütze gefunden haben, so muß trotzdem im großen und ganzen die gegenwärtige Regelung als absolut unzureichend angesehen werden. Den besten Beweis hierfür bildet die Tatsache, daß die Reformbestrebungen niemals zum Stillstand gekommen sind. So setzte man im Jahre 1909 eine Spezialkommission für ein Beamtengesetz ein, deren Arbeiten allerdings keine gesetzgeberischen Folgen nach sich ziehen sollten. Nach dem Kriege wurden die Bemühungen wieder aufgenommen. Ein Gesetz vom 12. März 1920 verlangte von der Regierung die Vorlage einer „loi sur le statut et sur l'état des fonctionnaires"[3]). Noch im selben Jahre wurde daraufhin von Millerand ein entsprechender Entwurf der Kammer vorgelegt. Das projektierte Gesetz sollte auf alle Staatsbeamte Anwendung finden mit Ausnahme der politischen Beamten, die hiermit von der übrigen Bureaukratie getrennt waren. Die Ablegung eines Examens sollte die regelmäßige Voraussetzung jeder Anstellung sein, die im übrigen ebenso wie die Beförderung eingehend gesetzlich geregelt war. Schließlich war auch ein Disziplinarverfahren vorgesehen, das sich allerdings von dem deutschen sehr unterscheidet und insbesondere keine unabhängigen Disziplinargerichte kennt.

---

[1]) H. Chardon a. a. O. S. 384: „Actuellement tout Français peut demander au conseil d'état l'annullation de toute acte des administrateurs pour incompetence, inobservation des formes préscrites, violation de la loi ou des droits acquis, emploi du pouvoir donné à l'administrateur dans un but autre que celui pour lequel ce pouvoir a été donné."

[2]) Eine richterliche Unabhängigkeit besitzen die Mitglieder des Staatsrats allerdings nicht. Art. 4 des Organisationsgesetzes vom 25. Februar 1875 bestimmt, daß die Mitglieder des Staatsrats vom Präsidenten der Republik im Ministerrat ernannt werden und auf demselben Wege entlassen werden können. Für die Zulassung zu dem Amte eines Mitgliedes des Staatsrats hat das Finanzgesetz vom 13. Juli 1911 im übrigen nähere Bestimmungen gegeben.

[3]) Bei diesen Reformversuchen spielt die Einrichtung öffentlichrechtlicher Berufsvertretungen der Beamtenschaft eine wichtige Rolle, da ihnen wichtige Befugnisse auf dem Gebiet der Personalpolitik übertragen werden sollen. A. Lefas: „L'état et les fonctionnaires" äußert sich zu dieser Frage folgendermaßen: „Nous sommes convaincus", daß der Gedanke der Einrichtung dieser Berufsvertretungen „procédait d'une claire vue des choses et qu'elle eût empêché le conflit fatal, qui se dessinait des avant 1875 entre les élus chefs de l'administration et leurs agents fonctionnaires", a. a. O. Seite 100.

Das Vorwort, das die Regierung dieser Gesetzesvorlage vorangeschickt hat, dürfte charakteristisch sein: „Il parût au gouvernement qu'il est impossible de considérer le fonctionnaire independamment du service public auquel il collabore. C'est le service public qui donne à la fonction publique sa raison d'être. Ce sont les intérêts généraux du service public qui déterminent l'étendu des devoirs que le fonctionnaire doit remplir et qui fixent la limite des droits qu'il est légitime de lui accorder[1])."

Zu Folgen gesetzgeberischer Art hat auch dieser Entwurf noch nicht geführt. Sein parlamentarisches Schicksal dürfte sich erst in einer weiteren Zukunft entscheiden. Wie diese Entscheidung ausfallen wird, entzieht sich der Beurteilung des Außenstehenden. Auf jeden Fall wird man mit der zurzeit bestehenden Rechtslage vorerst rechnen müssen.

Es erscheint daher ungeachtet aller Reformvorschläge angebracht, die gegenwärtige staatsrechtliche Stellung der französischen Bureaukratie im folgenden einer näheren Untersuchung zu unterziehen. Wie bereits oben erwähnt, sind es vornehmlich drei Fragen, die im Vordergrund des Interesses stehen: Anstellung, Beförderung und Entlassung. Mit Rücksicht darauf, daß ein einheitliches Beamtenrecht fehlt, sind diese Fragen in den einzelnen Ressorts vollkommen verschieden entschieden worden. Trotzdem wird man gewisse allgemeine Grundlinien des französischen Beamtenrechts feststellen können, auf deren Darstellung wir uns hier natürlich beschränken müssen.

Die Verwaltungsreglements der einzelnen Dienstzweige der französischen Verwaltung haben sich mit dem Anstellungsproblem regelmäßig eingehend beschäftigt. Der staatsrechtliche Angelpunkt des gesamten Anstellungswesens ist der Art. 3 des Organisationsgesetzes vom 25. Februar 1875. Hiernach ernennt der Staatspräsident alle Beamten. Wie bei allen Regierungsakten bedarf dieser auch bei den Beamtenernennungen der Gegenzeichnung des verantwortlichen Ministers. Trotzdem die Verfassung dem Präsidenten allgemein das Recht der Beamtenernennung übertragen hat, hat sich praktisch der Grundsatz herausgebildet, daß diese Bestimmungen der Verfassung nur in Ansehung derjenigen Ämter zu gelten haben, für die das Ernennungsrecht nicht anderweitig geregelt ist. Nur die Mitglieder des Staatsrats müssen notwendigerweise von dem Präsidenten der Republik ernannt werden[2]). In der Mehrzahl der Fälle

---

[1]) Abgedruckt bei Duguit: Traité de droit constitutionel. Paris 1923: Band III.

[2]) A. Esmein: Eléments de droit constitutionel français. 5. Aufl. 1909,

liegt daher praktisch heute das Recht der Beamtenernennung in der Hand des Ressortministers. Für diesen ist das bestehende Reglement, wie es heute alle Dienstzweige besitzen, bei der Vornahme der Ernennung maßgebend. Wird gegen die in dem Reglement aufgestellten Grundsätze verstoßen, so hat gegenüber einer derart unrechtmäßigen Ernennung jeder Interessierte, d. h. jeder, der die vorgeschriebenen Voraussetzungen erfüllt und sich um das Amt erfolglos beworben hat, das Recht der Beschwerde beim Staatsrat. Neben den einzelnen Beamten sind auch die Berufsvereinigungen der Beamtenschaft als zur Einlegung dieser Beschwerde aktiv legitimiert anzusehen. Falls der Staatsrat die Beschwerde als begründet anerkennt, wird die Ernennung für nichtig erklärt. Die Voraussetzungen, die die Reglements der einzelnen Ressorts für eine Ernennung aufgestellt haben, weichen im einzelnen sehr voneinander ab, als allgemeinen Grundsatz wird man jedoch den Nachweis der erforderlichen Berufsfähigkeiten bezeichnen dürfen, der im allgemeinen durch ein Examen zu führen ist.

Auf dem Gebiet des Beförderungswesens wird man von ähnlichen allgemeinen Grundsätzen, die in den Reglements der Einzelressorts regelmäßig wiederkehren, kaum sprechen dürfen. Die Beförderung erfolgt im allgemeinen nach freiem Ermessen der zuständigen Stelle, wobei zumeist die Anciennetät den Ausschlag gibt.

Einer der wichtigsten Punkte des französischen Beamtenrechts ist die Entlaßbarkeit des Beamten. Wir hatten bereits gesehen, daß während der Feudalzeit die Ämter käuflich gewesen waren und deshalb als Privateigentum des Amtsinhabers angesehen wurden, das diesem natürlich nicht ohne weiteres entzogen werden konnte. Der landesherrliche Berufsbeamte unterschied sich ja gerade darin von seinem feudalstaatlichen Vorgänger, daß er jederzeit seines Amtes entsetzt werden konnte. Im Gegensatz zu Deutschland, wo dieses freie Dispositionsrecht des Landesherrn über seine Dienerschaft allmählich im Interesse der Beamtenschaft beschnitten wurde, hat in Frankreich dieser Zustand alle politischen Umwälzungen überdauert und ist noch heute bestehendes Recht. Die einzige Voraussetzung jeder disziplinaren Entscheidung besteht darin, daß nach einem Gesetz aus dem Jahre 1905 dem Angeschuldigten Einsicht in seine Personalakten und Gelegenheit zur Äußerung auf die Anschuldigungsschrift gegeben werden muß. Im übrigen kann jeder Beamte der französischen Republik, mit Ausnahme der noch

S. 625: „Le Président de la République nomme a tous les emplois civils et militaires, pour lesquels le mode de nomination n'a pas été autrement déterminé par la loi."

zu behandelnden Spezialgruppen, auch heute noch ohne weiteres entlassen werden. Wenn auch eine ausdrückliche rechtliche Bestimmung über die Entlassung des Beamten fehlt, so hat man doch geglaubt, diese aus der Natur des Beamtenverhältnisses folgern zu sollen und in dem Entlassungsrecht das notwendige Korrelat des Anstellungsrechts gesehen [1]). Zuständig für die Entlassung ist daher die für die Ernennung zuständige Instanz, d. h. eine gewöhnliche Verwaltungsbehörde. In einigen Verwaltungsreglements ist allerdings die Mitwirkung einer aus Regierungs- und Beamtenvertretern zusammengesetzten Körperschaft vorgesehen. Da diese Körperschaft lediglich konsultative Befugnisse hat, darf ihre praktische Bedeutung nicht überschätzt werden. Bereits durch ein Dekret vom 25. Januar 1852 wurde dem Staatsrat eine ähnlich beratende Stellung in denjenigen Disziplinarsachen zugewiesen, in denen die endgültige Entscheidung beim Staatschef lag. Den Zweck dieser Bestimmung hat Otto Mayer dahingehend charakterisiert, daß sie „dem Staatsoberhaupt ein Mittel geben sollte zur Beruhigung der öffentlichen Meinung [2])."

Trotzdem man glauben sollte, daß diese völlig unzureichende Regelung dazu angeregt habe, aus politischen Gründen Entlassungen vorzunehmen, sind, im Gegensatz zu Amerika, in der französischen Literatur derartige Klagen verhältnismäßig selten. Die öffentliche Meinung Frankreichs scheint mit den ihr zu Gebote stehenden sozialen Zwangsmitteln jene Lücke der Gesetzgebung vorläufig ausgefüllt zu haben. Hierbei ist zu beachten, daß die französische öffentliche Meinung im Gegensatz zu Amerika, in Erinnerung an die monarchische Vergangenheit, einem Patronagesystem amerikanischen Musters absolut unfreundlich gegenübersteht.

Diese mit kurzen Zügen skizzierte Rechtslage der Mehrzahl der französischen Beamtenschaft erleidet in Ansehung einiger spezieller Beamtengruppen eine Durchbrechung. An erster Stelle sind hier die Richter zu nennen.

Die Stellung des französischen Richtertums hat im Laufe der Jahrzehnte erheblich gewechselt. Nachdem die Revolution die Einführung von Volksrichtern versucht hatte, kehrte die Konsulatsverfassung zu dem Berufsrichtertum zurück. In der Verfassung des Jahres VIII. wurde den von dem ersten Konsul ernannten Richtern die Unabhängigkeit durch Einführung der Unabsetzbarkeit garantiert. Im ersten Kaiserreich wurde dieser Grund-

[1]) Vgl. Esmein: „Eléments . . . .", S. 628.

[2]) Vgl. O. Mayer: Theorie des französischen Verwaltungsrechts 1886. Seite 78.

satz dahingehend modifiziert, daß der Richter nach fünfjähriger Dienstzeit lebenslänglich angestellt wurde, falls der Kaiser mit ihm zufrieden war. Die Charte von 1814 sowie die Verfassungen von 1830 und 1848 bekannten sich zu dem Gedanken der richterlichen Unabhängigkeit. Gegenwärtig gründet diese sich auf das Gesetz vom 30. August 1883. Der Grundsatz der richterlichen Unabhängigkeit gehört heute in Frankreich nicht mehr dem Verfassungsrecht an und kann daher durch einfaches Gesetz außer Kraft gesetzt werden [1]). So bedeutete gerade das Gesetz vom 30. August 1883, die heutige Rechtsgrundlage der richterlichen Unabhängigkeit, zur Zeit seines Erlasses einen starkbefehdeten Eingriff in diese Unabhängigkeit. Auf Grund dieses Gesetzes erhielt die Regierung das Recht zu einer einmaligen Säuberungsaktion des Richterstandes, der 400 nicht republikanisch gesinnte Richter zum Opfer fielen, eine Maßnahme, die auf den französischen Richterstand nicht ohne Folgen geblieben ist [2]). Der französische Richter ist grundsätzlich unabsetzbar, sowie unversetzbar [3]). Nur aus bestimmten Gründen, insbesondere wegen Amtsmißbrauchs und strafrechtlicher Delikte kann er im Wege des Disziplinarverfahrens entlassen werden. Disziplinarbehörde ist der Kassationshof. Die Zulassung zum Richteramt sowie die Beförderung bestimmt sich nach einer auf Grund eines Gesetzes vom 17. April 1906 erlassenen Verordnung des Staatsrats vom 13. Februar 1908. Voraussetzung der Ernennung ist im allgemeinen die Ablegung einer Berufsprüfung. Die Beförderung erfolgt auf Grund alljährlich im Anschluß an die von einer besonderen Kommission aufgestellten Beförderungslisten. Ähnliche Bestimmungen gelten für die Mitglieder des Rechnungshofes.

Neben den richterlichen Beamten genießen noch einige andere Beamtengruppen spezielle Sonderrechte. So können Armee- und Marineoffiziere nur durch gerichtliches Urteil entlassen werden (Gesetz vom 19. Mai 1854).

Die Lehrer an den höheren Schulen sowie die Universitätsprofessoren können nur durch Urteil des zuständigen conseil de l'université entlassen werden. Gegen dieses Urteil besteht die Möglichkeit der Berufung an den Conseil supérieure de l'instruction public. (Gesetz v. 27. Februar 1880, sowie vom 10. Juli 1896.)

[1]) Vgl. Esmein: „Eléments . . . .", S. 460.

[2]) Vgl. Lowell: Governments and parties in Continental Europe 1897, Bd. I, S. 58, Anm. 2.

[3]) Ausgenommen von der richterlichen Unabhängigkeit sind die Friedensrichter, die algerischen Richter, die Kolonialrichter sowie die Mitglieder der Arbeitsgerichte (Conseil de prudhomme).

Zur Besserung ihrer Lage haben sich die Beamten zu Berufsvereinen zusammengeschlossen, die sich seit dem Jahre 1884 vielfach zu gewerkschaftlichen Kampforganisationen umgestalteten, die für sich das Streikrecht in Anspruch nahmen und die französische Verwaltung zeitweilig bedenklich geschwächt haben. Wenn den französischen Beamten auch in neuester Zeit durch eine Erklärung der Regierung Herriot vom 11. Juni 1924 das Recht zuerkannt worden ist, sich zu syndicats professionels im Sinne des Gesetzes vom 21. März 1884 zusammenzuschließen [1]), was bisher sämtliche frühere Regierungen abgelehnt hatten, so ist doch hiermit die Krise noch keineswegs gelöst. Das von einem Teil der französischen Beamtenschaft beanspruchte Streikrecht wird den Beamten von der Regierung auch heute noch verweigert und kann ihnen auch nicht zugestanden werden, wofern der französische Beamte nicht seinen Beamtencharakter überhaupt verlieren soll [2])[3]). Gerade mit Rücksicht auf ähnliche Bestrebungen in Deutschland, ist es von Interesse, daß die Syndikalistenpartei der französischen Beamtenschaft auf die Besonderheit der Beamtenstellung verzichten und den Beamten zu einem gewöhnlichen Angestellten stempeln will [4]). Ähnlich wie in Deutschland sind diese Bestrebungen auch in Frankreich auf eine geschlossene Opposition gestoßen, ihre Existenz beweist jedoch andererseits, wie die unsichere Lage der Beamtenschaft dazu führt, in der Beamtenschaft das Gefühl für die Eigenart des Beamtenverhältnisses ersterben zu lassen.

Abschließend wird man von dem Verhältnis von Partei und Berufsbeamtentum in Frankreich sagen können, daß offizielle Beziehungen zwischen beiden im Gegensatz zu dem Amerika der Patronagezeit nicht bestehen [5]). Hieraus ergibt sich, daß etwaige parteipolitische Ein-

---

[1]) Nachdem in der Revolution gelegentlich der Aufhebung der alten ständischen Korporationen sämtliche Berufsorganisationen überhaupt verboten worden waren, konnten sich in Frankreich bis zum Erlaß des genannten Gesetzes moderne Arbeitergewerkschaften auf gesetzlicher Grundlage überhaupt nicht bilden. Erst im Jahre 1884 wurde der Weg zu den Gewerkschaften rechtlich freigegeben.

[2]) Über die juristische Qualifikation des Beamtenverhältnisses, seine öffentlich-rechtliche Natur im Gegensatz zu privatrechtlichen Dienstverhältnissen vgl. Hauriou: Précis de droit administratif, S. 573 ff.

[3]) Vgl. Esmein, a. a. O., S. 630: „Tant que la société politique durera, tant que subsistera la notion de l'autorité politique il sera impossible d'assimiler le fonctionnaire de l'état et l'employé de l'industrie privé."

[4]) A. Lefas: L'état et les fonctionnaires, Paris 1913. Vorwort, S. 45.

[5]) Lowell: Governments and Parties, Bd. I, S. 130: „We are, unfortunately, only too familiar in this country with the doctrine that to the victors belong the spoils. In France we find the same thing, although it is not ack-

wirkungen auf die Bureaukratie nur die Ausnahme bilden können, man daher von ihnen auch schwerer Kenntnis erhält, als von ähnlichen Verhältnissen in Amerika. „En France, nous sommes allés moins loin que les Etats-Unis dans la voie des essais. Le fonctionarisme n'a pas encore cessé d'être une carrière. Faut-il faire honneur de ceci au sentiment de mesure, ennemi des solutions extrêmes, qui caractérise l'opinion française? Il semble plus probable que c'est le dévelopment considérable de la bureaucracie française, qui lui a permis de maintenir, pour le plus grand bien de tous, les traditions administratives contre la poussée des tendances nouvelles [1])." Mit Recht ist die alte Beamtentradition, die bis in die Zeit der Bourbonen zurückreicht, als vornehmstes Bollwerk gegenüber der andrängenden Partei aufgefaßt worden. Die Frage bleibt, wie lange dieses Bollwerk, das Frankreich das amerikanische Schicksal erspart hat, standhalten wird. Daß heute starke parteipolitische Einflüsse das französische Beamtentum bedrohen, steht außer jedem Zweifel. Erwähnt sei lediglich das sogen. Ministertestament, dem allerdings neuerdings ein gesetzlicher Riegel vorgeschoben worden ist. Die durch ein Mißtrauensvotum zum Abgang gezwungenen Minister pflegten als geschäftsführende Minister ihren politischen Freunden in größtem Stile Beamtenstellen zu verschaffen. Das Finanzgesetz vom 13. Juli 1911 suchte hiergegen Abhilfe zu schaffen. Jede Ernennung oder Beförderung ist ungültig, wenn sie nicht vor der Demission des zeichnenden Ministers oder Unterstaatssekretärs im Journal Officiel veröffentlicht worden ist.

Daß gegenüber derartigen Tendenzen die Reaktion nicht ausblieb, kann nicht wundernehmen. In erster Linie ging der Kampf von der Beamtenschaft selbst aus. Der erste Kongreß der Union du personnel civil des administrations centrales kam zu folgender Erklärung: „Le favoritisme et la clientèle attaquent l'administration centrale régulière de tous les côtés à la fois: en bas les auxilaires, nommés à la faveur, sans aucune espèce de titre, qui peu à peu supplantent dans les postes d'expéditionnaires que loi militaire leur réserve formallement, les anciens sousofficiers rengagés comptant quinze ans de services, parfois plusieurs campagnes, et décorés de la medaille militaire, en haut ce sont les cabinets du ministre, également recontés à la faveur, qui s'efforcent d'en lever, suivant que les circonstances leur sont plus au moins favorables, es postes supérieures de la hierarchie centrale; sur les côtés, ce sont

---

nowledged so openly, and is disguised under the name of „épuration", or the purification of the administration from the enemies of the Republic".

[1]) A. Lefas: a. a. O. S. 76.

des fonctionnaires des services extérieures qui essayent de s'introduire et de s'incruster, par faveur, sous les prétextes les plus divers, d'abord à titre consultant, puis a titre détaché, enfin à titre permanent [1])."

Mit dieser die Lage gut veranschaulichenden Resolution mögen die Betrachtungen über die französische Beamtenschaft beendet sein. Zusammenfassend wird man sagen können, daß es zwar Frankreich bis heute noch nicht gelungen ist, ein den speziellen Bedürfnissen des parlamentarischen Systems genügendes Amtsrecht zu schaffen, daß jedoch die dahingehenden Bestrebungen unverkennbar sind und man aus ihnen am besten die unbedingte Notwendigkeit derartiger Reformen erkennen kann, eine Erkenntnis, die für unsere Zwecke genügt.

Teil IV.

Kapitel XXX.

Vorwort zu Teil IV.

Wenn im folgenden von Reformen die Rede ist, so werden wir uns hier naturgemäß auf die rechtliche Seite beschränken müssen. Wenn auch hier und da versucht werden wird, den juristischen Rahmen zu überschreiten, so muß doch der Schwerpunkt dieses Abschnittes auf normativem Gebiet liegen. Andererseits ist es jedoch unumgänglich, eingangs auf die begrenzten Möglichkeiten derartig rein rechtlich bedingter Reformen hinzuweisen.

Wie wenige andere Gebiete ist das Beamtenwesen eine rein persönliche Angelegenheit, das Beamtenproblem ein Charakterproblem. Gerade hier kann daher jeder nachhaltige Anstoß zu einer neuen Entwicklung nicht durch technische Normen gegeben werden, sondern in erster Linie durch das persönliche Vorbild. Das pädagogische Moment steht recht eigentlich im Mittelpunkt jeder sogen. Beamtenreform. Wenn die preußische Beamtenschaft der Befreiungskriege heute mit Vorliebe als der ideale bureaukratische Typus hingestellt wird, so ist auch diese Blüte allein auf das glänzende Vorbild der damaligen leitenden Männer, insbesondere dasjenige eines Stein, zurückzuführen. Diese Seite des Beamtenproblems muß den folgenden Ausführungen naturgemäß verschlossen bleiben. Wenn hier auf die grundsätzliche Bedeutung dieses Faktors hingewiesen wird, so geschieht es nur, um vor einer Überschätzung

[1]) Vgl. A. Lefas, a. a. O., S. 66.

äußerer Reformen zu warnen, denen die innere Resonanz in der Seele jedes einzelnen Beamten fehlt. Diese inneren Voraussetzungen einer Beamtenreform zu schaffen, ist die ungleich wichtigere, aber auch schwierigere Aufgabe, als jene gesetzgeberische Tätigkeit, der wir im folgenden das alleinige Interesse zuzuwenden haben.

Kapitel XXXI.

„Grundsätzliches zur Person des politischen Führers".

Wenn auch der Beamte im parlamentarischen Staate niemals der ideale politische Führer sein kann, so erscheint doch schon deswegen eine Beschäftigung mit dem politischen Führer hier erwünscht, weil der Berufsbeamte in der Vergangenheit häufig die politische Führung besessen hat und daher begreiflicherweise auch heute zuweilen die Funktion des Politikers mit der des Beamten verwechselt wird.

In Deutschland ist das tiefere Verständnis für das Wesen des politischen Führers bislang verhältnismäßig schwach entwickelt. In der Monarchie war der geborene politische Führer allein der Monarch. Als in konstitutioneller Zeit neben die monarchische Gewalt selbständige Parlamente traten, vermochten diese dem Monarchen sein traditionell gefestigtes Recht auf die politische Führung vorerst nicht sonderlich zu beschneiden. Im Bewußtsein der Bevölkerung blieb die geschichtliche Autorität des Monarchen auf lange Zeit hin unangetastet. Da jedoch der jeweilige Träger der Krone sowohl aus persönlichen wie aus sachlichen Gründen in zunehmendem Maße die Fähigkeit verlor, allein das ihm anvertraute Staatsschiff zu lenken, mußte er sich nach Hilfskräften umsehen. Diese Hilfskräfte zu stellen schien keiner so berufen wie die Bureaukratie [1]).

Die politische Führung war damit zu einer Aufgabe der Bureaukratie geworden. Die derart von Beamten geleitete Politik der

---

[1]) In der Kabinettswirtschaft unter Friedrich Wilhelm II. und Friedrich Wilhelm III. ist der historisch interessante Versuch zu erblicken, gegenüber der seit dem Tode Friedrichs des Großen immer mächtiger werdenden Bureaukratie die politische Selbständigkeit des Monarchen zu retten. Daß auch die Mitglieder dieser Kabinette innerlich in der Bureaukratie wurzelten und im besten Falle eine vorübergehende Abschwächung des bureaukratischen Übergewichts durch Schaffung eines Rivalitätsverhältnisses zwischen Ministerium und Kabinett erreicht wurde, kennzeichnet vielleicht am treffendsten die historische Notwendigkeit dieser Verschiebung des politischen Einflusses von dem Monarchen auf die Bureaukratie. Vgl. über die Bedeutung dieser Kabinettspolitik in diesem Zusammenhange Max Weber: „Politik als Beruf", veröffentlicht in den gesammelten politischen Schriften, S. 408 ff.

gestürzten deutschen Monarchien ist von jeher ein beliebtes Angriffsziel der Opposition gewesen. Der Satz von der politischen Unfähigkeit der Bureaukratie ist keineswegs erst eine neuere Errungenschaft, er läßt sich historisch von dem Augenblick an nachweisen, wo die politische Führung überhaupt in die Hände der Beamtenschaft übergegangen war.

Es dürfte die geschichtliche Bewertung des deutschen Beamtentums nicht im geringsten beeinflussen, wenn man die objektive Berechtigung dieser Angriffe im großen und ganzen anerkennt. Von Ausnahmen abgesehen war eine glücklichere politische Führung denkbar, als diejenige, die das Beamtentum geben konnte [1]). Gerade die Ausnahmen bestätigen dies. Männer wie Stein oder Bismarck, um nur die markantesten Führerpersönlichkeiten, die die preußische Bureaukratie hervorgebracht hat, zu erwähnen, waren vom Standpunkt der Bureaukratie aus sicherlich nicht die idealen Repräsentanten ihres Standes, wie der „unbotmäßige" Minister Friedrich Wilhelms III. und der Auskultator von Potsdam beweisen. Ihre Zugehörigkeit zu der Bureaukratie war von überwiegend formaler Bedeutung, von einer inneren Verwurzelung in der Beamtenschaft konnte bei beiden keine Rede sein. Nicht umsonst haben beide, Zeit ihres Lebens, im Kampf gegen die Bureaukratie gestanden, in der beide lediglich das Instrument ihrer politischen Pläne sahen [2]).

Wenn die Beamtenschaft in der Vergangenheit auf politischem Gebiete versagt hat, so sind die Gründe hierfür allerdings nicht allein in ihr, sondern nicht minder in dem System des monarchischen Staates zu suchen. Die politische Führung war der Bureaukratie nur widerruflich übertragen. Die Staatsverfassung der konstitutionellen Monarchie ließ die Möglichkeit unangetastet, daß der Monarch in ihm jeweils wichtig erscheinenden Fällen, fußend auf seiner formalen staatsrechtlichen Stellung, in die Leitung der Geschäfte eingriff. Welch schweren Stand sogar ausgesprochene Politiker wie Bismarck und Stein in diesem Kampf mit dem Monarchen gehabt haben, und wie schließlich beiden gegenüber die

[1]) Vgl. etwa Max Weber, Gesammelte politische Schriften, S. 170.

[2]) Aus einem Briefe Steins an Prinz Louis Ferdinand: „Die despotischen Regierungen vernichten den Charakter des Volkes, da sie es von dem öffentlichen Geschäften entfernen und deren Verwaltung einer routinierten und intriganten Bureaukratie anvertrauen." „Unsere Minister sind beschränkt auf die Rolle erster Kommis eines Bureaus, das die laufenden Geschäfte expediert. Ihre Stellung hat keine Achtung mehr, und es gibt keinen Zusammenhang in den Geschäften; diese stellen nur noch eine zusammenhanglose Anhäufung von großenteils kindischen Einzelheiten dar." Zitiert nach dem Aufsatz „Freiherr von und zum Stein" von Ernst Müsebeck, veröffentlicht in „Meister der Politik", Bd. III, 1924, S. 133.

historische Autorität der Krone die stärkere blieb, ist hinreichend bekannt [1]).

Bedeutete schon für den Politiker dieses Ringen mit der Krone um die politische Führung einen Kampf mit ungleichen Waffen, so war der Beamte hier von vornherein unterlegen. Erzogen im Glauben an die monarchische Autorität, gab es für ihn nur die Unterordnung unter den Monarchen, der für ihn auf Grund seiner Weltanschauung jeder Kritik entzogen war. Hinzukam jenes eigenartige, spezifisch bureaukratische Verantwortlichkeitsgefühl, dem durch den deckenden Befehl der vorgesetzten Stelle genügt sein mußte. Diese spezifisch bureaukratische Verantwortlichkeit, unentbehrlich in der allgemeinen, hierarchisch organisierten Behördenorganisation, wurde zum Unheil, wenn sie auch die leitenden politischen Stellen beseelte. Aus der bureaukratischen Tugend der Subordination wurde politische Verantwortungslosigkeit [2]).

Angesichts dieser unbefriedigenden Lösung des Führerproblems kann es nicht wundernehmen, daß die deutsche Bevölkerung vor dem Umsturz allgemein dem politischen Führer fremd gegenüberstand, wofern sie nicht sogar gerade die Wesenszüge dieses politischen Führers völlig verkannte. In dem bereits mehrfach erwähnten Streben nach dem Beamtenminister enthüllt sich die Verständnislosigkeit für die elementarsten Voraussetzungen politischer Führung in denkbarer Schärfe.

Die Weimaraner Verfassung verlangt heute dagegen eine konkrete Stellungnahme zu dem Problem der politischen Führung. Es wird das Ziel aller staatspolitischen Erziehung sein, den politischen Führer der Gegenwart dem Volke in ähnlicher Weise nahe zu bringen, wie einst den Träger der Krone. Ohne Popularität, ohne Verständnis der Geführten für seine Daseinsberechtigung, ist kein politischer Führer denkbar, da gerade in der inneren Verbindung zwischen Führern und Geführten das Charakteristikum jeder echten Führung liegt. Wie dieser politische Führer der Zukunft im einzelnen aussehen mag, kann hier dahingestellt bleiben. In diesem Zusammenhang genügt die negative Feststellung, daß der Berufsbeamte auf jeden Fall nicht zur Übernahme der politischen Führung berufen ist, solange der Boden des demokratischen Staates nicht überhaupt verlassen werden soll.

---

[1]) Vgl. etwa Bismarck, Gedanken und Erinnerungen, Bd. III.

[2]) Vgl. Max Weber: „Parlament und Regierung im neu geordneten Deutschland", veröffentlicht in den gesammelten politischen Schriften, Seite 154.

Kapitel XXXII.

Die praktische Verwendung des Politikers innerhalb der Exekutive.

Der Politiker wird in der Exekutive stets nur außerhalb der eigentlichen Bureaukratie und des ihr vorbehaltenen Aufgabenkreises Verwendung finden können. Hiermit ist über den Umfang, in dem politische Elemente mit Exekutivaufgaben betraut werden können, noch nichts direktes gesagt. Notwendig ist auf Grund der bisherigen Untersuchungen allein die Besetzung der Ministerposten mit Politikern; ob man sich hiermit begnügen will, um die übrige Exekutive restlos dem Berufsbeamtentum zu überlassen, bleibt eine offene Frage.

Zwei Momente lassen eine weitergehende Beteiligung des Politikers an exekutiven Aufgaben wünschenswert erscheinen. Einmal besteht ein unabweisbares Bedürfnis nach Möglichkeiten praktischer Vorbereitung des Parlamentariers auf einen etwaigen Ministerberuf. Daneben besteht der berechtigte Wunsch, die leicht etwas schwerfällige Bureaukratie durch fremde Elemente beweglicher zu machen. Auch der konstitutionelle Staat hat sich dieser Einsicht nicht verschlossen und ursprünglich an die Spitze eines Ministeriums oder auch einer Provinzialverwaltung gern einen Laien berufen. Während damals diese Laien ohne Schwierigkeiten in die allgemeine Bureaukratie eingefügt werden konnten, ist dieser Weg heute bekanntlich verschlossen. Im parlamentarischen Staat muß die Bureaukratie eine hermetisch abgeschlossene Einheit bleiben, zu der man lediglich nach Ablegung der entsprechenden Prüfungen Zutritt erlangen kann. Das Bedürfnis, diese Bureaukratie mit frischeren Kräften in Berührung zu bringen, dürfte daher im Zweifel in der Gegenwart noch stärker sein als in der Vergangenheit.

Es bleibt die Schwierigkeit zu überwinden, in welcher Form diese nicht der Bureaukratie angehörenden Elemente der Behördenorganisation einzufügen sind. Es ist nicht möglich, derartige politische Elemente etwa an den grundsätzlich der Bureaukratie übertragenen Aufgaben zu beteiligen, da hiermit jene Einheitlichkeit der Verwaltungspraxis illusorisch sein dürfte, um derentwillen nicht zuletzt der Bureaukratie ihre besondere Rolle in dem parlamentarischen System zugedacht worden ist. Etwaige politische Elemente innerhalb der Exekutive können daher nur mit Aufgaben betraut werden, die nicht zu dem eigentlichen bureaukratischen Ressort gehören. Bei dem Minister fehlt die Möglichkeit einer

Kollision mit der Bureaukratie, weil dieser oberhalb der ihm dienstlich untergebenen Bureaukratie steht. Alle sonstigen politischen Elemente in der Exekutive können daher ebenfalls nur oberhalb oder neben der Bureaukratie stehen. Innerhalb der Bureaukratie selbst verbieten sich alle politischen Fremdkörper im parlamentarischen Staat ohne weiteres.

Auf diese Weise würde sich, falls derartige politische Elemente nicht nur in Spitzenstellungen Verwendung finden sollen, das Bild zweier parallel verlaufender Organisationen ergeben, die ohne innere Berührungspunkte beide dem Minister unterstehen. In dem französischen Kabinettsystem, das sowohl in der Zentral- wie in der Mittelinstanz politische Exekutivorgane vorsieht, sind diese Grundsätze praktisch durchgeführt worden. Ob sich eine Nachahmung dieses französischen Beispiels empfiehlt, muß auf Grund der in Frankreich gemachten Erfahrungen stark bezweifelt werden. Es dürfte vielmehr angebracht sein, sich bei der Verwendung politischer Elemente innerhalb der Exekutive auf die Zentralinstanz zu beschränken. In erster Linie käme hier der parlamentarische Staatssekretär in Frage. Die Rechtsstellung dieser politischen Elemente wäre ähnlich derjenigen des Ministers zu gestalten, dessen politisches Schicksal sie im allgemeinen wohl teilen dürften.

Mag man auch eine stärkere Verwendung des Politikers innerhalb der Exekutive an sich für wünschenswert halten, so verbietet diese sich doch aus allgemeinen organisatorischen Rücksichten. Die gewünschte Belebung des bureaukratischen Apparates insbesondere wird daher mit anderen Mitteln erreicht werden müssen[1]).

Kapitel XXXIII.

Die Bedeutung des Berufsbeamtentums in der parlamentarischen Demokratie.

Wir haben bereits gesehen, daß der Bedeutungswandel, dem die deutsche Beamtenschaft seit dem Umsturz unterworfen gewesen ist, staatsrechtlich nicht zum Ausdruck gelangt ist.

Staatsrechtlich ist das Beamtentum heute so gut wie in der Vergangenheit mittelbares Staatsorgan, womit seine dienende Aufgabe von vornherein festgelegt zu sein scheint. Daß im Gegen-

---

[1]) Die Heranziehung von ehrenamtlichen Laien zu kollegialer Mitarbeit wie Walter Jellinek: „Verwaltungsrecht" 1928 S. 281 sie empfiehlt, dürfte unter Umständen sicherlich zu empfehlen sein, wenn es auch schwer ist, politische Einflüsse auf die Auswahl dieser Ehrenbeamten zu verhindern.

satz zu dieser formalrechtlichen Konstruktion das konstitutionelle Beamtentum sich praktisch über diese lediglich dienende Rolle emporgeschwungen hat, haben wir bereits gesehen. Das parlamentarische System hat diesem Zustand ein Ende gemacht. Jene dienende Stellung, die das Staatsrecht dem Beamtentum von jeher angewiesen hat, wird nunmehr über die rein juristisch theoretische Bedeutung hinausgehend zur politischen Tatsache. Eine Beamtenschaft, die wie die deutsche daran gewöhnt war, selbständig Politik zu treiben, ist heute zum ausführenden Organ eines Vorgesetzten geworden, dem sie von Haus aus keineswegs sympathisch gegenüberstehen konnte.

Bereits in der Monarchie hat das Beamtentum die eigene politische Macht auf Kosten des Monarchen zu erweitern gestrebt. Daß derartige Bestrebungen gegenüber einem Friedrich Wilhelm I. oder Friedrich dem Großen erfolglos sein mußten, ändert daran nichts. Es war nur konsequent, daß unter dem unfähigen Nachfolger Friedrich des Großen die Bureaukratie die Oberhand gewann. Es ist bekannt, daß diese bureaukratische Selbständigkeit gelegentlich der Durchführung der Agrargesetzgebung des Freiherrn vom Stein Formen angenommen hat, die man bestenfalls als passive Resistenz bezeichnen muß. Auch unter der energischen Leitung Bismarcks hat es an derartigen bureaukratischen Eigenmächtigkeiten nicht gefehlt. Der zähe Kampf des ersten Reichskanzlers mit dem stets oppositionsbereiten „liberalen Geheimrat" ist allgemein bekannt. Nachdem mit Bismarck die politische Leitung erheblich an Energie eingebüßt hatte, nachdem sich andererseits die bureaukratische Maschine wesentlich vergrößert und dadurch verstärkt hatte, mußte der direkte politische Einfluß der Bureaukratie in entsprechendem Verhältnis wachsen. Die Kriegszeit mußte schließlich noch das ihrige dazu tun, um dieses Übergewicht des Beamtentums zu steigern. Auch die Revolution war nicht dazu imstande, dieser Entwicklung Einhalt zu gebieten. Es war ein offenes Geheimnis, daß die neuen Machthaber hochgradig von dem guten Willen der Beamtenschaft abhängig waren. Dieses Abhängigkeitsverhältnis hat später in vielen Ressorts seine Fortsetzung in dem Verhältnis des einzelnen Ministers zu seinen Räten gefunden. Es kann daher nicht wundernehmen, wenn das Beamtentum am Abschluß dieser Entwicklung seine politischen Ansprüche anmeldete, zu denen es um so mehr berechtigt zu sein glaubte, als seine organisatorischen Leistungen in und nach dem Kriege allgemein rückhaltlos anerkannt werden mußten. Als die politischen Parteien daher, nachdem eine gewisse Konsolidierung der Verhältnisse eingetreten war, daran gingen, die ihnen von der Verfassung übertragenen Aufgaben auf dem Gebiet der Exekutive zu übernehmen, was nur auf Kosten des Beamtentums geschehen konnte, schien ein Kampf zwischen Partei und Bureaukratie unvermeidlich. Soweit sich bisher übersehen läßt, ist dieser Kampf, abgesehen von unbedeutenden Reibereien, im allgemeinen nicht innerhalb der Exekutive selbst, d. h. direkt zwischen Minister und Bureaukratie zum Austrag gekommen. Ein großer Teil alles dessen, was in dem Kampf, der gegen die „Politisierung der Verwaltung" geführt wurde, vorgebracht worden ist, ist nur verständlich als der Kampf der Bureaukratie mit dem Eindringling, der politischen Partei, um die Macht. Es war hierbei erklärlich, daß alle diejenigen Parteien, die auf Grund der augenblicklichen parlamentarischen Konstellation von der politischen Macht selber ausgeschlossen waren, der Beamtenschaft ihre parlamentarische Unterstützung bereitwilligst zur Verfügung stellten. Es ist jedoch weiter interessant, daß auch diese Parteien in dem Augenblick, wo sie zur Regierung berufen werden und damit teilhaben an der politischen Macht, auch ihrerseits auf eine politische Beeinflussung der Exekutive nicht verzichten können, und daher die Bureaukratie im Stich lassen müssen.

Hiernach kann die bereits früher erwähnte Tatsache, daß der Beamtenberuf in dem parlamentarischen System notwendig eine gewisse Resignation verlange, nur noch einmal unterstrichen werden [1]). Der Beamte, dem die Monarchie gelegentlich seines Dienstantritts die wenn auch nur selten erfüllte Verheißung mit auf den Weg gab, daß er dereinst vielleicht als Minister zu politischer Arbeit berufen sein könne, ist im parlamentarischen Staat aus dem großen Strom des politischen Lebens ausgeschaltet worden. Er ist hier nur das ausführende Organ eines übergeordneten Willens. In Anbetracht der historischen Entwicklung der deutschen Beamtenschaft ist es nicht weiter verwunderlich, daß zahlreiche Beamte sich mit dieser Stellung nicht glaubten abfinden zu können. Die unleugbare Tatsache, daß vielfach gerade die begabtesten Elemente den Staatsdienst verlassen haben, ist ein äußerer Beweis für diese Erscheinung. Es fragt sich daher, ob mit dieser capitis diminutio ein Qualitätsverlust des Berufsbeamtentums notwendig verbunden sein müsse.

Wenn man etwa heute nach einem historischen Höhepunkt der preußischen Bureaukratie sucht, die gemeinhin als der bureau-

---

[1]) In diesem Sinne sagt Finer a. a. O. S. 68. „the department, from permanent secretary downwards, is anonymous, The man in the street might be able to name, the most perhaps, half a dozen contemporary ministers and leading members of the opposition; but even the best educated person will hardly know the name of a single permanent secretary".

kratische Prototyp angesehen zu werden pflegt, so wird man auf die Regierungszeit Friedrich Wilhelms I. und seines großen Nachfolgers verwiesen. Das Schicksal von Bureaukratie und Staat ist eben so weitgehend miteinander verknüpft, daß die staatlichen Höhepunkte regelmäßig zugleich solche der Bureaukratie sind und umgekehrt. Man wird daher auch niemals Zeiten staatlichen Tiefstandes, wie etwa unter Friedrich Wilhelm II., als Blütezeiten des bureaukratischen Elements ansprechen können, mag der bureaukratische Einfluß auch gerade damals noch so groß gewesen sein. Die Bureaukratie verleugnet den ihr eingeborenen Beruf, Diener zu sein, auch hier nicht.

Wenn man die Blütezeit der preußischen Bureaukratie im 18. Jahrhundert betrachtet, so wird man zu der Überzeugung gelangen, daß ihre Selbständigkeit niemals so beschnitten gewesen ist wie in diesen Jahrzehnten. Friedrich Wilhelm I. so gut wie Friedrich der Große waren ihre eigenen Minister. Es ist bekannt, bis in welche Einzelheiten sich zumal Friedrich der Große um die Regierungsgeschäfte gekümmert hat und wie seine zahlreichen Inspektionsreisen ebenfalls nur den Zweck hatten, die Beamtenschaft wirksam zu kontrollieren. Trotzdem ist das geschichtliche Urteil über diese Friderizianische Beamtenschaft einstimmig günstig. Ein interessantes Gegenstück hierzu bietet das bekannte Urteil des Freiherrn vom Stein über die zeitgenössische preußische Bureaukratie, die unter Friedrich Wilhelm II. reichlich Gelegenheit zur freien Entfaltung gehabt hatte. So scheint die Geschichte des Beamtentums gerade den besten Beweis für die Begrenztheit der diesem gegebenen Möglichkeiten zu bieten. Ein glänzendes Werkzeug in der Hand eines politischen Führers, jedoch von Mißerfolgen verfolgt, falls es auf sich allein angewiesen bleibt, das ist das Bild, in dem sich das Wesen der Bureaukratie enthüllt.

Wenn daher gegenwärtig angestrebt wird, die Einflußsphäre des bureaukratischen Elementes in die diesem durch das parlamentarische System gezogenen Grenzen zurückzudrängen, wird man hierin kaum einen Eingriff in die eigenste Lebenssphäre des Beamtentums erblicken können. Wenn dem Beamtentum heute jegliche leitenden, sprich politischen Aufgaben genommen werden, so wird man von einer solchen Maßnahme nur eine Belebung erwarten dürfen, da nunmehr wieder die eigentlich bureaukratische Mission in den Mittelpunkt des Interesses gerückt wird. Ob die politische Führung einer derartigen Bureaukratie in der Hand eines Parteiführers oder eines Monarchen liegt, wird auf die Dauer nicht von allzu großem Belang sein. Sicherlich war es für die Beamtenschaft leichter, sich unter die Autorität des auf Grund royalistischer Lebensanschauung über die massa comunis hoch emporgetragenen Monarchen zu beugen, als unter die Herrschaft eines ihm innerlich fremden Parteiführers. Was der Monarch auf Grund seiner sozialen Stellung von vornherein besaß, muß sich der moderne Parteiführer mit Hilfe persönlicher Qualitäten erwerben, an die Stelle der historischen muß eine charismatische Führung treten. Daß ein solches Führungsverhältnis, wenn es auch an die Person des Führers ungleich höhere Anforderungen stellt, andererseits den Vorzug der größeren Ursprünglichkeit für sich in Anspruch nehmen kann, als eine mehr oder minder traditionell erstarrte historische Autorität, sollte hierbei nicht übersehen werden.

Ein anderer Einwand gegenüber der dem Beamtentum im parlamentarischen Staat angewiesenen Stellung pflegt damit begründet zu werden, daß die Unterordnung unter eine wechselnde politische Leitung den Beamten charakterlos werden lasse, daß sie die Bureaukratie notwendig entseelen müsse [1]). Daß eine solche Mechanisierung einen unersetzlichen Verlust bedeuten, daß sie dem deutschen Beamtentum das Wertvollste nehmen würde, kann niemals genug betont werden. Die innere Verbindung zu seiner Arbeit hat dem deutschen Beamtentum seit den Tagen des reifen Absolutismus seinen inneren Adel gegeben. Diese innere Verbundenheit wird jedoch durch die Unterordnung unter parteipolitische Gewalten nicht im geringsten berührt.

Sein Verhältnis zum Staat gibt dem Beamten den inneren Rückhalt, ohne daß dieses jedoch ohne weiteres mit einem entsprechenden Verhältnis zu dem vorgesetzten Exekutivorgan gleichgesetzt werden könnte. Wenn in monarchischer Zeit ein derartiges persönliches Verhältnis zwischen Monarch und Bureaukratie bestand, so erklärt sich dies aus der Mittlerrolle, die der Fürst zwischen Staat und Beamtentum einnahm. Der parlamentarische Minister hat zwar die Befehlsgewalt des Monarchen übernommen, zum Mittler zwischen Beamten und Staat ist er jedoch nicht berufen und kann es niemals sein. Mit einem inneren Verhältnis zwischen Minister und Beamtenschaft kann daher im parlamentarischen Staat nicht gerechnet werden, ja ein solches muß sich sogar mit Rücksicht auf die unüberbrückbare Wesensverschiedenheit zwischen

[1]) Eduard Spranger: „Lebensformen", 1925, S. 366, Anm. 1: „Das moderne parlamentarische System zwingt z. B. den Zentralverwaltungsbeamten mehr und mehr in die Rolle des bloßen Technikers hinüber. Denn die eigentliche Wertsetzung und das „gesinnungsmäßige" ist den jeweils wechselnden Spitzen der Ministerien vorbehalten und auch sie üben großenteils nur die Technik ihrer Partei."

Politiker und Beamten von vornherein verbieten. Der innere Konnex zu dem Staat ist den Beamten trotzdem in der parlamentarischen Demokratie nicht minder gesichert, als in der Monarchie. Wir haben uns bereits früher mit diesem Problem eingehend beschäftigt und gesehen, wie in der parlamentarischen Demokratie die Rolle des Mittlers zwischen Staat und Beamten die Nation übernommen hat. Mag der Beamte auch die politischen Ideale einer einzelnen Partei in seiner Arbeit praktisch verwirklichen helfen, nicht um dieser willen arbeitet er, sondern im Namen und im Interesse eines größeren Ganzen, eben der Nation. Die neuartige Mission der Beamtenschaft enthüllt sich hier in ihrer ganzen Bedeutung. In dem politischen System des parlamentarischen Staates ist die Bureaukratie der beständige Faktor, dessen Bedeutung nicht in der oft nur kurzlebigen politischen Schöpfung beruht, sondern in der Erhaltung des historisch Gewordenen. Die Geschichte des Beamtentums rechnet daher nicht nach Monaten oder Jahren einer kurzen politischen Strömung, sondern nach Jahrzehnten, Jahrhunderten staatlicher Entwicklung. Sicherlich gehört eine gewisse Resignation dazu, einem Erfolge nachzujagen, der vielleicht erst dem Enkel sichtbar wird. Gerade diese Lösung von persönlichen Momenten gibt jedoch dem ganzen Berufsstand ein Maß an innerer Weihe, das demjenigen der Vergangenheit zum mindesten gleichwertig sein dürfte. Wenn bereits die Monarchie von ihren Beamten restlose Hingabe an die Sache verlangt hat, so erneuert die Demokratie diese Forderung in weitaus dringlicherer Form. Äußere Ehren und Würden, Ruhm und Ansehen sind den Beamten heute in stärkerem Maße versagt als einst. Zumeist wird der pflichttreue Beamte nach außen zurückzutreten haben hinter dem politischen Chef, den die Sonne des Ruhms umstrahlt, ohne für seine Mitarbeiter mehr als ein paar letzte Strahlen übrig zu haben.

So wachsen die Anforderungen und schwinden die äußeren Vorteile für den Beamten des demokratisch parlamentarischen Staates. Wenn es gelingt, ein diesen Anforderungen seines Berufes gewachsenes Beamtentum heranzuziehen, dann wäre damit eine Vollendung erreicht, die nicht nur jeden Vergleich mit dem Vorbild der monarchischen Epoche auszuhalten vermöchte, sondern die Vergangenheit um ein beträchtliches an sittlicher Höhe überragt. Es bleibt die Frage, ob diese Anforderungen, die an die Beamtenschaft gestellt werden müssen, nicht über das Maß des Möglichen hinausgehen, ob das Programm nicht in der Praxis hoffnungslos scheitern muß.

Die Antwort auf diese Frage ist an sich eine Sache persönlichen Glaubens. Wenn sie trotzdem hier mit einem Ja gegeben wird, so wird man die Legitimation hierfür aus den objektiven Gegebenheiten deutscher Mentalität nehmen dürfen. Die Fähigkeit zur Hingabe an eine überpersönliche Idee ist eine durch historische Tatsachen vielfach belegbare deutsche Charaktereigenschaft. Gerade in der Geschichte des deutschen Beamtentums haben wir den Beweis für die Möglichkeit einer derart idealen Hingabe. Wenn daher von dem kommenden Beamtentum eine solche Hingabe ebenfalls erwartet werden muß, so heißt dies nur den Faden der Vergangenheit wieder aufzunehmen. Mag die Aufgabe des Beamten in der Gegenwart schwerer sein als in der Vergangenheit, so kann sie doch erst recht nur dann gelöst werden, wenn die Beamtenschaft als Ganzes von denkbar stärkster Hingabe an die Sache beseelt ist.

Kapitel XXXIV.

Grundsätzliche organisationstechnische Bemerkungen.

Über die Art der Organisation der Bureaukratie brauchte man sich in konstitutioneller Zeit nicht sonderlich viel Gedanken zu machen. Wie die Exekutive im konstitutionellen Staat ganz allgemein in der Hand des Monarchen lag, so war auch die Regelung des Beamtenwesens ausschließlich ihm anvertraut. Hieraus erklärt sich, daß die bureaukratische Organisation gerade an Punkten die vom organisationstechnischen Standpunkt aus besonders wichtig sind, in einfachen Verwaltungsreglements ihre Regelung gefunden hat. Nur langsam gelang es den parlamentarischen Gewalten die Selbständigkeit der Krone auf diesem Gebiet hier und da zu beschränken und die genannten Verwaltungsreglements durch entsprechende Gesetze zu ersetzen. Wenn diese Bestrebungen des Parlaments nur von geringem Erfolg begleitet waren, so erklärt sich dies aus der Abneigung der Krone gegenüber jeglicher Beschränkung auf dem Gebiet der Exekutive. Aus diesem Grunde ist z. B. auch jenes Beamtengesetz, das die alte preußische Verfassung verhießen hatte, niemals erlassen worden.

Wenn für den parlamentarischen Staat eine weitgehende Legalisierung des Ämterwesens gefordert werden muß, so hat dies seine besonderen Gründe. Nur eine rechtsatzmäßige Fixierung der Amtsverfassung bietet die erforderlichen Kautelen gegenüber einer unsachlichen Handhabung der Personalpolitik, die, wenn auch in keinem politischen System unbedingt ausgeschlossen, so doch im parlamentarischen Staat besonders naheliegt. Wenn daher sowohl die Reichsverfassung wie auch die preußische Verfassung den Erlaß eines Beamtengesetzes in Aussicht stellen, so ist dies nur zu begrüßen.

Der Umfang, in dem von der zukünftigen Beamtengesetzgebung eine Legalisierung des Beamtenwesens erwartet werden muß, wird den bislang gewohnten um ein Beträchtliches überschreiten müssen. Die gegenwärtigen Beamtengesetze sind ausnahmslos von dem Bestreben beherrscht, dem einzelnen Beamten die notwendigen persönlichen Garantien gegenüber seiner Behörde zu geben [1]). Neben diesen Fragen, die von je her die Beamtengesetzgebung beschäftigt haben, verlangen jedoch heute völlig neuartige Probleme Berücksichtigung durch das Amtsrecht. Es handelt sich insbesondere um allgemeine organisatorische Fragen, die bislang von dem Gesetzgeber regelmäßig vernachlässigt worden sind. Um nur eine besonders wichtige Frage aus diesem Problemkomplex herauszugreifen, das Anstellungswesen, so hat dieses, abgesehen von einzelnen programmatischen Erklärungen in den verschiedenen Verfassungen, in der Gesetzgebung bislang überhaupt noch keine Berücksichtigung gefunden.

Die neuen Beamtengesetze werden auf diese organisatorische Seite zum mindesten den gleichen Wert legen müssen, wie auf das Bestreben, dem einzelnen Beamten die erforderliche persönliche Sicherheit zu garantieren. Hiermit ergeben sich für den Gesetzgeber neue Aufgaben, die bisher mittels einfacher Reglements gelöst zu werden pflegten. Wieweit eine derartige Legalisierung des Ämterwesens im einzelnen möglich ist, wird allerdings nicht immer ganz leicht zu entscheiden sein. Man könnte insbesondere gegenüber einer weitgehenden formalrechtlichen Fixierung der Amts-

---

[1]) Mit Recht hat Carl Schmitt in seiner mir leider erst nach Abschluß der Drucklegung zur Kenntnis gelangten „Verfassungslehre" 1928 S. 316 darauf hingewiesen, daß ihrer eigentlichen Bestimmung nach die fraglichen Artikel der Verfassung nicht dem „Privatinteresse des Beamten, sondern der Einrichtung des Beamtentums als solchen" gewidmet sind. Trotzdem ist nicht zu verkennen, wie insbesondere die zu einem Charakteristikum der Zeit gewordenen Prozesse über wohlerworbene Rechte jeder nur denkbaren Art beweisen, daß diese Verfassungsartikel in ihrer praktischen Auswirkung in erster Linie dem Einzelbeamten zu Gute kommen, während sie ihrer eigentlichen Aufgabe, der Sicherung des Berufsbeamtentums als Institution, nicht genügen können. Wie Schmitt ausdrücklich festgestellt hat, gehören subjektive Rechte nicht zum Wesen der institutionellen Garantie. Der kommende Ausbau der Garantie zu Gunsten des Berufsbeamtentums wird in dieser Weise seinen Schwerpunkt nicht in die subjektiven Rechte des einzelnen Beamten legen dürfen, wie es die Weimaraner Verfassung getan hat.

verfassung einwenden, daß diese damit die erforderliche Elastizität verliere. Gegenüber derartigen Bedenken wird man auf die Erfahrungen des 19. Jahrhunderts in einem ähnlichen Falle hinweisen können. Als damals mit den neuen Beamtengesetzen zum erstenmal die Bewegungsfreiheit der leitenden Stellen im Interesse der persönlichen Sicherheit der Beamtenschaft eingeengt wurde, hat es nicht an Stimmen gefehlt, die von einer derartigen Beschränkung der Regierung eine mit den Lebensnotwendigkeiten jeder Verwaltung in Widerspruch stehende Erstarrung erwarteten. Die praktischen Erfahrungen haben den damaligen Kritikern Unrecht gegeben. Das Maß juristischer Fixierung, das eine Verwaltung ohne Schaden erträgt, pflegt gemeinhin größer zu sein, als oftmals angenommen wird. Trotzdem wird man jedoch bei derartigen Legalisierungsbestrebungen die Notwendigkeit der Erhaltung einer gewissen Elastizität der Verwaltung nicht aus den Augen verlieren dürfen.

Die einzelnen Spezialfragen, denen sich der Gesetzgeber hiernach auf dem Gebiete der Amtsverfassung in Zukunft wird widmen müssen, werden später noch näher behandelt werden. Mag eine solche Legalisierung des Beamtenwesens in noch so weitem Umfang erfolgen, ein keineswegs unbeträchtlicher Rest an Ermessensfreiheit der mit personalpolitischen Aufgaben betrauten Organe wird dennoch in keinem Fall zu vermeiden sein. Diese Ermessensfreiheit wird notwendig stets so groß sein müssen, daß die Gefahren einer unsachlichen Personalpolitik, die durch die Legalisierung der Amtsverfassung vermieden werden soll, zwar sicher stark herabgemindert, jedoch keineswegs vollkommen ausgeschaltet sind. Hier wird daher mit anderen Mitteln Abhilfe geschaffen werden müssen. Die Legalisierung des Beamtenwesens allein genügt nicht zur Erreichung des angestrebten Zieles.

Eine vollgültige Garantie gegenüber den erwähnten Tendenzen bietet allein die Art der Auswahl der zur Führung der Personalpolitik berufenen Organe. Wie der Personalpolitik überhaupt im parlamentarischen Staat eine besondere Bedeutung zukommt, so auch den zu ihrer Ausübung berufenen Organen. Im konstitutionellen Staat brauchte man auf diese Fragen kein besonderes Gewicht zu legen. Die Personalsachen konnten unbedenklich im Rahmen der allgemeinen Verwaltungsaufgaben erledigt werden; das Personalreferat galt zwar allgemein als besonders wichtiger Posten, unterschied sich jedoch grundsätzlich in nichts von den übrigen Referaten. Hieran hat sich bis heute bekanntlich grundsätzlich nichts geändert. Praktisch bedeutet dies, daß sich die Personalreferate heute des besonderen Interesses der politischen Parteien erfreuen und zu Personalreferenten im allgemeinen nur Personen bestellt zu werden pflegen, die hierzu auf Grund ihrer parteipolitischen Einstellung hinreichend qualifiziert erscheinen. Daß hiermit das gesamte Berufsbeamtentum parteipolitischen Einflüssen preisgegeben ist, liegt auf der Hand. Mehr als irgend ein anderer Beamter müssen daher die mit personalpolitischen Funktionen beauftragten Personen gegenüber allen parteipolitischen Einflüssen immunisiert werden. Als praktische Konsequenz dieses Satzes ergibt sich u. a., daß grundsätzlich nur Mitglieder der eigentlichen Bureaukratie mit derartigen Aufgaben zu betrauen sind, während alle politischen Elemente der Exekutive von diesem Lebensnerv der Bureaukratie fernzuhalten sind.

Bei Beantwortung der Frage, welchen Organen die Personalpolitik im einzelnen anvertraut werden solle, muß berücksichtigt werden, daß gegenwärtig die verschiedenen personalpolitischen Aufgaben nicht von der gleichen Stelle erledigt werden, sondern daß hierzu verschiedene Organe nebeneinander berufen sind. Neben der eigentlichen Personalpolitik im engeren Sinne, die von den Personalreferenten der einzelnen Ressorts bearbeitet wird, bestehen Spezialaufgaben, die zwar in das Gebiet der Personalpolitik im weitesten Sinne gehören, zu deren Erledigung jedoch besondere Organe berufen sind. Gegenwärtig ist lediglich das Prüfungswesen und die Disziplinargerichtsbarkeit aus der allgemeinen Personalverwaltung ausgeschieden und Spezialbehörden übertragen worden. Diese bislang nur schwache Zerlegung der personalpolitischen Kompetenzen läßt sich naturgemäß beliebig steigern, so daß sich etwa das Beförderungswesen ebenfalls besonders hierfür bestellten Organen übertragen ließe, wie dies in der französischen Gerichtsverfassung zu einem Teil bereits geschehen ist. Eine derartige Aufteilung der von Haus aus zusammengehörenden personalpolitischen Kompetenzen an eine Vielheit von Organen ist jedoch nicht unbedingt begrüßenswert. Abgesehen von der Disziplinargerichtsbarkeit und dem Prüfungswesen, die bereits aus technischen Gründen besonderen Instanzen übertragen werden müssen, empfiehlt es sich die Personalpolitik in einer Hand einheitlich zusammenfassen.

Eine derartige Übertragung der Personalpolitik an eine einzelne Stelle hat allerdings zur Voraussetzung, daß das betreffende Organ die genügenden Garantien für eine sachgemäße Handhabung der ihm übertragenen Kompetenzen bietet. Alle politischen Elemente der Exekutive, an ihrer Spitze der Minister selbst, sind damit grundsätzlich von der Personalpolitik von vornherein ausgeschlossen. Wenn eine parteipolitische Immunität der Bureaukratie überhaupt auf die Dauer garantiert werden soll, so hat dies zur Voraussetzung, daß die Personalpolitik von parteipolitisch absolut indifferenten Personen gehandhabt wird.

Es bleibt zu untersuchen, welche Beamten im einzelnen für diese Aufgabe in Frage kommen. Man könnte hier vielleicht an spezielle Personalbeamte denken, die im Interesse ihrer Unabhängigkeit mit ähnlichen Kautelen zu umgeben wären, wie beispielsweise das Richtertum. Eine derartige Lösung erscheint jedoch schon deshalb unmöglich, weil sie zur Voraussetzung haben würde, daß eine besondere Personalverwaltung eingerichtet und damit dem einzelnen Ressort jede Verfügungsmöglichkeit über seine Beamten genommen wird. Eine derartige Regelung ist jedoch weder erwünscht noch praktisch durchführbar. Es muß grundsätzlich jeder Verwaltung die Verfügungsmöglichkeit über ihre Beamten gelassen werden, da nur sie über die dienstlichen Interessen ihres Ressorts unterrichtet ist [1]).

Die Personalpolitik wird daher nach wie vor innerhalb des einzelnen Ressorts geführt werden müssen. Die entscheidende Neuerung wird allein darin liegen, daß der Minister auf diesem Gebiet ausgeschaltet wird und an seine Stelle eine parteipolitisch indifferente Instanz tritt. Unter der Oberleitung dieser Instanz werden nach wie vor die Personalreferenten der nachgeordneten Dienststellen zu arbeiten haben, denen allerdings ihrerseits ebenfalls eine erhöhte Beachtung zuteil werden muß. Welcher Instanz die personalpolitische Oberleitung zu übertragen sein wird, soll uns später noch beschäftigen.

Der Minister, das Kabinett überhaupt, sind hiermit grundsätzlich von der Personalpolitik ausgeschlossen worden. Lediglich die politischen Elemente der Exekutive unterstehen nach wie vor personaliter dem Kabinett. Das parlamentarische Ministerium hat daher mit einem Personal zusammen zu arbeiten, das es als eine gegebene Größe vorfindet, auf die ihm selbst keine nennenswerten Einflußmöglichkeiten eröffnet sind. Auf den ersten Blick mag man vielleicht hinsichtlich der praktischen Erfolge einer derartigen Lösung Zweifel haben. Derartige Bedenken sind berechtigt, wenn

---

[1]) Den historischen Beweis für die grundsätzliche Möglichkeit der im Text gestreiften Lösung bietet das alte China. „Das alte China kannte bis zum Sturz des Kaiserreichs unter seinen verschiedenen Ministerien stets ein besonderes Beamtenministerium, das lediglich Beamtenfragen zu behandeln hatte und dem alle Beamten unterstellt waren. Es war das vornehmste Ministerium und führte zugleich die Geschäfte des Hausministeriums." Vgl. Otto Franke „Die Verfassung und Verwaltung Chinas", in der „Kultur der Gegenwart", Bd. II.

nicht in der Person des Leiters der Personalpolitik die erforderlichen Kautelen gegeben sind. Die Auswahl der für diese äußerst verantwortungsvolle Aufgabe vorgesehenen Instanz wird daher unter doppeltem Gesichtspunkt zu erfolgen haben. Einmal muß die betreffende Persönlichkeit die notwendigen Garantien für eine unbedingte parteipolitische Neutralität bieten, sowie ein besonderes Verständnis für Beamtenfragen besitzen und daneben muß sie nicht minder wichtige Garantien im Interesse des Kabinetts und seiner politischen Stellung bieten. Die Leitung der Personalpolitik wird zwischen den sich innerlich fremden Welten Bureaukratie und Kabinett zu vermitteln haben, eine Aufgabe, die vielleicht als die schwierigste innerhalb der Exekutive überhaupt angesehen werden kann. Bei der Auswahl der für die Personalpolitik zu berufenden Organe wird auf diese besonderen Bedürfnisse Rücksicht genommen werden müssen.

Falls es gelingt, ein Organ ausfindig zu machen, das seiner Natur nach einerseits die notwendigen Garantien dafür bietet, daß die Interessen der Bureaukratie gegenüber den entgegengesetzten parteipolitischen Gewalten hinreichend gewahrt werden, das jedoch andererseits die speziellen Belange des Kabinetts in dem erforderlichen Maße berücksichtigt und so eine ungesunde Emanzipation der Bureaukratie verhindert, entfallen alle Bedenken, die gegenüber der Ausschaltung des Ministers auf personalpolitischem Gebiet etwa ins Feld geführt werden könnten.

Eine nach den oben entwickelten Grundsätzen ausgewählte personalpolitische Leitung sowie eine gleichzeitige weitgehende Legalisierung der Amtsverfassung werden gemeinsam das Beamtentum vor unerwünschten parteipolitischen Einflüssen zu bewahren wissen. Wenn im Ausland, wie etwa in Frankreich und neustens in Österreich, auch die Verwaltungsgerichtsbarkeit in den Dienst der parteipolitischen Neutralisierung der Bureaukratie gestellt worden ist, so dürfte sich für Deutschland eine ähnliche Maßnahme wohl vorerst erübrigen [1]). Eine Durchführung der vorstehend skizzierten Maßnahmen dürfte das angestrebte Ziel bereits in der wünschenswerten Weise erreichen lassen.

Kapitel XXXV.

Das Anstellungswesen.

Wenn irgendwo eine Beschränkung des freien Ermessens der Personalverwaltung möglich und erwünscht ist, so in Sachen der

---

[1]) Es sind allerdings beachtenswerte Bestrebungen zu verzeichnen, auch den nicht vermögensrechtlichen Rechten der Berufsbeamten mit Hilfe des Verwaltungsstreitverfahren einen prozessualen Schutz zu geben. Vgl. den Aufsatz von Falck im Beamtenjahrbuch, 14. Jahrg., Heft 8.

Anstellungspraxis. Wir haben bereits mehrfach betont, daß der Berufsbeamte nicht zuletzt wegen seiner Berufskenntnisse zu einem unentbehrlichen Gliede des modernen Staates geworden ist. Beamte ohne entsprechende Vorkenntnisse entbehren damit der wesentlichsten Voraussetzung des Berufsbeamtentums überhaupt. Es ist daher von jedem Beamtenanwärter das Vorhandensein spezieller Berufskenntnisse als conditio sine qua non zu verlangen, deren Nachweis in einem besonderen Prüfungsverfahren zu führen ist. Hiermit verengert sich der Kreis der für eine Anstellung überhaupt in Frage kommenden Personen bereits ganz wesentlich. Das freie Ermessen der Anstellungsbehörde ist somit nicht unerheblich beschränkt worden.

Wie wir gelegentlich der vorangegangenen kritischen Untersuchungen gesehen haben, bildet zurzeit nur in den wenigsten Fällen die Ablegung einer Prüfung rechtlich eine wesentliche Voraussetzung der Anstellung. Soweit heute bereits Prüfungsvorschriften bestehen, beruhen diese zumeist auf internen Dienstreglements. Für die Zukunft wird die Einführung gesetzlich festgelegter obligatorischer Prüfungen für jede Beamtenstellung verlangt werden müssen [1]).

Bei dieser erhöhten Bedeutung des Prüfungswesens wird auch den zur Abhaltung derartiger Prüfungen berufenen Organen besonderes Interesse zugewandt werden müssen. Wie die Organisation der Prüfungsbehörden im einzelnen durchgeführt werden soll, ob es sich empfiehlt nach amerikanischem Muster eine oberste Prüfungsbehörde zu schaffen, sowie andere Einzelfragen können hier nicht behandelt werden. Auf jeden Fall muß die Auswahl der Prüfungsinstanzen derart getroffen werden, daß eine rein sachliche Erledigung des Prüfungsgeschäfts gewährleistet ist.

Aus der Zahl derjenigen Personen, die die erforderliche Prüfung abgelegt haben, hat die Anstellungsbehörde ihre Kandidaten auszuwählen. Das klassische Land des Beamtenprüfungswesens, Amerika, ist bekanntlich mit Einführung einer Kandidatenliste noch weiter gegangen. Die drei obersten auf dieser Liste verzeichneten Anwärter werden hier der betreffenden Anstellungsbehörde von der civil service commission präsentiert, die unter diesen drei Kandidaten dann ihre Wahl zu treffen hat. Eine derart weitgehende Beschränkung der Bewegungsfreiheit der Anstellungsbehörde erscheint jedoch kaum nachahmenswert. Die erstrebte parteipolitische

[1]) Es ist daher auch aus diesem Grunde begrüßenswert, wenn gegenwärtig die deutschen Städte unter Führung ihrer kommunalen Spitzenorganisationen eigene Beamtenschulen einrichten und den Nachweis ihres erfolgreichen Besuchs zur Voraussetzung der Anstellung machen.

Neutralität der Beamtenschaft dürfte durch eine sorgsame Auswahl der Anstellungsbehörde im Zweifel besser garantiert werden, als durch eine zu weitgehende Lahmlegung der selbständigen Initiative dieser Anstellungsbehörde [1]).

Oberste Anstellungsbehörde im Reich ist gegenwärtig der Reichspräsident, in Preußen das Staatsministerium. Beide haben ihre Befugnisse vielfach auf untere Instanzen delegiert, in deren Händen daher praktisch die Anstellungsgewalt liegt. Die sachliche Ungeeignetheit dieser Faktoren ist bereits mehrfach dargelegt worden. Es gilt daher, nach geeignetem Ersatz Ausschau zu halten. Nachdem wir bereits oben die Einrichtung einer besonderen Personalverwaltung abgelehnt hatten, um den erforderlichen Konnex zwischen dem einzelnen Ressort und seinem Personal nicht zu verlieren, kann für diese Aufgabe allein der permanente Staatssekretär in Frage kommen. In seine Hand ist das Anstellungswesen zu legen. Es wäre allerdings zu überlegen, ob in besonders wichtigen Fällen die Entscheidung nicht besser einem Gremium der Staatssekretäre sämtlicher Ressorts überlassen bleibt, wie auch gegenwärtig in diesen Fällen nicht der einzelne Ressortminister, sondern das Kabinett entscheidet. Bei einer derartigen Regelung würde sich eine Staffelung der Anstellungsbehörden ergeben, die sich von der gegenwärtigen nicht sonderlich unterscheidet. Oberste Anstellungsbehörde wäre das erwähnte Gremium der Staatssekretäre sämtlicher Ressorts, für minder wichtige Posten käme der jeweils ressortmäßig zuständige Staatssekretär in Frage, für Subalternbeamte schließlich die von diesem bestimmten nachgeordneten Dienststellen. Während bislang diese Delegationen zumeist auf Grund einfacher Ministerialerlasse ausgesprochen sind, empfiehlt es sich in Zukunft, die Kompetenzen der Anstellungsbehörden durch Gesetz zu regeln.

Der Minister ist auf diese Weise vollkommen ausgeschaltet worden. Auch sein Anweisungsrecht gegenüber dem ihm untergebenen Staatssekretär muß daher auf diesem Gebiet ruhen. Eine äußerst wichtige Funktion ist damit auf eine parlamentarisch unverantwortliche Stelle übertragen worden. Heute, wo die gesamte Exekutive unter der obersten Kontrolle des Parlaments steht, muß eine derart selbständige Gewalt als Fremdkörper in unserem politischen System erscheinen. Diese Bedenken würden zum Fortfall kommen, wenn die Anstellungspraxis der rechtssprechenden

---

[1]) Auf das schwierige Problem des numerus clausus kann hier nicht eingegangen werden, da dieses unter den verschiedensten Gesichtspunkten betrachtet werden müßte.

Gewalt übertragen, wenn richterliche Behörden mit derartigen Kompetenzen betraut würden. Die Einführung der Verwaltungsgerichtsbarkeit hat grundsätzlich gezeigt, daß es an sich wohl möglich ist, Kompetenzen, die bislang der Exekutive angehörten, einer anderen Gewalt zu übertragen. Sicherlich wird man in Zukunft von dieser Möglichkeit mit Rücksicht auf die parlamentarische Abhängigkeit der Exekutive stärker Gebrauch machen, als dies bislang der Fall gewesen ist. Jedoch auch hier sind Grenzen gezogen, die nicht überschritten werden dürfen. Gerade die Personalpolitik rührt an den Lebensnerv der Exekutive überhaupt. Wollte man sie der der Verwaltung innerlich fremd gegenüberstehenden richterlichen Gewalt anvertrauen, so muß dies zu unerwünschten Konsequenzen führen. Es bleibt daher nichts anderes übrig, als diese Aufgaben einer Instanz zu übertragen, die selber der Exekutive angehört, ohne jedoch derart parlamentarisch abhängig zu sein, wie dies gemeinhin mit Einführung des parlamentarischen Systems innerhalb der Exekutive der Fall zu sein pflegt. Die einzige Stelle, die hierfür in Frage kommt, ist der permanente Staatssekretär.

Der Staatssekretär ist aus den Reihen der Bureaukratie hervorgegangen, er gehört nach wie vor dem Berufsbeamtentum an. Von ihm kann eine Vertrautheit mit den Belangen seines Ressorts erwartet werden, wie wohl von keinem anderen. Die notwendigen sachlichen Voraussetzungen für die ihm zu übertragende Aufgabe bringt er daher in genügendem Maße mit. Um ihn von jenen politischen Einflüssen zu befreien, denen auch er im parlamentarischen Staat an sich unterliegt, und im allgemeinen auch weiterhin unterliegen muß, ist es notwendig, ihm die Führung der Personalpolitik unter Ausschaltung des vorgesetzten Ministers selbständig zu übertragen. Auf diese Weise wäre jener parteipolitische Einfluß, dem die Exekutive im allgemeinen unterliegt, auf dem Gebiete des Anstellungswesens soweit möglich unterbunden worden. Andererseits ist es allerdings nicht möglich, diesen parteipolitischen Einfluß bis auf den Nullpunkt herabzumindern. Für einen parlamentarisch unverantwortlichen Staatssekretär als unumschränkten Leiter der Personalpolitik ist in dem gegenwärtigen politischen System kein Raum. Ein Mindestmaß parlamentarischen Einflusses muß auch auf diesem Gebiet erhalten bleiben, wenn auch grundsätzlich die politische Partei von diesen Fragen fernzuhalten ist.

Das Mittel, um einen derart beschränkten parlamentarischen Einfluß nach wie vor zu gewährleisten, bietet die Figur des politischen Beamten. Der Staatssekretär wird zum politischen Beamten gestempelt werden müssen. Falls der Minister mit der Tätigkeit seines Staatssekretärs nicht zufrieden ist, muß es ihm freistehen, das Kabinett zu veranlassen, seine Dispositionsstellung und gleichzeitig die Ernennung einer geeigneteren Persönlichkeit zu verfügen. Auf diese Weise behält der Minister nach wie vor eine gewisse Kontrollmöglichkeit über die Personalangelegenheiten seines Ressort und kann deshalb für die Personalpolitik nach wie vor im großen und ganzen parlamentarisch verantwortlich gemacht werden, ohne andererseits das Berufsbeamtentum durch übermäßige parteipolitische Einflüsse gefährden zu können.

In die traditionelle Skala der politischen Gewalten läßt sich allerdings diese Konstruktion kaum einfügen. Die rechtliche Selbständigkeit des parlamentarisch unverantwortlichen Staatssekretärs in Sachen der Personalpolitik bleibt auch dann bestehen, wenn die Möglichkeit seiner Dispositionsstellung gegeben ist. Somit kann man daher von einer neuen politischen Gewalt sprechen, die, wenn auch ungleich schwächer als ihre Artgenossen, neben die bereits vorhandenen Gewalten tritt.

Lange Zeit hat man geglaubt, in den bekannten drei Gewalten den systematischen Aufbau jeder Staatsgewalt sehen zu sollen, mögen diese drei Funktionskreise nun verschiedenen Organen übertragen sein oder nicht. Die praktischen Erfahrungen haben auch diese Auffassung ihrer Absolutheit entkleidet. Die Bedingtheit der dreiteiligen Gewaltenskala durch die spezifischen Eigenarten der konstitutionellen Monarchie ist zumal nach Einführung des parlamentarischen Systems nicht mehr zu übersehen. Die Gewaltenskala des parlamentarischen Staates wird andere Züge tragen müssen, als die der konstitutionellen Monarchie. So dürften daher auch dieser neuen politischen Gewalt, der „Personalgewalt", grundsätzliche staatsrechtliche Bedenken nicht entgegenstehen [1]).

Wenn wir diese neue Gewalt etwa mit der richterlichen vergleichen, so wird man einerseits eine Überlegenheit, andererseits eine größere Abhängigkeit dieser Gewalt feststellen müssen. Während das Richtertum in seiner Arbeit durch den Rechtssatz weitgehend

[1]) Man könnte vielleicht einwenden, daß das, was im Text als vierte politische Gewalt bezeichnet worden ist, in Wahrheit zu der allgemeinen Exekutivverwaltung gehöre und von dieser nur abgezweigt und einer besonderen Stelle übertragen worden sei. Wenn man jedoch berücksichtigt, daß auch die klassische Gewaltenlehre die materielle Teilung der Staatsfunktionen lediglich mit Rücksicht auf die formelle Zugehörigkeit der einzelnen Funktionen vorgenommen hat, daß eine exakte materielle Scheidung der staatlichen Funktionen überhaupt nicht möglich ist, ist nicht einzusehen, warum nicht auch hier eine Neugruppierung der Gewalten im Hinblick auf die Neuverteilung der Zuständigkeiten vorgenommen werden sollte.

gebunden ist und nur zum geringsten Teil nach freiem Ermessen seine Aufgaben erledigt, müssen die rechtsatzmäßigen Bindungen der Personalgewalt in jedem Fall ungleich schwächer sein. Dieses Plus an Entscheidungsfreiheit wird ausgeglichen durch ein Minus an Unabhängigkeit. Der Staatssekretär ist als politischer Beamter darauf angewiesen, in einem gewissen Umfang auf die Wünsche des Ministeriums Rücksicht zu nehmen. Wenn ein Anweisungsrecht des Kabinetts in Personalfragen auch fehlt, so kann der Staatssekretär jedoch gegebenenfalls seines Postens enthoben werden. Es ist allerdings zu erwarten, daß, um so mehr die parteipolitische Neutralität des Beamtentums zur Selbstverständlichkeit wird, wie es bei einer derart scharfen Betonung dieser Grundsätze nicht ausbleiben kann, um so seltener etwaige Eingriffe des Kabinetts in rein personalpolitische Fragen sein werden, daß insbesondere jede Regierung sich scheuen wird, gegen einen Satz, der wie derjenige der parteipolitischen Neutralität der Bureaukratie in dem allgemeinen Volksempfinden verwurzelt ist, in ihrer Politik zu verstoßen. Alles in allem ist daher diese neue politische Gewalt so gestellt, daß sie einerseits wohl imstande ist, ihre Aufgaben ordnungsgemäß zu erledigen, andererseits jene Abhängigkeit von den korrespondierenden Gewalten gewährleistet ist, auf der jedes politische System, das überhaupt eine Gewaltenteilung kennt, recht eigentlich beruht.

Wir haben bereits mehrfach auf die Tatsache hingewiesen, daß der Bureaukratie in dem parlamentarischen Staat die Rolle eines eigenen politischen Kraftzentrums zugefallen sei, daß die bureaukratische Mission von der des vorgesetzten Ministers scharf zu unterscheiden sei. Eine selbständige personalpolitische Instanz würde dieser Erscheinung nur die entsprechende Rechnung tragen. Grundsätzlich bleibt die Bureaukratie allerdings nach wie vor mittelbares Staatsorgan, allein auf personalpolitischem Gebiet verschiebt sich diese Situation und muß sich verschieben, falls nicht der Bureaukratie die Bewältigung der ihr gestellten Aufgabe unmöglich werden soll. Über die staatsrechtliche Bewertung dieser eigenartigen Selbständigkeit der Bureaukratie vergleiche das im vorletzten Kapitel Gesagte.

Kapitel XXXVI.

Das Beförderungswesen.

Ähnlich wie das Anstellungswesen hat man auch das Beförderungswesen vielfach weitgehend zu legalisieren und hiermit das freie Ermessen der zuständigen Stellen zu beschränken versucht. So hat man z. B. in den Vereinigten Staaten von Nordamerika im großen Umfang die Ablegung einer Prüfung zur notwendigen Voraussetzung für jede Beförderung gemacht. In Frankreich sind aus dem gleichen Bestreben heraus in einzelnen Ressorts besondere Beförderungslisten eingeführt worden, in die alle diejenigen Aufnahme gefunden haben müssen, die für eine Beförderung im Laufe des kommenden Jahres in Frage kommen sollen. Die Eintragung in diese Beförderungslisten erfolgt auf Grund einer Entschließung eines eigens zu diesem Zwecke gebildeten Gremiums, von dem man die erforderliche Unparteilichkeit glaubt erwarten zu dürfen.

In Deutschland fehlen jegliche Regeln über die Handhabung des Beförderungsrechts. Im allgemeinen pflegt zwar die Anciennität entscheidend zu sein, ohne daß jedoch die zuständige Stelle an die unbedingte Befolgung dieser Grundsätze gebunden wäre. Eine Aufgabe dieser alten Prinzipien dürfte jedoch für Deutschland keineswegs zu empfehlen sein. Das amerikanische System der fortlaufenden Prüfungen ist praktisch undurchführbar, falls nicht diese Prüfungen zu einer bloßen Formalität herabsinken sollen. Das französische System ist deshalb nicht empfehlenswert, weil hier die Verwaltung in einem Maße ihrer freien Dispositionsmöglichkeit beraubt wird, das keinesfalls erstrebenswert ist. Jegliche rechtliche Bindungen der zuständigen Stellen erscheinen auf diesem Gebiet überhaupt unangebracht.

Die Garantie für eine sachgemäße Handhabung dieser Funktionen muß vielmehr allein in der Person des für sie bestellten Organs gesucht werden. Falls das Beförderungswesen den gleichen Organen übertragen wird wie das Anstellungswesen, dürfte eine parteipolitisch indifferente Handhabung des Beförderungsrechts hinreichend garantiert sein.

Kapitel XXXVII.

Die Versetzung im Interesse des Dienstes.

Das Gleiche gilt auch in Ansehung der „Versetzung im Interesse des Dienstes“. Daß auch sie in keiner geregelten Verwaltung zu entbehren ist, ist bereits früher betont worden. Auch hier erklären sich alle diejenigen Bedenken, die in den letzten Jahren gegenüber diesem Institut nicht immer mit Unrecht geltend gemacht worden sind, allein aus der Beschaffenheit des für derartige Versetzungen zuständigen Organs. Mit der Ausschaltung des parlamentarischen Ministers und der Übertragung dieser Funktion an den permanenten Staatssekretär dürften auch hier die bekannten Bedenken entfallen.

Kapitel XXXVIII.

Der permanente Staatssekretär.

In Anbetracht der besonderen Bedeutung, die ihm in den vorangegangenen Kapiteln zuteil geworden ist, erscheint es angebracht, sich mit der Person dieses Staatssekretärs näher zu befassen. Die Bezeichnung „permanenter" Staatssekretär ist in Anlehnung an englische Verhältnisse zwecks besserer Unterscheidung von seinem Antipoden, dem parlamentarischen Staatssekretär, gewählt worden.

Der permanente Staatssekretär hat seine Heimat im englischen Amtsrecht. Dort, in dem Lande des klassischen Parlamentarismus, hat man sich seit Einführung des permanent civil service um die Verbindung von politischer Leitung und Bureaukratie lebhaft bemüht. Im einzelnen sei hier auf die vorangegangene Darstellung englischer Verhältnisse verwiesen. Auch Deutschland wird auf diese Verbindung seiner innerlich gespaltenen Exekutive in Zukunft größte Sorgfalt verwenden müssen. Das Amt des permanenten Staatssekretärs erhält damit eine ungleich andere Bedeutung als in der Vergangenheit. In der konstitutionellen Monarchie war dieser Staatssekretär, der bezeichnenderweise den Titel Unterstaatssekretär trug, lediglich der erste Gehilfe seines Ministers, der allein rangmäßig sich vor den nachgeordneten Beamten auszeichnete. Dem permanenten Staatssekretär des parlamentarischen Staates sind eigene Funktionen zugefallen, die er ohne Mitwirkung des Ministers zu bewältigen hat. Ganz abgesehen jedoch von dieser begrenzten Selbständigkeit hat der permanente Staatssekretär in erster Linie die keineswegs einfache Aufgabe, die Garantie für ein harmonisches Zusammenarbeiten von Kabinett und Bureaukratie zu bieten.

Jener Dualismus, der die Exekutivverfassung des parlamentarischen Staates durchzieht und einen scharfen Trennungsstrich zwischen Kabinett und Berufsbeamtentum gezogen hat, ist eine unbedingte Notwendigkeit des parlamentarischen Systems. Eine Verwischung dieser Trennungslinie ist weder möglich noch erstrebenswert. Die vorangegangenen Untersuchungen sind im Gegenteil bemüht gewesen, diesen Dualismus möglichst eindeutig herauszuarbeiten. Trotz dieses grundsätzlichen Dualismus verlangt jedoch auch das parlamentarische System die Zusammenarbeit der beiden wesensverschiedenen Elemente seiner Exekutive. Die Garantie dafür, daß eine solche Zusammenarbeit praktisch ermöglicht wird, liegt in erster Linie in denjenigen Personen, die die Posten inne haben, an denen sich Kabinett und Buraukratie gegenseitig berühren. Die Anforderungen, die in dieser Beziehung an den Minister gestellt werden müssen, sind bereits in anderem Zusammenhange erwähnt worden. Auch der fähigste Minister wird jedoch in der Praxis scheitern müssen, wenn sein permanenter Staatssekretär ihm nicht in der erforderlichen Weise zur Seite steht.

Der permanente Staatssekretär ist ein Bestandteil der Bureaukratie, aus deren Reihen er notwendig hervorgegangen sein muß. Auch in seiner Stellung als Staatssekretär bleibt er Mitglied dieser Bureaukratie, deren oberste Spitze zu bilden er berufen ist. Die Aufgabe des permanenten Staatssekretärs unterscheidet sich daher grundsätzlich in Nichts von derjenigen der übrigen Bureaukratie. Es wäre vollkommen irrig, wollte man in ihm ein Mittelding zwischen Berufsbeamtem und Politiker sehen. Der permanente Staatssekretär ist und bleibt Berufsbeamter, die allgemeinen Richtsätze des Berufsbeamtentums gelten auch für ihn. Darüber hinaus wird man von ihm erwarten müssen, daß er von den allgemeinen bureaukratischen Grundsätzen in gesteigertem Maße durchdrungen ist. Insbesondere gilt dies mit Rücksicht auf das Verhältnis der Bureaukratie zu dem Kabinett. Nur ein Staatssekretär, der sich der bureaukratischen Mission vollauf bewußt ist, kann imstande sein, dem Kabinett gegenüber jene hilfsbereite Stellung einzunehmen, zu der die Bureaukratie berufen ist, ohne andererseits auf seine spezifischbureaukratische Eigenart zu verzichten. Es genügt nicht, daß der Staatssekretär selbst diese Stellung gegenüber dem Minister einnimmt, es ist darüber hinaus seine wesentliche Aufgabe, dafür Sorge zu tragem, daß die gleichen Grundsätze auch von den nachgeordneten Stellen befolgt werden. Da ihm erhebliche personalpolitische Machtmittel in die Hand gegeben sind, erscheint er zu dieser Lösung in jeder Beziehung befähigt.

Es versteht sich von selber, daß dieses Amt des Staatssekretärs ein hohes Maß an Befähigung und politischen Taktes verlangt. Mit der Bedeutung seiner Stellung wird sich auch das Ansehen dieses permanenten Staatssekretärs notwendig heben müssen. So dürfte diese neue Stellung mit ihren früher nicht gekannten Möglichkeiten dem Berufsbeamtentum einen gewissen Ersatz dafür bieten, daß es von dem Ministeramte selbst in dem parlamentarischen Staat ausgeschlossen ist.

Kapitel XXXIX.
Die Disziplinargewalt.

Wie bereits früher ausgeführt worden ist, sind hier lediglich jene disziplinaren Maßnahmen von Interesse, die einen schwereren

Eingriff darstellen und bereits gegenwärtig ein förmliches Disziplinarverfahren erfordern. Alle geringeren Disziplinarstrafen, wie etwa der Verweis, werden auch in Zukunft unbedenklich dem einzelnen Behördenchef überlassen werden können.

Gelegentlich der kritischen Untersuchung hatten wir bereits gesehen, daß alle disziplinarrechtlichen Reformen, soweit die in diesem Zusammenhang zur Rede stehenden Probleme berührt werden, in erster Linie formellrechtlicher Natur sein werden. Der äußerst weitgefaßte disziplinarrechtliche Tatbestand wird sich auch in Zukunft nicht vermeiden lassen. Die Reform wird daher vornehmlich an der Organisation der Disziplinargerichte einsetzen müssen. Wir haben bereits gesehen, daß zurzeit nur ein Teil dieser Disziplinarbehörden die Bezeichnung „Disziplinargericht" wirklich verdient, während bei der Mehrzahl der Disziplinarrichter die speziellen Voraussetzungen der richterlichen Unabhängigkeit überhaupt nicht oder nur im unvollkommenen Maße gegeben sind. Eine kommende Reform der Disziplinargerichtsbarkeit wird zuerst sämtliche politischen Elemente aus den Disziplinargerichten zu verbannen haben. Der richterliche Charakter der Disziplinargerichte kann nicht scharf genug betont werden. Wenn daher z. B. das preußische Disziplinarrecht in den Disziplinarhof für nichtrichterliche Beamte in größerer Anzahl hohe preußische Richter beruft, so wird man dies grundsätzlich nur begrüßen können. Eine ausschließliche Besetzung mit Berufsrichtern dürfte sich indes kaum empfehlen. Neben diesen sind auf jeden Fall Mitglieder der Beamtenschaft zu berufen, die in ihrer richterlichen Tätigkeit jedoch ausdrücklich mit den erforderlichen Kautelen im Interesse ihrer richterlichen Unabhängigkeit umgeben werden müssen. Aus den letztgenannten Gründen empfiehlt es sich z. B. nicht den Chef einer Verwaltungsbehörde zum Vorsitzenden eines Disziplinargerichts zu machen, in dem ihm untergebene Beamte als Beisitzer fungieren, wie es in Preußen gegenwärtig vielfach der Fall ist. Diese kurzen Bemerkungen müssen in diesem Zusammenhang genügen, da ein näheres Eingehen auf diese Fragen über den hier gesteckten Rahmen hinausführen würde.

Kapitel XL.
Der politische Beamte.

In dem neuen deutschen parlamentarischen Staat ist die Anzahl der politischen Beamten bekanntlich erheblich vermehrt worden. Diese ausgedehnte Verwendung des politischen Beamten ist jedoch allein mit Rücksicht auf die unvermeidlichen Übergangsschwierigkeiten zu rechtfertigen. Sobald die angestrebte „Festigung der republikanischen Staatsform" erreicht ist, wird man sich in der Verwendung dieser politischen Beamten die im Interesse einer geordneten Staatsverwaltung gebotenen Schranken auferlegen müssen[1]).

Wir haben bereits früher gesehen, daß sich gegenwärtig unter den zahlreichen politischen Beamten die verschiedensten Elemente verbergen. Neben den eigentlichen Berufsbeamten finden sich ausgesprochene Politiker, die allein aus parteipolitischen Rücksichten ernannt worden sind. Für derartige politische Elemente ist innerhalb der eine geschlossene Einheit darstellenden Bureaukratie heute kein Raum mehr. Der politische Beamte ist Berufsbeamter so gut wie jeder andere auch. Die allgemeinen Anstellungsvoraussetzungen, Beförderungsbedingungen u. a. m. gelten für ihn ebenso wie für die übrige Bureaukratie. Wie der politische Beamte niemals seine bureaukratische Natur zu verleugnen vermag, so darf sich auch die ihm zuteil gewordene Mission von derjenigen der übrigen Bureaukratie nicht unterscheiden. Jene grundsätzliche Wesensverschiedenheit, die zwischen Bureaukratie und Kabinett überhaupt besteht, trennt daher auch den politischen Beamten von seinem Minister. Wir haben bereits an früherer Stelle hieraus die Schlußfolgerung gezogen, daß die Aufgabe des politischen Beamten in der Gegenwart wesentlich anders bestimmt sein müsse als in der Vergangenheit. Wenn der politische Beamte im konstitutionellen Staat berufen war, sich aktiv für die Regierungspolitik einzusetzen, können in der Gegenwart schwerlich die gleichen Anforderungen an ihn gestellt werden. Von dem politischen Beamten eine aktive Vertretung der Regierungspolitik zu erwarten, hieße nichts anderes, als von ihm parteipolitische Betätigung zu verlangen, da jede Regierungspolitik im parlamentarischen Staat notwendig parteipolitisch bedingt ist. Eine derartige Aufgabe der bureaukratischen Eigenart verbietet sich jedoch für den politischen Beamten ebensogut wie für jeden anderen seiner Artgenossen.

Die Aufgabe des politischen Beamten muß daher in der Gegenwart nach anderen Gesichtspunkten bestimmt werden. Die besonderen Anforderungen, die an den politischen Beamten gestellt werden müssen, liegen allein auf dem Gebiete des politischen Taktes, der Loyalität. Unter diesem Gesichtspunkt erhält der politische Beamte jedoch gerade im parlamentarischen System eine besondere Bedeutung,

---

[1]) So forderte z. B. der damalige Preußische Staatskommissar zur Vorbereitung einer Verwaltungsreform, Staatsminister Drews, in seinem im Jahre 1919 im Buchhandel erschienenen Gutachten „Die Entpolitisierung der Oberpräsidenten und Landräte". Vgl. a. a. O., S. 18 und S. 76 f.

da er in erster Linie berufen ist, jene Kluft überbrücken zu helfen, die die Exekutive des parlamentarischen Staates durchzieht.

Um die notwendigen Garantien dafür zu geben, daß diesen besonderen Anforderungen in dem gewünschten Maße nachgekommen wird, muß dem politischen Beamten das allgemeine beamtenrechtliche Privileg der Unabsetzbarkeit genommen werden, muß die Möglichkeit seiner Dispositionsstellung nach wie vor offengehalten werden. Es muß der politischen Leitung jederzeit frei stehen können, sich von einem politischen Beamten zu trennen, von dessen Mitarbeit sie sich auf die Dauer keinen Erfolg verspricht.

Darüber, in welchem Umfang derartige politische Beamte in dem System des parlamentarischen Staates Verwendung finden können, wird sich gegenwärtig schwerlich etwas Abschließendes sagen lassen können. Grundsätzlich wird davon auszugehen sein, daß die dem politischen Beamten in der Gegenwart zuteil gewordene Aufgabe erheblich höhere Anforderungen an ihn stellt, als dies in der Vergangenheit der Fall gewesen ist. Es ist zweifellos leichter, sich aktiv für eine bestimmte Politik einzusetzen, als unter peinlicher Wahrung des eigenen — der politischen Leitung niemals angepaßten — Standpunktes dafür Sorge zu tragen, daß die Wünsche einer von gänzlich anderen Voraussetzungen ausgehenden Stelle in dem erforderlichen Maße berücksichtigt werden. Es dürfte ein hohes Maß persönlicher Integrität, sowie eine sehr tief fundierte Auffassung von dem eigenen Beamtenberuf erforderlich sein, um diesen Ansprüchen gerecht werden zu können. Da diese Voraussetzungen jedoch naturgemäß nur in Ansehung einer kleinen Zahl gegeben sein können, empfiehlt es sich unbedingt, von der Figur des politischen Beamten sparsamen Gebrauch zu machen. Wie bereits aus den speziellen Aufgaben des politischen Beamten ersichtlich ist, sind in erster Linie diejenigen Stellen mit politischen Beamten zu besetzen, an denen das Kabinett mit der Bureaukratie in Berührung kommt.

Den wichtigsten politischen Beamten des parlamentarischen Staates, den permanenten Staatssekretär, haben wir bereits einer besonderen Untersuchung unterzogen. Ob und in wieweit neben ihm noch andere Posten mit politischen Beamten besetzt werden sollen, ist eine Frage, die sich nur von Fall zu Fall entscheiden läßt, deren Beantwortung sehr stark von der Eigenart des einzelnen Verwaltungszweiges abhängen muß.

Kapitel XLI.

Verwendung der Bureaukratie.

Nach den vorangegangenen Ausführungen dürfte es keiner längeren Beweisführung dafür bedürfen, daß es sich empfiehlt, in

Zukunft von der Beamtenschaft einen sparsameren Gebrauch zu machen, als dies bislang der Fall gewesen ist. Zwei Gründe dürften hierfür vornehmlich ins Feld zu führen sein. Die Anforderungen, die der parlamentarische Staat an seine Beamtenschaft stellt, sind ungleich höher als diejenigen der Vergangenheit. Wollte man diese gesteigerten Anforderungen an einen allzu großen Personenkreis stellen, so heißt dies einen unvermeidlichen Fehlschlag heraufbeschwören. Abgesehen davon müssen jedoch im parlamentarischen Staat dem Beamten aus früher eingehend dargelegten Gründen die verschiedensten Privilegien zugebilligt werden, die eine zuweitgehende Verwendung des Beamten von vornherein verbieten. Allein die Notwendigkeit der lebenslänglichen Anstellung macht es in sehr vielen Fällen unmöglich, für bestimmte Posten Beamte zu ernennen.

Das Beamtentum wird daher in Zukunft nur eine erheblich eingeschränkte Verwendung finden können. Bei der Frage, welche Stellungen im einzelnen mit Beamten zu besetzen sind, wird ausschließlich auf die funktionelle Seite, die zu bewältigende Aufgabe, abzustellen sein. Gelegentlich der früheren kritischen Untersuchungen war bereits versucht worden, den Verwendungsbereich der Bureaukratie dahin zu bestimmen, daß allen mit öffentlich-rechtlichen Aufgaben betrauten Personen Beamtenqualität zu verleihen sei. Bereits damals hatten wir jedoch gesehen, daß dieses Kriterium eine säuberliche Scheidung keineswegs gestattet. Neben denjenigen Personen, denen ausschließlich öffentlich-rechtliche Funktionen übertragen sind, stehen die vielen anderen, bei denen derartige öffentlich-rechtliche Funktionen nur einen größeren oder kleineren Bruchteil ihrer Dienstgeschäfte ausmachen.

Eine derartige Verbindung spezifisch öffentlich-rechtlicher Funktionen mit solchen, denen dieser öffentlich-rechtliche Charakter fehlt, wird sich praktisch oftmals nicht vermeiden lassen. Schon aus diesem Grunde läßt sich daher eine generelle Abgrenzung des Wirkungskreises der Beamtenschaft in dieser Form nicht ermöglichen. Es bleibt daher praktisch wohl nur die Möglichkeit, die Entscheidung von Fall zu Fall zu treffen. Leitender Gesichtspunkt wird hierbei allerdings sein, ob und in welchem Maße dem betreffenden Posten öffentlich-rechtliche Funktionen übertragen worden sind. Bei der Verteilung der verschiedenen Funktionen wird es sich im übrigen empfehlen, womöglich die öffentlich-rechtlichen Funktionen an bestimmten Stellen zu konzentrieren und andererseits diejenigen Personen, in deren Tätigkeitsbereich öffentlich-rechtliche Funktionen eine untergeordnete Rolle spielen, von diesen womöglich zu befreien.

Alle diejenigen Stellen, die in dieser Weise überwiegend mit öffentlichrechtlichen Funktionen betraut sind, werden mit Beamten besetzt werden müssen, während die übrigen Posten mit gewöhnlichen Staatsangestellten besetzt werden können.

Die Anordnung, ob eine bestimmte Stelle mit einem Beamten zu besetzen sei oder nicht, kann hiernach nur von Fall zu Fall geschehen. Im allgemeinen dürfte es sich empfehlen, diese Bestimmung in den entsprechenden Organisationsgesetzen zu treffen. Hier ergibt sich nun allerdings insofern eine Schwierigkeit, als bekanntlich nach allgemeinen Grundsätzen des deutschen Staatsrechts diese Organisationsnormen keineswegs notwendig Rechtsnormen sein müssen. Mag auch ein Teil der Behörden auf einer ausdrücklichen rechtlichen Grundlage beruhen, so stehen doch neben diesen zahlreiche andere, die ihre Entstehung reinen Verwaltungsmaßnahmen verdanken[1]). Es muß daher eine Kautel dafür geschaffen werden, daß auch in denjenigen Fällen, in denen die Verwaltung von sich aus neue Behörden einrichtet, alle diejenigen Stellen, die überwiegend mit öffentlichrechtlichen Funktionen betraut sind, mit Beamten besetzt werden[2]). Eine allgemeine gesetzliche Bestimmung, die vielleicht in dem Beamtengesetz Aufnahme finden könnte, hätte daher für die Verwaltung in dieser Beziehung bindende Vorschriften aufzustellen. Bei der grundsätzlichen Bedeutung dieser Bestimmung für die gesamte Staatsverwaltung wäre sogar zu überlegen, ob es sich nicht empfiehlt, ihr einen Platz in der Verfassung einzuräumen, wodurch dann die gewöhnliche Organisationsgesetzgebung ebenfalls bindend festgelegt wäre.

Wenn vorstehend diejenigen im Staatsdienst beschäftigten Personen, die auch in Zukunft mit Beamtenqualität zu belehnen sein sollen, unter dem Gesichtswinkel des öffentlich-rechtlichen Charakters ihrer Funktionen ausgewählt sind, so wird man dem vielleicht entgegenhalten, daß damit weite Personenkreise aus dem Beamtentum ausgeschlossen seien, für die ein derartiger Ausschluß keineswegs begrüßenswert sei. Demgegenüber mag folgendes kurz bemerkt werden. Maßgebend dafür, ob eine Stelle mit einem Beamten zu besetzen ist, wird letzten Endes immer allein die Bedeutung sein,

---

[1]) Vgl. Hatschek: „Deutsches und preußisches Staatsrecht", 1922, Bd. 1, S. 571 ff.

[2]) Eine ähnliche Kautel hat z. B. der preußische Staat gegenüber den in Organisationsfragen grundsätzlich selbständigen Kommunen in der bereits erwähnten Ausführungsanweisung zum Kommunalbeamtengesetz getroffen, wonach die Kommunalverbände verpflichtet sind, gewisse Posten ihrer Verwaltung mit Berufsbeamten zu besetzen. Vgl. hierzu im übrigen die eingehenden Bestimmungen des Entwurfs für eine neue preußische Städteordnung.

die diesem speziellen Posten im Rahmen der allgemeinen Staatsverwaltung zukommt. Die Bedeutung einer Stelle wird sich hierbei in erster Linie nach dem Verhältnis bestimmen, in dem die ihr zuteil gewordenen Aufgaben zu den eigentlichen Staatsaufgaben stehen. Es ist bekannt, daß sich in den letzten Jahrzehnten der Kreis dieser Staatsaufgaben erheblich erweitert hat. Trotzdem ist der Kern der staatlichen Mission der gleiche geblieben, mögen sich an ihn auch zahlreiche neue Funktionen herankristallisiert haben. Wie man diesen Kern im einzelnen inhaltlich bestimmen will, bleibe dahingestellt, hier ist allein von Wichtigkeit, daß von allen denjenigen staatlichen Aufgaben, die zu diesem Kern gehören, in formaler Beziehung der öffentlich-rechtliche Charakter nicht zu trennen ist [1]. Auf allen denjenigen Gebieten, wo die staatlichen Aufgaben Wohlfahrts- oder fiskalischen Charakter tragen, ist der Staat ersetzbar. Das Eisenbahnwesen kann beispielsweise theoretisch ebensogut von einer Privatbahngesellschaft besorgt werden, wie von dem Staat. Auf dem Gebiet der heute so stark im Vordergrunde stehenden sozialen Fürsorge sind in der Vergangenheit private Organisationen in ähnlicher Art tätig gewesen, wie heute der Staat. Unentbehrlich ist der Staat allein überall da, wo jene spezifisch öffentlich-rechtlichen Möglichkeiten eine unumgängliche Voraussetzung der praktischen Durchführung einer Aufgabe sind, wie sie allein dem Staat und den ihm eingegliederten öffentlich-rechtlichen Körperschaften gegeben sind. Alle diejenigen Funktionen, die einen derartig spezifisch-öffentlich-rechtlichen Charakter tragen, wird man daher vom Standpunkt des Staates aus als wesentlicher ansehen müssen, als alle die anderen staatlichen Aufgabenkreise, denen diese öffentlich-rechtliche Seite fehlt. Wenn wir daher vorgeschlagen haben, diese öffentlich-rechtlichen Funktionen Beamten zu übertragen, so dürfte hiermit eine Garantie dafür gegeben sein, daß die wichtigsten Posten innerhalb der Staatsverwaltung mit Beamten besetzt werden.

Hiernach wären daher aus der Beamtenschaft in ihrem gegenwärtigen Bestande in Zukunft zwei Kategorien auszuschalten. Die erste dieser Kategorien braucht in diesem Zusammenhang nicht noch einmal erwähnt zu werden. Hierher gehören alle diejenigen Personen, die, obwohl sie öffentlich-rechtliche Funktionen zu erfüllen haben, aus grundsätzlichen Erwägungen heraus aus dem Berufsbeamtentum ausgeschlossen werden müssen. Erwähnt seien nur der Minister und der Ehrenbeamte. Für sie werden öffentlich-

[1]) Vgl. grundsätzlich zur Frage der Verwendung des öffentlichen Rechtes Köttgen: „Die erwerbswirtschaftliche Betätigung der öffentlichen Hand und das öffentliche Recht" 1928.

rechtliche Dienstverhältnisse eigener Art geschaffen werden müssen. In die zweite der erwähnten Kategorien gehören alle diejenigen Personen, die aus funktionellen Rücksichten in Zukunft aus dem Berufsbeamtentum eliminiert werden müssen. Für alle diese werden privatrechtliche Anstellungsverhältnisse vorzusehen sein, die naturgemäß den spezifischen Bedürfnissen der einzelnen Stelle weitgehend angepaßt sein müssen. Über die nähere Ausgestaltung dieser privatrechtlichen Anstellungsverhältnisse erübrigen sich hier weitere Angaben. Auch diese Stellen sind allerdings vor der politischen Partei, wenn auch in schwächerem Grade als die eigentlichen Ämter, zu schützen. Am ersten dürfte sich ein derartiger Schutz dadurch gewährleisten lassen, daß auch hier die Anstellungsbefugnis in die Hand parteipolitisch neutraler Faktoren gelegt wird, an denen es nach Schaffung einer parteipolitisch neutralisierten Bureaukratie nicht fehlen dürfte.

Kapitel XLII.
Beamter und Parteipolitik.

Aus der politischen Mission der Bureaukratie im parlamentarischen Staat folgert mit Notwendigkeit ihre parteipolitische Neutralisierung. Daß die deutsche Reichsverfassung trotzdem die politische Bewegungsfreiheit der Beamtenschaft weitmöglichst zu erweitern versucht hat, haben wir bereits früher gesehen. Auf der Suche nach den Motiven, die für diese Regelung der Verfassung maßgebend gewesen sein könnten, haben wir uns bereits mit denjenigen Argumenten auseinander gesetzt, die einer parteipolitischen Neutralisierung der Bureaukratie etwa entgegengehalten werden könnten.

Die Fragen, denen dieses Kapitel speziell gewidmet ist, sind daher weniger grundsätzlicher als technischer Natur und gipfeln in der Zentralfrage, wieweit und mit welchen Mitteln eine derartige parteipolitische Neutralisierung der Bureaukratie im einzelnen anzustreben ist.

Die wichtigste Form der parteipolitischen Betätigung ist zweifellos die Übernahme eines parlamentarischen Mandats. Ob es sich hierbei um ein Mandat zu einem Zentralparlament oder um die Betätigung in kommunalen Parlamenten handelt, dürfte solange ohne sonderliche Bedeutung sein, als die genannten Kommunalparlamente sich in ihrer Struktur von den Staatsparlamenten nicht nennenswert unterscheiden. Die zahlreichen Unzuträglichkeiten, die eine parlamentarische Betätigung der Beamtenschaft nach sich ziehen muß, sind bereits an früherer Stelle behandelt worden[1]. Wir waren bereits damals zu der Schlußfolgerung gelangt, daß die Beamtenschaft in Zukunft von der parlamentarischen Arbeit ferngehalten werden müsse.

Es dürfte ein gewisser Beweis für die Berechtigung dieser Forderung sein, daß die nach parlamentarischen Grundsätzen regierten Staaten des Auslands in überraschender Übereinstimmung die gleichen Konsequenzen gezogen haben. Jene bereits auf die Zeit der Königin Anna zurückzuführende Bewegung, die den Ausschluß des vicil service aus dem englischen Parlament zur Folge hatte, ist bereits früher näher gewürdigt worden. In gleicher Weise hat auch Frankreich durch seine Verfassungsgesetze das Berufsbeamtentum der Deputiertenkammer und dem Senat ferngehalten. Auch die Beamten der Vereinigten Staaten von Nordamerika besitzen kein passives Wahlrecht.

Auch in Deutschland werden in Zukunft ähnliche Maßnahmen getroffen werden müssen, wenn die parteipolitische Neutralität der Bureaukratie nicht eine bloße Phrase bleiben soll. Bezeichnend dafür, wie weit die deutsche Gesetzgebung hiervon bis heute entfernt ist, ist das Reichswehrgesetz, das den Angehörigen der Deutschen Reichswehr das aktive, jedoch keineswegs das passive Wahlrecht genommen hat. Die besonderen Umstände, die dazu geführt haben, daß in den deutschen Parlamenten die Beamten besonders zahlreich vertreten sind, brauchen hier nicht noch einmal aufgezählt zu werden. Es genügt die Feststellung der Tatsache, daß kaum ein anderer Berufsstand in dem Maße parlamentarisch vertreten ist, wie die Beamtenschaft. Um so mehr erscheint es geboten, die Beamtenschaft in Zukunft von dem Parlament und damit dem Getriebe der politischen Parteien fernzuhalten.

Auf Beschneidungen des aktiven Wahlrechts der Beamtenschaft kann andererseits bedenkenlos verzichtet werden. Unerwünscht ist dagegen jede aktive parteipolitische Betätigung der Beamtenschaft. In welchem Umfange man der Beamtenschaft eine derartige Tätigkeit untersagen soll, bestimmt sich nach reinen Zweckmäßigkeitserwägungen. Wenn man auch stets bestrebt sein wird, die gewöhnliche Bewegungsfreiheit des Beamten nicht mehr zu beschränken, als unbedingt notwendig ist, so muß doch

---

[1]) Das gegenwärtig neuste Beispiel hierfür dürfte die bekannte demokratische Abgeordnete Frau Gertrud Bäumer bieten, die gelegentlich der Beratung des Reichsschulgesetzes in Gegensatz zu dem den Entwurf vertretenden Reichsinnenminister geriet, dem sie als Ministerialrat seines Ministeriums dienstlich untergeben war.

darauf hingewiesen werden, daß im parlamentarischen Staat im Gegensatz zu der konstitutionellen Monarchie die persönliche Freiheit des Beamten in politischen Dingen immer nur die Ausnahme und keineswegs die Regel bilden kann, wie es allerdings in Deutschland zurzeit noch der Fall ist.

In den Vereinigten Staaten, die in der politischen „Entrechtung" der Bureaukratie wohl am weitesten gegangen sind, untersagt die erste Civil Service Rule den Beamten ausdrücklich jede aktive politische Betätigung, insbesondere die Teilnahme an politischen Kämpfen. In Frankreich hat man sich darauf beschränkt, der Beamtenschaft die Teilnahme an regierungsfeindlichen Demonstrationen durch Gesetz im Jahre 1883 ausdrücklich zu untersagen. Auch in Deutschland wird man in Zukunft der Bureaukratie eine jede aktive parteipolitische Betätigung untersagen müssen. In erster Linie wird der Beamte von den einzelnen Parteiorganisationen fernzuhalten sein, der Beamte gehört im parlamentarischen Staat nicht in die Mitgliederliste einer politischen Partei, von einer Führung der politischen Partei durch Berufsbeamte, wie sie heute keineswegs selten ist, gänzlich zu schweigen. Wie weit noch in anderer Richtung ein Konnex zwischen Bureaukratie und Partei zu verhindern ist, muß hier dahingestellt bleiben und wird sich erst auf Grund eines größeren Erfahrungsmaterials, als es heute zur Verfügung steht, abschließend beurteilen lassen.

Die Garantie für die praktische Durchführung der oben befürworteten Maßnahmen muß in erster Linie eine Disziplinarpraxis bieten, die gerade gegenüber politischen Verstößen besonders empfindlich reagiert und gegebenenfalls vor einschneidenden Maßnahmen hier nicht zurückschreckt. Wenn die politische Praxis erst die weittragenden Konsequenzen etwaiger politischer Disziplinlosigkeiten der Bureaukratie genügend eindringlich vor Augen geführt haben wird, werden auch die Disziplinarbehörden hieraus ihrerseits die erforderlichen Konsequenzen ziehen müssen.

Abschließend wird man folgendes sagen dürfen: Der politische Einfluß, die staatspolitische Bedeutung der Bureaukratie hat sich seit dem Umsturz erheblich gesteigert. Eine derartige Steigerung der politischen Bedeutung hat jedoch zur notwendigen Voraussetzung eine entsprechend stärkere Durchdringung jedes einzelnen Beamten von seinem Beruf. Wenn daher die individuelle Freiheitszone des Beamten in Zukunft begrenzter sein muß, als in der Vergangenheit, so erklärt sich dies vornehmlich aus der Tatsache der Zunahme der politischen Bedeutung der Gesamtbureaukratie Im übrigen ist zu berücksichtigen, daß diese Beschränkungen der individuellen Freiheit sich ausschließlich auf die politische Freiheit beziehen.

Kapitel XLIII.

Die Bürokratie als unmittelbares Staatsorgan.

Die Bureaukratie hat in dem politischen Gefüge des parlamentarischen Staates eine völlig neue Stellung erhalten, ohne daß die positive Gesetzgebung dieser Tatsache allerdings bislang die erforderliche Berücksichtigung hätte zuteil werden lassen. Die Bureaukratie des parlamentarischen Staates ist ein eigener, ein selbständiger Faktor in dem allgemeinen politischen System. In der Tatsache eines eigengesetzlichen, spezifisch bureaukratischen Faktors liegt ein Charakteristikum der Exekutivverfassung des parlamentarischen Systems.

Die politische Bedeutung der Bureaukratie im konstitutionellen Staat war demgegenüber lediglich abgeleiteter Natur. Der Beamte war und blieb die verlängerte Hand des Monarchen. Mochte die Staatsrechtswissenschaft auch im Laufe der fortschreitenden Entwicklung aus dem Fürstendiener ein notwendiges Staatsorgan haben werden lassen, so hat doch nach wie vor das Dienen zu den prägnantesten Begriffsmerkmalen der konstitutionellen Bureaukratie gehört. Auch der Beamte des parlamentarischen Staates ist mittelbares Staatsorgan, auch er ist zur Durchführung von Anordnungen eines ihm übergeordneten unmittelbaren Organs berufen. Der Unterschied zwischen Konstitutionalismus und Parlamentarismus liegt allein darin, daß diese dienende Rolle im parlamentarischen Staat lediglich bedingter Natur ist. Wenn der Bureaukratie eine eigene politische Mission im parlamentarischen Staat zugefallen ist, müssen ihr auch die Mittel zur Durchführung dieser Mission zugebilligt werden. Hierzu bedarf die Bureaukratie eines gewissen Maßes an Selbständigkeit, wie es ihre Vorläuferin in der konstitutionellen Monarchie nicht besaß und nicht zu besitzen brauchte.

Wir haben versucht, in den vorangegangenen Kapiteln diese eigenartige Stellung der modernen Bureaukratie in ihren wesentlichsten Punkten festzulegen. Es ist keineswegs leicht, den Standort der Bureaukratie innerhalb des parlamentarischen Systems zu bestimmen. Mit Rücksicht auf die wechselseitige Bedingtheit der verschiedenen staatlichen Organe untereinander muß bei Einordnung der Bureaukratie in das Gefüge des parlamentarischen Staates auf die übrigen politischen Faktoren weitgehend Rücksicht genommen werden. Der wichtigste dieser politischen Faktoren ist hier zweifellos das Kabinett. Da auch die Stellung des Kabinetts zurzeit noch keineswegs eindeutig bestimmt ist, eine Fixierung seiner Stellung jedoch andererseits eine notwendige Voraussetzung jedes Versuchs einer politischen Eingruppierung der Bureaukratie sein muß, ist vorstehend auch das Kabinett eingehender betrachtet worden, als dies sonst vielleicht notwendig gewesen wäre.

Wenn auch die allgemeine gegenwärtige Unbestimmtheit des politischen Systems in allen seinen Teilen unsere Aufgabe nicht unerheblich erschwert, so erklären sich doch die eigentlichen Schwierigkeiten aus gänzlich anderen Momenten. Die Bureaukratie ist heute so gut wie einst mittelbares Staatsorgan, trotzdem das parlamentarische System für sie eine gewisse Selbständigkeit in Anspruch nehmen muß. Es kann nicht leicht sein, die ideale Synthese zwischen dieser grundsätzlichen Unselbständigkeit und jener beschränkten Selbständigkeit zu finden, deren die Bureaukratie um ihrer politischen Mission willen heute bedarf. Eine ähnliche Synthese besteht praktisch bereits in der Person des Richters, der grundsätzlich unmittelbares Staatsorgan ist, wenn er auch in beschränktem Umfang einer Dienstaufsicht untersteht. Wir haben bereits gelegentlich unserer früheren Beschäftigung mit dem Richtertum gesehen, wie außerordentlich schwierig eine gesunde Ausbalancierung dieser beiden Momente von jeher gewesen ist.

Da ein Vergleich mit dem Richtertum das Eindringen in diesen Fragenkomplex nicht unwesentlich erleichtern dürfte, soll hier in kurzen Zügen diese Parallele gezogen werden. Während der Richter grundsätzlich unmittelbares Staatsorgan ist und jene aus der Existenz einer Dienstaufsicht zu erklärenden Beschränkungen lediglich eine Ausnahme bilden, ist die Bureaukratie in erster Linie mittelbares Staatsorgan. Der in jedem Falle beschränkte Aktionsradius, innerhalb dessen auch der Bureaukratie eine gewisse Selbständigkeit zugebilligt werden muß, bestimmt sich allein danach, was erforderlich ist, um ihr eine Erfüllung ihrer bureaukratischen Mission überhaupt zu ermöglichen. Innerhalb der so gebotenen Grenzen trägt allerdings auch die Bureaukratie dem unmittelbaren Staatsorgan verwandte Züge. Ein weiterer Unterschied zwischen Bureaukratie und Richtertum liegt darin, daß auf dem Gebiet der Rechtsprechung jedem einzelnen Richter die Qualität eines unmittelbaren Staatsorgans zuerkannt worden ist, während in der Verwaltung nicht der einzelne Beamte, sondern allein die Gesamtbureaukratie als soziologische Einheit eine derartige Stellung für sich in Anspruch nehmen kann. Der Bureaukratie als Gesamtheit sind in dem parlamentarischen Staat besondere politische Aufgaben gestellt worden, ihr allein kann daher auch jene Unabhängigkeit zugebilligt werden, die uns auf den vorangegangenen Seiten beschäftigt hat. Hiermit hat die Bureaukratie in besagtem Umfang die Stellung eines unmittelbaren Staatsorgans erhalten.

Der Annahme, daß nicht nur eine physische Person, sondern auch eine soziale Einheit mit Organfunktionen betraut werden könne, stehen grundsätzliche Bedenken nicht im Wege. Es ist insbesondere kein Grund ersichtlich, warum nicht die Bureaukratie als organisatorische Einheit zu staatlichen Funktionen berufen werden könnte. Praktisch wäre allerdings auch eine andere Lösung denkbar. Es wäre denkbar, ausschließlich den speziell mit personalpolitischen Aufgaben betrauten Staatssekretär zum unmittelbaren Staatsorgan zu erklären und ausschließlich ihm persönlich die notwendige Unabhängigkeit im Interesse der Bureaukratie zu verleihen.

Mag diese Lösung auch technisch möglich sein, praktisch empfehlenswert ist sie nicht. Jene eigene politische Mission der Bureaukratie, um die es sich allein handelt, ist nicht eine private Angelegenheit des einzelnen Staatssekretärs. Die bureaukratische Einheit und sie allein ist zur Durchführung dieser Aufgabe berufen. Wenn dem Staatssekretär die früher erwähnten Kompetenzen auf personalpolitischem Gebiet zugesprochen werden, so geschieht dies nur um der Bureaukratie willen. Die Tatsache, daß die Bureaukratie in dem parlamentarischen Staat eine eigene politische Krafteinheit bedeutet, muß durch eine Regelung verwischt werden, die den Schutz dieser Einheit einem Dritten überträgt. Es erscheint daher gegenwärtig allein zweckentsprechend, die Bureaukratie selbst in einem bestimmten Umkreis als unmittelbares Staatsorgan zu berufen, und den Staatssekretär lediglich als ihren vornehmsten Repräsentanten anzusehen, wodurch das Gefühl für die Einheitlichkeit, die Abgeschlossenheit der Bureaukratie in besonderem Grade gefestigt werden dürfte. Die praktische Betätigung dieser Eigenschaft als unmittelbares Staatsorgan kann allerdings ausschließlich dem Staatssekretär überlassen werden, der hierbei jedoch als vornehmstes Mitglied der Bureaukratie und ihr berufener Vertreter auftritt. Aus diesem Grunde ist auch nur der Staatssekretär mit den zuvor erwähnten Kautelen im Interesse seiner sachlichen Unabhängigkeit zu umgeben, die sich insbesondere in dem Fortfall des ministeriellen Anweisungsrechtes äußern.

Kapitel XLIV.

Die Gefahr der „Bureaukratisierung."

Die Bureaukratie ein unmittelbares Staatsorgan! Bereits gelegentlich der kritischen Untersuchungen lag das soeben formulierte Ergebnis zum Greifen nahe. Wenn damals auf eine derartige Formulierung noch verzichtet wurde, so geschah dies mit Rücksicht auf die Eigenart dieser staatsrechtlichen Konstruktion, die es angebracht erscheinen ließ, diese letzte Schlußfolgerung erst in einem Zeitpunkt zu ziehen, in dem sie sich beinahe von selbst aufdrängen mußte.

Wenn auch alle grundsätzlichen Bedenken staatsrechtlicher Natur gegenüber der oben gegebenen Lösung beseitigt sein dürften, so werden sich doch allgemeine politische Bedenken mit nur um so größerem Nachdruck geltend machen. Gerade eine Zeit, die eifrigst bemüht ist, der „Bureaukratie" zu entrinnen, um allerdings praktisch zumeist im besten Falle die eine Bureaukratie gegen die andere auszutauschen, die Staatsbureaukratie gegen die Parteibureaukratie, wird aller Voraussicht nach eine Lösung weit von sich weisen, die entgegen aller Überlieferung dieser gefürchteten Bureaukratie die Rolle eines unmittelbaren Staatsorgans zuerkennt.

Um zu der angeschnittenen Frage sachlich Stellung nehmen zu können, ist die erste Voraussetzung, daß über jene Ursachen Klarheit geschaffen wird, auf die es zurückzuführen ist, daß aus dem harmlosen Berufsbeamtentum jene gefürchtete „Bureaukratie" werden konnte, um die es sich hier handelt.

Wenn man den Gründen nachspürt, die seit langem unter dem Stichwort der „Bureaukratie" zu den bekannten Kämpfen gegen das Berufsbeamtentum geführt haben, die z. B. den Freiherrn vom Stein zu der weitgehenden Heranziehung von Ehrenbeamten veranlaßten, so wird man sie in jenen Verselbständigungstendenzen suchen müssen, die zu einer Eigentümlichkeit jedes Berufsbeamtentums gehören. Wir wissen, daß das Berufsbeamtentum diese Eigentümlichkeit mit anderen Organisationen teilt, daß insbesondere auch die politische Partei von derartigen Bureaukratisierungserscheinungen keineswegs frei ist.

Einem gleichsam eingeborenen Zwange folgend, wird jedes Berufsbeamtentum Anstalten machen, die ihm angewiesene dienende Stellung zu verändern und sich vom Diener zum Herren aufzuschwingen [1]. In welchem Umfange derartige Versuche in monarchischer Zeit zuweilen von Erfolg begleitet gewesen sind, braucht

[1]) Vgl. Kelsen: Vom Wert und Wesen der Demokratie, 1920, S. 23 ff.

hier nicht noch einmal ausgeführt zu werden. In dem parlamentarischen Staat ist die Wahrscheinlichkeit dafür, daß das Berufsbeamtentum seine Stellung in dieser Richtung verschiebe, von Haus aus geringer, da die politische Partei als Antipode ungleich widerstandsfähiger ist, als ehedem ein vielleicht schwacher Monarch. Wenn allerdings dem Berufsbeamtentum heute staatsrechtlich ein gewisses Maß an Selbständigkeit ausdrücklich zugewiesen werden sollte, so scheint die Gefahr der „Bureaukratisierung" trotz der veränderten politischen Umstände nicht minder akut als in der Vergangenheit.

Während bisher mit Rücksicht auf die starken Expansionsbestrebungen der politischen Partei regelmäßig einer Stärkung des Berufsbeamtentums das Wort geredet worden ist, heißt es daher nunmehr, auf der Hut zu sein, daß die angestrebte Verselbständigung des Beamtentums nicht in eine unerträgliche Bureaukratisierung ausartet, die in ihren politischen Wirkungen auf die Dauer nicht hinter ihrem Gegenstück, der Politisierung der Exekutive, zurückbleiben dürfte.

Die gesunde Ausbalancierung der politischen Kräfte, jener erste Leitsatz aller modernen Politik, steht wie so oft auch hier im Mittelpunkt des Interesses. Während wir bislang bemüht gewesen sind, der Bureaukratie erst einmal zu einem eigenen politischen Gewicht zu verhelfen, sie in dem politischen Gewichtverteilungssystem überhaupt aktionsfähig zu machen, heißt es jetzt, am Schluß der Untersuchung, die bureaukratische Wagschale endgültig genau gegen diejenige ihres Antipoden, der Partei, abzustimmen und eventuell das bureaukratische Gewicht um einige Striche nachträglich wieder zu beschneiden.

Das Gewicht des bureaukratischen Faktors erklärt sich vornehmlich aus jener spezifischen Stoßkraft, die wie jeder sozialen Organisation auch dem Berufsbeamtentum eignet. Die vorangegangenen Untersuchungen haben demgegenüber gezeigt, wie unbedingt notwendig gerade ein straffer Zusammenschluß der Beamtenschaft ist, wie eine Beamtenschaft, in der der Gedanke der sozialen Einheit des Beamtentums nicht stark genug entwickelt ist, überhaupt nicht imstande sein kann, die ihr gestellte Aufgabe zu lösen, da diese eben nicht dem einzelnen Beamten, sondern der bureaukratischen Einheit übertragen worden ist.

Diese bureaukratische Einheit selbst ist daher zu denjenigen Voraussetzungen zu zählen, über die sich jede weitere Debatte erübrigt. Jeder Versuch, gegenüber etwaigen Bureaukratisierungserscheinungen die geeigneten Gegenmaßnahmen zu treffen, wird daher von der

Notwendigkeit einer straffen sozialen Organisation der Beamtenschaft als unbedingter Voraussetzung des parlamentarischen Systems ausgehen müssen. Jede andere Lösung würde im besten Fall zwar den einen Mangel überwinden, um an einer anderen Stelle jedoch eine vielleicht bedeutend empfindlichere Lücke aufzureißen.

Wir rühren hier wieder an das Problem der sozialen Struktur der Beamtenschaft. Die Notwendigkeit einer bureaukratischen Einheit steht außerhalb jeder Debatte. Es bleibt zu untersuchen, in welcher Form diese soziale Organisation zu erfolgen hat, wenn die befürchtete Bureaukratisierung vermieden werden soll. Wir haben bereits gesehen, daß die alte soziologische Struktur der Beamtenschaft, der Stand, für die Bedürfnisse der Gegenwart nicht mehr genügt. Gerade durch diese ständische Organisation wurden jene Bureaukratisierungstendenzen gefördert. Wir haben gesehen, daß der ständische Zusammenschluß der Beamtenschaft auf eine bewußte Politik des Absolutismus zurückzuführen ist, der seine Beamten aus anderen sozialen Verknüpfungen lösen und zu seiner persönlichen Disposition stellen wollte. Jene dualistischen Tendenzen, die die Monarchie überhaupt niemals völlig verleugnen konnte, kennzeichnen auch den Beamtenstand. Ein derartiger Dualismus ist jedoch gegenwärtig nur als Verselbständigung des Beamtentums zu bewerten, wie sie gerade vermieden werden soll.

Die soziale Struktur des Beamtentums des parlamentarischen Staates muß in irgend einer Form in die Gesamtstruktur der Nation verflochten werden. Hierbei ist entscheidendes Gewicht darauf zu legen, daß der Kernpunkt dieser Verbundenheit der Beamtenschaft niemals in wirtschaftlichen, berufsständischen Momenten liegen kann, die höchstens eine sekundäre Berücksichtigung verlangen können. An den verschiedensten Stellen der vorangegangenen Ausführungen ist die hervorragende Bedeutung der Staatsauffassung für das Beamtentum zutage getreten. Wenn daher nach einer sozialen Verbindungsform der Beamtenschaft gesucht wird, so hat auch hier dieses Moment im Vordergrunde zu stehen. Der Zusammenschluß der Beamtenschaft kann allein in der Form einer Gesinnungsgemeinschaft erfolgen. Das gemeinsame Berufsethos ist der allein denkbare Kern der modernen Beamtenschaft, wie es ja auch den alten Beamtenstand weit über die Bedeutung einer bloßen Interessentenvertretung hinausgehoben hat.

Der politische Gegenspieler dieser bureaukratischen Gesinnungsgemeinschaft ist die Partei. Auch diese politische Partei ist von Haus aus eine derartige Gesinnungsgemeinschaft. Daß allerdings bei ihr wirtschaftliche Fragen heute eine nicht unbeträchtliche

Rolle spielen, daß in neuerer Zeit diese zweite Komponente parteipolitischen Wesens das Gesinnungsmäßige sogar oft zu überwuchern droht, ist bekannt. Im Gegensatz zu dieser Entwicklung der politischen Parteien muß in den Reihen der Beamtenschaft der Primat des Gesinnungsmäßigen immer wieder betont werden und müssen jene rein wirtschaftlichen Momente, die sich nach dem Umsturz in bedenklichem Maße vorgedrängt haben, auf das unbedingt notwendige Maß zurückgedrängt werden. Allein eine bestimmte innere Einstellung zum Staat, eine über persönliche Erwerbsrücksichten hinausgreifende politische Zielsetzung vermag jene einzigartige politische Rolle zu rechtfertigen, die der Beamtenschaft vorstehend angewiesen worden ist. Ein an wirtschaftlichen Rücksichten orientierter Berufsstand würde eine gänzlich andere politische Eingruppierung erfahren müssen. Nur deswegen, weil diese inneren Voraussetzungen in der deutschen Beamtenschaft durch die vorangegangenen Monarchien in einer mehrhundertjährigen Entwicklung geschaffen worden sind, weil die innere Verbundenheit von Beamten und Staat zu dem traditionell gefestigten politischen Erbgut des deutschen Volkes gehört, konnte eine Lösung wie die oben entwickelte für Deutschland vertreten werden, ohne daß sie etwa daraufhin ganz allgemein für den parlamentarischen Staat Geltung beanspruchen könnte.

Beamtentum und politische Partei, beide sind Gesinnungsgemeinschaften. Die politische Partei ist darüber hinaus auch Kampfgemeinschaft. Hierin liegt ein beachtlicher Vorsprung der Partei vor der Beamtenschaft. Während die politische Partei für ihre Ziele zu kämpfen vermag, während sie sich insbesondere des Institutes der Werbung bedienen kann, sind der Beamtenschaft ähnliche Möglichkeiten verschlossen. Die letzten Endes immer nur abgeleitete politische Macht des Beamtentums zeigt sich auch hier. Diese Überlegenheit der politischen Partei wird jedoch durch ein anderes Moment ausgeglichen. Die Festigkeit der bureaukratischen Organisation läßt sich mit dem ungleich lockereren Gefüge der Partei kaum vergleichen. In dieser Starrheit der bureaukratischen Organisation liegt die eigentliche Stärke des Beamtentums gegenüber der Partei. Allein deswegen, weil die Partei als Kampfgemeinschaft die Möglichkeit besitzt, unmittelbar für die eigene Organisation zu kämpfen, was der Beamtenschaft in dieser Form versagt ist, erscheint jene organisatorische Stärke der Beamtenschaft grundsätzlich tragbar. Jene Abgrenzung der politischen Einflußsphären, die für den parlamentarischen Staat erstrebt werden muß, kann angesichts dieser starken Vitalität der politischen Partei auch durch eine derartige Geschlossenheit der Beamtenschaft nicht ohne weiteres erschüttert werden. Voraussetzung einer gesunden Ausbalancierung der Kräfte zwischen Partei und Beamtentum ist allerdings, daß die Beamtenschaft nicht den sozialen Kontakt mit der übrigen Bevölkerung, also mittelbar auch mit der Partei, verliert.

Dem monarchischen Beamten fehlte von Haus aus dieser Kontakt, da die damalige ständische Organisation nicht in die nationale Gesamtstruktur verflochten war. Der Umstand, daß in der Demokratie die Nation jene autoritative Rolle gegenüber der Beamtenschaft übernommen hat, die früher dem Monarchen oblag, wird eine derartige Entfremdung zwischen Volk und Beamten von vornherein verhindern helfen. Im übrigen muß es in erster Linie eine Aufgabe der Erziehung sein, dem Beamten die richtige Stellung im öffentlichen Leben anzuweisen, wobei rechtliche Normen nur hier und da zu unterstützen vermögen. Die Aufgabe der Gesetzgebung muß es insbesondere sein, den Zutritt zu dem Berufsbeamtentum womöglich sämtlichen Kreisen der Bevölkerung zu eröffnen. Eine Beamtenschaft, deren Angehörige sich aus den verschiedensten sozialen Kreisen zusammensetzen, ist schon mit Rücksicht auf ihre soziale Herkunft vor jeder Isolierung gefeit. Wenn in der Vergangenheit die Rekrutierungsgebiete der Beamtenschaft nur ungern gewechselt worden sind, so erklärt sich dies aus der Überlegung, daß im Zweifel alle diejenigen Personen, die in der geistigen Atmosphäre des Beamtentums herangewachsen sind, für die spezifischen Bedürfnisse der Beamtenschaft mehr Verständnis mitbringen würden, als irgend ein Außenseiter.

An der gewissen Berechtigung derartiger Erwägungen kann kaum gezweifelt werden. Da die politische Notwendigkeit jedoch dazu zwingt, diese alten Rekrutierungsgrundsätze aufzugeben, heißt es sich nach Ersatz umzuschauen. Die Geschichte bietet ein Beispiel für eine Bureaukratie, die, aus den heterogensten sozialen Schichten stammend, eine soziologische Einheit darstellt, wie sie nicht geschlossener gedacht werden kann: Der katholische Clerus. Durch den Grundsatz des Zölibats, sowie durch die internationale Expansion ihrer Organisation ist die katholische Kirche gezwungen, ihre Diener den verschiedensten Lebenskreisen zu entnehmen. Wenn es trotzdem gelungen ist, diese von Haus aus gänzlich verschiedenen Elemente zu einer Einheit zusammenzuschweißen, die sich neben derjenigen monarchischer Bureaukratien wohl sehen lassen kann, so liegt dies an der tiefen Durchdringung dieses Klerus mit einer gemeinsamen Idee. Wenn es gelingt, auch die staatliche Beamtenschaft in ähnlicher Weise mit einer gemeinsamen Idee zu durchdringen, werden auch hier alle diejenigen Klüfte überwunden werden können, die auf Grund der Verschiedenheit der Herkunft der einzelnen Beamten sich vielleicht hier und da anfänglich auftun. Hierfür ist jedoch erforderlich, daß dem Beamten, insbesondere dem jungen Beamten, von vornherein diese ideelle Seite seines Berufes innerlich nahegebracht wird, daß insbesondere auch die Beamtenausbildung, die sich bislang ausschließlich in technischen Momenten erschöpft, dieser neuen Aufgabe gerecht wird. Wie man mit Recht gesagt hat, daß eine notwendige Voraussetzung jeder Verwaltungsreform eine Beamtenreform sei, so kann dem hier hinzugefügt werden, daß diese Arbeit sich nicht allein auf die technische Berufsausbildung des Beamten beziehen darf, sondern, daß darüber hinaus für die Heranbildung eines Nachwuchses Sorge zu tragen ist, der, von der Mission des Beamtentums innerlich durchdrungen, jenen Konnex zu seinem Beruf gefunden hat, der ihm allein eine Bewältigung seiner keineswegs leichten Aufgabe gestattet.

Druck von Julius Beltz in Langensalza.

FSC
www.fsc.org
MIX
Papier | Fördert
gute Waldnutzung
FSC® C083411

Kolibri 360 GmbH
Ferdinand-Jühlke-Straße 7
99095 Erfurt, Deutschland
produktsicherheit@kolibri360.de